## もくじ





# 2025 しょうがく社 幼児模擬テスト集

## ・は・じ・め・に・

これから受験される方にとって、「合格するか、不合格になるか。」は最大の関心事であります。大学受験等とは異なり、小学校を受験する場合は学校の入学基準がはっきりとわからず、お母様方もいたずらに先取り教育をしてみる等の誤った準備についつい走りがちです。そこで **しょうがく社** では、小学校受験にはどれくらいの能力が必要とされるのかを、昨年度の模擬テスト受験者を対象に調査・分析致しました。その結果の一部が**「項目別得点分布グラフ」**・**「到達段階グラフ」**・**「上位者一覧表」**などです。これは「言語」・「口頭試問」・「記憶」・「図形・注意力」・「推理・思考」・「比較・数量」・「知識・常識」・「音楽リズム」・「絵画・製作」・「運動能力」の10分野の中から**知能に関する5分野**を選んで編集しましたので、各回ごとに「採点→集計→換算」すると、プリント分野に関してお子様は今、**どれくらいの実力を持っているのかがご家庭で簡単にわかります**。その上、毎回順位や偏差値が出るので、頑張る目標ができます。**目標を持って頑張る**、ということは幼児期に限らず大切で、そのことを今から体験できるのもこの本の長所です。確かな情報と適切な問題に接することにより、お子様が益々成長していくことを願っております。

# テスト内容および結果一覧表

| | | 分野 | 項目 | テストの内容 | 得点 | 評価 | 総合評価 |
|---|---|---|---|---|---|---|---|
| 第1回 | テスト1 | 記憶 | お話の記憶 | サキちゃんが見た夢の話。 | /8 | | /40 評価 |
| | テスト2 | 図形・注意力 | パズル・注意力 | ⊡1つだけ使われないパズルを見つける。等 | /8 | | |
| | テスト3 | 推理・思考 | 物の見え方・五目並べ | ⊡積み木を1つ取った後、リスからどのように見えるか。等 | /8 | | |
| | テスト4 | 比較・数量 | 重さ比べ・絵の数 | ⊡シーソーを釣り合わせるには○や△をいくつのせるとよいか考える。等 | /8 | | |
| | テスト5 | 知識・常識 | 総合 | ⊡左の動物のしっぽ(おしり)を見つける。等 | /8 | | |
| 第2回 | テスト1 | 記憶 | お話の記憶 | カナちゃんの幼稚園での話。 | /8 | | /40 評価 |
| | テスト2 | 図形・注意力 | 注意力・パズル | ⊡左と右で増えた絵を見つける。⊡四角を作るのに合わせる形を見つける。 | /8 | | |
| | テスト3 | 推理・思考 | 図形の重なり・裏から見たら | ⊡形を重ねたとき、重なっているところがどんな形になるか見つける。等 | /8 | | |
| | テスト4 | 比較・数量 | 合わせた数・重さ比べ | ⊡お手本の積み木と同じ数にするには、どの2つを合わせるとよいか見つける。等 | /8 | | |
| | テスト5 | 知識・常識 | しりとり・知識 | ⊡名前のまん中の言葉でしりとりをするとき、使う絵を見つける。等 | /8 | | |
| 第3回 | テスト1 | 記憶 | お話の記憶 | ウサギさんのお誕生日会の話。 | /8 | | /40 評価 |
| | テスト2 | 図形・注意力 | 総合 | ⊡お約束通りに進み、太枠の箱にぴったりととまれないものを見つける。等 | /8 | | |
| | テスト3 | 推理・思考 | 総合 | ⊡お手本が回転したものを見つける。⊡お手本を折って重ねたものを見つける。 | /8 | | |
| | テスト4 | 比較・数量 | 数量 | ⊡お手本と同じにするには、どの2つを合わせるとよいか見つける。等 | /8 | | |
| | テスト5 | 知識・常識 | 知識 | 鳴く虫を見つける。「オニ」が出てくるお話を見つける。等 | /8 | | |
| 第4回 | テスト1 | 記憶 | お話の記憶 | マサキくんがおばあちゃんのお見まいに行く話。 | /8 | | /40 評価 |
| | テスト2 | 図形・注意力 | 図形の合成・注意力 | ⊡お手本を作るにはどの2つを合わせるとよいか見つける。等 | /8 | | |
| | テスト3 | 推理・思考 | 系列完成・推理(積み木) | ⊡お約束を考えて抜けているところに入るものを見つける。等 | /8 | | |
| | テスト4 | 比較・数量 | 数量 | ⊡左の動物が持っているクリを合わせた数と同じ数の積み木を見つける。等 | /8 | | |
| | テスト5 | 知識・常識 | 知識・しりとり | ⊡左の切り口の野菜を見つける。等 | /8 | | |
| 第5回 | テスト1 | 記憶 | お話の記憶 | ウサギさんが海でイルカと出会う話。 | /8 | | /40 評価 |
| | テスト2 | 図形・注意力 | 総合 | ⊡並んでいる動物がお話通り移動した後の順番を考える。等 | /8 | | |
| | テスト3 | 推理・思考 | 重ね図形 | ⊡左の形を作るのに、どの3つを重ねるとよいか見つける。等 | /8 | | |
| | テスト4 | 比較・数量 | 数量・積み木の数 | ⊡お話を聞いて、ちょうどよい数だけ○をかく。等 | /8 | | |
| | テスト5 | 知識・常識 | しりとり・知識 | ⊡しりとりが全部つながったら○、つながらないときは×をかく。等 | /8 | | |

| | | 分野 | 項目 | テストの内容 | 得点 | 評価 | 総合評価 |
|---|---|---|---|---|---|---|---|
| 第6回 | テスト1 | 記憶 | お話の記憶 | 幼稚園がお休みの日のサキちゃんの話 | /8 | | /40 評価 |
| | テスト2 | 図形・注意力 | 注意力 | ⊡お約束の順番通りに進み、おしまいがどこになるか見つける。等 | /8 | | |
| | テスト3 | 推理・思考 | 系列完成・折り紙 | ⊡列車がトンネルにかくれて見えないところにちょうど合うものを見つける。等 | /8 | | |
| | テスト4 | 比較・数量 | 数の比較・重さ比べ | ⊡左の果物がいくつ違うか数えて、その数と同じ積み木を見つける。等 | /8 | | |
| | テスト5 | 知識・常識 | 言語・しりとり | ⊡赤・青・黄の丸に入る言葉をつなぐとどれになるか見つける。等 | /8 | | |
| 第7回 | テスト1 | 記憶 | 絵の記憶 | 絵をしっかりとおぼえた後、問題をしましょう。 | /8 | | /40 評価 |
| | テスト2 | 図形・注意力 | 注意力・図形の回転 | ⊡お手本のどこを切ってもできないものを見つける。等 | /8 | | |
| | テスト3 | 推理・思考 | オセロゲーム・物の見え方 | ⊡白を次にどこに置くと、白と黒が同じ数になるかを考える。等 | /8 | | |
| | テスト4 | 比較・数量 | 総合 | ⊡左にない形を見つける。また、一番多い形の数だけ○をかく。等 | /8 | | |
| | テスト5 | 知識・常識 | しりとり・季節感 | ⊡まん中の言葉でしりとりが続くように、ぬけているところに入る絵を見つける。等 | /8 | | |
| 第8回 | テスト1 | 記憶 | お話の記憶 | シマウマさんと待ち合わせしているキリンさんの話。 | /8 | | /40 評価 |
| | テスト2 | 図形・注意力 | パズル・あみだくじ | ⊡正方形をぴったりうめるのに、使わないものを見つける。等 | /8 | | |
| | テスト3 | 推理・思考 | 五目並べ・折り紙 | ⊡次にどこに白を置くと白の勝ちが決まるか考える。等 | /8 | | |
| | テスト4 | 比較・数量 | 数量 | ⊡同じ積み木を前後左右から見た様子から、積み木の数を考える。等 | /8 | | |
| | テスト5 | 知識・常識 | 知識 | ⊡磁石につくものとつかないものが両方入っている袋を見つける。等 | /8 | | |

※評価欄には、最優・優・良・良の下・可を資料参照の上、ご記入下さい。

しょうがく社

# 模擬テスト風景…みんな頑張ってるネ!!

運動は一生懸命、元気よく！

頑張った人は
手を挙げて

採点
「正確に」が合言葉です

製作の他、お絵かき等も出題されます

努力の成果を
発揮します

集計・演算
たった1日で、すべての
成績がわかります

出力
見やすい、読みやすい資料を作成します

お話はハキハキ元気よく

話す態度も大切です

結果説明会
テスト内容の他、入試情報も詳しく解説

今日はどんなお話が
聞けるのかしら

# この「幼児模擬テスト集」の実施要領

## 準　備

〔この問題集は第1回～第8回まですべて、テスト1が「記憶」、テスト2が「図形・注意力」、テスト3が「推理・思考」、テスト4が「比較・数量」、テスト5が「知識・常識」の各分野からの出題になっています。〕

● テスト実施者は一回分のテストをスムーズに実施できるように、縮小版のページをよく見て内容を把握しておいて下さい。

● 一回分のテスト用紙(5～7枚)を切り離しておいて下さい。

● お子様用に……鉛筆(B)・赤青鉛筆・クーピーまたはクレヨン
テスト実施者用に……鉛筆・赤鉛筆(マルつけ用)・
時計を御用意下さい。

## 診　断

● 採点後、必ず「結果記入表」にお子様の得点・偏差値等を記入して下さい。

● グラフ等でお子様の現在の位置・弱点分野を確認して下さい。

## 実　施

● 実際の入学試験のつもりで実施して下さい。つまり、制限時間を守る・助言や忠告をしない・甘やかさない等に御注意下さい。

● テスト用紙は1度に全てを渡さないで、1枚ずつ裏向きで渡して実施して下さい。その際、次のテスト用紙に気をそらせないように御注意下さい。

● 答えを書き間違った場合、2本線(//)かバツ(×)で消して正答を書くように指導して下さい。消しゴムは通常使用しません。

● 制限時間を守ることができるように、できればストップウォッチを御使用下さい。

●「記憶」分野での「位置の記憶」のように別紙を提示する問題では、その問題の部分だけを個々に見せるようにして下さい。

★この「模擬テスト集」では、テスト3～テスト7のプリント分野のみを出題しております。

| テスト1 | テスト2 | テスト3 | テスト4 | テスト5 | テスト6 | テスト7 | テスト8 | テスト9 | テスト10 | 態　度 | 総　計 |
|---|---|---|---|---|---|---|---|---|---|---|---|
| 個別テスト | | ペーパーテスト | | | | | 実技テスト | | | | |
| 言　語 | 口頭試問 | 記　憶 | 図形・注意力 | 推理・思考 | 比較・数量 | 知識・常識 | 音楽リズム | 絵画・製作 | 運動能力 | | |
| 8点満点 | 8点満点 | 8点満点 | 8点満点 | 8点満点 | 8点満点 | 8点満点 | 8点満点 | 8点満点 | 8点満点 | 20点満点 | 100点満点 |

実際の「幼児公開模擬テスト」では、左記の表のようにテスト1～テスト10の能力と態度を総合し100点満点で判定しております。

# 各種統計資料の見方

## 〔テスト結果記入表〕…総合的な能力を判定します。

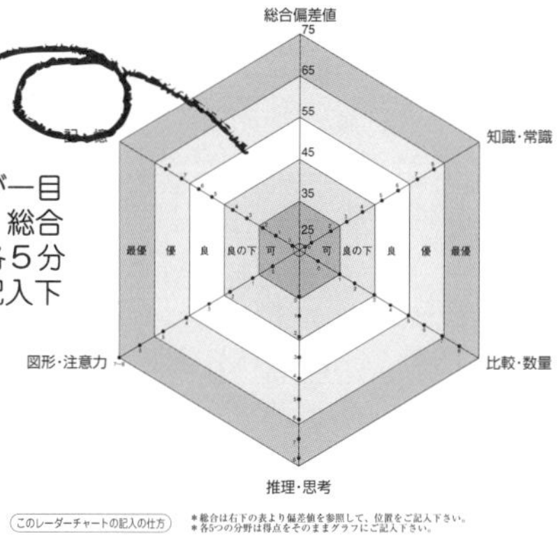


各分野の強弱が一目でわかります。総合は偏差値で、各５分野は得点でご記入下さい。

| テスト | 分野名 | 項目名 | 平均点 | 得点 |
|---|---|---|---|---|
| ❶ | 記　憶 | 位置の記憶 | 5.5/8 | /8 |
| ❷ | 図形注意力 | 点つなぎ | 3.1/8 | /8 |
| ❸ | 推理・思考 | 推　理（ブラックボックス） | 3.2/8 | /8 |
| ❹ | 比較・数量 | 数　量 | 4.1/8 | /8 |
| ❺ | 知識・常識 | しりとり | 5.5/8 | /8 |

総合偏差値（下の表にてお調べ下さい）　総合得点 /40

| 得点 | 偏差値 | 1000人換算順位 | 得点 | 偏差値 | 1000人換算順位 |
|---|---|---|---|---|---|
| 40 | | | 20 | 48 | 562 |
| 39 | | | 19 | 46 | 618 |
| 38 | | | 18 | 45 | 674 |
| 37 | 73 | 3 | 17 | 44 | 705 |
| 36 | 71 | 14 | 16 | 42 | 770 |
| 35 | 70 | 22 | 15 | 41 | 798 |
| 34 | 68 | 34 | 14 | 39 | 834 |
| 33 | 67 | 39 | 13 | 38 | 876 |
| 32 | 65 | 65 | 12 | 36 | 904 |
| 31 | 64 | 73 | 11 | 35 | 921 |
| 30 | 63 | 90 | 10 | 33 | 947 |
| 29 | 61 | 124 | 9 | 32 | 958 |
| 28 | 60 | 149 | 8 | | |
| 27 | 58 | 191 | 7 | 29 | 972 |
| 26 | 57 | 236 | 6 | 27 | 983 |
| 25 | 55 | 295 | 5 | 26 | 992 |
| 24 | 54 | 337 | 4 | 25 | 997 |
| 23 | 52 | 396 | 3 | | |
| 22 | 51 | 458 | 2 | | |
| 21 | 49 | 514 | 1 | | |
| | | | 0 | | |

各分野の得点を記入下さい。
５分野の合計点をお求め下さい。

総合得点より「偏差値」を求め、「レーダーチャート」に記入下さい。
又、「1000人換算順位」で、常に1000人中何番であるかがわかりますので、前回との比較に役立ちます。

## "偏差値"について

偏差値とは、常に一定の規準で受験者全体の中でのお子様の成績を測ることのできる数字です。例えば、お子様の得点が85点だとしても、平均点が80点のときと平均点が50点のときでは、85点の価値が変わってきます。偏差値は問題の難易度等を考慮して算出しますので、入学試験には欠かせない数字です。

※偏差値は25～75ぐらいの数字です。
※平均点をとると偏差値は50になります。

## "段階"について

5段階は偏差値によって区切っています。

| 段　階 | 偏差値 |
|---|---|
| 最　優 | 65以上 |
| 優 | 55～64 |
| 良(平均ランク) | 45～54 |
| 良の下 | 35～44 |
| 可 | 34以下 |

## 〔項目別得点グラフ 到達段階グラフ〕

各項目の成績を詳しく調べます。

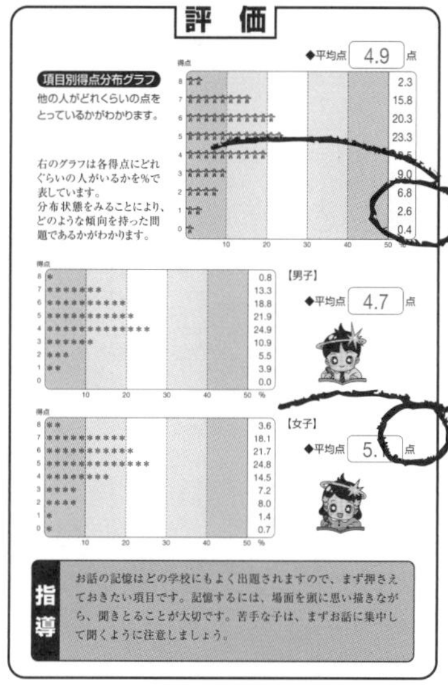


何パーセントの人が何点を取ったかがわかります。グラフの形からどの程度の難易度であったかも推測できます。

上のグラフを男女別にしたものです。

## 偏差値グラフ

受験者全体を100%とすると、
通常は下のグラフのようになります。

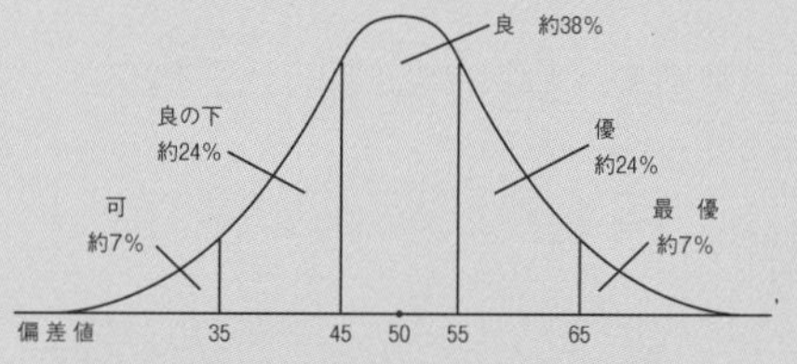

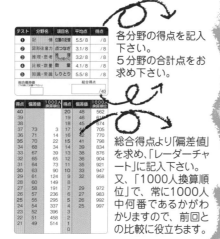

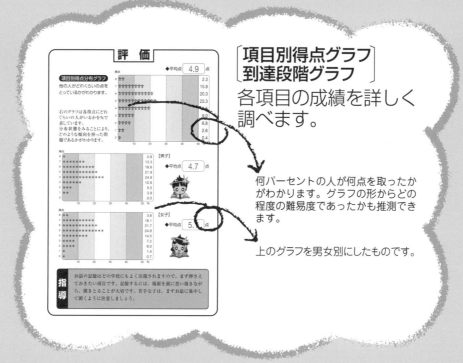

# 首都圏 国立・私立小学校一覧

## 国立小学校

| 所在地 | 共・別学 | 学校名 | 住所・電話 |
|---|---|---|---|
| 東京 | 共 | お茶の水女子大学附属小学校 | 〒112-8610 東京都文京区大塚2-1-1<br>TEL.(03)5978-5873 |
| | 共 | 筑波大学附属小学校 | 〒112-0012 東京都文京区大塚3-29-1<br>TEL.(03)3946-1391 |
| | 共 | 東京学芸大学附属大泉小学校 | 〒178-0063 東京都練馬区東大泉5-22-1<br>TEL.(03)5905-0200 |
| | 共 | 東京学芸大学附属小金井小学校 | 〒184-8501 東京都小金井市貫井北町4-1-1<br>TEL.(042)329-7823 |
| | 共 | 東京学芸大学附属世田谷小学校 | 〒158-0081 東京都世田谷区深沢4-10-1<br>TEL.(03)5706-2131 |
| | 共 | 東京学芸大学附属竹早小学校 | 〒112-0002 東京都文京区小石川4-2-1<br>TEL.(03)3816-8943 |
| 神奈川 | 共 | 横浜国立大学附属鎌倉小学校 | 〒248-0005 鎌倉市雪ノ下3-5-10<br>TEL.(0467)22-0647 |
| | 共 | 横浜国立大学附属横浜小学校 | 〒231-0845 横浜市中区立野64<br>TEL.(045)622-8321 |
| 千葉 | 共 | 千葉大学教育学部附属小学校 | 〒263-8522 千葉市稲毛区弥生町1-33<br>TEL.(043)290-2462 |
| 埼玉 | 共 | 埼玉大学教育学部附属小学校 | 〒330-0061 さいたま市浦和区常盤6-9-44<br>TEL.(048)833-6291 |

## 私立小学校

| 所在地 | 共・別学 | 学校名 | 住所・電話 |
|---|---|---|---|
| 東京 | 共 | 青山学院初等部 | 〒150-8366 東京都渋谷区渋谷4-4-25<br>TEL.(03)3409-6897 |
| | 共 | 学習院初等科 | 〒160-0011 東京都新宿区若葉1-23-1<br>TEL.(03)3355-2171 |
| | 男 | 暁星小学校 | 〒102-0071 東京都千代田区富士見1-1-13<br>TEL.(03)3261-1510 |
| | 共 | 国立学園小学校 | 〒186-0004 東京都国立市中2-6<br>TEL.(042)575-0010 |
| | 共 | 慶應義塾幼稚舎 | 〒150-0013 東京都渋谷区恵比寿2-35-1<br>TEL.(03)3441-7221 |
| | 女 | 光塩女子学院初等科 | 〒166-0003 東京都杉並区高円寺南2-33-28<br>TEL.(03)3315-1911 |
| | 女 | 白百合学園小学校 | 〒102-8185 東京都千代田区九段北2-4-1<br>TEL.(03)3234-6662 |

## 私立小学校

| 所在地 | 共・別学 | 学校名 | 住所・電話 |
|---|---|---|---|
| 東京 | 共 | 成蹊小学校 | 〒180-8633 東京都武蔵野市吉祥寺北町3-3-1<br>TEL.(0422)37-3839 |
| | 女 | 聖心女子学院初等科 | 〒108-0072 東京都港区白金4-11-1<br>TEL.(03)3444-7671 |
| | 共 | 成城学園初等学校 | 〒157-8522 東京都世田谷区祖師谷3-52-38<br>TEL.(03)3482-2106 |
| | 共 | 玉川学園小学部 | 〒194-8610 東京都町田市玉川学園6-1-1<br>TEL.(042)739-8931 |
| | 女 | 田園調布雙葉小学校 | 〒158-8511 東京都世田谷区玉川田園調布1-20-9<br>TEL.(03)3721-3994 |
| | 女 | 東京女学館小学校 | 〒150-0012 東京都渋谷区広尾3-7-16<br>TEL.(03)3400-0987 |
| | 共 | 桐朋学園小学校 | 〒186-0004 東京都国立市中3-1-10<br>TEL.(042)575-2231 |
| | 共 | 桐朋小学校 | 〒182-8510 東京都調布市若葉町1-41-1<br>TEL.(03)3300-2111 |
| | 女 | 東洋英和女学院小学部 | 〒106-0032 東京都港区六本木5-6-14<br>TEL.(03)5411-1322 |
| | 女 | 日本女子大学附属豊明小学校 | 〒112-8681 東京都文京区目白台1-16-7<br>TEL.(03)5981-3855 |
| | 女 | 雙葉小学校 | 〒102-8470 東京都千代田区六番町14-1<br>TEL.(03)3263-0822 |
| | 共 | 目黒星美学園小学校 | 〒152-0003 東京都目黒区碑文谷2-17-6<br>TEL.(03)3711-7571 |
| | 男 | 立教小学校 | 〒171-0021 東京都豊島区西池袋3-36-26<br>TEL.(03)3985-2728 |
| | 女 | 立教女学院小学校 | 〒168-8616 東京都杉並区久我山4-29-60<br>TEL.(03)3334-5102 |
| | 共 | 早稲田実業学校初等部 | 〒185-8506 東京都国分寺市本町1-2-1<br>TEL.(042)300-2171 |
| 神奈川 | 共 | カリタス小学校 | 〒214-0012 川崎市多摩区中野島4-6-1<br>TEL.(044)922-8822 |
| | 女 | 湘南白百合学園小学校 | 〒251-0035 藤沢市片瀬海岸2-2-30<br>TEL.(0466)22-0200 |
| | 共 | 精華小学校 | 〒221-0844 横浜市神奈川区沢渡18<br>TEL.(045)311-2963 |
| | 共 | 桐蔭学園小学部 | 〒225-8502 横浜市青葉区鉄町1614<br>TEL.(045)972-2221 |
| | 共 | 森村学園初等部 | 〒226-0026 横浜市緑区長津田町2695<br>TEL.(045)984-2509 |
| | 女 | 横浜雙葉小学校 | 〒231-8562 横浜市中区山手町226<br>TEL.(045)641-1628 |

※地域別に国立小学校・私立小学校をアイウエオ順に掲載しました。

# 近畿圏 国立・私立小学校一覧

## 国立小学校

| 所在地 | 共・別学 | 学校名 | 住所・電話 |
|---|---|---|---|
| 大阪 | 共 | 大阪教育大学附属池田小学校 | 〒563-0026 池田市緑丘1-5-1<br>TEL.(072)761-3591 |
| | 共 | 大阪教育大学附属天王寺小学校 | 〒545-0053 大阪市阿倍野区松崎町1-2-45<br>TEL.(06)6621-0123 |
| | 共 | 大阪教育大学附属平野小学校 | 〒547-0032 大阪市平野区流町1-6-41<br>TEL.(06)6709-1230 |
| 兵庫 | 共 | 神戸大学附属小学校 | 〒673-0878 明石市山下町3-4<br>TEL.(078)912-1642 |
| 京都 | 共 | 京都教育大学附属京都小中学校 | 〒603-8164 京都市北区紫野東御所田町37<br>TEL.(075)441-4166 |
| | 共 | 京都教育大学附属桃山小学校 | 〒612-0072 京都市伏見区桃山筒井伊賀東町46<br>TEL.(075)611-0138 |
| 奈良 | 共 | 奈良教育大学附属小学校 | 〒630-8301 奈良市高畑町<br>TEL.(0742)27-9281 |
| | 共 | 奈良女子大学附属小学校 | 〒631-0024 奈良市百楽園1-7-28<br>TEL.(0742)45-4455 |
| 滋賀 | 共 | 滋賀大学教育学部附属小学校 | 〒520-0817 大津市昭和町10-3<br>TEL.(077)527-5251 |

## 私立小学校

| 所在地 | 共・別学 | 学校名 | 住所・電話 |
|---|---|---|---|
| 大阪 | 共 | アサンプション国際小学校 | 〒562-8543 箕面市如意谷1-13-23<br>TEL.(072)723-6150 |
| | 共 | 追手門学院小学校 | 〒540-0008 大阪市中央区大手前1-3-20<br>TEL.(06)6942-2231 |
| | 共 | 大阪信愛学院小学校 | 〒536-8585 大阪市城東区古市2-7-30<br>TEL.(06)6939-4391 |
| | 共 | 関西創価小学校 | 〒573-0093 枚方市東中振2-10-2<br>TEL.(072)834-0611 |
| | 共 | 関西大学初等部 | 〒569-1098 高槻市白梅町7番1号<br>TEL.(072)684-4312 |
| | 共 | 賢明学院小学校 | 〒590-0812 堺市堺区霞ヶ丘町4-3-27<br>TEL.(072)241-2657 |
| | 共 | 香里ヌヴェール学院小学校 | 〒572-8531 寝屋川市美井町18-10<br>TEL.(072)831-8451 |
| | 共 | 四條畷学園小学校 | 〒574-0001 大東市学園町6-45<br>TEL.(072)876-8585 |
| | 共 | 四天王寺小学校 | 〒583-0026 藤井寺市春日丘3-1-78<br>TEL.(072)937-4811 |
| | 共 | 城星学園小学校 | 〒540-0004 大阪市中央区玉造2-23-26<br>TEL.(06)6941-5977 |
| | 共 | 城南学園小学校 | 〒546-0013 大阪市東住吉区湯里6-4-26<br>TEL.(06)6702-5007 |
| | 共 | 帝塚山学院小学校 | 〒558-0053 大阪市住吉区帝塚山中3-10-51<br>TEL.(06)6672-1151 |
| | 共 | はつしば学園小学校 | 〒599-8125 堺市東区西野194-1狭山登美丘学舎<br>TEL.(072)235-6300 |
| | 共 | 箕面自由学園小学校 | 〒560-0056 豊中市宮山町4-21-1<br>TEL.(06)6852-8110 |
| 兵庫 | 女 | 愛徳学園小学校 | 〒655-0037 神戸市垂水区歌敷山3-6-49<br>TEL.(078)708-5353 |
| | 女 | 小林聖心女子学院小学校 | 〒665-0073 宝塚市塔の町3-113<br>TEL.(0797)71-7321 |
| | 共 | 関西学院初等部 | 〒665-0844 宝塚市武庫川町6-27<br>TEL.(0797)81-5500 |
| | 共 | 甲子園学院小学校 | 〒663-8104 西宮市天道町10-15<br>TEL.(0798)67-2366 |
| | 共 | 甲南小学校 | 〒658-0051 神戸市東灘区住吉本町1-12-1<br>TEL.(078)841-1201 |
| | 女 | 神戸海星女子学院小学校 | 〒657-0805 神戸市灘区青谷町2-7-1<br>TEL.(078)801-5601 |
| | 共 | 須磨浦学園須磨浦小学校 | 〒654-0072 神戸市須磨区千守町2-1-13<br>TEL.(078)731-0349 |
| | 共 | 仁川学院小学校 | 〒662-0812 西宮市甲東園2-13-9<br>TEL.(0798)51-0621 |
| | 共 | 雲雀丘学園小学校 | 〒665-0805 宝塚市雲雀丘4-2-1<br>TEL.(072)759-3080 |
| | 女 | 百合学院小学校 | 〒661-0974 尼崎市若王寺2-18-2<br>TEL.(06)6491-7033 |
| 京都 | 共 | 京都女子大学附属小学校 | 〒605-8501 京都市東山区今熊野北日吉町6番地3<br>TEL.(075)531-7386 |
| | 共 | 京都聖母学院小学校 | 〒612-0878 京都市伏見区深草田谷町1<br>TEL.(075)645-8102 |
| | 共 | 京都文教短大付属小学校 | 〒606-8344 京都市左京区岡崎円勝寺町50<br>TEL.(075)752-1411 |
| | 共 | 光華小学校 | 〒615-0861 京都市右京区西京極野田町39番地<br>TEL.(075)325-5250 |
| | 共 | 同志社小学校 | 〒606-0001 京都市左京区岩倉大鷺町89-1<br>TEL.(075)706-7786 |
| | 共 | 同志社国際学院初等部 | 〒619-0225 木津川市木津川台7丁目31-1<br>TEL.(0774)71-0810 |
| | 共 | ノートルダム学院小学校 | 〒606-0847 京都市左京区下鴨南野々神町1-2<br>TEL.(075)701-7171 |
| | 共 | 洛南高等学校附属小学校 | 〒617-0002 京都府向日市寺戸町寺田54番地<br>TEL.(075)924-6511 |
| | 共 | 立命館小学校 | 〒603-8141 京都市北区小山西上総町22<br>TEL.(075)496-7777 |
| 奈良 | 共 | 近畿大学附属小学校 | 〒631-0032 奈良市あやめ池北1-33-3<br>TEL.(0742)53-1200 |
| | 共 | 智辯学園奈良カレッジ小学部 | 〒639-0253 香芝市田尻265番地<br>TEL.(0745)79-1111 |
| | 共 | 帝塚山小学校 | 〒631-0034 奈良市学園南3-1-3<br>TEL.(0742)41-9624 |
| | 共 | 奈良育英小学校 | 〒630-8113 奈良市法蓮町1000<br>TEL.(0742)26-2847 |
| | 共 | 奈良学園小学校 | 〒631-8522 奈良市中登美ヶ丘3-15-1<br>TEL.(0742)93-5111 |
| 和歌山 | 共 | 智辯学園和歌山小学校 | 〒640-0392 和歌山市冬野2066-1<br>TEL.(073)479-1200 |

※地域別に国立小学校・私立小学校をアイウエオ順に掲載しました。

# 第1回　模擬テスト結果記入表

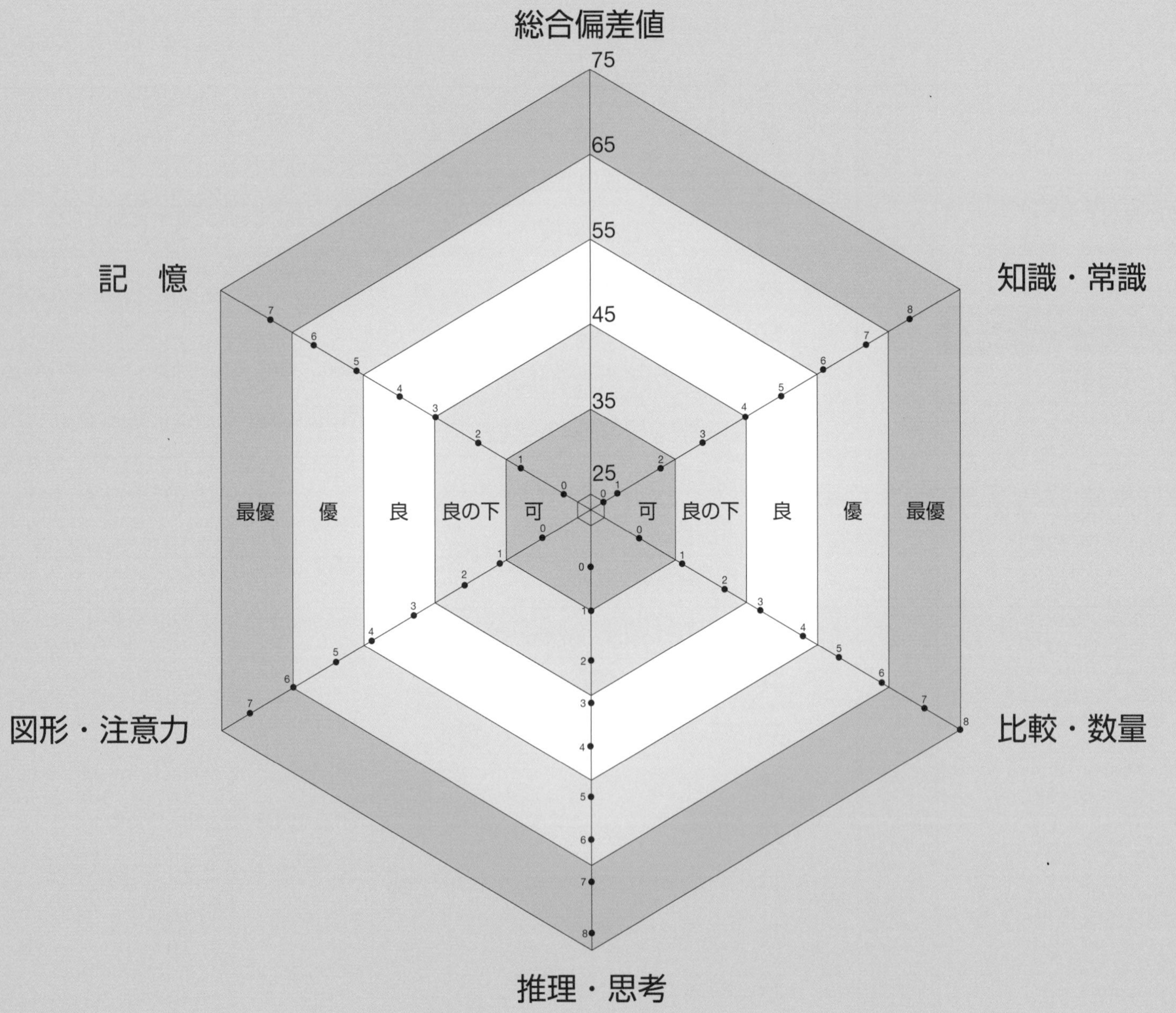


| テスト | 分野名 | 項目名 | 平均点 | 得点 |
|---|---|---|---|---|
| ❶ | 記　　憶 | お話の記憶 | 3.9/8 | /8 |
| ❷ | 図形・注意力 | パズル・注意力 | 3.4/8 | /8 |
| ❸ | 推理・思考 | 物の見え方・五目並べ | 3.8/8 | /8 |
| ❹ | 比較・数量 | 重さ比べ・絵の数 | 3.5/8 | /8 |
| ❺ | 知識・常識 | 総　　合 | 4.9/8 | /8 |

総合偏差値
（下の表にてお調べ下さい。）

総合得点
/40

| 得点 | 偏差値 | 1000人換算順位 | 得点 | 偏差値 | 1000人換算順位 |
|---|---|---|---|---|---|
| 40 | | | 20 | 51 | 415 |
| 39 | | | 19 | 49 | 444 |
| 38 | | | 18 | 48 | 507 |
| 37 | | | 17 | 46 | 562 |
| 36 | | | 16 | 44 | 617 |
| 35 | | | 15 | 43 | 693 |
| 34 | 73 | 1 | 14 | 41 | 748 |
| 33 | 71 | 5 | 13 | 40 | 786 |
| 32 | 70 | 9 | 12 | 38 | 811 |
| 31 | 68 | 14 | 11 | 37 | 853 |
| 30 | 67 | 22 | 10 | 35 | 887 |
| 29 | 65 | 35 | 9 | 33 | 912 |
| 28 | 63 | 56 | 8 | 32 | 946 |
| 27 | 62 | 73 | 7 | 30 | 959 |
| 26 | 60 | 94 | 6 | 29 | 976 |
| 25 | 59 | 140 | 5 | 27 | 984 |
| 24 | 57 | 187 | 4 | 25 | 993 |
| 23 | 56 | 258 | 3 | | |
| 22 | 54 | 322 | 2 | | |
| 21 | 52 | 364 | 1 | | |

このレーダーチャートの記入の仕方

※総合は右下の表より偏差値を参照して、位置をご記入下さい。
※各5つの分野は得点をそのままグラフにご記入下さい。

# テスト１　分野 記憶　お話の記憶　【問題用紙は117ページ】



## 問題

**実施要領**

解答時間一各10秒

（配点・1点×8=8点）

〈青のクーピー使用〉

**解答**

**問題**

（プリントを見せないでお話を聞かせて下さい。）

（りんご）ウサギさんの帽子はどれですか。見つけて○をつけましょう。

（みかん）森の中にあった看板の矢印は何色でしたか。見つけて○をつけましょう。

（バナナ）トラさんのお昼ごはんはどれですか。見つけて○をつけましょう。

（ぶどう）原っぱにいた虫はどれですか。全部見つけて○をつけましょう。

（か　き）かけっこで一番になったのは誰ですか。見つけて○を つけましょう。

（いちご）川を渡っているときのサキちゃんの気持ちに、ちょうど合うお顔を見つけて○をつけましょう。

（も　も）ブタさんはモモをいくつ採りましたか。その数だけ○をかきましょう。

（メロン）夢の中の季節と同じ季節の絵を見つけて○をつけましょう。

※カラー問題につき、問題用紙は巻末（117ページ）にございますのでご注意下さい。

### お話

ある日、サキちゃんは気が付くと森の中にいました。するとそこに、ブタさん、トラさん、ウサギさんがやってきました。ブタさんとトラさんは野球帽、ウサギさんは水色のリボンがついた帽子をかぶって、３人ともリュックサックと水筒を持っています。サキちゃんがびっくりして3人を見ていると、ウサギさんが「一緒に行こう。」と言うので、サキちゃんは3人に付いて行くことにしました。森の中を歩いて行くと、道が２つに分かれていました。木の看板に、ピンク色のお花の絵と黄色い左向きの矢印が書いてあったので、左の道を進みました。すると、ユリやヒマワリが咲いた原っぱに出ました。

3人は、そこでリュックサックから緑色のシートを広げて、その上に荷物を置いて座りました。そして、ブタさんはおにぎり、ウサギさんはサンドイッチ、トラさんはホットドッグを出すと、3人ともサキちゃんに1つずつ分けてくれました。それから4人で原っぱで遊びました。ブタさんとトラさんはバッタやカマキリを捕まえたりしていました。その間にウサギさんとサキちゃんは、原っぱに咲いていたお花で首飾りを作りました。その後、トラさんが「あの切り株まで、かけっこをしよう。」と言ったので、みんなでかけっこをしました。ウサギさんが１番になりました。サキちゃんは走るのが苦手なのですが、今日はとっても速く走ることが出来て、なんと2番になりました。走って疲れたみんなは、原っぱに寝転がって少しお昼寝しました。しばらくして、カラスが「カアカア」と鳴きながら飛んで行ったので、4人は目を覚ましました。そして、荷物を片付けて帰る事にしました。ブタさんが「川のある方から帰ろう。」と言ったので、4人は来た道と違う道で帰る事にしました。

川まで行くと、橋が壊れていて渡れません。4人が困っているとワニさん達がやってきて、橋の壊れている所に並ぶと「背中の上を通って渡ればいいよ。」と言ってくれました。サキちゃんは少し怖かったのですが、何とか4人とも川を渡る事が出来ました。ワニさん達にお礼を言った後、森の中に入って行くとタヌキさんに会いました。タヌキさんが「この近くにモモがたくさん木になっているところがあるよ。」と教えてくれたので、4人はモモを採って帰ることにしました。しばらくすると、タヌキさんが言っていた通り、池の周りにモモの木がたくさん並んでいました。ブタさんは8コ、トラさんは6コ、ウサギさんは5コ採りました。サキちゃんも、みんなに手伝ってもらっていくつか採ることが出来ました。そして、4人が帰ろうと思ったその時です。急に池の水があふれてきて、中から大きなクジラが出てくると、背中から潮を吹いて、サキちゃんたちはそのいきおいで水に流されてしまいました。どんどん森の中を流されて、サキちゃんが次に目を開けると、サキちゃんは自分の部屋のベッドの上にいました。そして、リビングの方から「サキちゃん、早く起きないと幼稚園に遅れるわよ。」とお母さんが呼んでいる声がしました。サキちゃんは「はーい。」と返事をすると、「夢だったんだ。よかった。」とほっとしました。

## 評価

◆平均点 3.9 点

**項目別得点分布グラフ**

他の人がどれくらいの点をとっているかがわかります。

右のグラフは各得点にどれぐらいの人がいるかを%で表しています。
分布状態をみることにより、どのような傾向を持った問題であるかがわかります。

| 得点 | % |
| --- | --- |
| 8 | 0.0 |
| 7 | 6.8 |
| 6 | 11.8 |
| 5 | 22.3 |
| 4 | 20.7 |
| 3 | 17.7 |
| 2 | 10.5 |
| 1 | 6.8 |
| 0 | 3.4 |

【男子】

◆平均点 4.0 点

| 得点 | % |
| --- | --- |
| 8 | 0.0 |
| 7 | 11.7 |
| 6 | 8.7 |
| 5 | 20.4 |
| 4 | 22.3 |
| 3 | 14.6 |
| 2 | 10.7 |
| 1 | 8.7 |
| 0 | 2.9 |

【女子】

◆平均点 3.9 点

| 得点 | % |
| --- | --- |
| 8 | 0.0 |
| 7 | 3.0 |
| 6 | 14.2 |
| 5 | 24.0 |
| 4 | 19.4 |
| 3 | 20.1 |
| 2 | 10.4 |
| 1 | 5.2 |
| 0 | 3.7 |

**指導**

お話の記憶はどの学校にもよく出題されますので、まず押さえておきたい項目です。記憶するには、場面を頭に思い描きながら、聞き取ることが大切です。苦手な子は、まずお話に集中して聞くように注意しましょう。

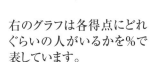

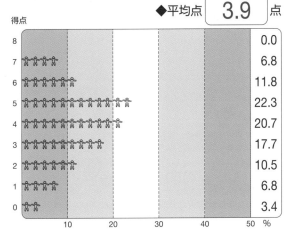

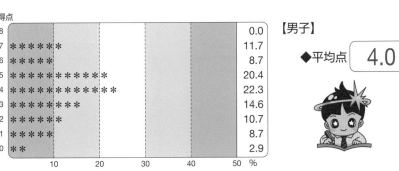

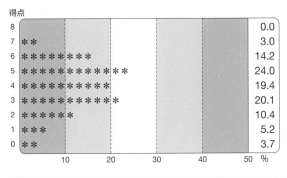

# テスト2　分野 図形 注意力　パズル・注意力

【問題用紙は118ページ】

## 問　題

**実施要領**

解答時間－⊡2分　⁖1分　　（配点・1点×8=8点）

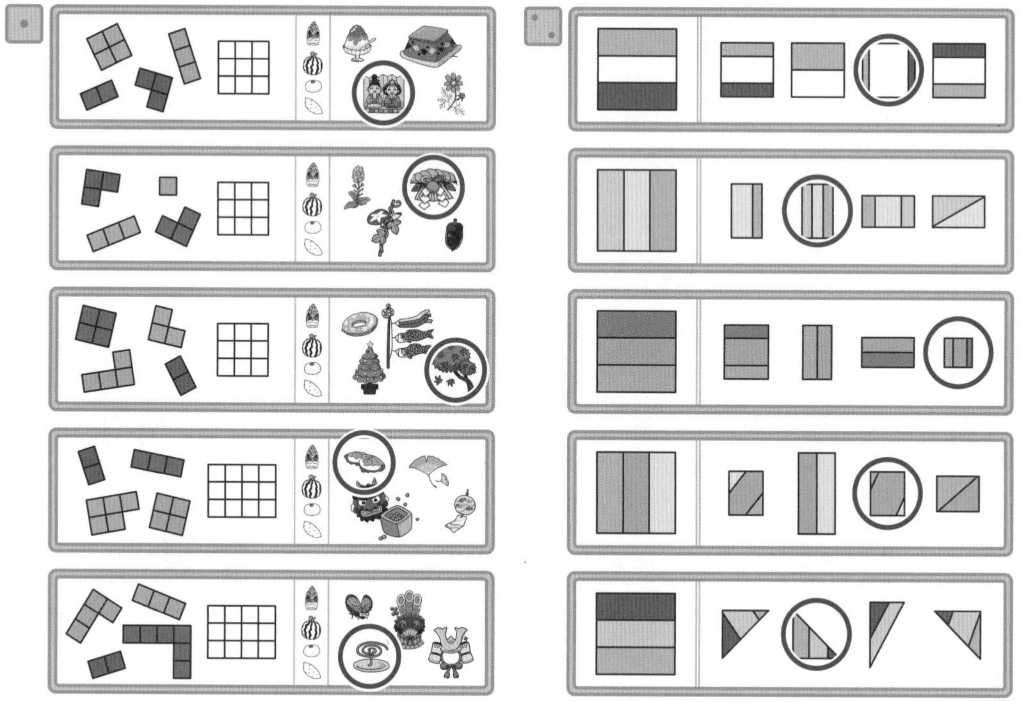

**問題**

〈青のクーピー使用〉

⊡左のパズルをはめていきます。では、1つだけ使わないパズルは何色でしょうか。その色と同じたべ物を見つけて、そのたべ物と同じ季節の絵に○をつけましょう。

⁖左の模様を切り取ります。どのように切ってもできないものを右から1つ見つけて○をつけましょう。

**※カラー問題につき、問題用紙は巻末(118ページ)にございますのでご注意下さい。**

## 評　価

◆平均点 3.4 点

**項目別得点分布グラフ**

他の人がどれくらいの点をとっているかがわかります。

右のグラフは各得点にどれぐらいの人がいるかを%で表しています。

分布状態をみることにより、どのような傾向を持った問題であるかがわかります。

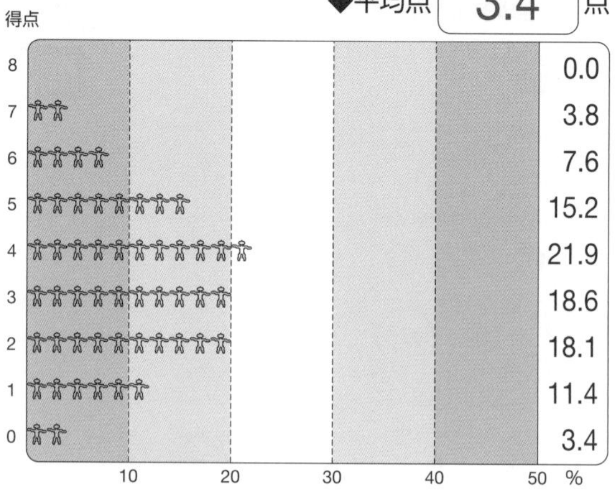


【男子】

◆平均点 3.5 点

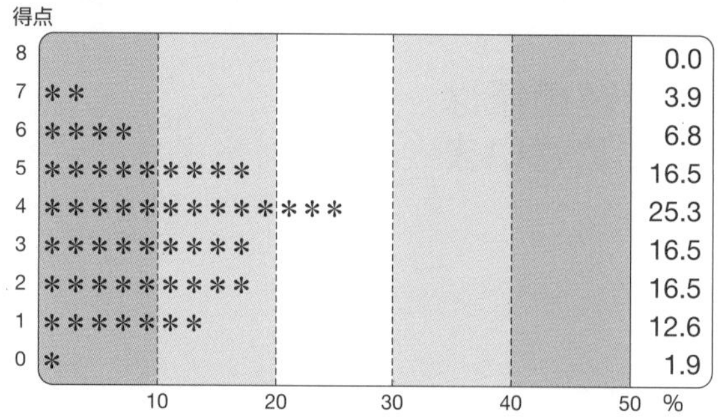

【女子】

◆平均点 3.3 点

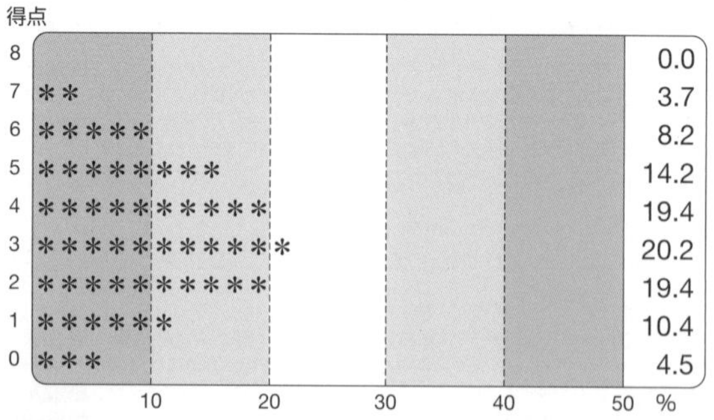

**指導**

左の図形と知識の複合問題は、一見すると難問に思えますが、パズルと季節感をそれぞれ分けて考えると、どちらも基本的な問題です。問題をしっかりと聞き取りましょう。右の問題は、各色の幅や大きさに着目してみましょう。慣れれば素早く見つけられます。

# テスト3 分野 推理思考 物の見え方・五目並べ 【問題用紙は58ページ】



## 問題

**実施要領**

解答時間ー⚀1分 ⚁1分

（配点・1点×8=8点）

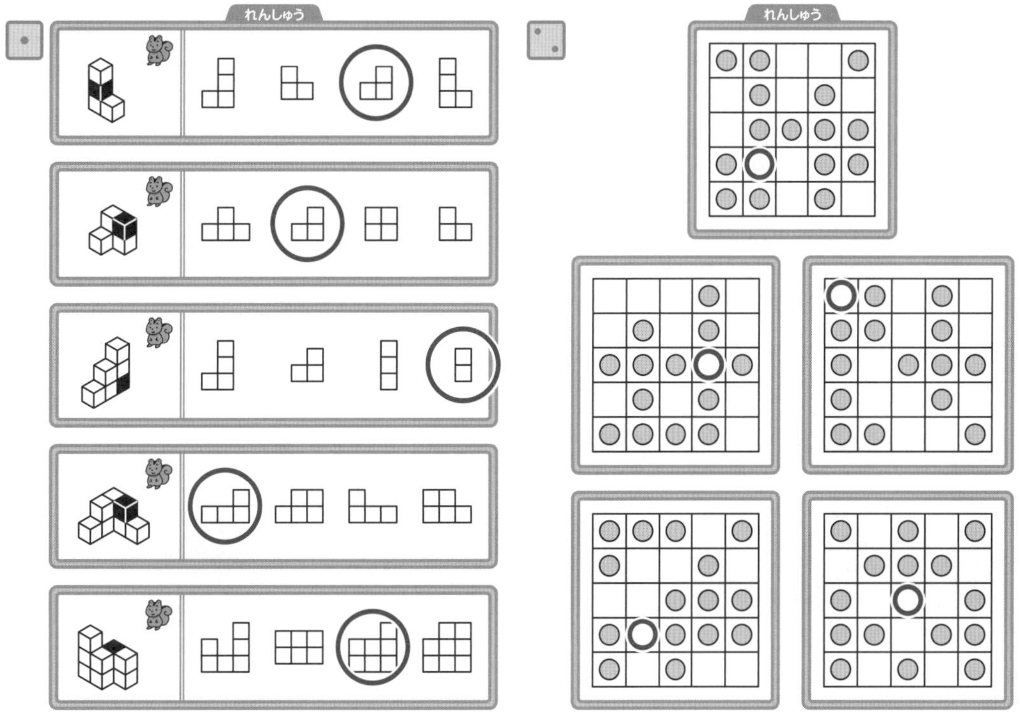


〈青のクーピー使用〉

**問題**
⚀黒い積み木（1つ）を取った後、うしろにいるリスから積み木を見るとどのように見えますか。
⚁○を1列（5つ）に並べます。では、あと1つ置くと2列同時に5つ並ぶところを見つけて○をかきましょう。（縦、横だけでなく、斜めも含めます。）

## 評価

◆平均点 3.8 点

**項目別得点分布グラフ**

他の人がどれくらいの点をとっているかがわかります。

右のグラフは各得点にどれぐらいの人がいるかを%で表しています。
分布状態をみることにより、どのような傾向を持った問題であるかがわかります。

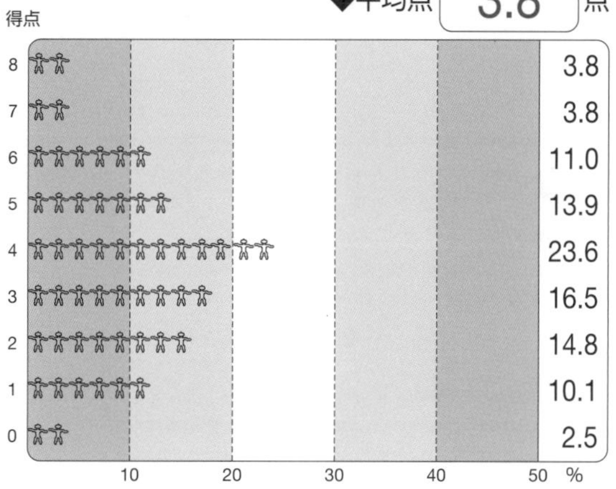


【男子】

◆平均点 4.0 点

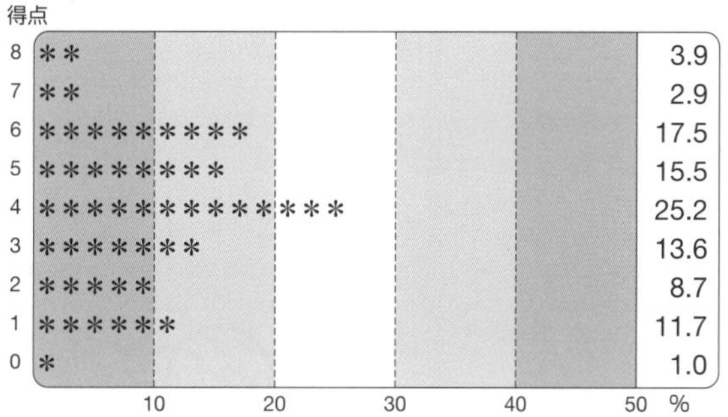

【女子】

◆平均点 3.5 点

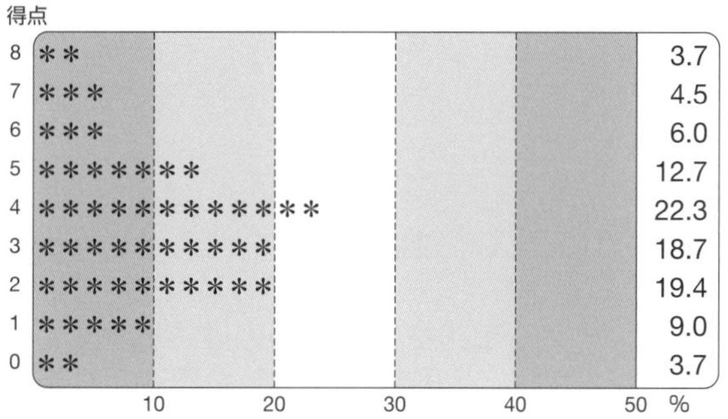

**指導**

左の問題は、まずは黒い積み木を取って前から見るとどう見えるかを考えてみましょう。それを左右反転させたものが答えとなります。右の五目並べやオセロ（リバーシ）など、親子で取り組める遊びは入試問題としても出題されています。まずは実際にやってみましょう。

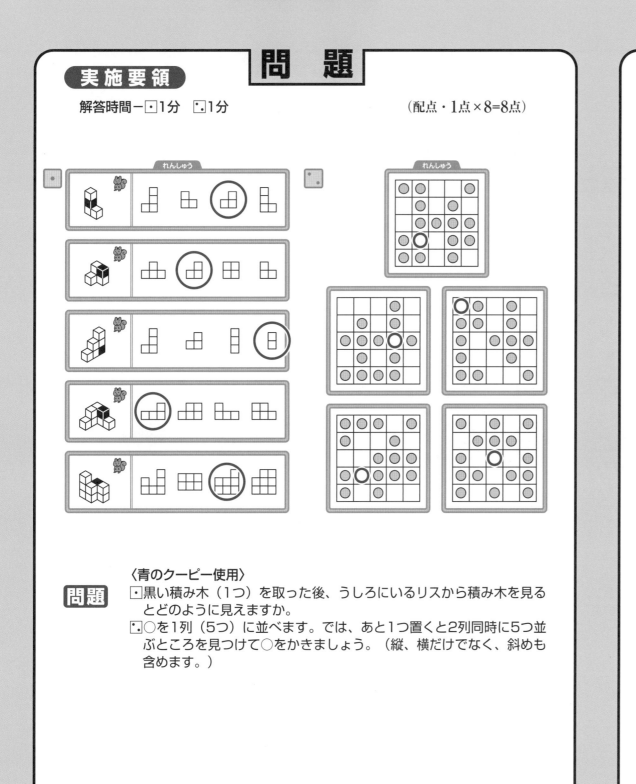

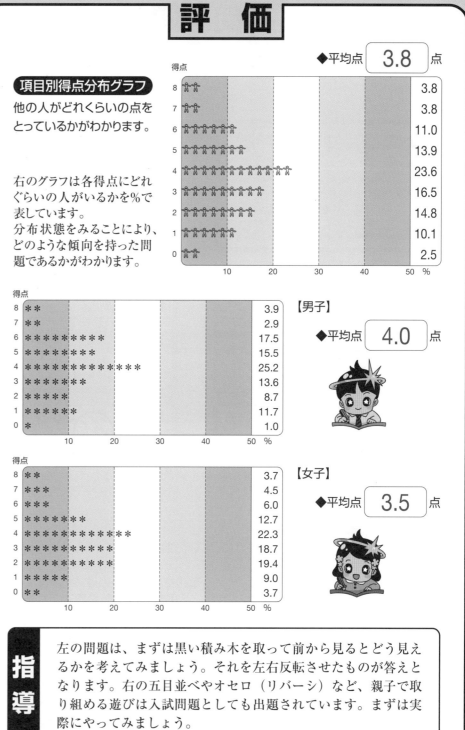

# テスト4 分野 比較 数量 重さ比べ・絵の数

【問題用紙は59(119)ページ】

## 問題

**実施要領**

解答時間－⚀1分30秒 ⚁1分　　（配点・1点×8=8点）

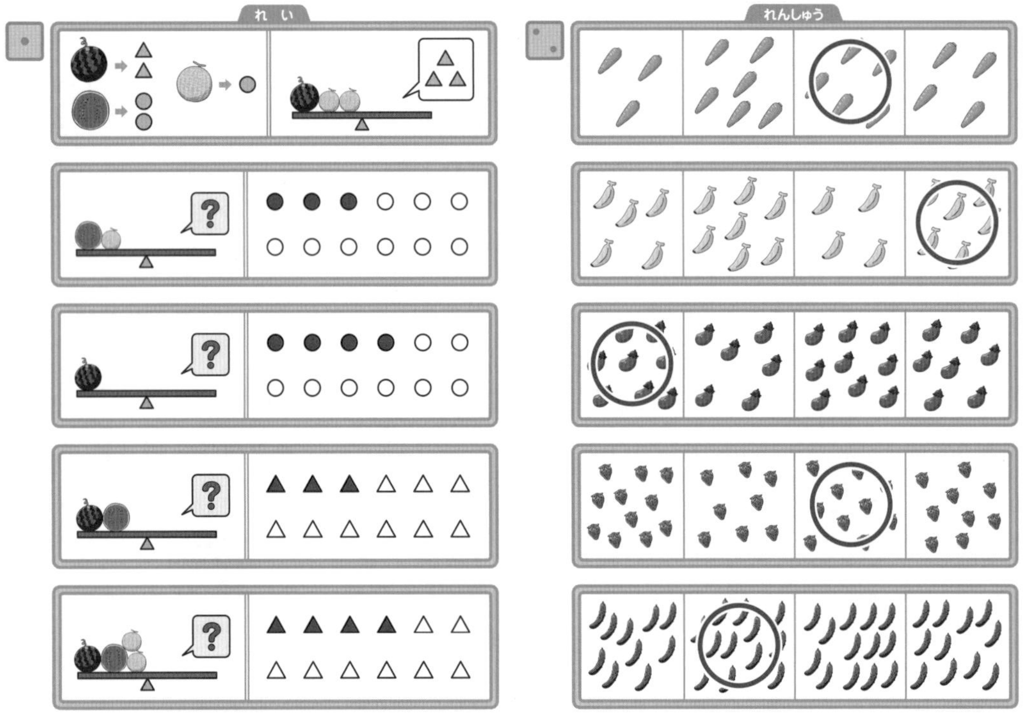


〈緑のクーピー使用〉

**問題**

⚀上の「れい」のように、スイカは△が2つ、スイカ半分は○が2つ、メロンは○が1つ分の重さです。（スイカ半分は2つでスイカ1つの重さです。）では、シーソーを釣り合わせるには、右側に○や△をいくつのせればよいでしょうか。その数だけ印を鉛筆で塗りましょう。（カラー問題は、その印の色で塗りましょう。）

⚁絵の数が二番目に多いところを見つけて○をつけましょう。

**※カラー問題もご用意しております。**
**問題用紙は巻末(119ページ)にございます。**
**解答の位置などは同じになります。**

## 評価

◆平均点 3.5 点

**項目別得点分布グラフ**

他の人がどれくらいの点をとっているかがわかります。

右のグラフは各得点にどれぐらいの人がいるかを%で表しています。
分布状態をみることにより、どのような傾向を持った問題であるかがわかります。

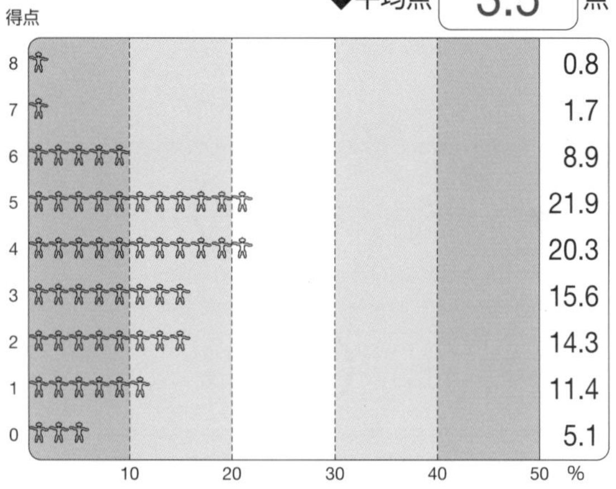


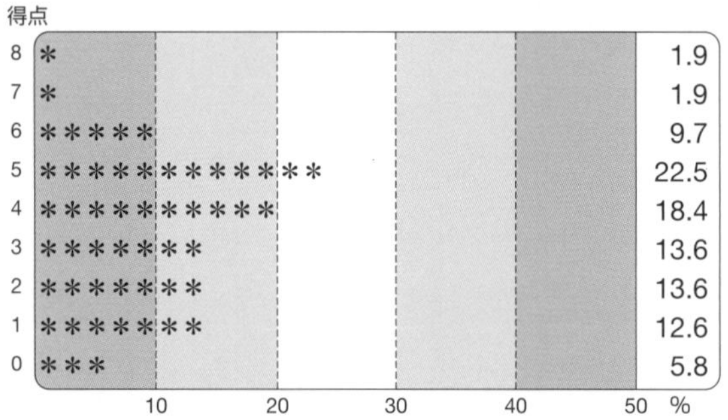


【男子】

◆平均点 3.5 点

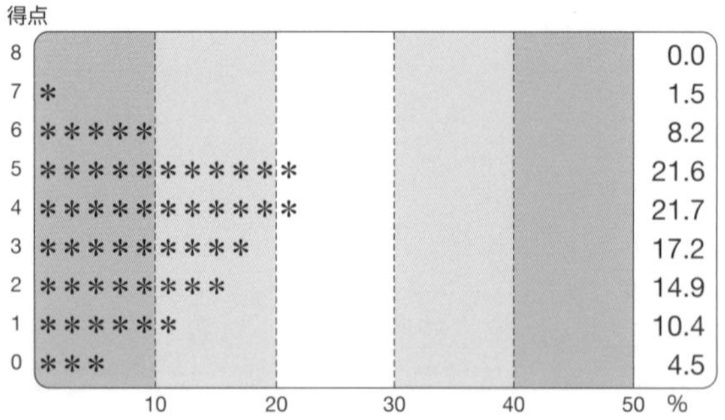


【女子】

◆平均点 3.5 点

**指導**

左のシーソーの問題は、入試でも頻出の問題です。色々なパターンがありますので、数多くの問題に取り組みましょう。右の問題は、数の多少を目で判断する能力は入試において必須です。全てを数えるのではなく、明らかに少ないものは除外しましょう。

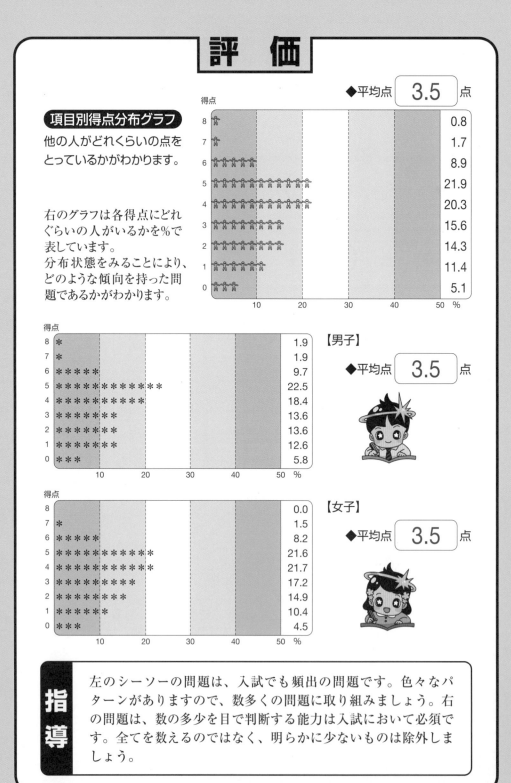

# テスト5　分野　知識　常識　総　合　【問題用紙は60ページ】



## 問　題

**実施要領**

解答時間－⚀30秒　⚂1分30秒　（配点・1点×8=8点）

⚀
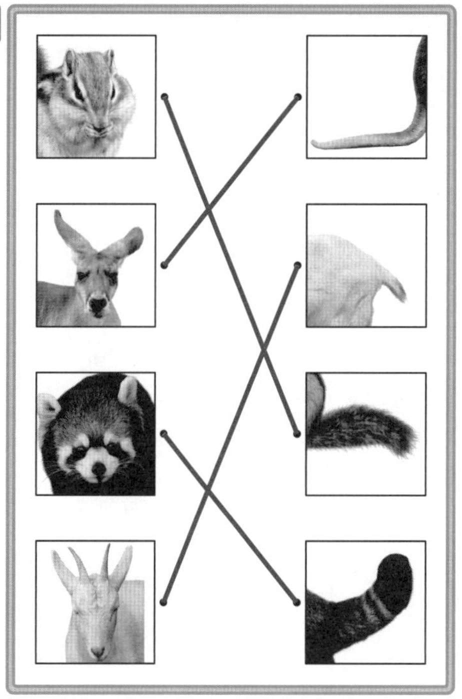

⚂

**問題**　〈緑のクーピー使用〉
⚀左の動物のしっぽ（おしり）を右から見つけて線でつなぎましょう。
⚂並び方のお約束を考えて、抜けている所に入る絵を見つけて、その印をつけましょう。

## 評　価

◆平均点　4.9　点

**項目別得点分布グラフ**

他の人がどれくらいの点をとっているかがわかります。

右のグラフは各得点にどれぐらいの人がいるかを%で表しています。
分布状態をみることにより、どのような傾向を持った問題であるかがわかります。

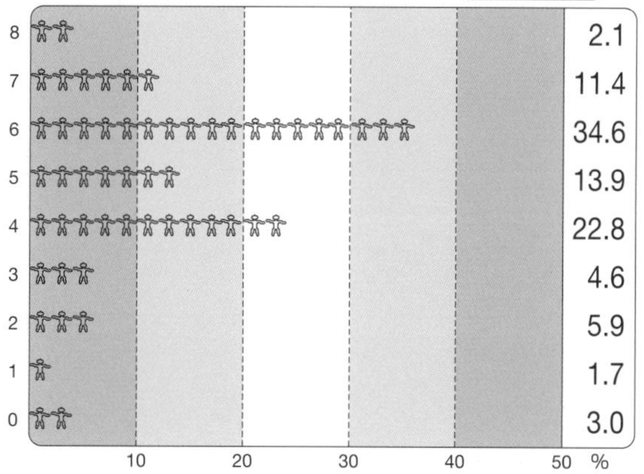


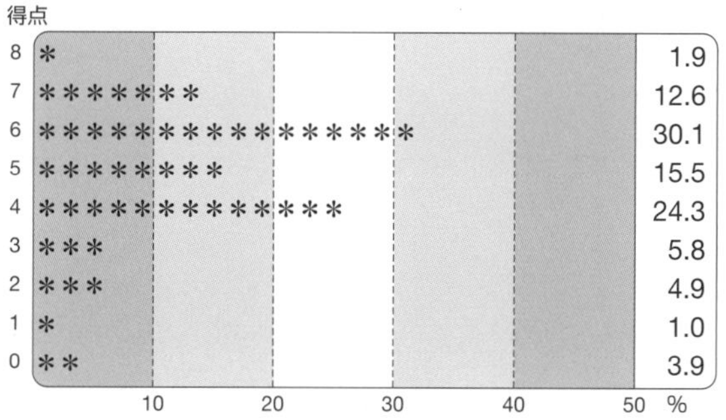


【男子】

◆平均点　4.9　点

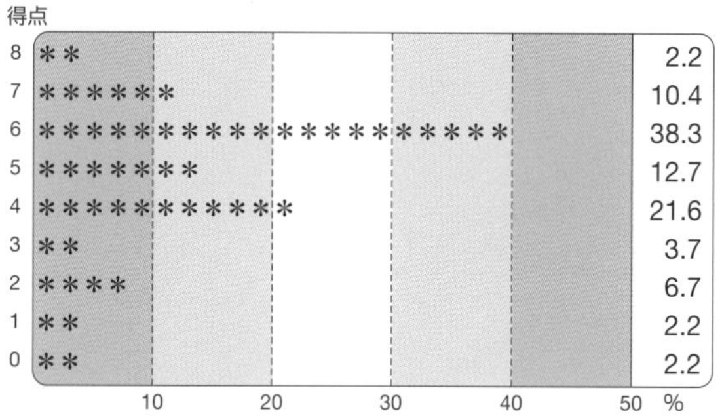


【女子】

◆平均点　5.0　点

**指導**

左の問題は、顔はわかっていても尾や足を知らないことがあります。もう一度確認してみましょう。右の問題は、上段は季節、下段は言葉の数で系列完成になっています。これに気付くかどうかは経験によるものですので、色々な規則性のパターンを覚えておきましょう。

# 第2回　模擬テスト結果記入表

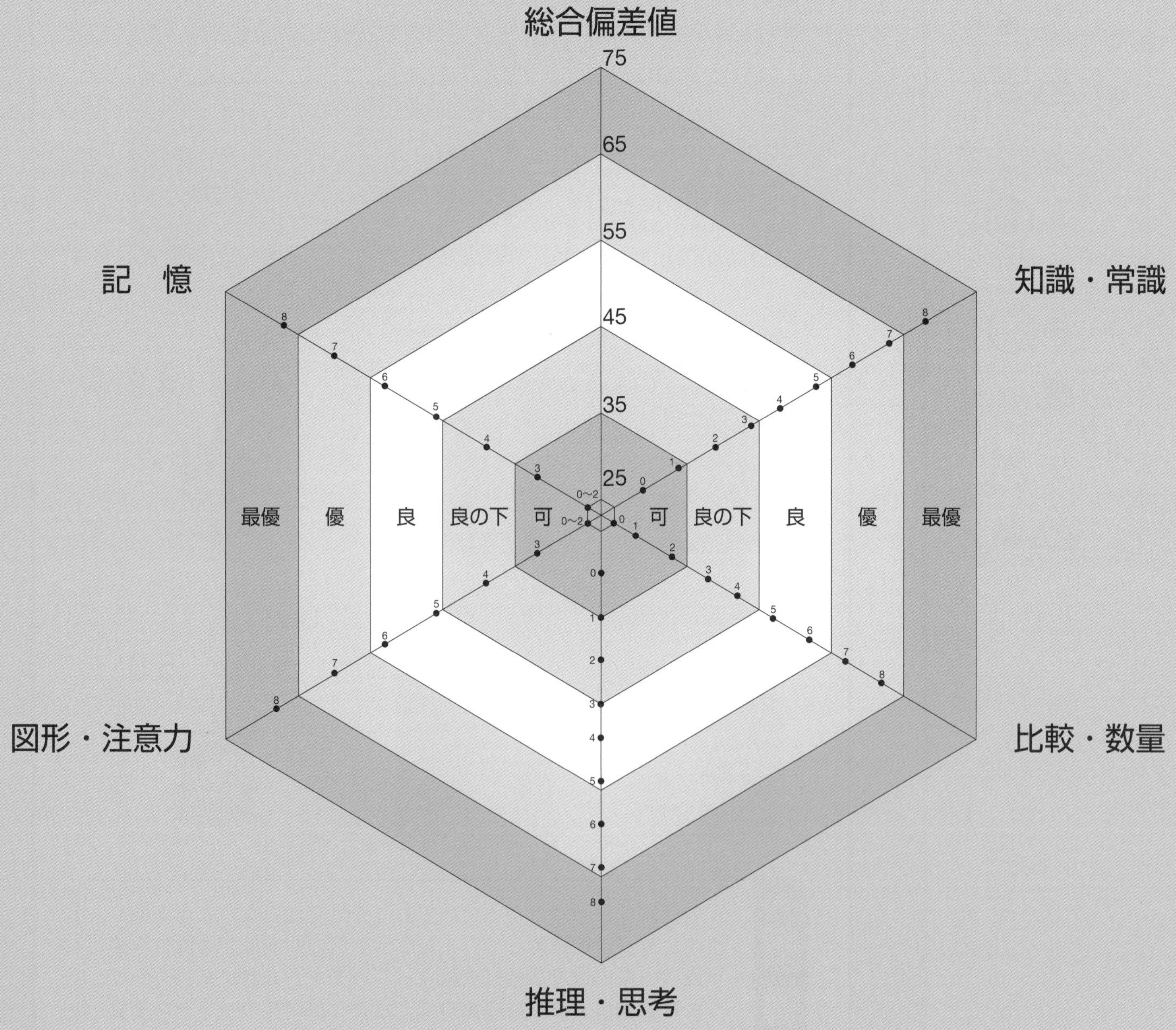


このレーダーチャートの記入の仕方

※総合は右下の表より偏差値を参照して、位置をご記入下さい。
※各5つの分野は得点をそのままグラフにご記入下さい。

| テスト | 分野名 | 項目名 | 平均点 | 得点 |
|---|---|---|---|---|
| ❶ | 記　憶 | お話の記憶 | 5.6/8 | /8 |
| ❷ | 図形・注意力 | 注意力・パズル | 5.5/8 | /8 |
| ❸ | 推理・思考 | 図形の重なり・裏から見たら | 4.1/8 | /8 |
| ❹ | 比較・数量 | 合わせた数・重さ比べ | 5.6/8 | /8 |
| ❺ | 知識・常識 | しりとり・知識 | 4.3/8 | /8 |

総合偏差値
（下の表にてお調べ下さい。）

総合得点

/40

| 得点 | 偏差値 | 1000人換算順位 | 得点 | 偏差値 | 1000人換算順位 |
|---|---|---|---|---|---|
| 40 | 74 | 1 | 20 | 42 | 733 |
| 39 | | | 19 | 40 | 786 |
| 38 | | | 18 | 39 | 822 |
| 37 | 69 | 5 | 17 | 37 | 830 |
| 36 | 67 | 9 | 16 | 35 | 871 |
| 35 | 66 | 13 | 15 | 34 | 908 |
| 34 | 64 | 25 | 14 | 32 | 928 |
| 33 | 63 | 38 | 13 | 31 | 940 |
| 32 | 61 | 82 | 12 | 29 | 973 |
| 31 | 59 | 115 | 11 | 27 | 977 |
| 30 | 58 | 168 | 10 | 26 | 981 |
| 29 | 56 | 212 | 9 | 24 | 985 |
| 28 | 55 | 257 | 8 | | |
| 27 | 53 | 355 | 7 | 21 | 989 |
| 26 | 51 | 416 | 6 | 19 | 997 |
| 25 | 50 | 460 | 5 | | |
| 24 | 48 | 529 | 4 | | |
| 23 | 47 | 586 | 3 | | |
| 22 | 45 | 631 | 2 | | |
| 21 | 43 | 684 | 1 | | |

# テスト1　分野 記憶　お話の記憶

【問題用紙は120ページ】

## 問題

**実施要領**

制限時間ー各10秒

（配点・1点×8=8点）

**解答**

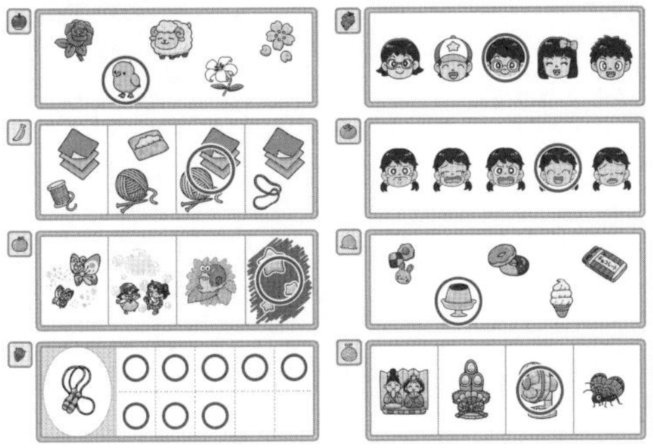

※カラー問題につき、問題用紙は巻末（120ページ）にございますのでご注意下さい。

**問題**

〈青のクーピー使用〉

（プリントを見せないでお話を聞かせて下さい。）

（りんご）カナちゃんは幼稚園で何組でしたか。見つけて○をつけましょう。

（バナナ）おばあちゃんにもらったペンダントは何で作られていますか。ちょうど合う絵を見つけて○をつけましょう。

（みかん）カナちゃんが歌ったうたは何ですか。ちょうど合う絵を見つけて○をつけましょう。

（いちご）カナちゃんはなわとびを何回跳ぶことができましたか。その数だけ○をかきましょう。

（ぶどう）なわとびの後、カナちゃんに「とっても上手だったね。」と言ったのは誰ですか。見つけて○をつけましょう。

（か　き）ペンダントに入っていた手紙を読んだときのカナちゃんに、ちょうど合うお顔の絵を見つけて○をつけましょう。

（も　も）カナちゃんたちがおやつに食べたものは何ですか。見つけて○をつけましょう。

（メロン）今のお話と同じ季節の絵を見つけて○をつけましょう。

**お話**

カナちゃんは、さくら幼稚園のヒヨコ組です。カナちゃんは、大好きなおばあちゃんからもらったペンダントをとても大切にしています。そのペンダントは、折り紙で作ったハートに、水色の毛糸をむすんで作ったもので、カナちゃんはいつもポケットの中に入れて持っていました。今日もカナちゃんは、忘れずにペンダントを黄色いスカートのポケットに入れて幼稚園に行きました。今日は幼稚園で、歌の発表会となわとびのテストがある日です。カナちゃんは仲良しのアイコちゃんと、『きらきら星』のうたを歌う順番を待っていました。その間、カナちゃんはポケットの中からペンダントを出して、ぎゅっとにぎっていました。すると、アイコちゃんが不思議そうに、「ねぇ、どうしてペンダントをずっとにぎってるの。」とカナちゃんに聞きました。カナちゃんは「これ、おばあちゃんが作ってくれたんだけど、にぎってると何でもできる気がするんだ。」と、ニコニコして言いました。そして順番がやってくると、二人とも上手に歌うことができました。その後は、なわとびのテストです。カナちゃんは、ポケットの中のペンダントをぎゅっとにぎって、先生の合図でなわとびをとびました。5回続けてとぶことができれば合格ですが、カナちゃんは8回もとぶことができました。すると、めがねをかけたケンタくんが、「カナちゃんとっても上手だったね。」と言ってくれました。カナちゃんは幼稚園が終わってお家に帰ると、お庭のユリに水やりをしていたおばあちゃんに、「今日、きらきら星も上手に歌えたし、なわとびもたくさんとべたんだ。おばあちゃんがくれたペンダントのおかげだよ。ありがとう。」と言いました。すると、「このペンダントはね、ひみつのペンダントなのよ。折り紙をひらいて中を見てごらん。」と、おばあちゃんが言いました。カナちゃんが毛糸をほどいて折り紙をひらいてみると、中にはピンク色の小さな手紙が入っていました。手紙には『カナちゃんは頑張りやさんだから、一生けんめい頑張れば何でもできるよ。いつも応援してるからね。』と書いてありました。カナちゃんは、それを見てとても嬉しくなりました。その後、おばあちゃんが用意してくれていた、おやつのプリンを二人で一緒に食べました。

## 評価

◆平均点　5.6　点

**項目別得点分布グラフ**

他の人がどれくらいの点をとっているかがわかります。

右のグラフは各得点にどれぐらいの人がいるかを%で表しています。
分布状態をみることにより、どのような傾向を持った問題であるかがわかります。

| 得点 | % |
|---|---|
| 8 | 5.7 |
| 7 | 22.0 |
| 6 | 32.5 |
| 5 | 17.9 |
| 4 | 13.4 |
| 3 | 5.3 |
| 2 | 2.8 |
| 1 | 0.4 |
| 0 | 0.0 |

【男子】

◆平均点　5.5　点

| 得点 | % |
|---|---|
| 8 | 3.6 |
| 7 | 23.6 |
| 6 | 33.8 |
| 5 | 13.6 |
| 4 | 15.5 |
| 3 | 4.5 |
| 2 | 4.5 |
| 1 | 0.9 |
| 0 | 0.0 |

【女子】

◆平均点　5.7　点

| 得点 | % |
|---|---|
| 8 | 7.4 |
| 7 | 20.6 |
| 6 | 31.5 |
| 5 | 21.3 |
| 4 | 11.8 |
| 3 | 5.9 |
| 2 | 1.5 |
| 1 | 0.0 |
| 0 | 0.0 |

**指導**

お話の記憶は、子ども達の大好きな問題の一つです。楽しい気持ちで聞くことで集中力が高まり、頭の中で場面をしっかりイメージできることに繋がります。苦手意識を持たせないようにしましょう。また、お話の中に出てくる色、数、人の気持ちなどにも注意を向けさせ練習しましょう。

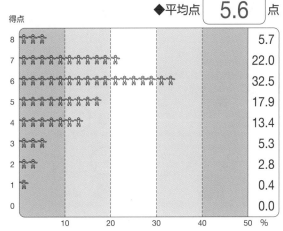

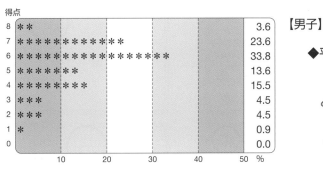

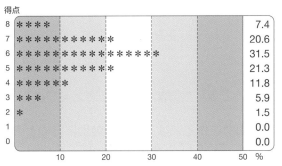

# テスト2 分野 図形 注意力 注意力・パズル 【問題用紙は61ページ】

## 問　題

**実施要領**

解答時間ー⚀40秒　⚂1分　　　（配点・1点×8=8点）

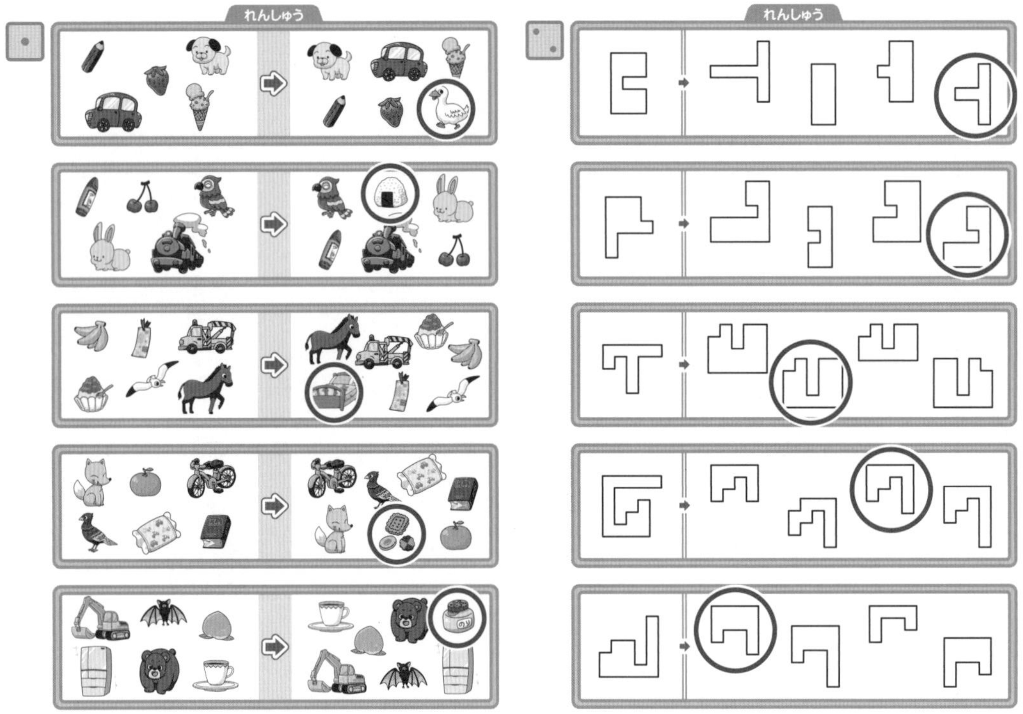


〈青のクーピー使用〉

**問題**　⚀左の絵が右のようになりました。増えた絵を右から見つけて○をつけましょう。
⚂ぴったり合わせて四角を作るには、左はしの形に右のどの形を合わせればよいでしょうか。見つけて○をつけましょう。

## 評　価

◆平均点 5.5 点

**項目別得点分布グラフ**

他の人がどれくらいの点をとっているかがわかります。

右のグラフは各得点にどれぐらいの人がいるかを%で表しています。
分布状態をみることにより、どのような傾向を持った問題であるかがわかります。

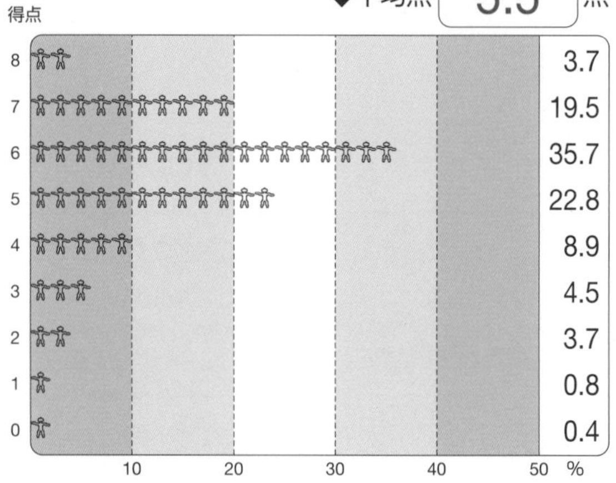


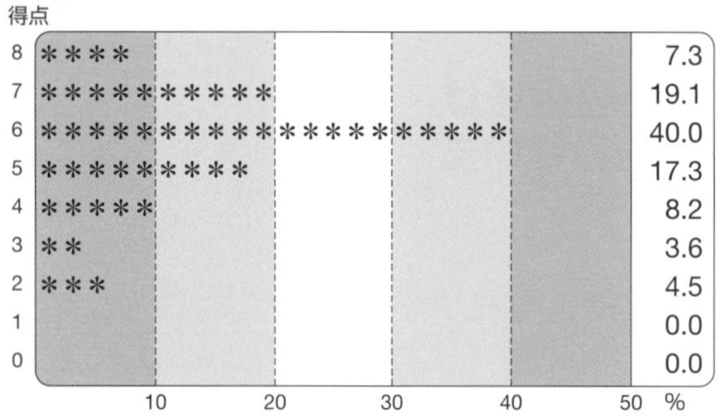


【男子】

◆平均点 5.7 点

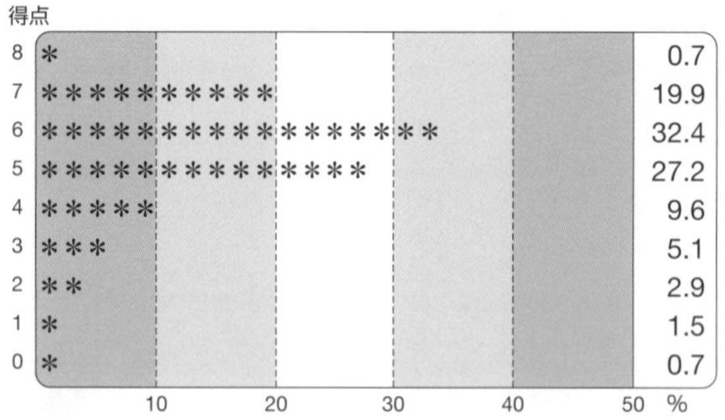


【女子】

◆平均点 5.4 点

**指導**

左は注意力の問題です。左右どちらにもある絵には印を付けるようにすると、自ずと答えが見つかります。右の問題は、2つの形の切り口をよく見てみましょう。同じ形をしていることを覚えておいてください。

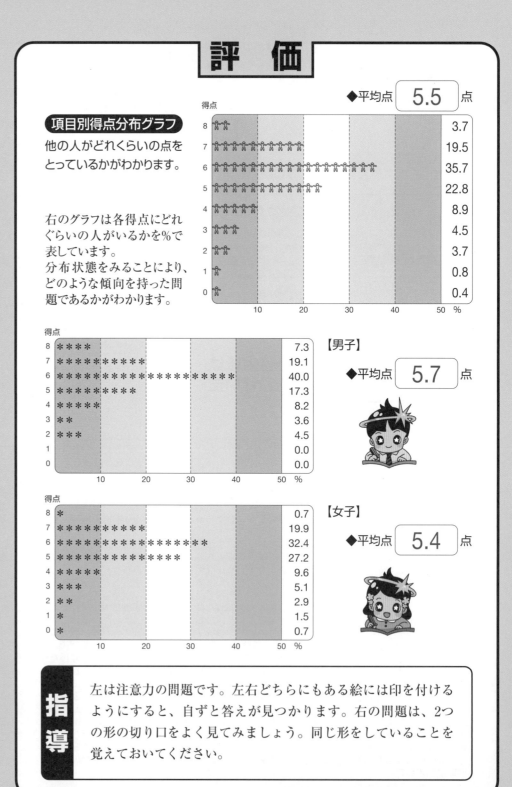

# テスト3 分野 推理思考 図形の重なり・裏から見たら

【問題用紙は62(121)ページ】



## 問題

**実施要領**

解答時間ー⚀1分　⚁1分　　　（配点・1点×8=8点）

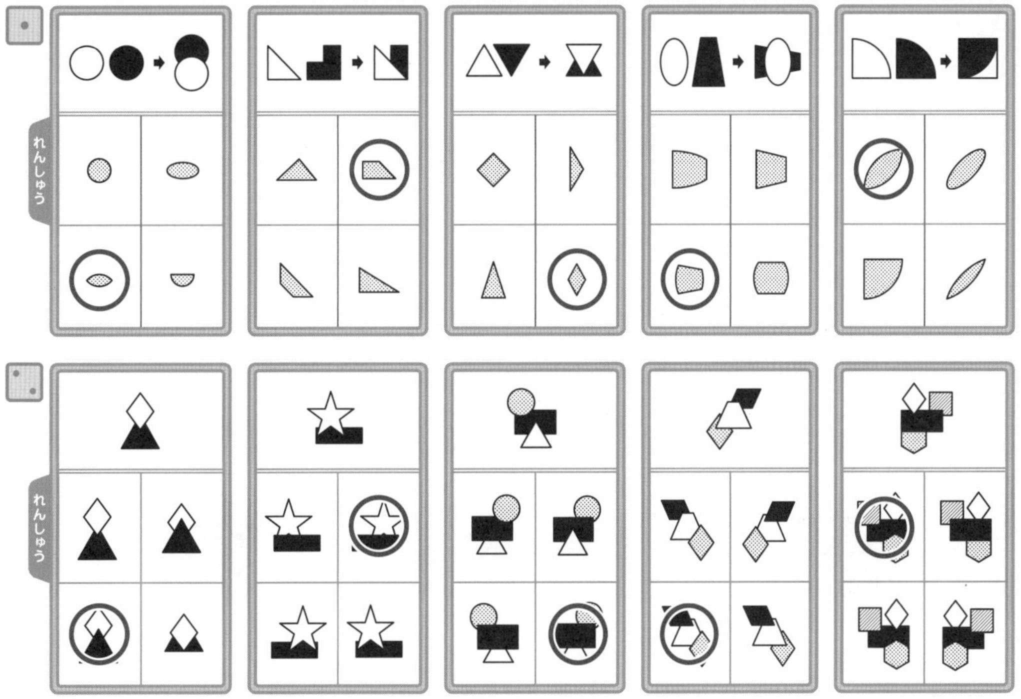


**問題**

〈青のクーピー使用〉

⚀上の絵のように形を重ねたとき、重なっているところはどんな形になりますか。下から見つけて○をつけましょう。

⚁上の形は、表と裏が同じ色の紙で作ってあります。この形を裏から見たらどのように見えるでしょうか。右から1つ見つけて○をつけましょう。

**※カラー問題もご用意しております。**
**問題用紙は巻末（121 ページ）にございます。**
**解答の位置などは同じです。**

## 評価

◆平均点 4.1 点

**項目別得点分布グラフ**

他の人がどれくらいの点をとっているかがわかります。

右のグラフは各得点にどれぐらいの人がいるかを%で表しています。
分布状態をみることにより、どのような傾向を持った問題であるかがわかります。

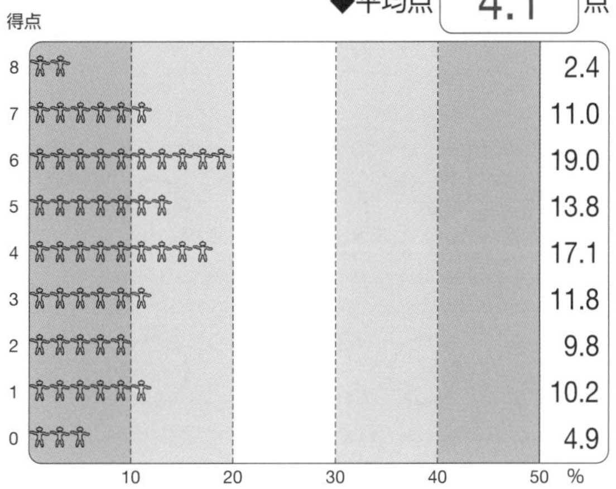

| 得点 | % |
|---|---|
| 8 | 2.4 |
| 7 | 11.0 |
| 6 | 19.0 |
| 5 | 13.8 |
| 4 | 17.1 |
| 3 | 11.8 |
| 2 | 9.8 |
| 1 | 10.2 |
| 0 | 4.9 |

【男子】

◆平均点 4.2 点

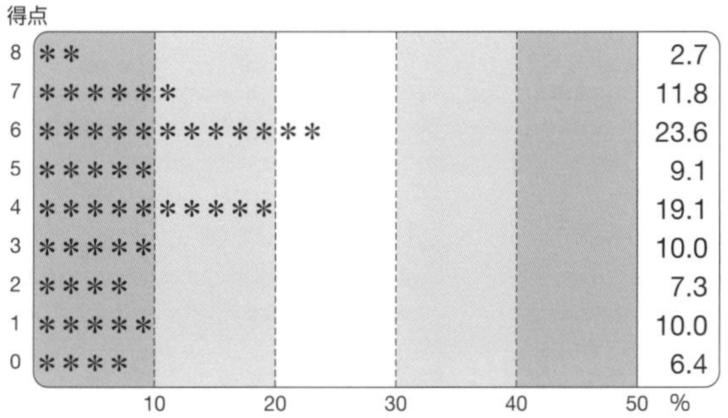

| 得点 | % |
|---|---|
| 8 | 2.7 |
| 7 | 11.8 |
| 6 | 23.6 |
| 5 | 9.1 |
| 4 | 19.1 |
| 3 | 10.0 |
| 2 | 7.3 |
| 1 | 10.0 |
| 0 | 6.4 |

【女子】

◆平均点 4.1 点

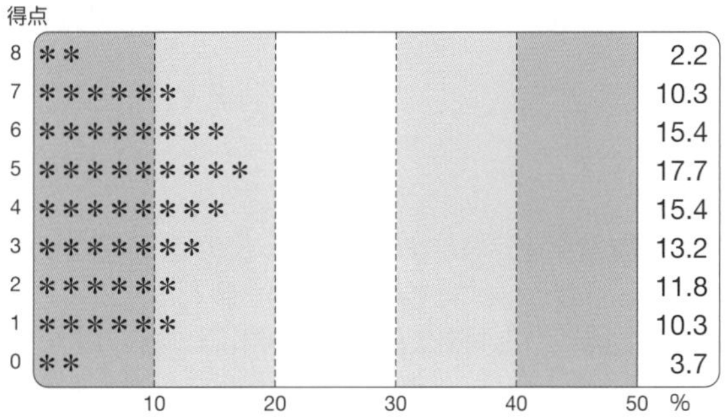

| 得点 | % |
|---|---|
| 8 | 2.2 |
| 7 | 10.3 |
| 6 | 15.4 |
| 5 | 17.7 |
| 4 | 15.4 |
| 3 | 13.2 |
| 2 | 11.8 |
| 1 | 10.3 |
| 0 | 3.7 |

**指導**

上の問題は、今回は2つの図形が重なっていますね。下になっている図形の隠れている所を描くと、答えが見えてきます。下の問題は、裏返すと紙の上下が逆になりますね。まずは、上下が正しくないものを除外し、選択肢を減らしましょう。

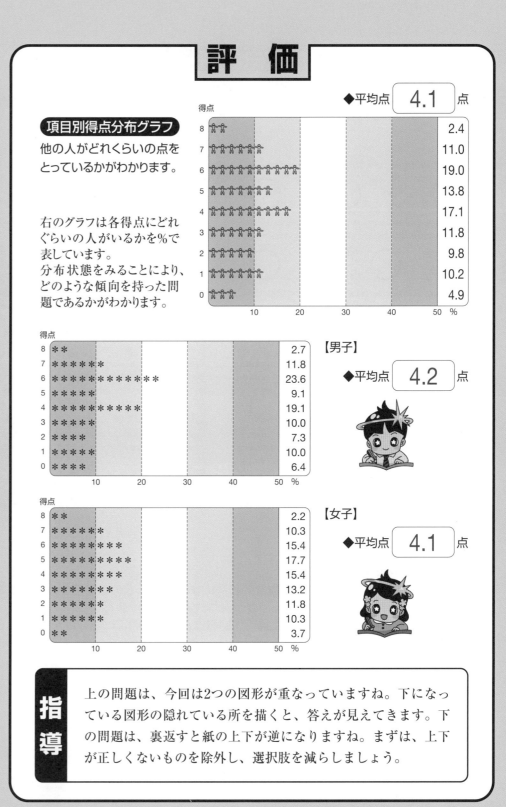

# テスト4 分野 比較 数量 合わせた数・重さ比べ

【問題用紙は63ページ】

## 問題

**実施要領**

解答時間－⊡1分30秒
　　　　　⊡1分20秒

（配点・1点×8=8点）

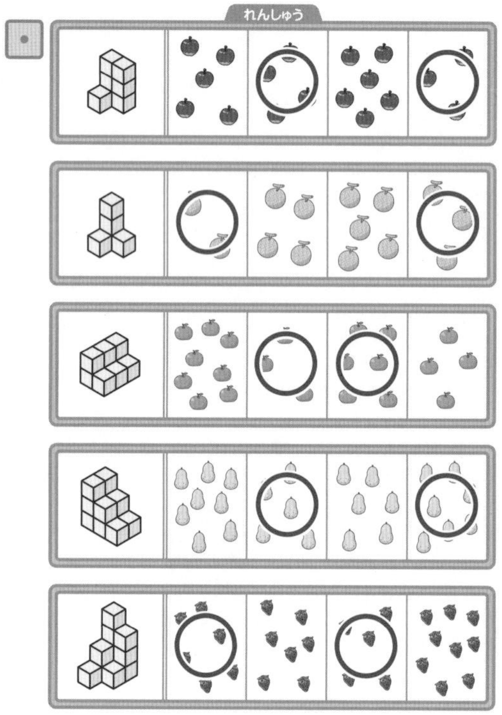


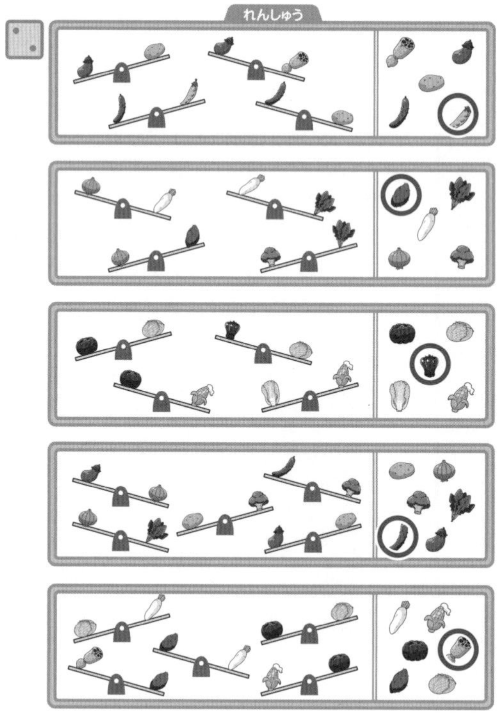


**問題**

〈緑のクーピー使用〉

⊡お手本の積み木の数と同じ数にするには、右のどの2つの絵の数を合わせるとよいでしょうか。見つけて○をつけましょう。

⊡シーソーの絵をよく見て、いちばん軽いものに○をつけましょう。

## 評価

◆平均点 5.6 点

**項目別得点分布グラフ**

他の人がどれくらいの点をとっているかがわかります。

右のグラフは各得点にどれぐらいの人がいるかを%で表しています。
分布状態をみることにより、どのような傾向を持った問題であるかがわかります。

| 得点 | % |
|---|---|
| 8 | 21.1 |
| 7 | 17.5 |
| 6 | 21.6 |
| 5 | 12.6 |
| 4 | 8.9 |
| 3 | 8.1 |
| 2 | 4.9 |
| 1 | 3.7 |
| 0 | 1.6 |

【男子】

◆平均点 5.3 点

| 得点 | % |
|---|---|
| 8 | 20.9 |
| 7 | 12.7 |
| 6 | 18.2 |
| 5 | 15.5 |
| 4 | 11.8 |
| 3 | 9.1 |
| 2 | 5.5 |
| 1 | 3.6 |
| 0 | 2.7 |

【女子】

◆平均点 5.8 点

| 得点 | % |
|---|---|
| 8 | 21.3 |
| 7 | 21.3 |
| 6 | 24.3 |
| 5 | 10.3 |
| 4 | 6.6 |
| 3 | 7.4 |
| 2 | 4.4 |
| 1 | 3.7 |
| 0 | 0.7 |

**指導**

左の数の問題は、実際に積み木を積んでみる練習をし、隠れて見えない積み木の数を正確に数えられるようにしましょう。右の重さくらべの問題は、シーソーの重い方の絵にどんどん印を付けていきましょう。一番軽い物が残ります。

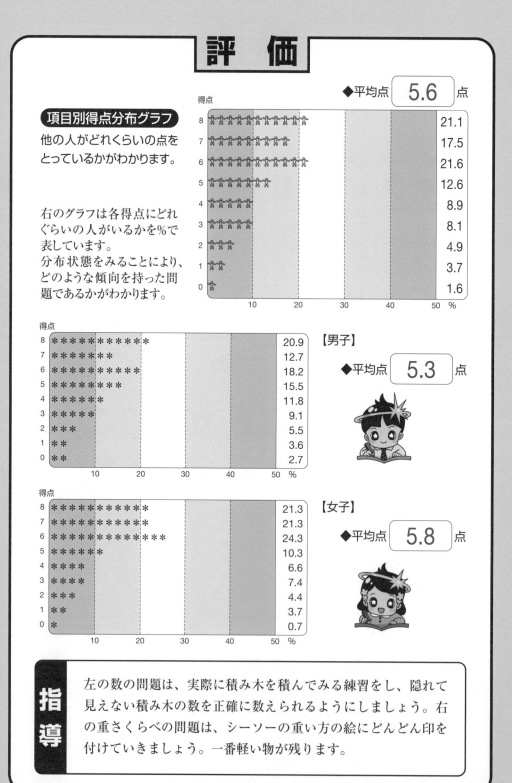

# テスト5 分野 知識 常識 しりとり・知識 【問題用紙は64ページ】

## 問題

**実施要領**

解答時間－⚀50秒 ⚁30秒

（配点・1点×8=8点）

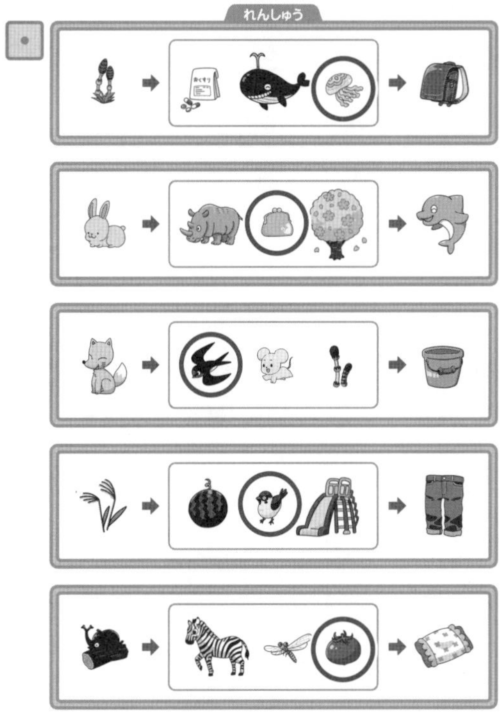

**問題**

〈緑のクーピー使用〉

⚀名前のまん中の言葉（音）をつないでしりとりをします。では、左はしの絵から右はしの絵までしりとりをするには、まん中のどの絵を使うとよいでしょうか。見つけて○をつけましょう。ただし、「お」を取ってもおかしくないものは、取って考えましょう。

⚁左の絵は右の絵のどれから作られているか、選んで線でつなぎましょう。

## 評価

◆平均点 4.3 点

**項目別得点分布グラフ**

他の人がどれくらいの点をとっているかがわかります。

右のグラフは各得点にどれぐらいの人がいるかを%で表しています。
分布状態をみることにより、どのような傾向を持った問題であるかがわかります。

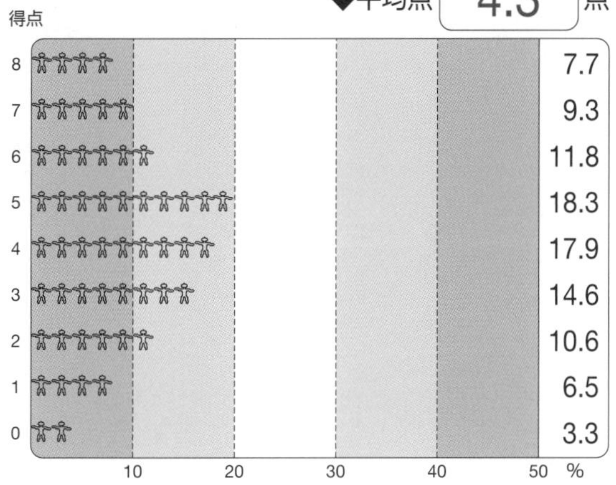


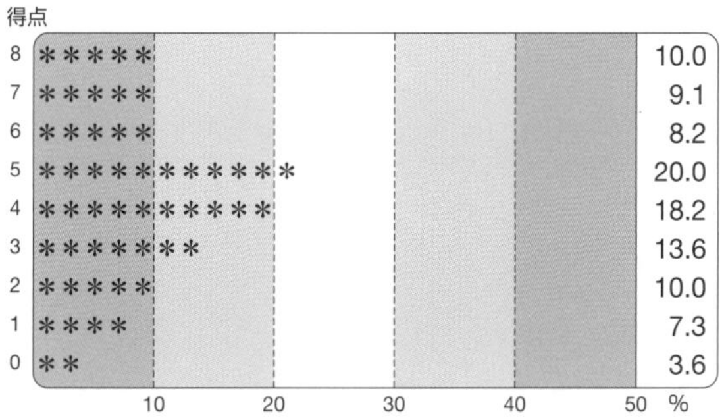


【男子】

◆平均点 4.3 点

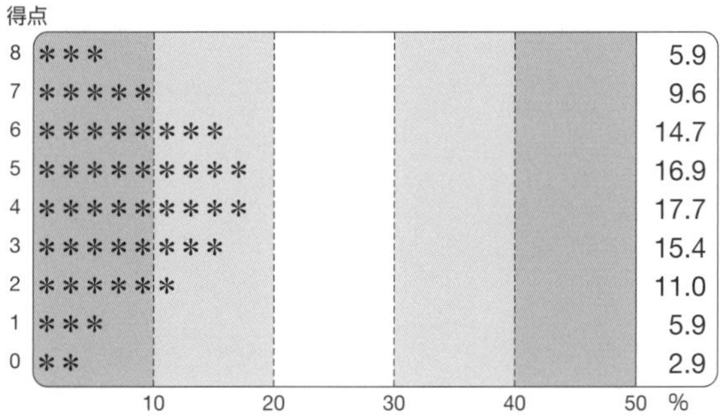


【女子】

◆平均点 4.3 点

**指導**

左のしりとりの問題では、選択した答えが次の絵にきちんと繋がっているかを確認しましょう。右の知識の問題は、日常生活の中で、何から作られているのか考えるようにしてみましょう。

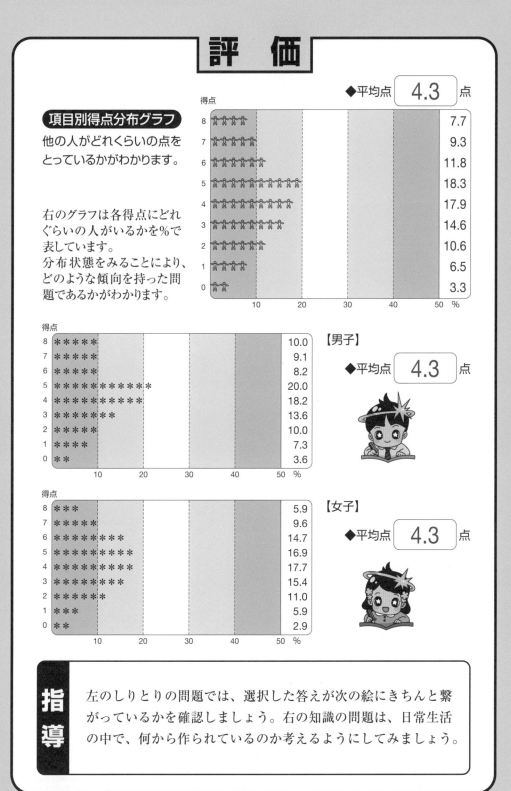

# 第3回　模擬テスト結果記入表



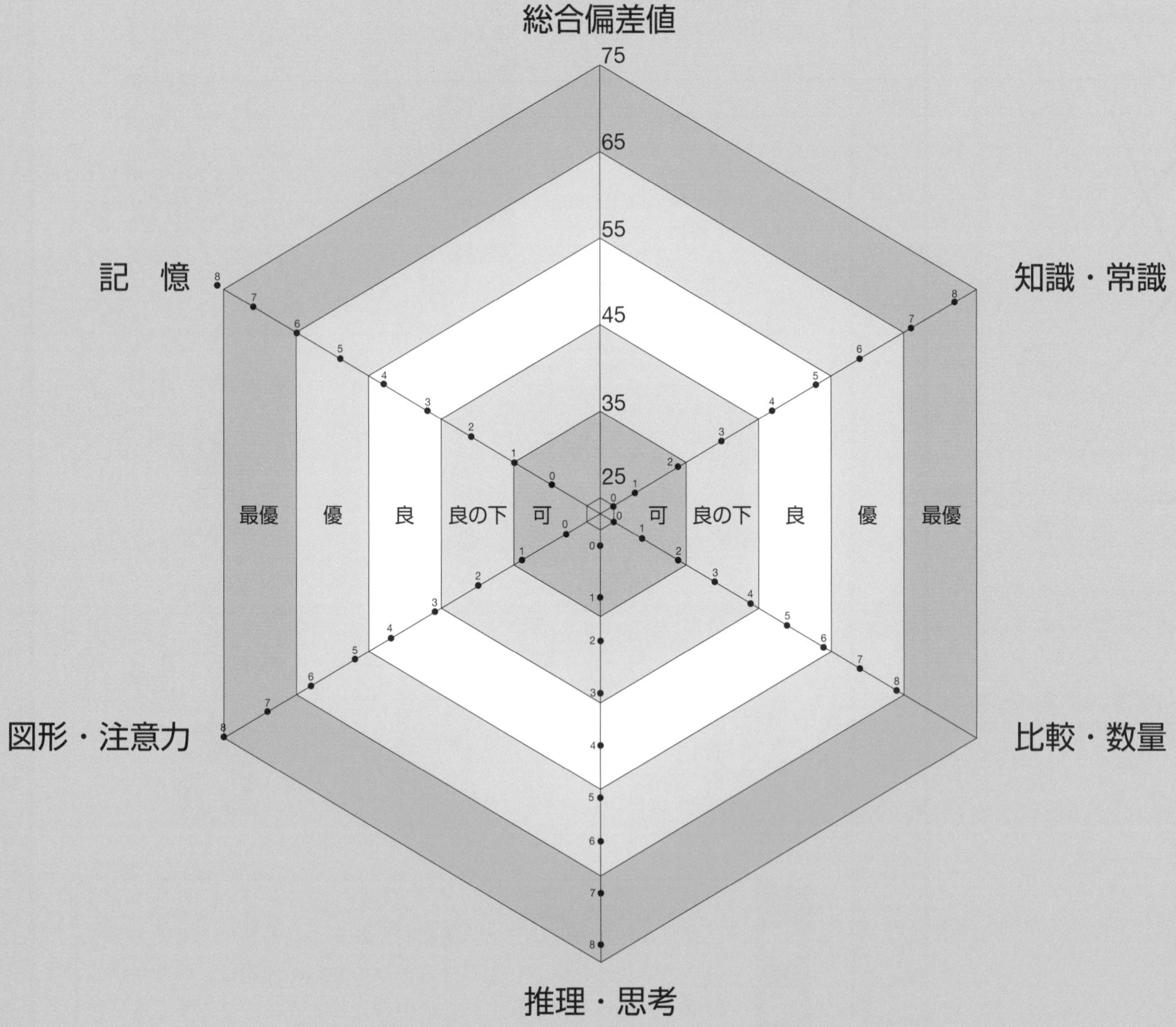


| テスト | 分野名 | 項目名 | 平均点 | 得点 |
|---|---|---|---|---|
| ❶ | 記　憶 | お話の記憶 | 3.5/8 | /8 |
| ❷ | 図形・注意力 | 総　合 | 3.7/8 | /8 |
| ❸ | 推理・思考 | 総　合 | 4.0/8 | /8 |
| ❹ | 比較・数量 | 数　量 | 5.3/8 | /8 |
| ❺ | 知識・常識 | 知　識 | 4.5/8 | /8 |
| 総合偏差値（下の表にてお調べ下さい。） | | | 総合得点 | /40 |

| 得点 | 偏差値 | 1000人換算順位 | 得点 | 偏差値 | 1000人換算順位 |
|---|---|---|---|---|---|
| 40 | | | 20 | 48 | 514 |
| 39 | | | 19 | 47 | 582 |
| 38 | | | 18 | 45 | 624 |
| 37 | | | 17 | 43 | 682 |
| 36 | | | 16 | 42 | 703 |
| 35 | | | 15 | 40 | 755 |
| 34 | 71 | 1 | 14 | 39 | 802 |
| 33 | 69 | 6 | 13 | 37 | 849 |
| 32 | 68 | 11 | 12 | 35 | 896 |
| 31 | 66 | 32 | 11 | 34 | 928 |
| 30 | 64 | 38 | 10 | 32 | 933 |
| 29 | 63 | 53 | 9 | 31 | 954 |
| 28 | 61 | 80 | 8 | 29 | 959 |
| 27 | 60 | 116 | 7 | | |
| 26 | 58 | 148 | 6 | 26 | 964 |
| 25 | 56 | 195 | 5 | 24 | 991 |
| 24 | 55 | 268 | 4 | 22 | 996 |
| 23 | 53 | 294 | 3 | | |
| 22 | 52 | 399 | 2 | | |
| 21 | 50 | 488 | 1 | | |

このレーダーチャートの記入の仕方

※総合は右下の表より偏差値を参照して、位置をご記入下さい。
※各5つの分野は得点をそのままグラフにご記入下さい。

# テスト1　分野　記憶　お話の記憶　【問題用紙は122ページ】



## 問題

**実施要領**

解答時間一各10秒

（配点・1点×8=8点）

**解答**

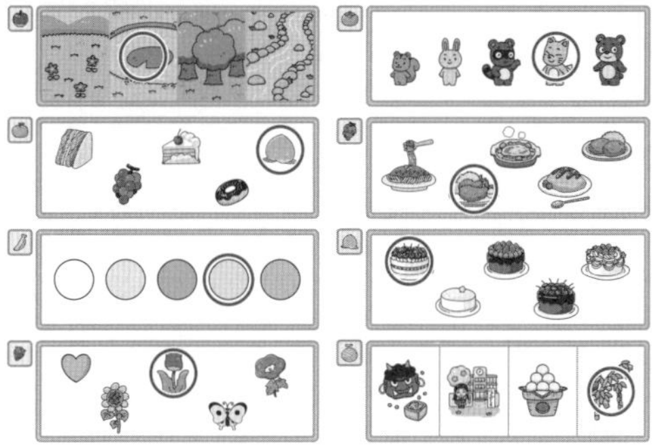

※カラー問題につき、問題用紙は巻末（122ページ）にございますのでご注意下さい。

**問題**

〈青のクーピー使用〉

（プリントを見せないでお話を聞かせて下さい。）

（りんご）ウサギさんのお家に行くまでに通らないのはどれですか。見つけて○をつけましょう。

（みかん）キツネさんがカゴに入れていたものは何ですか。見つけて○をつけましょう。

（バナナ）クマさんが持っていたお皿と同じ色を見つけて○をつけましょう。

（いちご）ネズミさんが着けていたエプロンに描いてある絵は何ですか。見つけて○をつけましょう。

（か　き）ネズミさんと一緒に料理を作ったのは誰ですか。見つけて○をつけましょう。

（ぶどう）テーブルの上になかった料理はどれですか。見つけて○をつけましょう。

（も　も）タヌキさんが持ってきたケーキはどれですか。見つけて○をつけましょう。

（メロン）今のお話と同じ季節の絵を見つけて○をつけましょう。

**お話**

今日はウサギさんのお誕生日です。リスさんはさっそくヒマワリの花束を持ってお祝いに行きました。ウサギさんのお家は、小さな森を抜けたところにある川を渡って、少し歩いたところにある原っぱの奥にあります。リスさんが歩いていると、森を抜けてすぐのところでキツネさんがモモがたくさん入った黄色いカゴを持って歩いていました。リスさんが「キツネさん、どこいくの。」と聞くと、キツネさんは「ウサギさんのお祝いだよ。」と言いました。「そうなんだ。じゃあ、一緒に行こうよ。」リスさんはそう言って、二人は一緒にウサギさんのお家に行くことにしました。リスさんとキツネさんが歩いていると、今度は川にかかっている橋の上で、サンドイッチをのせた水色のお皿を持って歩いているクマさんに会いました。リスさんとキツネさんが「クマさん、どこいくの。」と聞くと、クマさんも「ウサギさんのお祝いだよ。」と言いました。リスさんとキツネさんとクマさんが三人で一緒にウサギさんのお家に行くと、チューリップの絵が描いてある緑色のエプロンを着けたネズミさんが、台所で料理を作っているところでした。ネズミさんは料理がとても上手なので、ウサギさんの好きなものを何でも作ってあげているのです。リスさんたちは「おめでとう。」と言ってウサギさんに持ってきたものを渡すと、ネズミさんを手伝うことにしました。キツネさんはネズミさんと一緒に料理を作って、リスさんとクマさんはテーブルの上に食器を並べたり、出来あがった料理を運んだりしました。準備をしている間、ウサギさんにはソファに座ってゆっくりしてもらいました。しばらくすると、ネズミさんが「できた。」と言って、テーブルの上にはオムライスやスパゲティ、それからグラタンやクリームコロッケが並びました。ウサギさんは「どれもおいしそう。」と大喜びでした。そして、キツネさんとクマさんが持ってきたモモとサンドイッチも一緒に並べて、リスさんが持ってきたヒマワリをピンク色の花瓶に入れて、テーブルの真ん中に置きました。最後に遅れてやってきたタヌキさんが「ごめんね。さっきやっとできたところなんだ。」と、サクランボと生クリームの大きなケーキを持ってきて、みんなで「ウサギさん、お誕生日おめでとう。」と言いました。ウサギさんは「みんなありがとう。」と、にっこり笑って言いました。

## 評価

◆平均点　3.5　点

**項目別得点分布グラフ**

他の人がどれくらいの点をとっているかがわかります。

右のグラフは各得点にどれぐらいの人がいるかを%で表しています。
分布状態をみることにより、どのような傾向を持った問題であるかがわかります。

| 得点 | % |
| --- | --- |
| 8 | 1.0 |
| 7 | 3.7 |
| 6 | 11.0 |
| 5 | 8.9 |
| 4 | 23.0 |
| 3 | 19.9 |
| 2 | 21.5 |
| 1 | 8.9 |
| 0 | 2.1 |

【男子】

◆平均点　3.1　点

| 得点 | % |
| --- | --- |
| 8 | 1.1 |
| 7 | 2.2 |
| 6 | 5.6 |
| 5 | 10.1 |
| 4 | 20.2 |
| 3 | 21.3 |
| 2 | 24.9 |
| 1 | 11.2 |
| 0 | 3.4 |

【女子】

◆平均点　3.8　点

| 得点 | % |
| --- | --- |
| 8 | 1.0 |
| 7 | 4.9 |
| 6 | 15.7 |
| 5 | 7.8 |
| 4 | 25.5 |
| 3 | 18.6 |
| 2 | 18.6 |
| 1 | 6.9 |
| 0 | 1.0 |

**指導**

今回は少し長いお話でしたので、しっかり集中して聞いておかないとなかなか満点はとれません。お話の記憶はどの小学校の入試でも出題頻度が高いので、出来なかった子は徹底的に繰り返して練習しておきましょう。

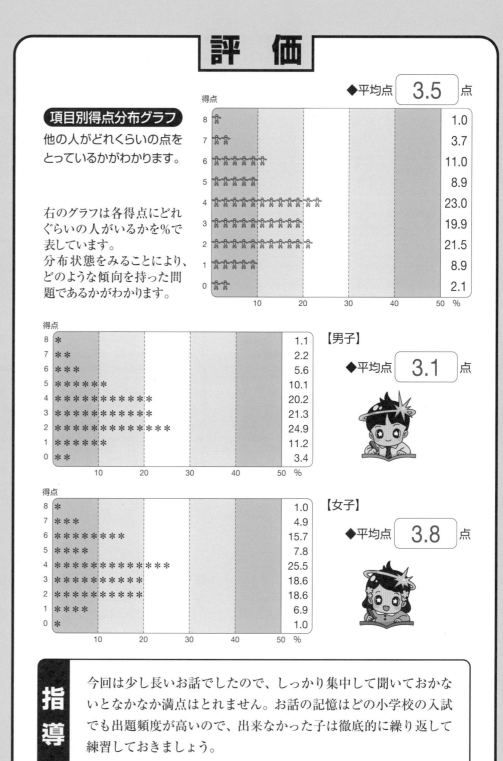

# テスト2 分野 図形 注意力 総合

【問題用紙は65(123)ページ】

## 問題

**実施要領**

解答時間ー⚀1分30秒 ⚁1分 （配点・1点×8=8点）

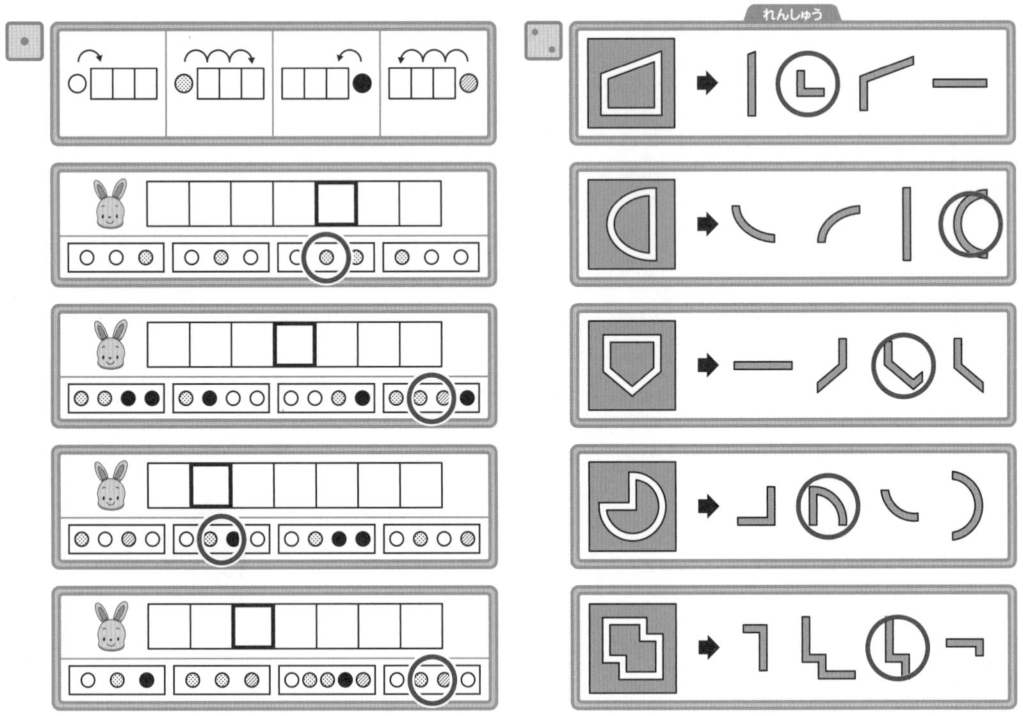


〈青のクーピー使用〉

**問題** ⚀上のお約束通りにウサギさんが進んだとき、太い枠の箱にぴったりとまることができないものを下から見つけて○をつけましょう。
⚁左のお手本に右のパズルをぴったり合わせて入れるとき、1つだけ使わないものを見つけて○をつけましょう。

**※カラー問題もご用意しております。**
**問題用紙は巻末(123 ページ)にございます。**
**解答の位置などは同じです。**

## 評価

◆平均点 3.7 点

**項目別得点分布グラフ**

他の人がどれくらいの点をとっているかがわかります。

右のグラフは各得点にどれぐらいの人がいるかを%で表しています。
分布状態をみることにより、どのような傾向を持った問題であるかがわかります。

| 得点 | % |
|---|---|
| 8 | 1.0 |
| 7 | 4.2 |
| 6 | 10.5 |
| 5 | 18.8 |
| 4 | 19.9 |
| 3 | 19.4 |
| 2 | 17.3 |
| 1 | 6.8 |
| 0 | 2.1 |

【男子】 ◆平均点 3.9 点

| 得点 | % |
|---|---|
| 8 | 1.1 |
| 7 | 5.6 |
| 6 | 12.4 |
| 5 | 23.5 |
| 4 | 18.0 |
| 3 | 12.4 |
| 2 | 16.9 |
| 1 | 6.7 |
| 0 | 3.4 |

【女子】 ◆平均点 3.6 点

| 得点 | % |
|---|---|
| 8 | 1.0 |
| 7 | 2.9 |
| 6 | 8.8 |
| 5 | 14.7 |
| 4 | 21.6 |
| 3 | 25.5 |
| 2 | 17.6 |
| 1 | 6.9 |
| 0 | 1.0 |

**指導**

左の問題は、まずは、しっかりとお約束を確認しましょう。指を使っても構いませんので、どこに着くのかをひとつひとつ見つけていきましょう。右の問題は、同じところがあれば、どちらかは使わないものです。まずは、そこから見つけていきましょう。

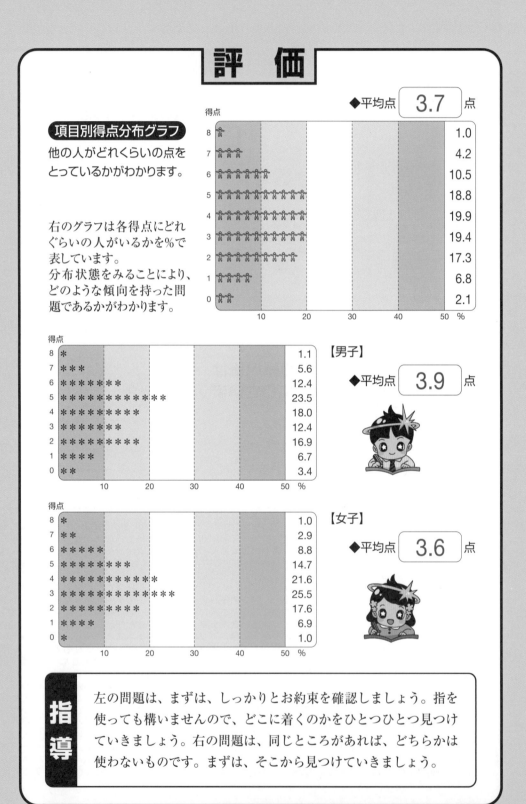

# テスト3 分野 推理思考 総合 【問題用紙は66ページ】

## 問題

**実施要領**

解答時間－⚀1分30秒　⚂1分　　（配点・1点×8=8点）

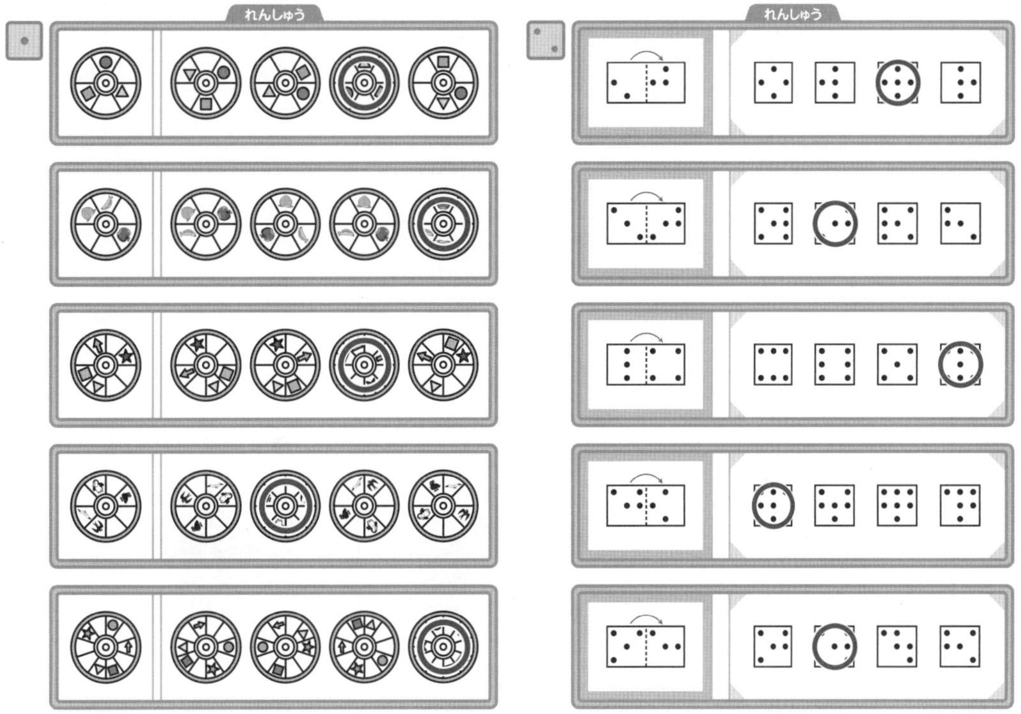


〈青のクーピー使用〉

**問題**
⚀左のお手本が回転したものを右から見つけて○をつけましょう。
⚂左の透き通った紙を点線のところで矢印の向きに折って重ねると、右のどれになるでしょうか。見つけて○をつけましょう。

## 評価

◆平均点 4.0 点

**項目別得点分布グラフ**

他の人がどれくらいの点をとっているかがわかります。

右のグラフは各得点にどれぐらいの人がいるかを%で表しています。
分布状態をみることにより、どのような傾向を持った問題であるかがわかります。

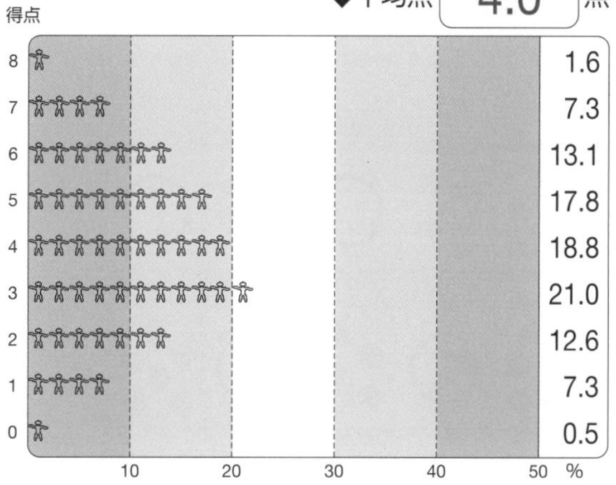

| 得点 | % |
|---|---|
| 8 | 1.6 |
| 7 | 7.3 |
| 6 | 13.1 |
| 5 | 17.8 |
| 4 | 18.8 |
| 3 | 21.0 |
| 2 | 12.6 |
| 1 | 7.3 |
| 0 | 0.5 |

【男子】

◆平均点 4.0 点

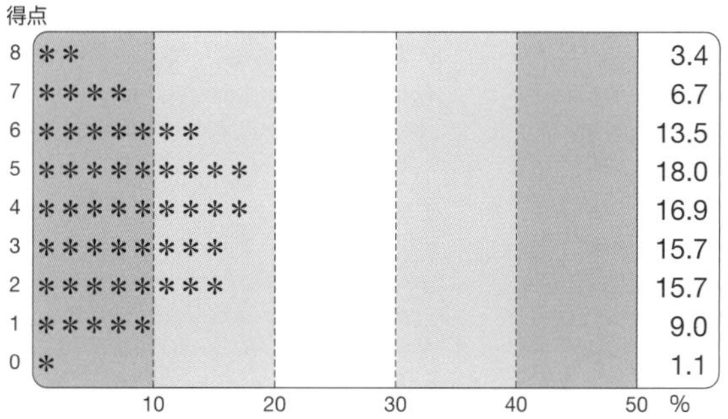

| 得点 | % |
|---|---|
| 8 | 3.4 |
| 7 | 6.7 |
| 6 | 13.5 |
| 5 | 18.0 |
| 4 | 16.9 |
| 3 | 15.7 |
| 2 | 15.7 |
| 1 | 9.0 |
| 0 | 1.1 |

【女子】

◆平均点 4.0 点

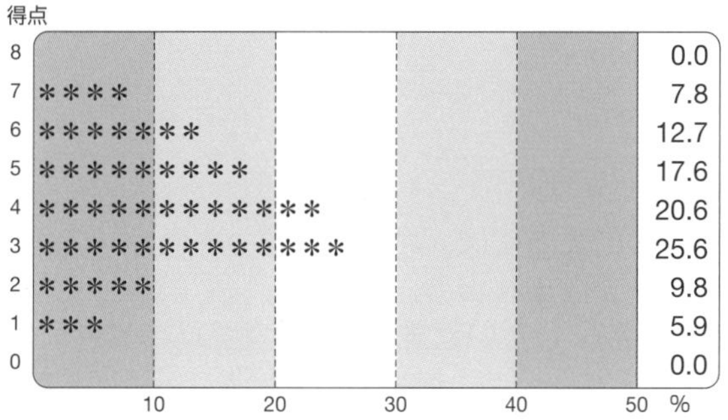

| 得点 | % |
|---|---|
| 8 | 0.0 |
| 7 | 7.8 |
| 6 | 12.7 |
| 5 | 17.6 |
| 4 | 20.6 |
| 3 | 25.6 |
| 2 | 9.8 |
| 1 | 5.9 |
| 0 | 0.0 |

**指導**

左の問題は、回転しても、絵の並び方の順番は変わらないことを確認しておきましょう。右側の重ね図形の問題は、まずは点がどこに移動するのかを書き込んでみましょう。ただし、正確な位置に書けるようにして下さい。

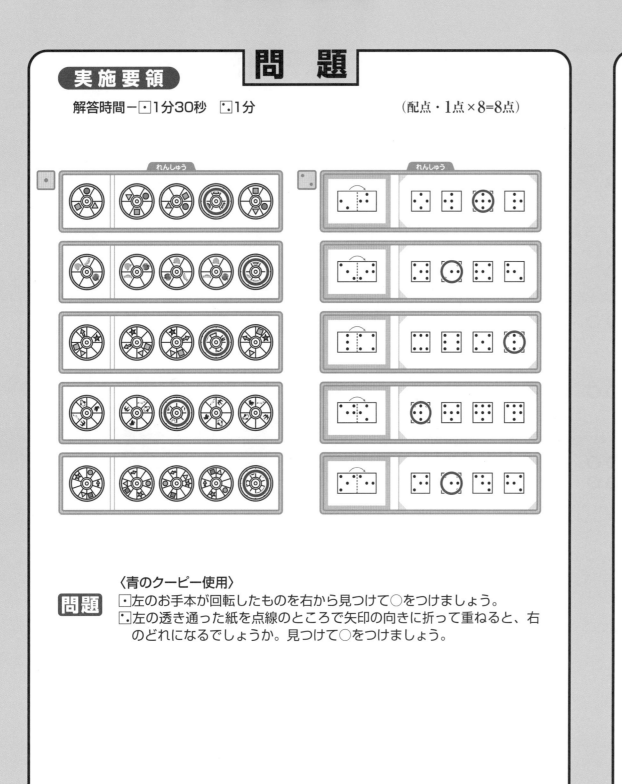

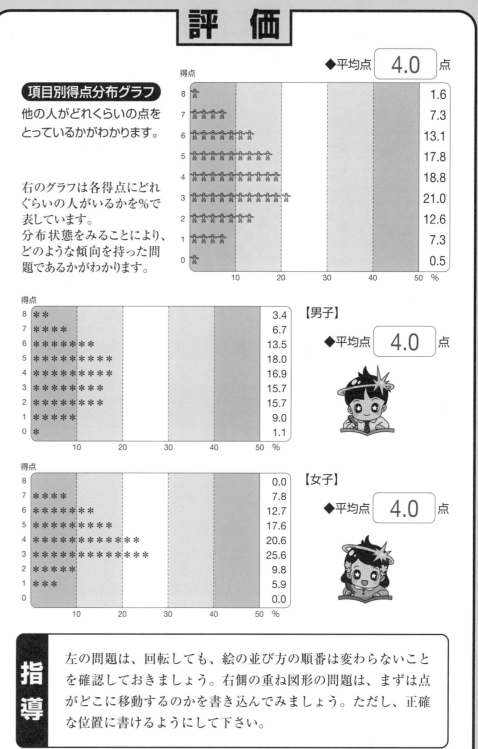

# テスト4 分野 比較 数量 数　量

【問題用紙は67ページ】



## 問　題

**実施要領**

解答時間－⊡1分　⊡50秒

（配点・1点×8=8点）

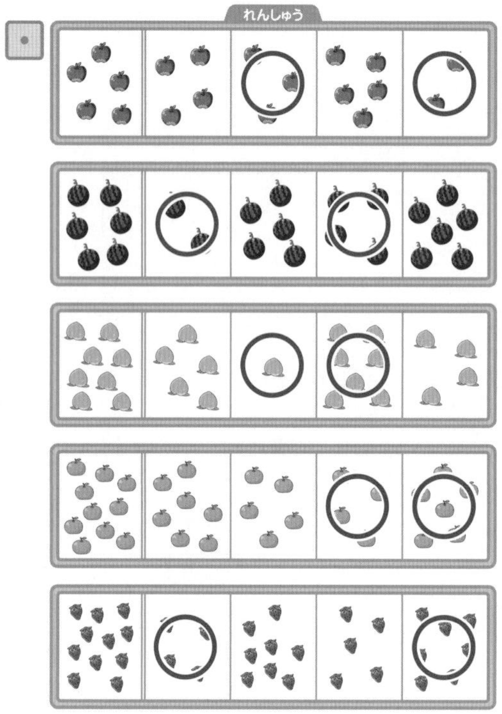


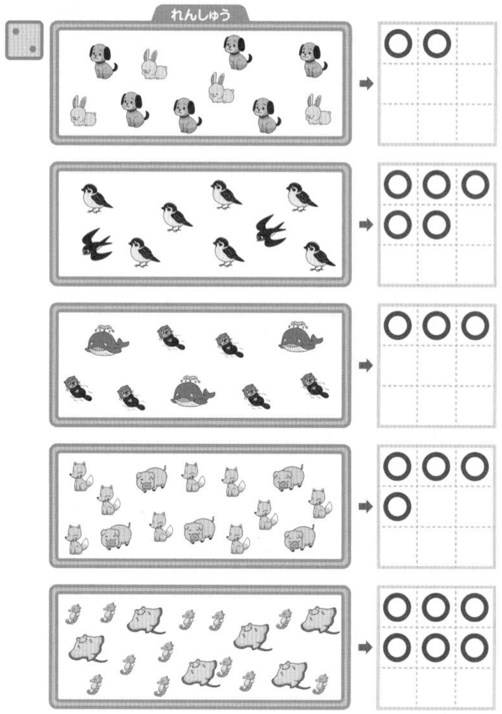


〈緑のクーピー使用〉

**問題**
⊡左のお手本と同じ数にするには、右のどの2つを合わせるとよいでしょうか。見つけて○をつけましょう。
⊡2つの絵の数を同じ数にしたいと思います。足りない数だけ右の箱に○をかきましょう。

## 評　価

◆平均点 5.3 点

**項目別得点分布グラフ**

他の人がどれくらいの点をとっているかがわかります。

右のグラフは各得点にどれぐらいの人がいるかを%で表しています。
分布状態をみることにより、どのような傾向を持った問題であるかがわかります。

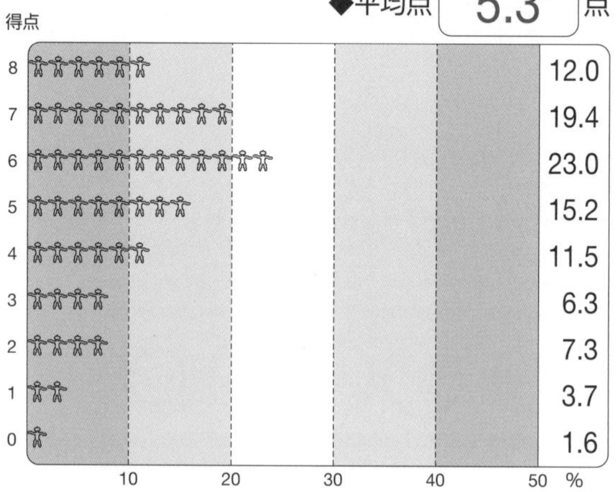


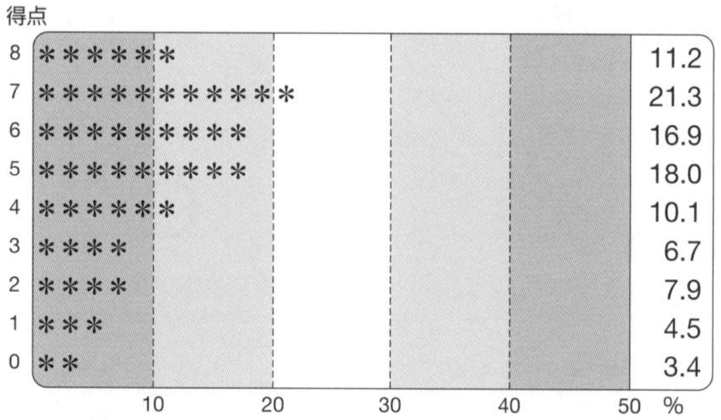


【男子】

◆平均点 5.1 点

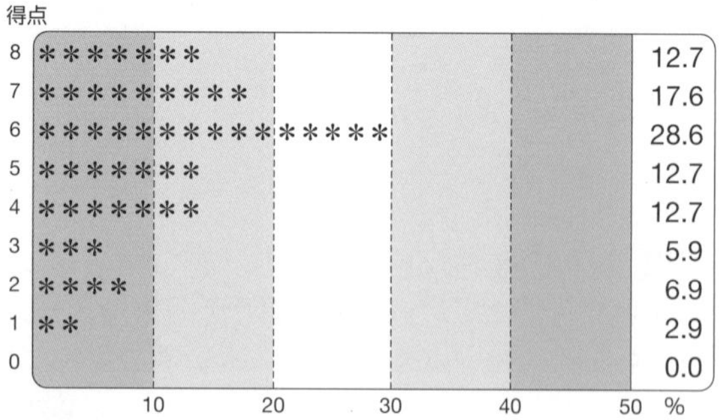


【女子】

◆平均点 5.5 点

**指導**

左のような問題の合わせていくつになるかは、可能な限り覚えておきましょう。右側の問題で、暗算が難しい場合は、少ない方の絵の数だけ多い方の絵を消す（印を付ける）ようにしましょう。残った数が違いの数です。

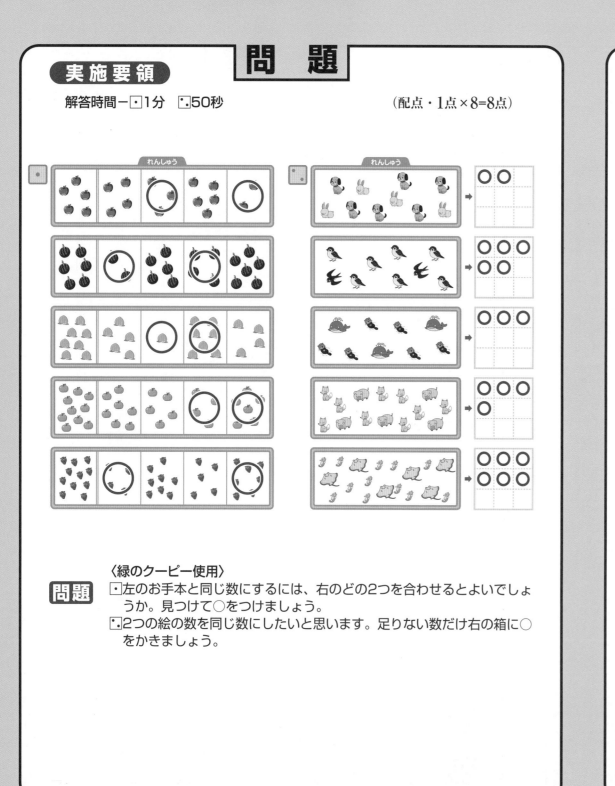

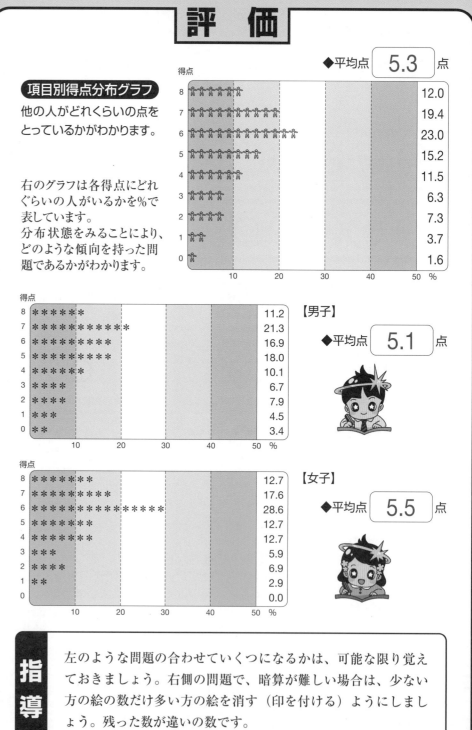

# テスト5 分野 知識 常識 知識

【問題用紙は68ページ】

## 問題

**実施要領**

解答時間ー各10秒

（配点・1点×8=8点）

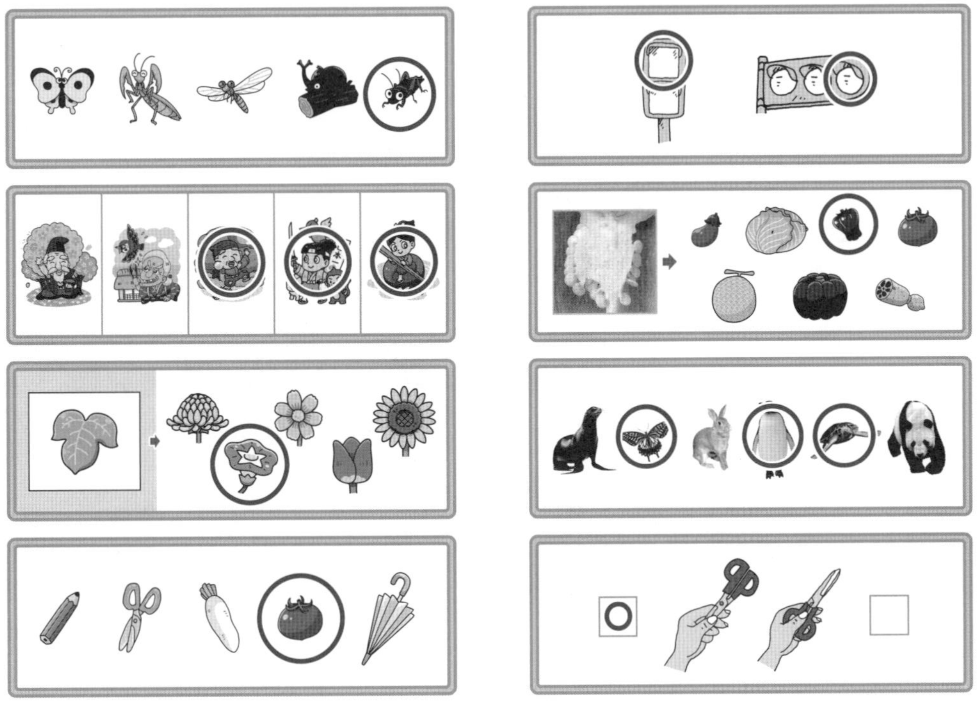

**問題**

〈緑のクーピー使用〉

左側（一段目）鳴く虫を見つけて○をつけましょう。
（二段目）「オニ」が出てくるお話に○をつけましょう。
（三段目）左の葉っぱのお花を見つけて○をつけましょう。
（四段目）並んでいる絵の中で、1つだけ違うかぞえ方をするものを見つけて○をつけましょう。

右側（一段目）赤信号のところに○をつけましょう。
（二段目）左の写真は右のどの野菜でしょうか。見つけて○をつけましょう。
（三段目）卵からうまれるものを全部見つけて○をつけましょう。
（四段目）ハサミの正しい渡し方のほうの箱に○をかきましょう。

## 評価

◆平均点 4.5 点

**項目別得点分布グラフ**

他の人がどれくらいの点をとっているかがわかります。

右のグラフは各得点にどれぐらいの人がいるかを%で表しています。
分布状態をみることにより、どのような傾向を持った問題であるかがわかります。

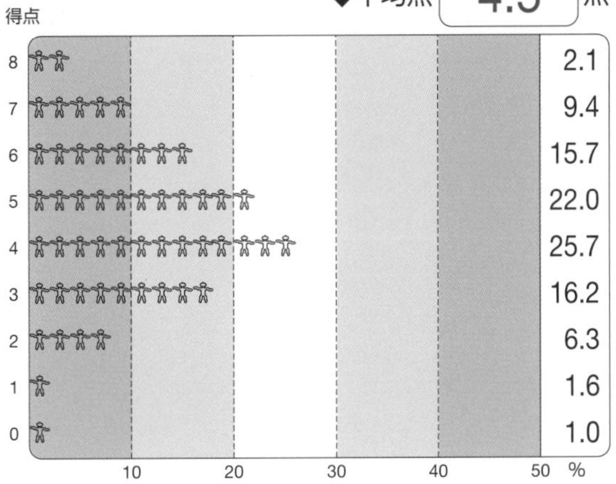


【男子】

◆平均点 4.2 点

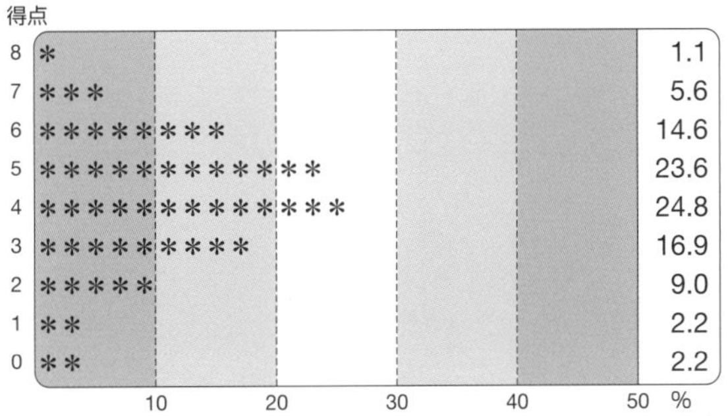

【女子】

◆平均点 4.8 点

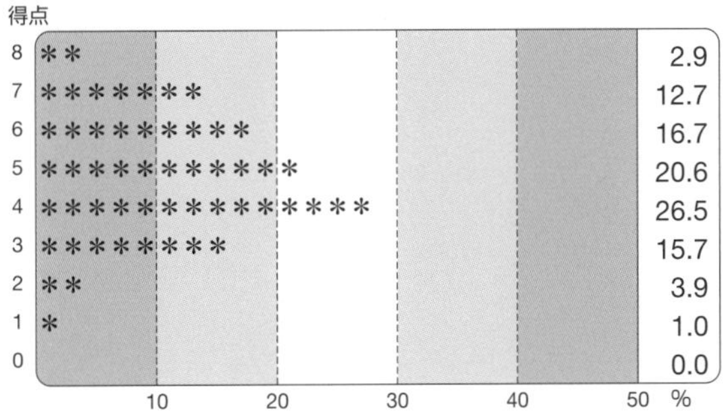

**指導**

知識の問題は、知っていなければ解くことはできません。多くの問題を経験させ、知らない問題を少しでも無くせるようにしましょう。

# 第4回　模擬テスト結果記入表

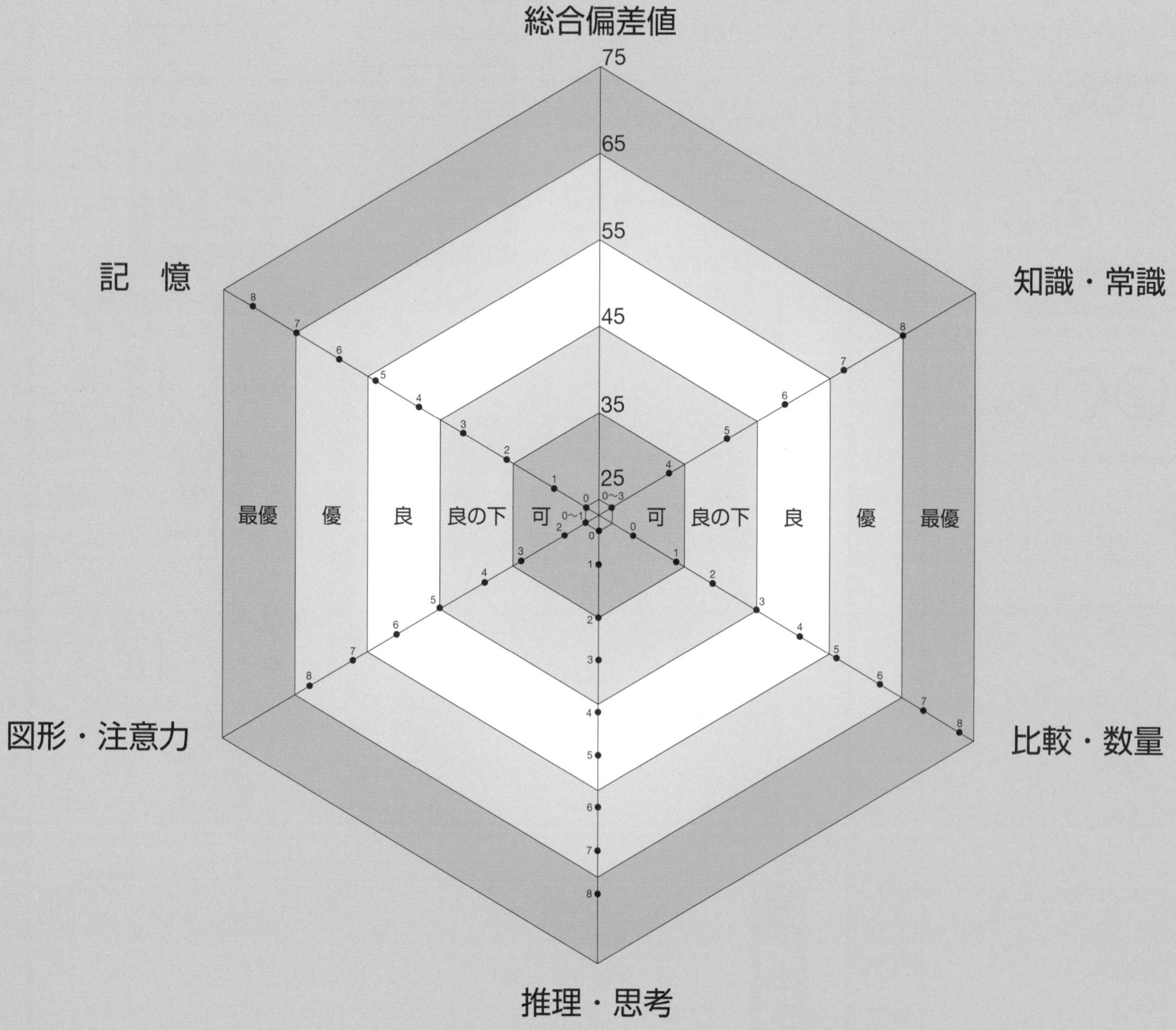


| テスト | 分野名 | 項目名 | 平均点 | 得点 |
|---|---|---|---|---|
| ❶ | 記　　憶 | お話の記憶 | 4.4/8 | /8 |
| ❷ | 図形･注意力 | 図形の合成･注意力 | 5.8/8 | /8 |
| ❸ | 推理・思考 | 系列完成･積み木 | 4.8/8 | /8 |
| ❹ | 比較・数量 | 数　　量 | 3.9/8 | /8 |
| ❺ | 知識・常識 | 知識･しりとり | 6.1/8 | /8 |

総合偏差値
（下の表にてお調べ下さい。）

総合得点
/40

| 得点 | 偏差値 | 1000人換算順位 | 得点 | 偏差値 | 1000人換算順位 |
|---|---|---|---|---|---|
| 40 | | | 20 | 41 | 734 |
| 39 | | | 19 | 40 | 771 |
| 38 | | | 18 | 38 | 794 |
| 37 | | | 17 | 36 | 844 |
| 36 | 69 | 1 | 16 | 35 | 881 |
| 35 | 67 | 6 | 15 | 33 | 904 |
| 34 | 65 | 19 | 14 | 31 | 923 |
| 33 | 63 | 42 | 13 | 30 | 932 |
| 32 | 62 | 66 | 12 | 28 | 955 |
| 31 | 60 | 112 | 11 | 26 | 969 |
| 30 | 58 | 158 | 10 | 24 | 973 |
| 29 | 57 | 204 | 9 | 23 | 983 |
| 28 | 55 | 254 | 8 | | |
| 27 | 53 | 333 | 7 | | |
| 26 | 52 | 374 | 6 | 18 | 992 |
| 25 | 50 | 430 | 5 | | |
| 24 | 48 | 499 | 4 | | |
| 23 | 46 | 586 | 3 | | |
| 22 | 45 | 637 | 2 | | |
| 21 | 43 | 697 | 1 | | |

このレーダーチャートの記入の仕方

※総合は右下の表より偏差値を参照して、位置をご記入下さい。
※各5つの分野は得点をそのままグラフにご記入下さい。

# テスト1 分野 記憶 お話の記憶 【問題用紙は124ページ】

## 問題

**実施要領**

制限時間ー各10秒

（配点・1点×8=8点）

**解答**

※カラー問題につき、問題用紙は巻末（124ページ）にございますのでご注意下さい。

〈青のクーピー使用〉

**問題**（プリントを見せないでお話を聞かせて下さい。）

（りんご）バス停は何の近くにありましたか。見つけて○をつけましょう。

（バナナ）バス停に並んでいたのは誰ですか。ちょうど合う絵を見つけて○をつけましょう。

（みかん）花屋さんで買ったものは何ですか。見つけて○をつけましょう。

（ぶどう）足にケガをしている女の子は何色のスカートをはいていましたか。同じ色を見つけて○をつけましょう。

（か　き）今のお話と同じ月の行事を見つけて○をつけましょう。

（いちご）売店は何階にありましたか。その数だけ○をかきましょう。

（メロン）スーパーで買わなかったものを全部見つけて○をつけましょう。

（も　も）お父さんが持っていたものはどれですか。見つけて○をつけましょう。

**お話**

マサキくんはお母さんと、入院しているおばあちゃんのところへお見まいに行くことになりました。仕事へ行くお父さんを見送った後、マサキくんたちは公園の近くにあるバス停に向かいました。バス停には制服を着た女の人と、杖をついたおじいさんが並んでいました。少ししてバスがやって来たので、マサキくんたちはバスに乗り、一番後ろの席に座りました。おばあちゃんのいる病院はバスに乗って4つ目の停留所の近くにあります。マサキくんとお母さんはバスを降りて病院の近くにある果物屋さんでメロンを買い、そのとなりの花屋さんでチューリップの花を買いました。病院に着くと、マサキくんとお母さんはエレベーターに乗りました。エレベーターには黄色いスカートをはいた小さい女の子が、お父さんと一緒に乗っていました。その女の子は足に包帯をまいていたので、マサキくんが「足、どうしたの。」と聞くと「かいだんからおちたの。」と言いました。マサキくんとお母さんは「お大事にね。」と言って6階で降り、おばあちゃんの部屋へ行きました。おばあちゃんは、この前お見まいに来たときより元気そうで、マサキくんはホッとしました。おばあちゃんは「もう少しで退院できるから、来月のマサキくんの入学式も見に行けるわ。」と、嬉しそうにニコニコして言いました。しばらくして、お母さんが「マサキくん、下の売店でお茶を買ってきてくれる。」と言ったので、マサキくんは階段で2つ下の階に行きました。そして、お母さんたちのお茶と自分のリンゴジュースを買って、今度はエレベーターで戻りました。その後またしばらくおしゃべりをして、マサキくんたちは病院を出ました。帰りもバスに乗りましたが、途中のバス停で降りてスーパーに寄りました。スーパーでは、玉ネギとピーマンと玉子を買いました。その後は歩いて家まで帰りました。家に着くと、ちょうどお父さんも仕事から帰って来たところでした。お父さんは「ただいま。お土産にドーナツを買ってきたんだ。」と言って、水色の紙の箱を持っていました。

## 評価

◆平均点 4.4 点

**項目別得点分布グラフ**

他の人がどれくらいの点をとっているかがわかります。

右のグラフは各得点にどれぐらいの人がいるかを%で表しています。
分布状態をみることにより、どのような傾向を持った問題であるかがわかります。

| 得点 | % |
|---|---|
| 8 | 2.8 |
| 7 | 6.9 |
| 6 | 16.7 |
| 5 | 24.5 |
| 4 | 19.9 |
| 3 | 14.4 |
| 2 | 9.7 |
| 1 | 3.7 |
| 0 | 1.4 |

【男子】

◆平均点 4.1 点

| 得点 | % |
|---|---|
| 8 | 1.0 |
| 7 | 6.7 |
| 6 | 11.4 |
| 5 | 29.5 |
| 4 | 18.1 |
| 3 | 13.3 |
| 2 | 13.3 |
| 1 | 3.8 |
| 0 | 2.9 |

【女子】

◆平均点 4.7 点

| 得点 | % |
|---|---|
| 8 | 4.5 |
| 7 | 7.3 |
| 6 | 21.8 |
| 5 | 20.0 |
| 4 | 21.9 |
| 3 | 14.5 |
| 2 | 6.4 |
| 1 | 3.6 |
| 0 | 0.0 |

**指導**

今回も親しみやすいお話でしたが、しっかり集中して聞いておかないとなかなか満点はとれません。お話の記憶はどの小学校の入試でも出題頻度が高いので、出来なかった子は徹底的に繰り返して練習しておきましょう。

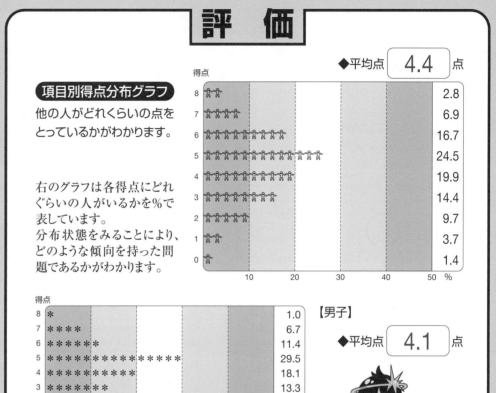

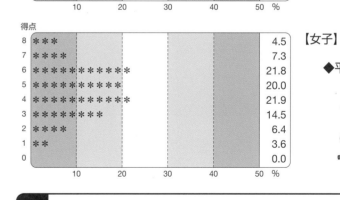

# テスト2　分野　図形 注意力　図形の合成・注意力　【問題用紙は69ページ】



## 問　題

**実施要領**

解答時間ー⚀⚁各30秒　　　　（配点・1点×8=8点）

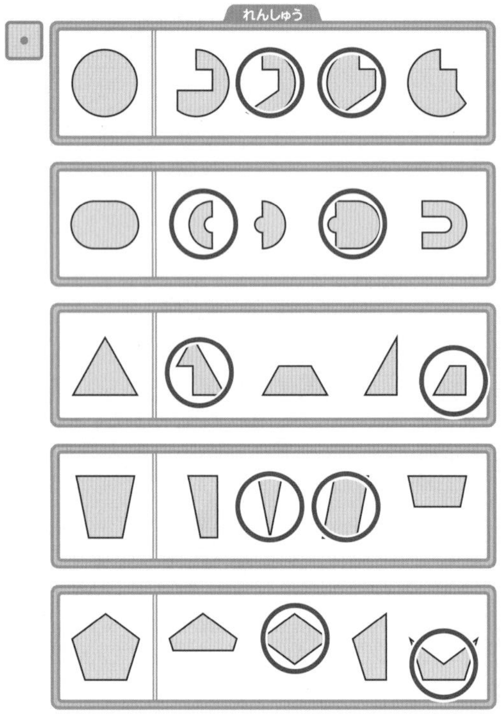


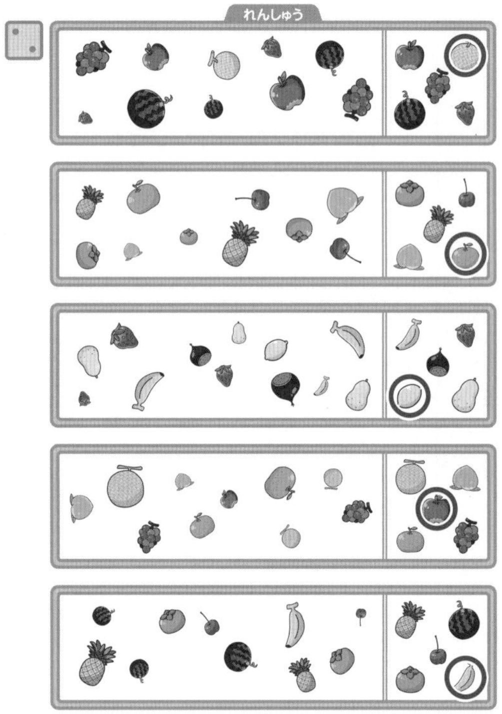


**問題**

〈青のクーピー使用〉

⚀左のお手本を作るには、右のどの2つを合わせるとよいでしょうか。見つけて○をつけましょう。

⚁左の絵で1つしかないものを見つけて、右はしの絵に○をつけましょう。

## 評　価

◆平均点　5.8　点

**項目別得点分布グラフ**

他の人がどれくらいの点をとっているかがわかります。

右のグラフは各得点にどれぐらいの人がいるかを%で表しています。
分布状態をみることにより、どのような傾向を持った問題であるかがわかります。

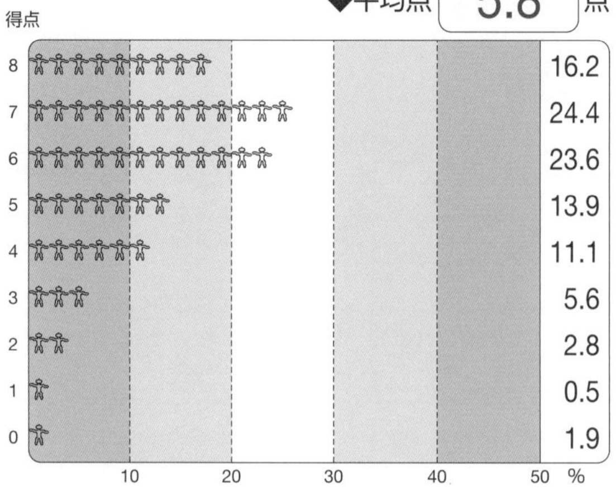


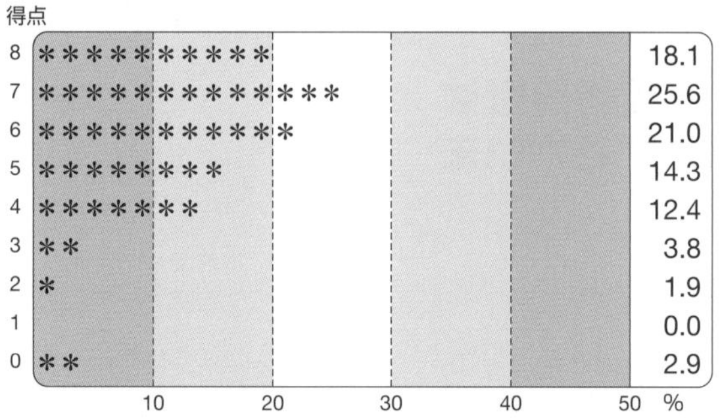


【男子】

◆平均点　5.9　点

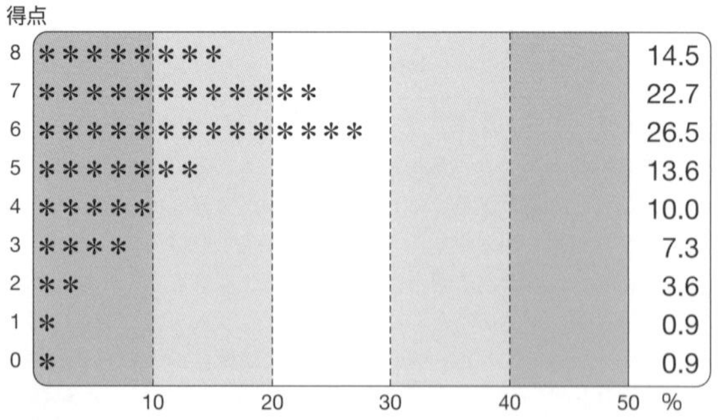


【女子】

◆平均点　5.7　点

**指導**

左の問題は、まず、切り口の形に気をつけて考えましょう。また、大きい形と小さい形を組み合わせるように考えると見つけやすくなります。右の問題は、1種類ずつ順に確認していきましょう。2つ以上あれば、印を付けるなど、ミスをしない工夫もできると良いですね。

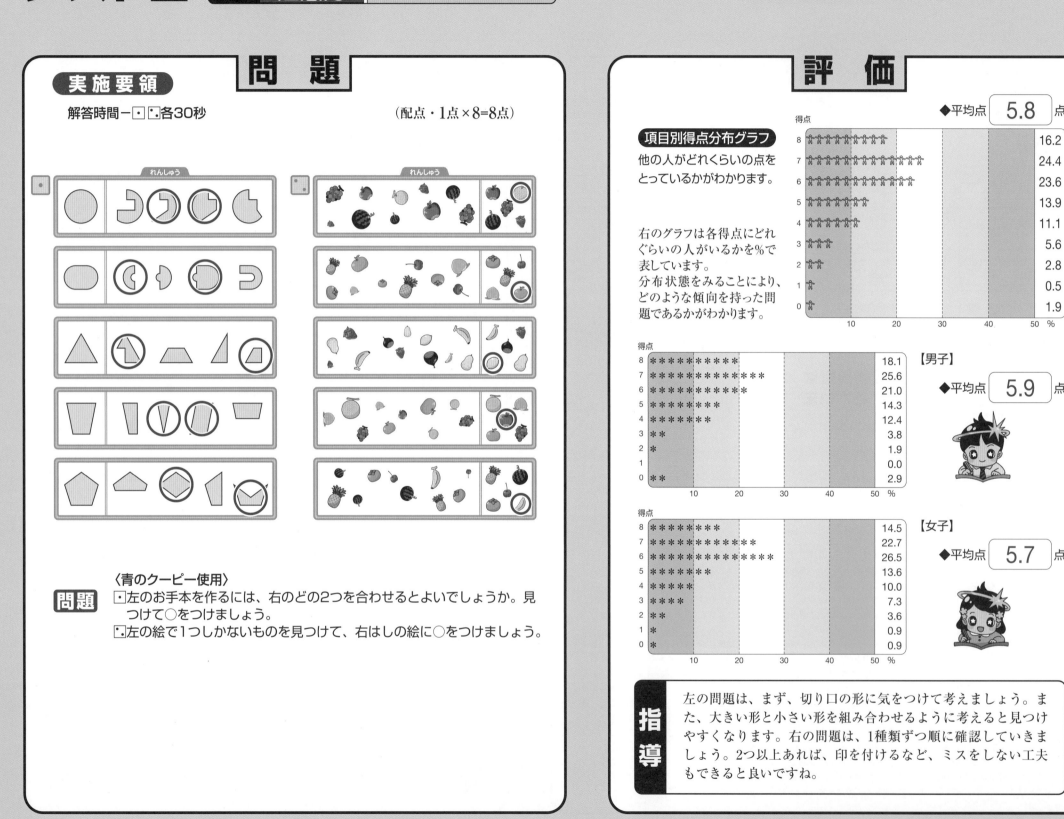

# テスト3　分野 推理思考　系列完成・推理（積み木）

【問題用紙は70ページ】

## 問題

**実施要領**

解答時間－⚀ ⚁各50秒　　（配点・1点×8=8点）

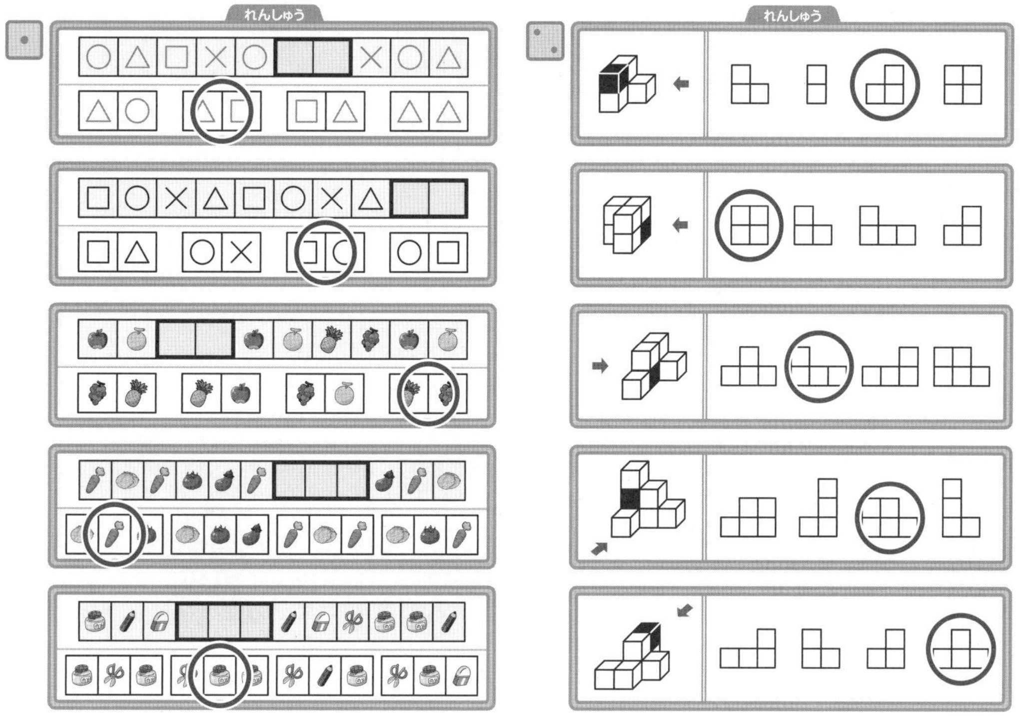


〈青のクーピー使用〉

**問題**
⚀印や絵が並んでいるお約束を考えて、抜けているところに入るものを下から見つけて○をつけましょう。
⚁左のお手本の黒い積み木をとって矢印から見ると、どのように見えるでしょうか。右から見つけて○をつけましょう。ただし、黒い積み木は見えているところだけです。また、黒い積み木をとると、その上の積み木は下に落ちることとします。

## 評価

◆平均点 4.8 点

**項目別得点分布グラフ**

他の人がどれくらいの点をとっているかがわかります。

右のグラフは各得点にどれぐらいの人がいるかを%で表しています。
分布状態をみることにより、どのような傾向を持った問題であるかがわかります。

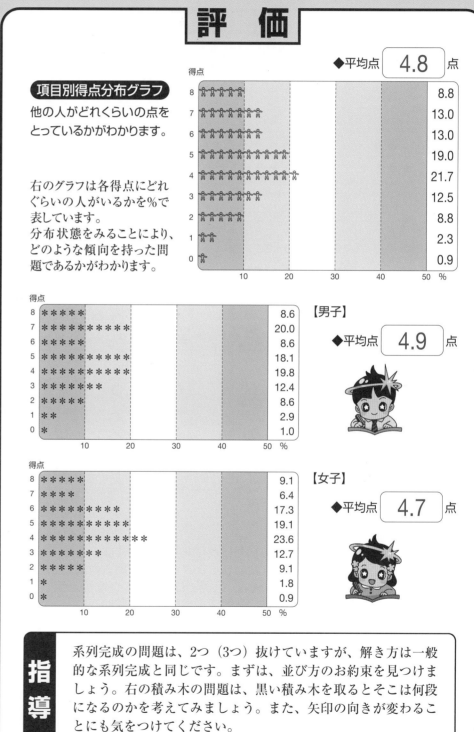

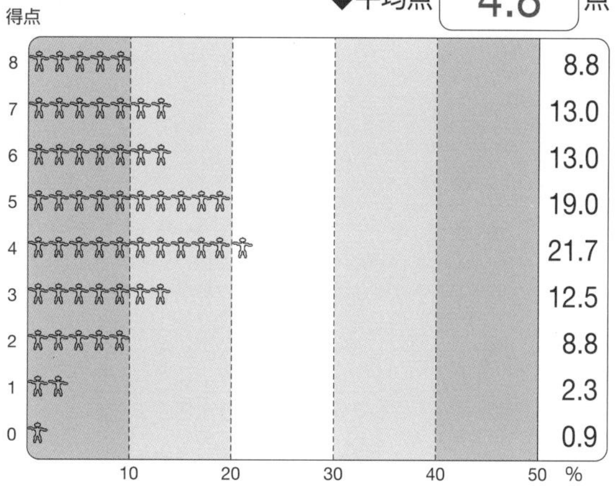


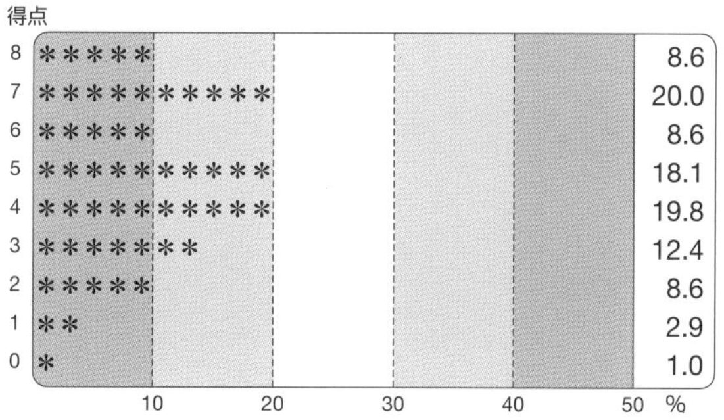


【男子】

◆平均点 4.9 点

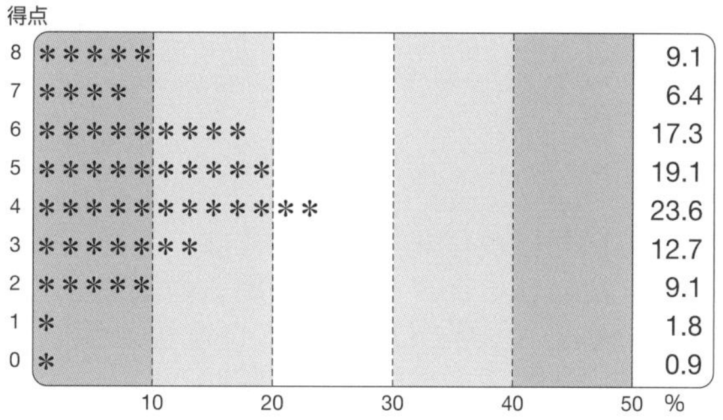


【女子】

◆平均点 4.7 点

**指導**

系列完成の問題は、2つ（3つ）抜けていますが、解き方は一般的な系列完成と同じです。まずは、並び方のお約束を見つけましょう。右の積み木の問題は、黒い積み木を取るとそこは何段になるのかを考えてみましょう。また、矢印の向きが変わることにも気をつけてください。

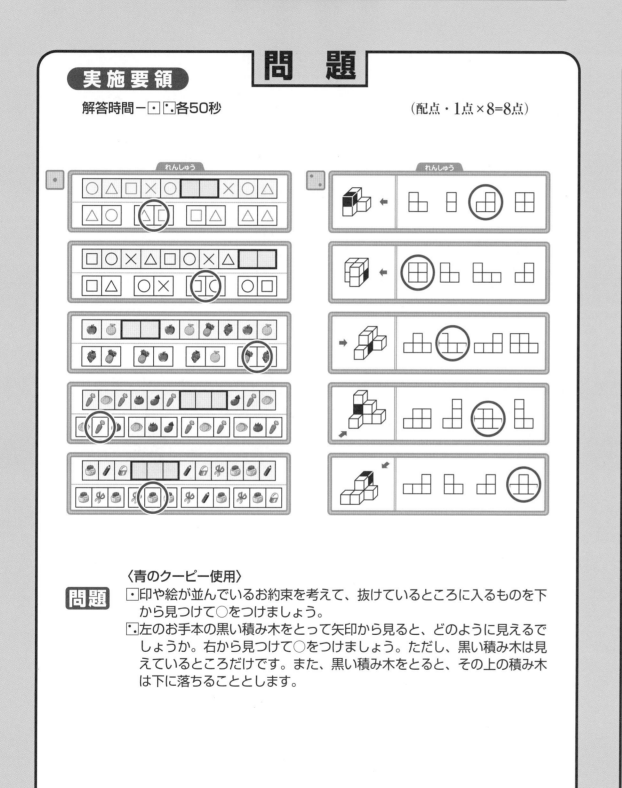

# テスト4 分野 比較数量 数量

【問題用紙は71ページ】

## 問題

**実施要領**

解答時間－⚀⚁各1分　　（配点・1点×8=8点）

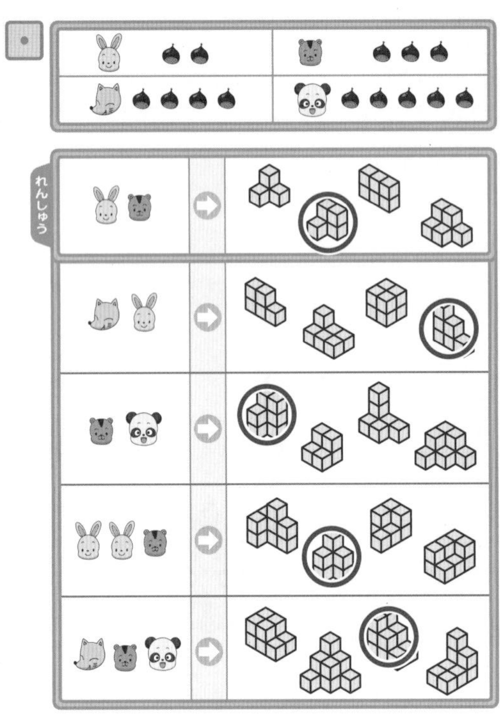


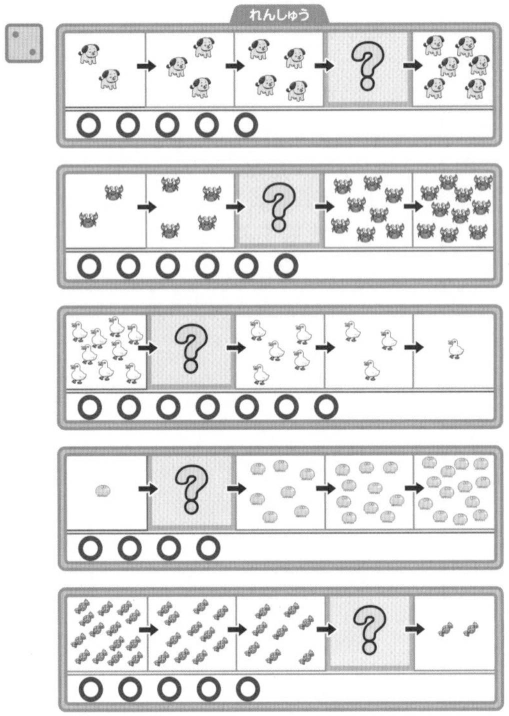


**問題**

〈緑のクーピー使用〉

⚀動物さんが上の絵の数だけクリを持っています。では、左の動物さんが持っているクリを合わせると、クリは全部で何個になるでしょうか。その数と同じ積み木を右から見つけて○をつけましょう。

⚁数の増え方や減り方のお約束を見つけて、空いているところに入る絵の数だけ下に○をかきましょう。

## 評価

◆平均点 3.9 点

**項目別得点分布グラフ**

他の人がどれくらいの点をとっているかがわかります。

右のグラフは各得点にどれぐらいの人がいるかを%で表しています。
分布状態をみることにより、どのような傾向を持った問題であるかがわかります。

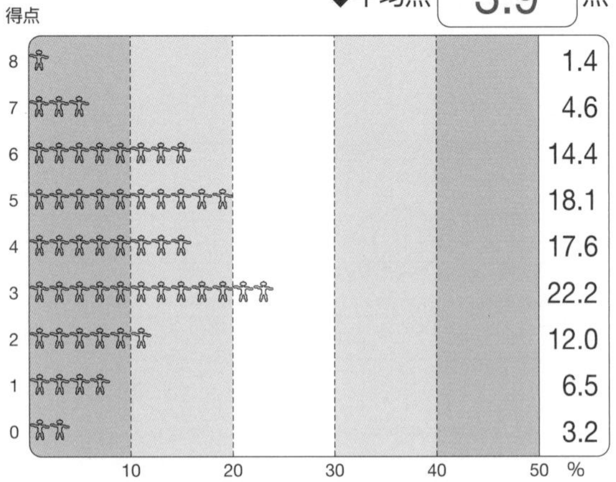


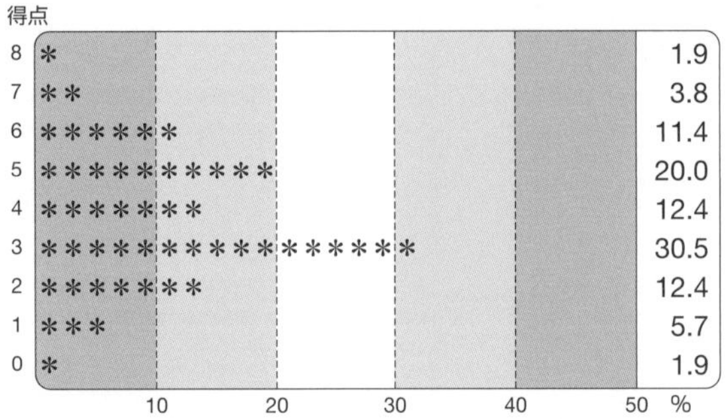


【男子】

◆平均点 3.8 点

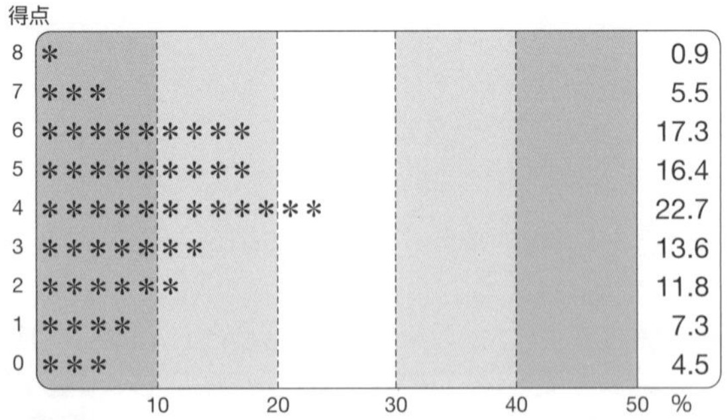


【女子】

◆平均点 3.9 点

**指導**

左の問題は、「合わせた数」と「積み木の数」の複合問題です。合わせた数（足し算）は可能な限り暗記しておくことで、時間を短縮できます。右は数列（等差数列）の問題です。まずは、隣り合う2つの数の差を求めることから始めましょう。

第4回

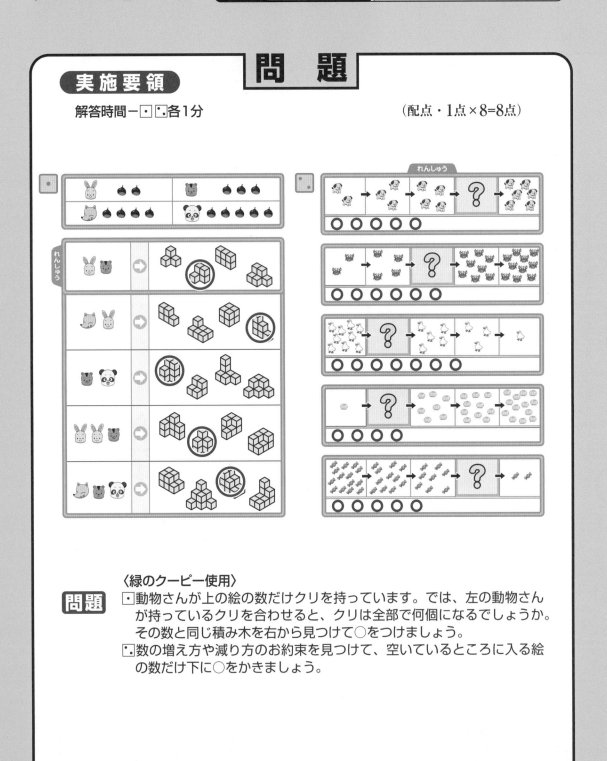

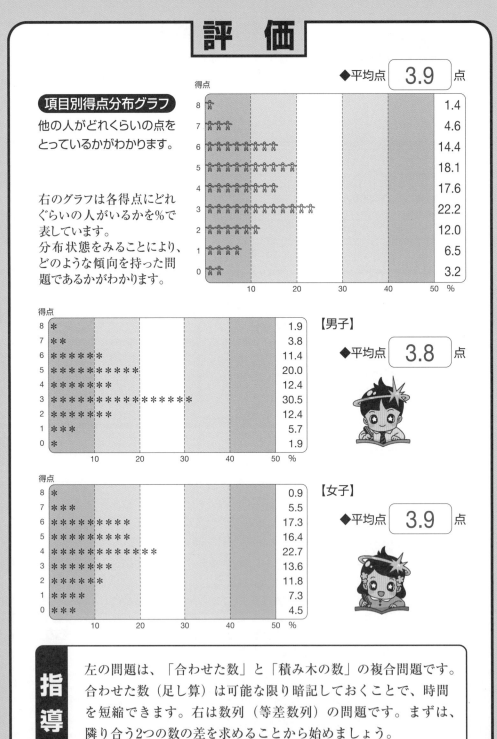

# テスト5 分野 知識 常識 知識・しりとり 【問題用紙は72ページ】

## 問題

**実施要領**

解答時間ー⚀20秒　⚁1分40秒　　（配点・1点×8=8点）

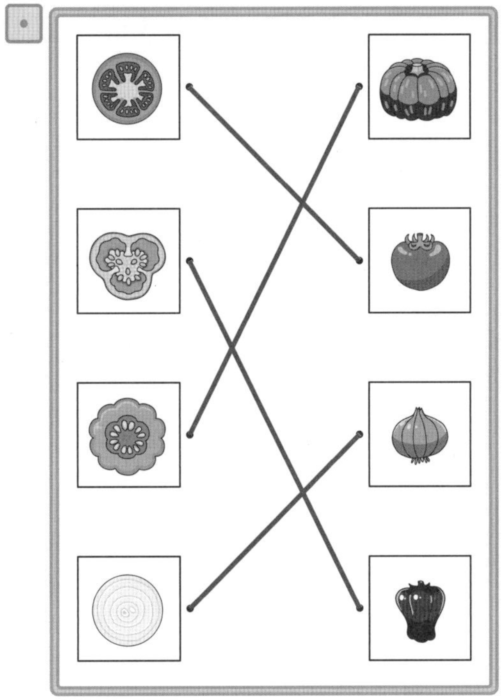

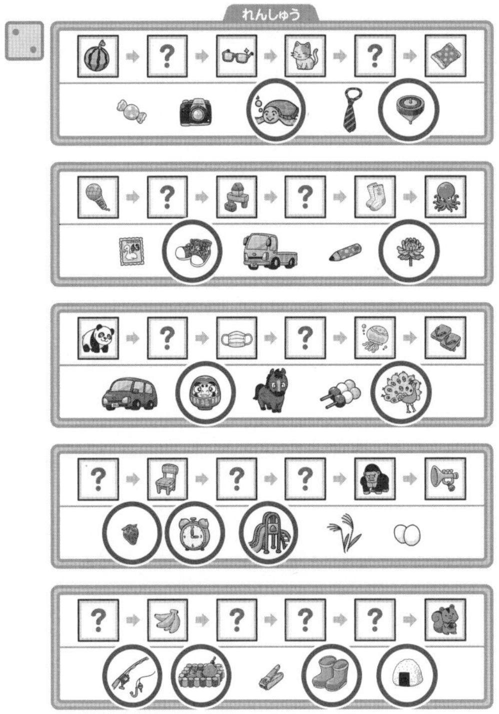


**問題**

〈緑のクーピー使用〉

⚀左の切り口は右のどの野菜のものでしょうか。見つけて線でつなぎましょう。

⚁しりとりができるように、？に入る絵を下から全部見つけて○をつけましょう。

## 評価

◆平均点 6.1 点

**項目別得点分布グラフ**

他の人がどれくらいの点をとっているかがわかります。

右のグラフは各得点にどれぐらいの人がいるかを%で表しています。
分布状態をみることにより、どのような傾向を持った問題であるかがわかります。

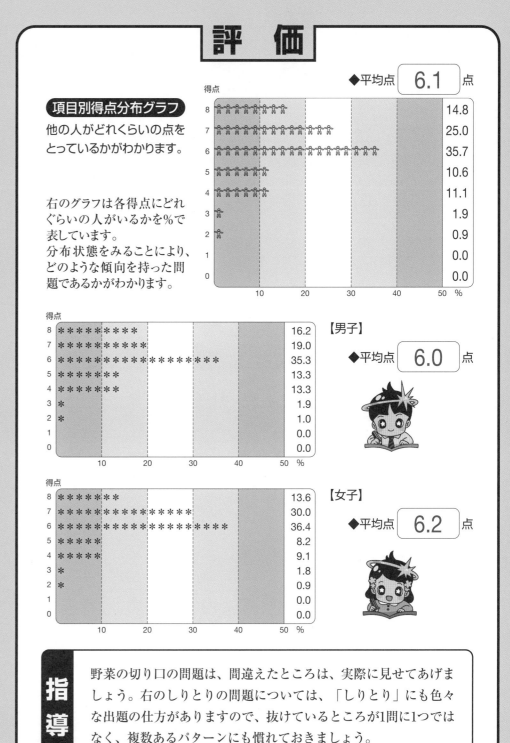

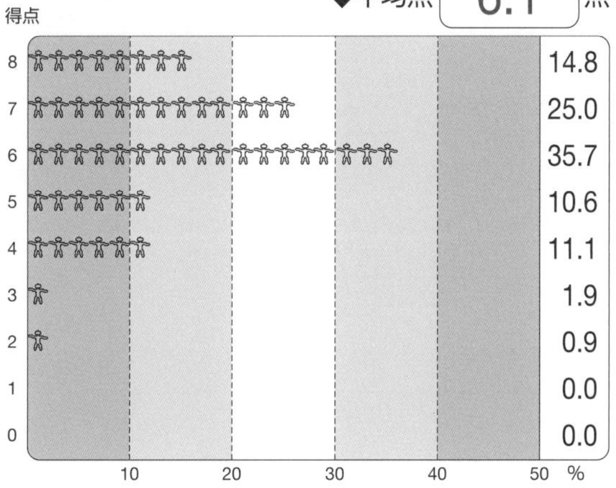


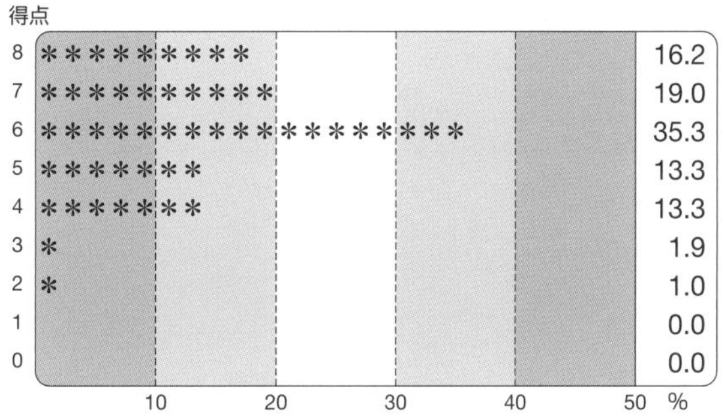


【男子】

◆平均点 6.0 点

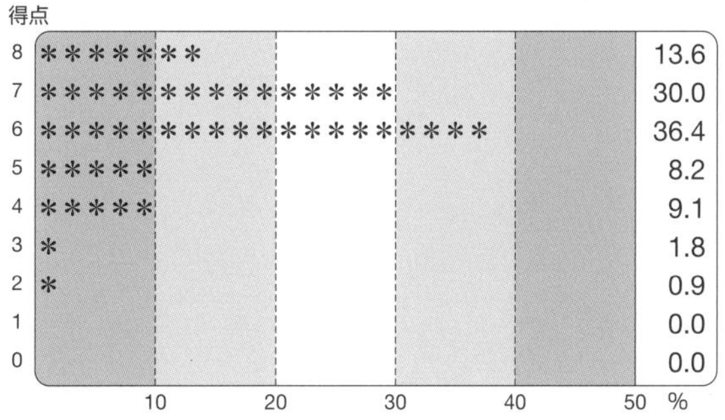


【女子】

◆平均点 6.2 点

**指導**

野菜の切り口の問題は、間違えたところは、実際に見せてあげましょう。右のしりとりの問題については、「しりとり」にも色々な出題の仕方がありますので、抜けているところが1問に1つではなく、複数あるパターンにも慣れておきましょう。

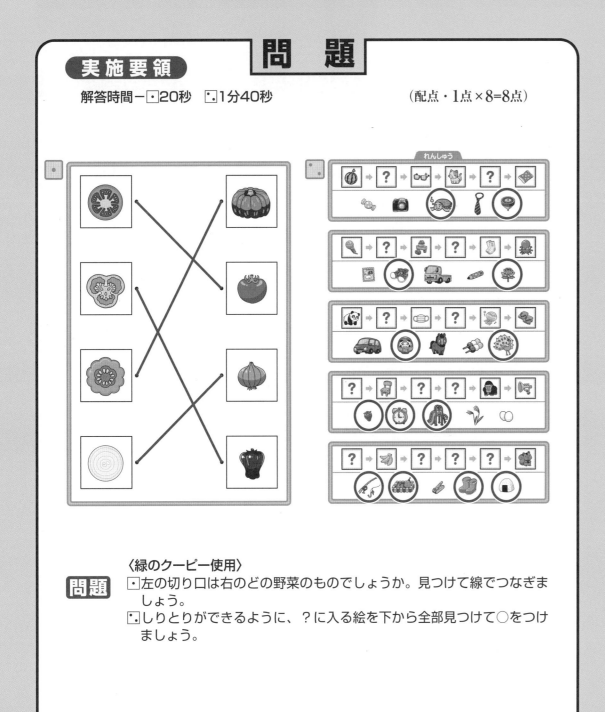

# 第5回　模擬テスト結果記入表

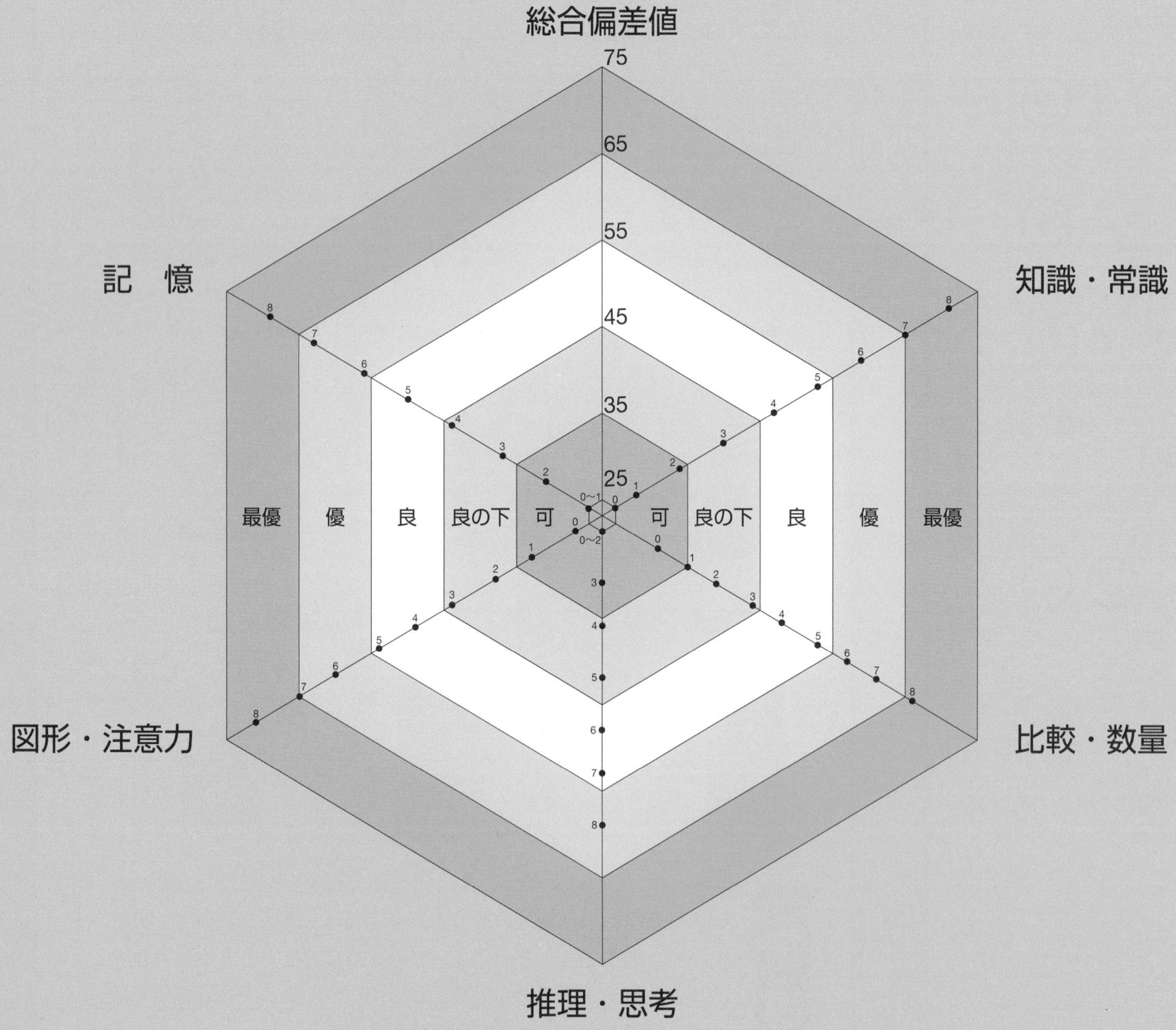


このレーダーチャートの記入の仕方

※総合は右下の表より偏差値を参照して、位置をご記入下さい。
※各5つの分野は得点をそのままグラフにご記入下さい。

| テスト | 分野名 | 項目名 | 平均点 | 得点 |
|---|---|---|---|---|
| ❶ | 記　　憶 | お話の記憶 | 5.0/8 | /8 |
| ❷ | 図形・注意力 | 総　　合 | 4.2/8 | /8 |
| ❸ | 推理・思考 | 重ね図形 | 6.4/8 | /8 |
| ❹ | 比較・数量 | 数量・積み木の数 | 4.4/8 | /8 |
| ❺ | 知識・常識 | しりとり・知識 | 4.6/8 | /8 |

総合偏差値
（下の表にてお調べ下さい。）

総合得点
/40

| 得点 | 偏差値 | 1000人換算順位 | 得点 | 偏差値 | 1000人換算順位 |
|---|---|---|---|---|---|
| 40 | | | 20 | 43 | 687 |
| 39 | | | 19 | 41 | 744 |
| 38 | | | 18 | 40 | 771 |
| 37 | 69 | 1 | 17 | 38 | 813 |
| 36 | 67 | 6 | 16 | 37 | 860 |
| 35 | 66 | 22 | 15 | 35 | 875 |
| 34 | 64 | 38 | 14 | 34 | 917 |
| 33 | 63 | 43 | 13 | 32 | 938 |
| 32 | 61 | 64 | 12 | 31 | 954 |
| 31 | 60 | 106 | 11 | 29 | 959 |
| 30 | 58 | 163 | 10 | 28 | 964 |
| 29 | 57 | 231 | 9 | 26 | 975 |
| 28 | 55 | 284 | 8 | | |
| 27 | 54 | 352 | 7 | 23 | 996 |
| 26 | 52 | 388 | 6 | | |
| 25 | 51 | 425 | 5 | | |
| 24 | 49 | 483 | 4 | | |
| 23 | 48 | 551 | 3 | | |
| 22 | 46 | 577 | 2 | | |
| 21 | 44 | 629 | 1 | | |

# テスト1　分野　記憶　お話の記憶　【問題用紙は125ページ】

## 問　題

**実施要領**

制限時間ー各10秒

（配点・1点×8=8点）

**解答**

〈青のクーピー使用〉

**問題**（プリントを見せないでお話を聞かせて下さい。）

左側（一段目）ウサギさんは砂浜で何をしていましたか。見つけて○をつけましょう。

（二段目）最初にウサギさんが水に入った時の様子はどれですか。見つけて○をつけましょう。

（三段目）イルカさんが浮かび方を教えるためにした事はどれですか。見つけて○をつけましょう。

（四段目）ウサギさんが海でとったものはどれですか。見つけて○をつけましょう。

右側（一段目）ウサギさんが砂浜で休んでいる時の様子はどれですか。見つけて○をつけましょう。

（二段目）イルカさんと泳ぐ競争をしたのは誰ですか。見つけて○を つけましょう。

（三段目）ウサギさんが、お家へ帰る時の荷物はどれですか。見つけて○をつけましょう。

（四段目）ウサギさんの嫌いなものはどれですか。全部見つけて○をつけましょう。

**※カラー問題につき、問題用紙は巻末（125ページ）にございますのでご注意下さい。**

### お話

ある日、ウサギさんは砂浜で縞模様の椅子に寝そべってひなたぼっこをしていました。すると海の方向から「こんにちは。」という声が聞こえました。ウサギさんが声のした方を見てみると、イルカさんが水から顔を出してこっちを見ていました。そして「一緒に泳ごうよ。」と言いました。「いいよ。」と言ってウサギさんは水玉の浮き輪を持って水に入りました。するとイルカさんは「そんなの無くても、こうやって力を抜いたら浮かぶんだ。」と言ってお腹を上に向けてぷかぷか浮いてみせました。ウサギさんは恐る恐る浮き輪をはなして、同じようにしてみました。すると体が勝手にぷかぷか浮いたので「気持ちいいなあ。」とウサギさんは喜びました。その後、イルカさんは速く泳ぐ方法と、水の中にもぐる方法をウサギさんに教えました。ウサギさんは、どんどん泳ぐのが上手になって海の底まで潜ることができるようになりました。海の底では大きな岩にサンゴがたくさん生えていたり、ワカメのすき間をお魚さんたちが楽しそうに泳いでました。ウサギさんは貝とヒトデを取って遊ぼうと思いました。貝はとれたのですが、ヒトデは岩にぴったりくっついて、とることができませんでした。少し疲れたウサギさんは、砂浜にもどって持ってきたスイカを食べました。その間、イルカさんは他の魚と泳ぎの競争をしました。タコさんも、ウミガメさんも、サメさんもイルカさんにはかないませんでした。イルカさんは水面から高くジャンプをして喜びました。それから休憩して元気になったウサギさんは、海の家でビーチボールを借りてイルカさんと遊びました。

帰る時間になった頃、ウサギさんは「泳ぎを教えてくれたお礼がしたいんだ。」とイルカさんに言いました。するとイルカさんは恥ずかしそうに「僕、浮き輪がほしいんだ。」と言いました。そこでウサギさんが浮き輪をあげると、イルカさんは口にひっかけて上手にクルクル回しました。そして遠くの海へ帰っていきました。ウサギさんも椅子を持って歩いてお家に帰りました。そしてお母さんに「僕、泳ぐのが上手になったよ。」と言いました。お母さんは「それは良かったわね。」と喜んでくれました。それから、シャワーを浴びて、晩ごはんを食べました。その日の晩ごはんは、ウサギさんの好きなきつねうどんと苦手なトマトとキュウリのサラダでしたが、たくさん泳いでお腹がすいていたウサギさんは、サラダも全部食べました。

## 評　価

◆平均点 5.0 点

**項目別得点分布グラフ**

他の人がどれくらいの点をとっているかがわかります。

右のグラフは各得点にどれぐらいの人がいるかを%で表しています。

分布状態をみることにより、どのような傾向を持った問題であるかがわかります。

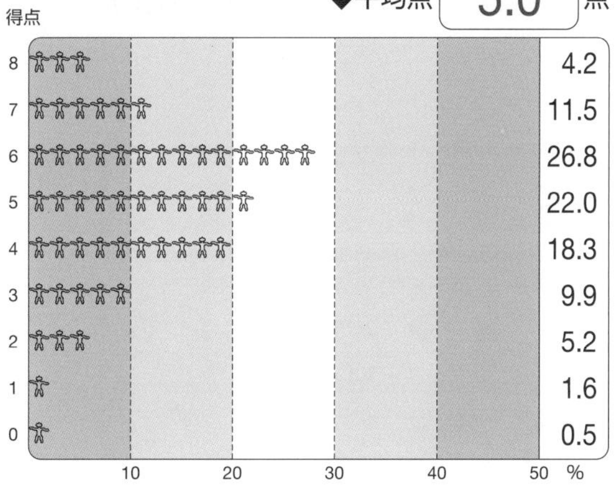


【男子】

◆平均点 4.6 点

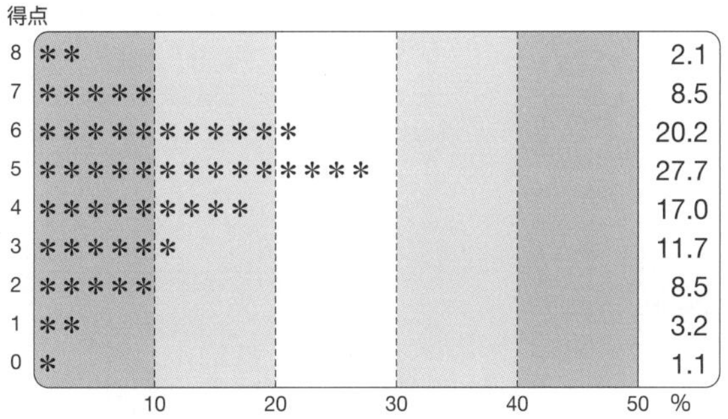

【女子】

◆平均点 5.4 点

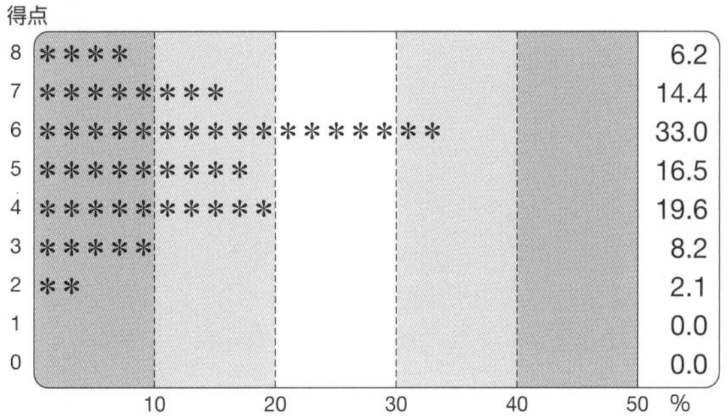

**指導**

特に難しいお話ではありませんが、「お話の記憶」の問題に慣れていない子には答え難かったかもしれません。お話を聞くときは、場面を頭に思い描きながら、しっかりと聞き取ることが出来るようにしましょう。

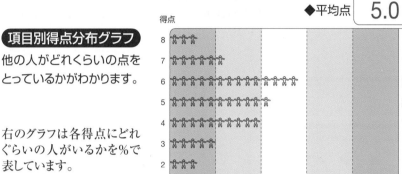

# テスト2 分野 図形 注意力 総合 【問題用紙は73ページ】

## 問題

**実施要領**

解答時間－⊡各15秒　⊡1分40秒　（配点・1点×8=8点）

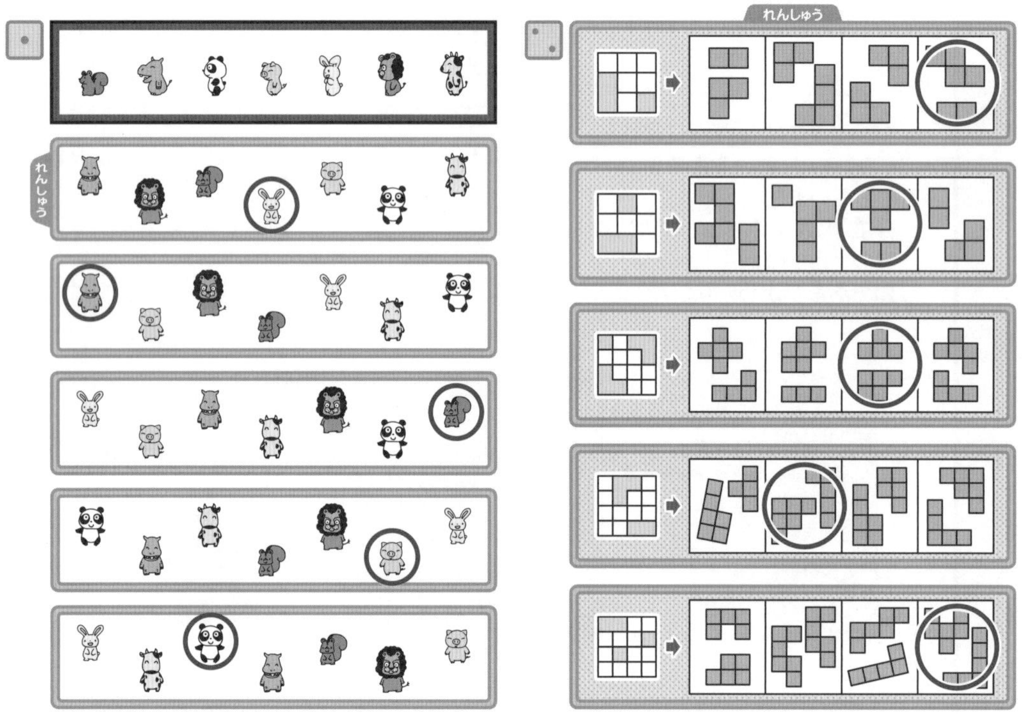


〈緑のクーピー使用〉

**問題**

⊡（一段目）リスがいなくなると、前から4番目は誰でしょうか。見つけて○をつけましょう。
（二段目）ウシが一番前に並ぶと、前から3番目は誰でしょうか。見つけて○をつけましょう。
（三段目）ブタとライオンがいなくなると、後ろから5番目は誰でしょうか。見つけて○をつけましょう。
（四段目）ライオンがブタの前に並ぶと、前から5番目は誰でしょうか。見つけて○をつけましょう。
（五段目）カバとリスがウサギの後ろに並ぶと、後ろから7番目は誰でしょうか。見つけて○をつけましょう。

⊡左はしの箱の白く空いているところにはめ込むのにちょうどよいものを右の中から見つけて○をつけましょう。ただし、裏返してはめることはできません。

## 評価

◆平均点 4.2 点

**項目別得点分布グラフ**

他の人がどれくらいの点をとっているかがわかります。

右のグラフは各得点にどれぐらいの人がいるかを%で表しています。
分布状態をみることにより、どのような傾向を持った問題であるかがわかります。

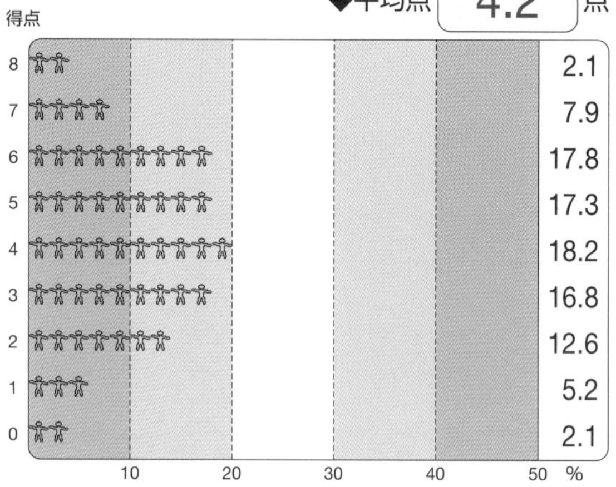


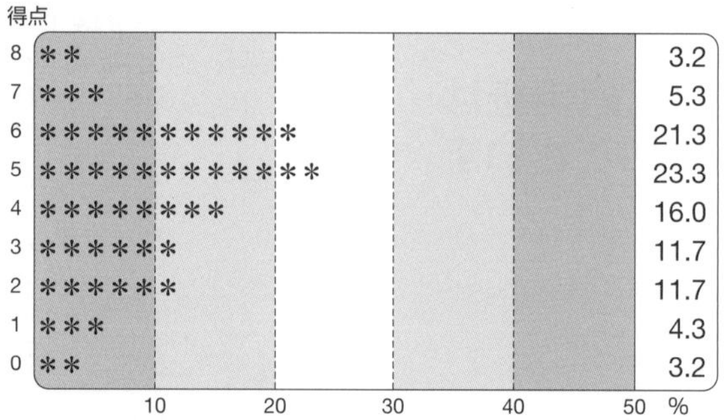


【男子】

◆平均点 4.3 点

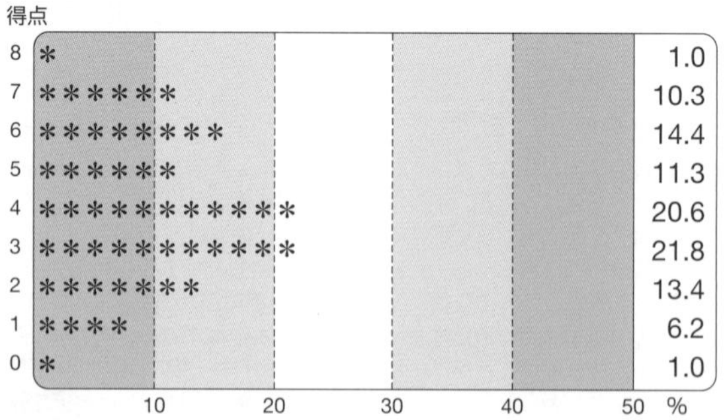


【女子】

◆平均点 4.0 点

**指導**

左のような聞き取りの問題は、入試において問題は一度しか聞くことができません。一度でしっかりと聞き取れるように練習をしましょう。右の問題は、型を見ることも勿論ですが、数をかぞえることでも選択肢を絞ることができます。覚えておきましょう。

# テスト3 分野 推理思考 重ね図形 【問題用紙は74ページ】

## 問題

**実施要領**

解答時間－⚀50秒 ⚁1分

（配点・1点×8=8点）

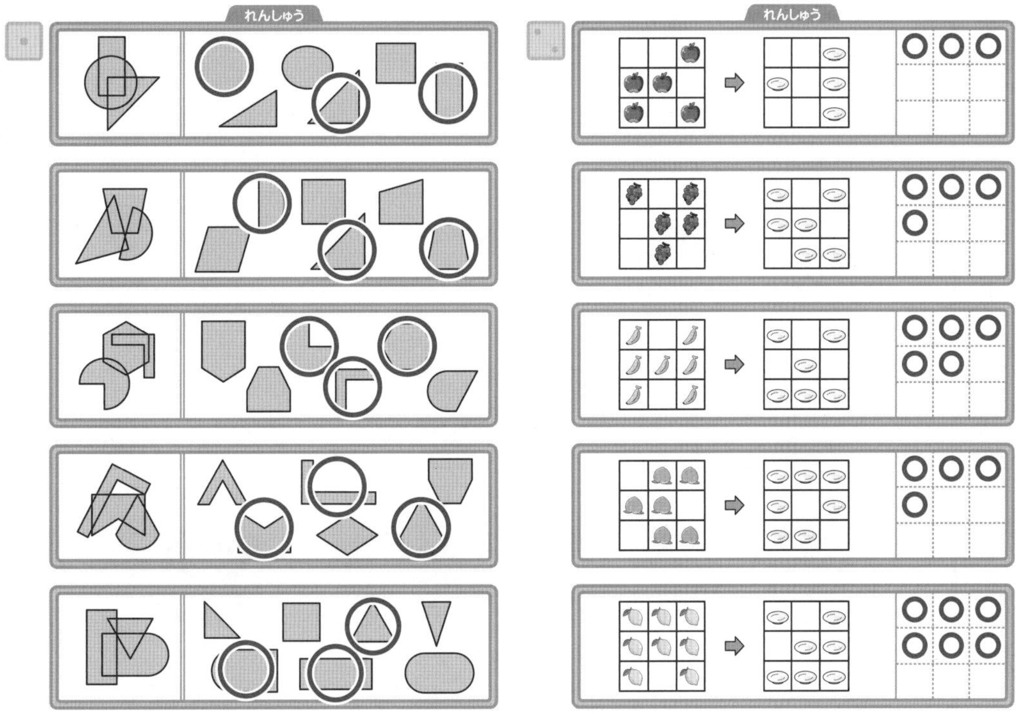


**問題**

〈青のクーピー使用〉

⚀左の形を作るには、右のどの3つの形を重ねるとよいでしょうか。3つ見つけて○をつけましょう。

⚁左の2枚の紙を重ねたとき、お皿にのっている食べ物はいくつになるでしょうか。その数だけ右の箱に○をかきましょう。

## 評価

◆平均点 6.4 点

**項目別得点分布グラフ**

他の人がどれくらいの点をとっているかがわかります。

右のグラフは各得点にどれぐらいの人がいるかを%で表しています。
分布状態をみることにより、どのような傾向を持った問題であるかがわかります。

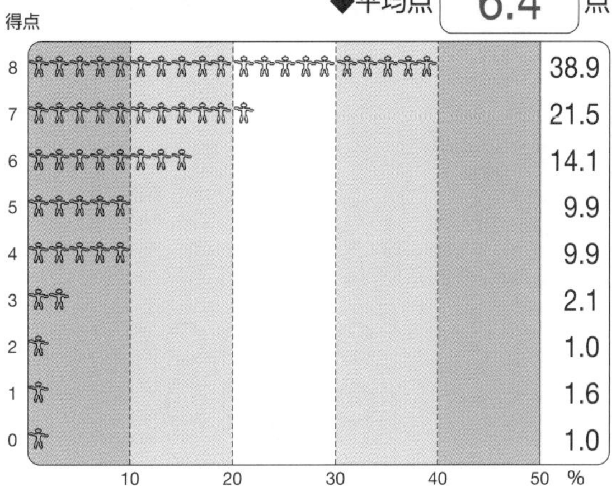


【男子】

◆平均点 6.4 点

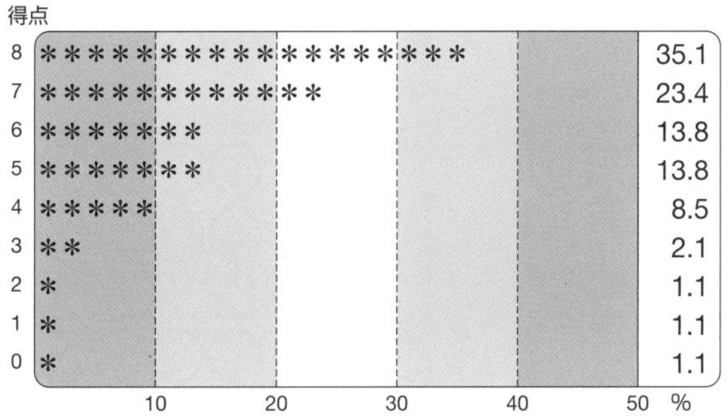

【女子】

◆平均点 6.5 点

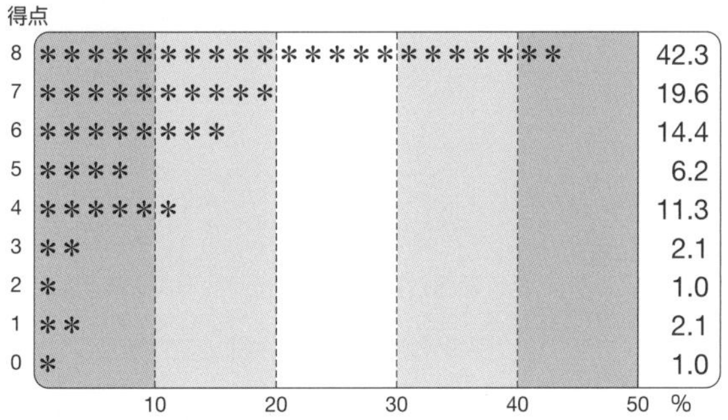

**指導**

左の問題は、重なっている形をひとつひとつ順に見つけていきましょう。右の問題については、食べ物がある場所を、右のマス目に印を付けていき、印とお皿が重なった数をかぞえることで、ミスなく解くことができます。

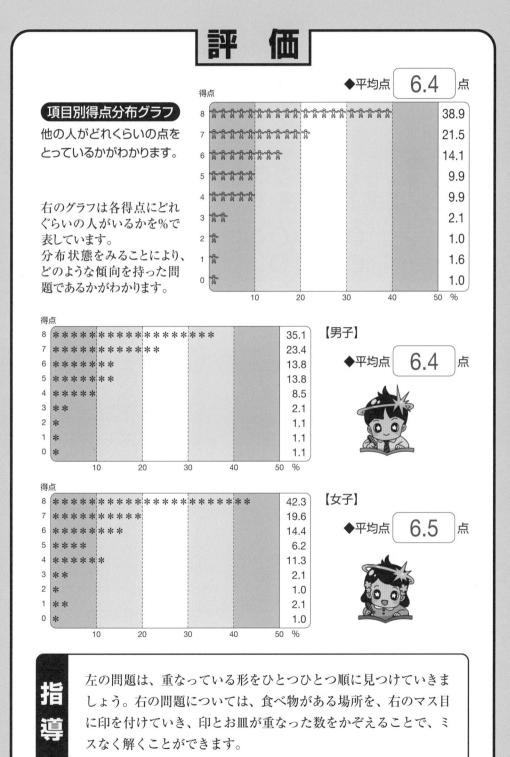

# テスト4 分野 比較 数量 数量・積み木の数 【問題用紙は75ページ】



## 問題

**実施要領**

解答時間－⚀各25秒　⚁1分20秒　　（配点・1点×8=8点）

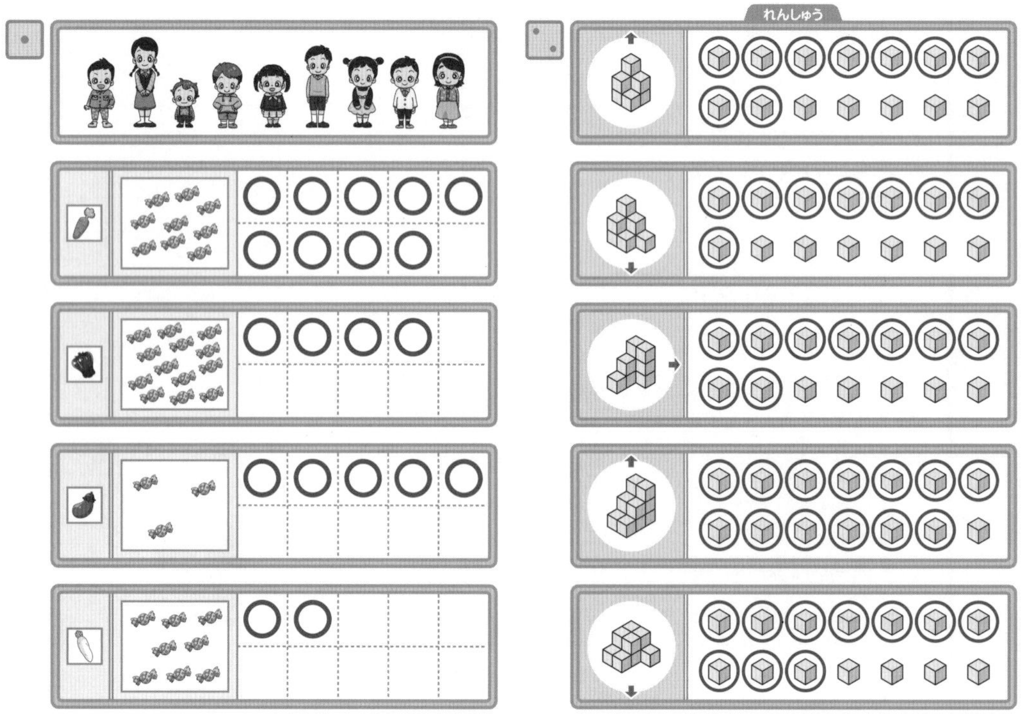


〈緑のクーピー使用〉

**問題**

⚀お話を聞いてから問題をしましょう。
（ニンジン）上のお友達に2コずつアメをあげるには、あと何コいりますか。
その数だけ○をかきましょう。
（ピーマン）上のお友達に1コずつアメをあげると、何コ残りますか。
その数だけ○をかきましょう。
（ナ　　ス）上の女の子に2コずつアメをあげるには、あと何コいりますか。
その数だけ○をかきましょう。
（ダイコン）上の男の子に2コずつアメをあげるには、あと何コいりますか。
その数だけ○をかきましょう。
⚁左の積み木の数をかぞえてその数だけ○をつけます。ただし、矢印が上向きなら1コ多く、矢印が下向きなら1コ少なく、矢印が横向きなら積み木の数と同じ数だけ○をつけましょう。

## 評価

◆平均点 4.4 点

**項目別得点分布グラフ**

他の人がどれくらいの点をとっているかがわかります。

右のグラフは各得点にどれぐらいの人がいるかを%で表しています。
分布状態をみることにより、どのような傾向を持った問題であるかがわかります。

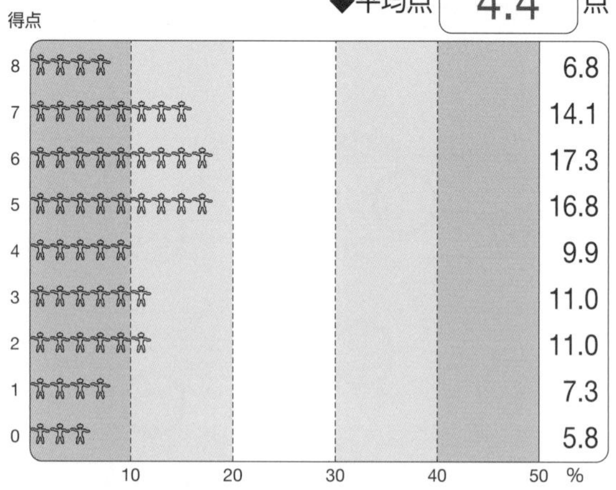


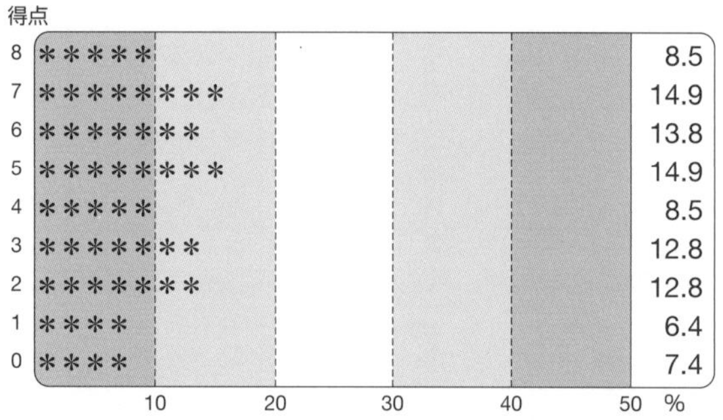


【男子】

◆平均点 4.3 点

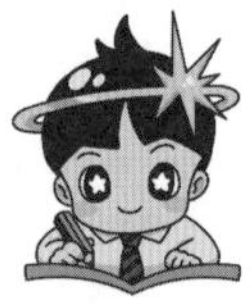

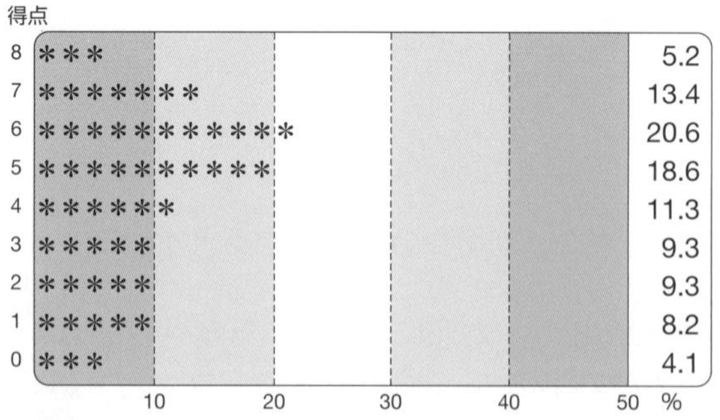


【女子】

◆平均点 4.5 点

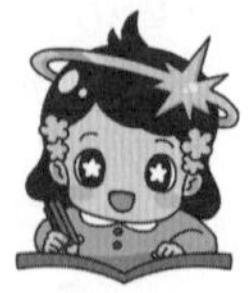

**指導**

左側の問題は、まずはしっかりと問題を覚えること、そして上のお友達の絵を上手に使って考えましょう。右側の積み木の数の問題では、4個×2組の8個の形をベースに考えると、お手本の積み木の数を素早くかぞえることができます。

# テスト5 分野 知識 常識 しりとり・知識 【問題用紙は76(126)ページ】

## 問題

**実施要領**

解答時間－⊡50秒　⊡各10秒　　(配点・1点×8=8点)

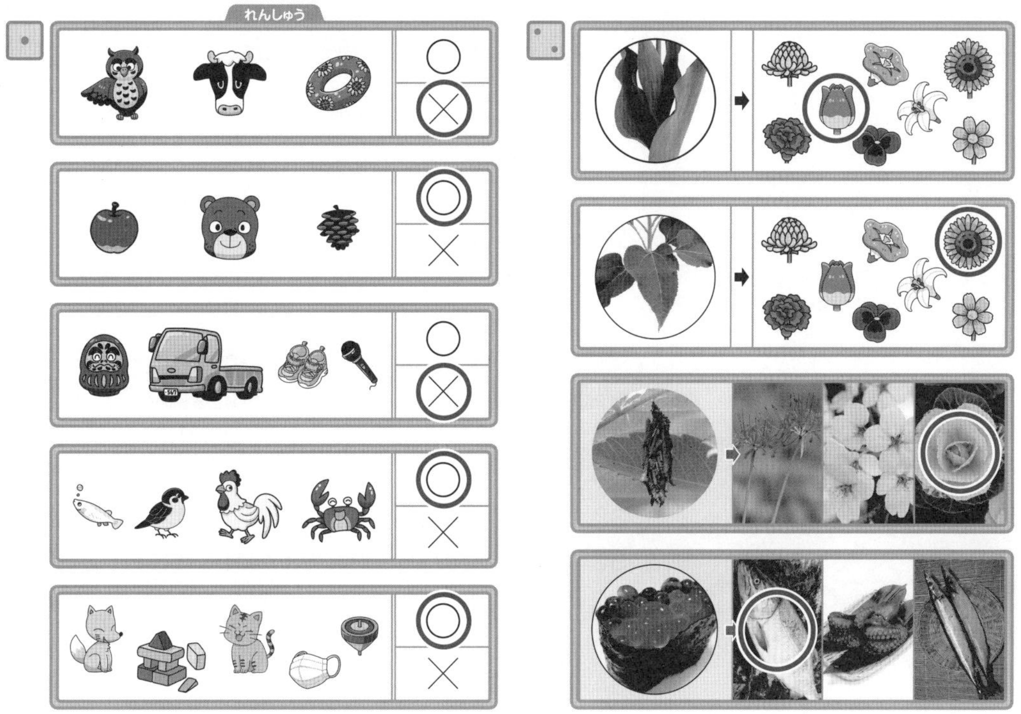


〈緑のクーピー使用〉

**問題**
⊡並んでいる絵を使ってしりとりをした時、全部つながったら○のほうに、つながらない時には×のほうに○をつけましょう。
⊡（一・二段目）左の葉っぱ（写真）は右のどの花の葉っぱでしょうか。見つけて○をつけましょう。
（三段目）左はしのもの（みの虫）と同じ季節の絵を見つけて○をつけましょう。
（四段目）左はしのおすしといちばん仲良しのものを見つけて○をつけましょう。

**※カラー問題もご用意しております。**
**問題用紙は巻末(126 ページ)にございます。**
**(解答の位置は同じになります。)**

## 評価

◆平均点 4.6 点

**項目別得点分布グラフ**

他の人がどれくらいの点をとっているかがわかります。

右のグラフは各得点にどれぐらいの人がいるかを%で表しています。
分布状態をみることにより、どのような傾向を持った問題であるかがわかります。

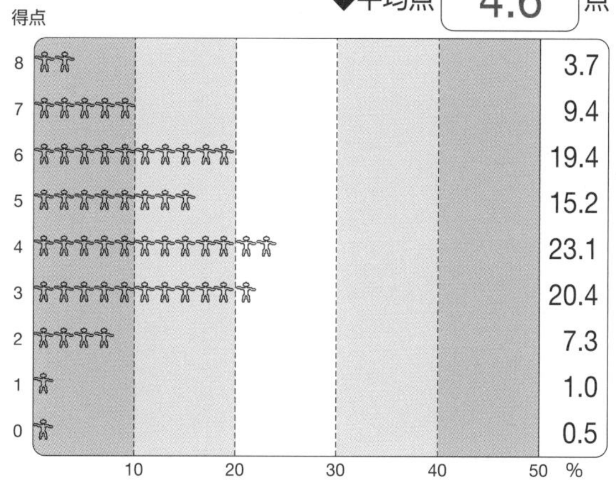


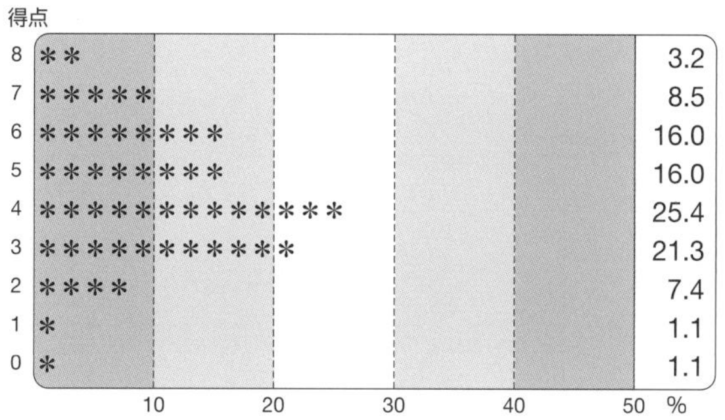


【男子】
◆平均点 4.4 点

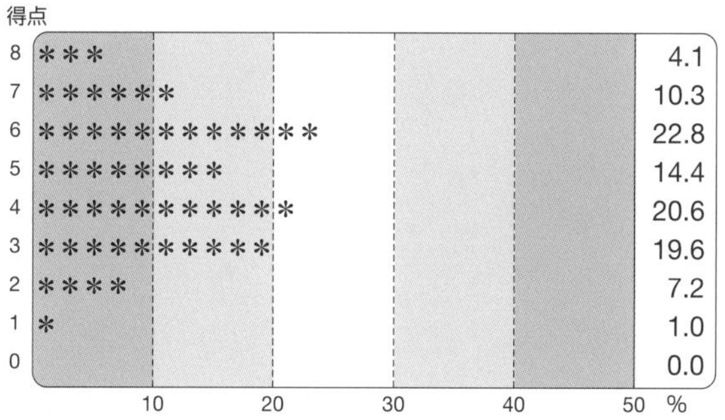


【女子】
◆平均点 4.7 点

**指導**

しりとりの問題は、入試で頻出の問題です。しりとりの初めの絵を見つけるのではなく、つながったところから線を描き込めば、答えを見つけやすくなります。知識の問題は、知らなければ解くことができません。これを機に覚えておきましょう。

# 第6回　模擬テスト結果記入表

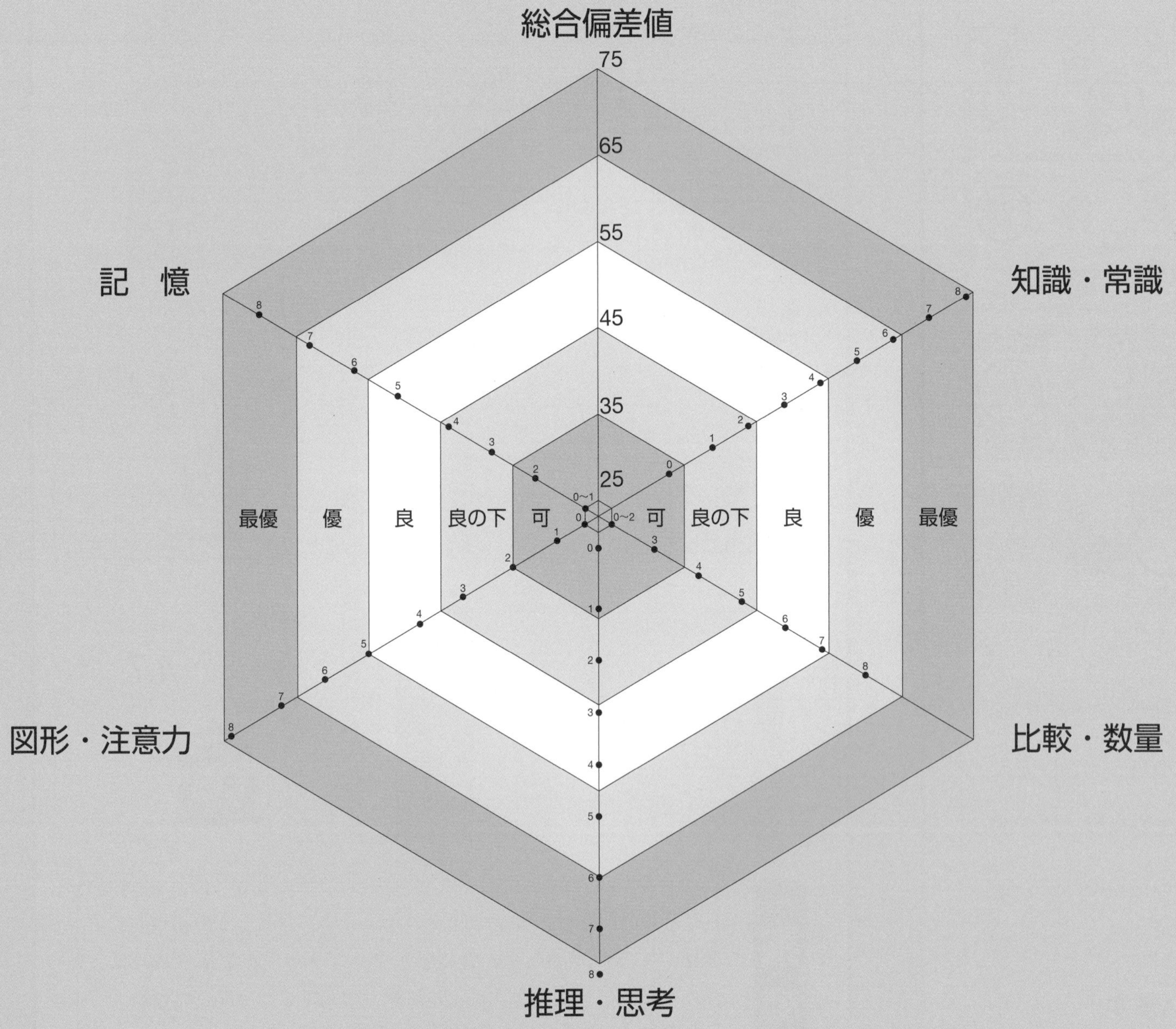


| テスト | 分野名 | 項目名 | 平均点 | 得点 |
|---|---|---|---|---|
| ❶ | 記　憶 | お話の記憶 | 4.9/8 | /8 |
| ❷ | 図形・注意力 | 注 意 力 | 4.3/8 | /8 |
| ❸ | 推理・思考 | 系列完成・折り紙 | 3.7/8 | /8 |
| ❹ | 比較・数量 | 数の比較・重さ比べ | 6.2/8 | /8 |
| ❺ | 知識・常識 | 言語・しりとり | 3.2/8 | /8 |

総合偏差値
（下の表にてお調べ下さい。）

総合得点
/40

| 得点 | 偏差値 | 1000人換算順位 | 得点 | 偏差値 | 1000人換算順位 |
|---|---|---|---|---|---|
| 40 | | | 20 | 46 | 586 |
| 39 | | | 19 | 44 | 646 |
| 38 | | | 18 | 42 | 722 |
| 37 | 76 | 1 | 17 | 41 | 761 |
| 36 | | | 16 | 39 | 804 |
| 35 | | | 15 | 37 | 826 |
| 34 | 70 | 6 | 14 | 35 | 864 |
| 33 | 69 | 12 | 13 | 34 | 914 |
| 32 | 67 | 28 | 12 | 32 | 935 |
| 31 | 65 | 39 | 11 | 30 | 957 |
| 30 | 63 | 56 | 10 | 28 | 968 |
| 29 | 62 | 67 | 9 | 27 | 974 |
| 28 | 60 | 78 | 8 | 25 | 985 |
| 27 | 58 | 121 | 7 | | |
| 26 | 56 | 220 | 6 | | |
| 25 | 55 | 258 | 5 | | |
| 24 | 53 | 329 | 4 | | |
| 23 | 51 | 400 | 3 | | |
| 22 | 49 | 444 | 2 | | |
| 21 | 48 | 515 | 1 | | |

このレーダーチャートの記入の仕方

※総合は右下の表より偏差値を参照して、位置をご記入下さい。
※各5つの分野は得点をそのままグラフにご記入下さい。

# テスト1　分野　記憶　お話の記憶　【問題用紙は127ページ】

## 問題

### 実施要領

（配点・1点×8=8点）

制限時間ー各10秒

### 解答

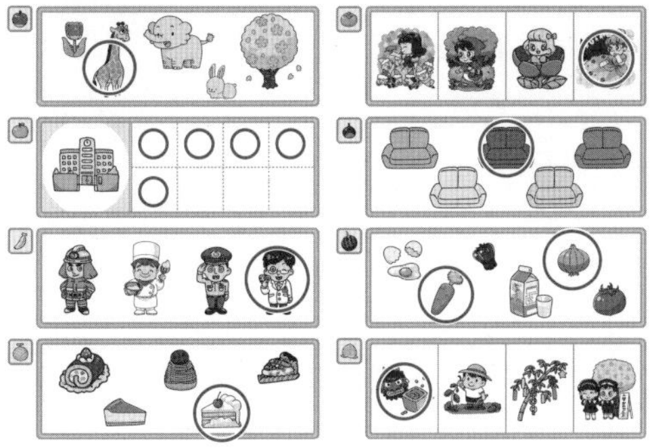

〈青のクーピー使用〉

**問題**（プリントを見せないでお話を聞かせて下さい。）

（りんご）サキちゃんは何組さんですか。見つけて○をつけましょう。

（みかん）サキちゃんのお兄さんは小学校何年生ですか。その数だけ○をかきましょう。

（バナナ）ハナちゃんのお父さんはどれですか。見つけて○をつけましょう。

（メロン）サキちゃんはどんなケーキを食べましたか。見つけて○をつけましょう。

（か　き）ハナちゃんが帰った後、サキちゃんは何の絵本を読んでいましたか。見つけて○をつけましょう。

（く　り）サキちゃんのお家のソファはどれですか。見つけて○をつけましょう。

（すいか）スーパーマーケットで買ったものはどれですか。全部見つけて○をつけましょう。

（も　も）今のお話と同じ季節の絵を見つけて○をつけましょう。

**※カラー問題につき、問題用紙は巻末（127ページ）にございますのでご注意下さい。**

### お話

　サキちゃんはサクラ幼稚園のキリン組さんです。お家が近いハナちゃんとはとても仲良しで小さい頃から一緒に遊んでいます。サキちゃんには小学5年生のお兄さん、ハナちゃんには今年の夏に産まれた赤ちゃんの妹がいます。サキちゃんのお家はケーキ屋さんで、お父さんとお母さんで美味しいケーキを作っています。時々おばあちゃんもお手伝いに来ます。ハナちゃんのお父さんはお医者さんでお母さんはピアノの先生をしています。

　今日は幼稚園がお休みなので、朝からハナちゃんがサキちゃんのお家に遊びに来ています。天気がよかったので、2人はお庭でボール遊びをしていました。しばらくしてお腹が空いてきたので、ハナちゃんのお母さんが作ってくれたサンドイッチを食べることにしました。今日もお仕事のサキちゃんのお母さんの代わりに、ハナちゃんのお母さんが2人ぶん用意してくれていたのです。サキちゃんは冷蔵庫から牛乳を出してコップに入れ、サンドイッチと一緒に机に置きました。お昼ご飯を食べ終わって2人が折り紙をして遊んでいると、サキちゃんのお父さんがケーキをいくつか持ってきて「おやつに好きなのを選んでいいよ。」と言いました。サキちゃんはサクランボのケーキ、ハナちゃんはチーズケーキを選びました。お父さんは「これはお兄ちゃんの分だから台所のテーブルの上に置いてね。」と言ってアップルパイをサキちゃんに渡しました。

　4時にハナちゃんのお父さんが黄色い車でお迎えに来ると、2人は「また遊ぼうね。」と言ってさよならしました。その後サキちゃんが居間の赤いソファに座って『シンデレラ』の絵本を読んでいると、おばあちゃんがやってきました。おばあちゃんが「今日はお店がまだ忙しそうだから、一緒にオムライスを作ろうか。」と言ったので、サキちゃんはおばあちゃんとスーパーマーケットへ晩ご飯の買い物へ行きました。玉ネギと人参を買って帰ってくると、お父さんとお母さんはまだ明日のケーキの準備をしていました。明日はクリスマスなので、いつもよりたくさんのケーキを作らないといけないのです。しばらくしてお父さんたちがお店を閉めて戻ってくると、サキちゃんは「おばあちゃんと一緒にオムライスを作ったんだよ。」と言って、2人を迎えました。お父さんとお母さんが「すごい。とっても美味しそうだね。ありがとう。」とにっこりして言ったので、サキちゃんは嬉しくなりました。

## 評価

◆平均点 4.9 点

**項目別得点分布グラフ**

他の人がどれくらいの点をとっているかがわかります。

右のグラフは各得点にどれぐらいの人がいるかを%で表しています。
分布状態をみることにより、どのような傾向を持った問題であるかがわかります。

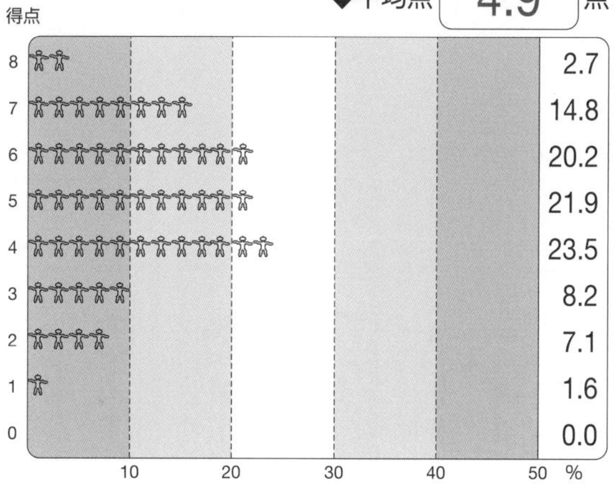


【男子】

◆平均点 4.6 点

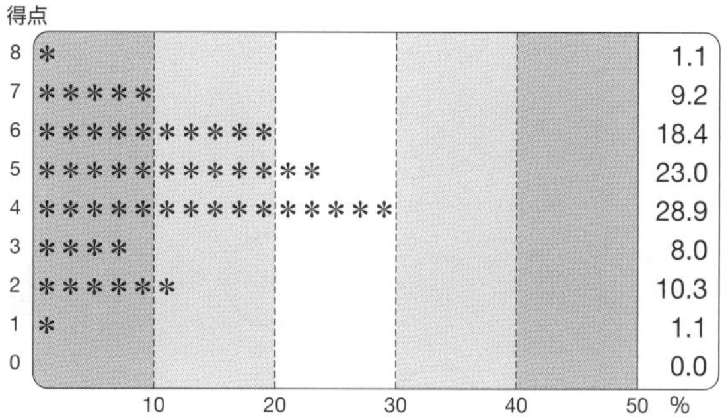

【女子】

◆平均点 5.2 点

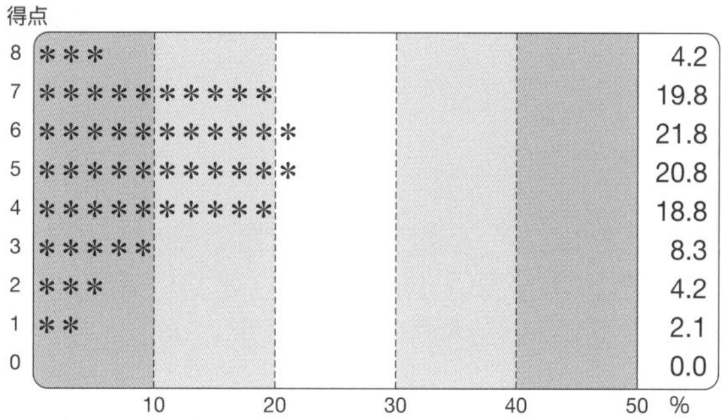

**指導**

お話の記憶は、多くの小学校で毎年出題される分野です。お話の記憶が苦手な場合は、まず、聞くことに慣れていき、言葉を追いかけるのではなく、お話の場面が想像できるようにしましょう。今回のお話にも、数や色、季節が出てきます。聞き逃さないようにしましょう。

第6回

# テスト2 分野 図形 注意力 注　意　力 【問題用紙は77ページ】



## 問　題

### 実施要領

解答時間ー⊡ 1分30秒　⚁1分　　（配点・1点×8=8点）

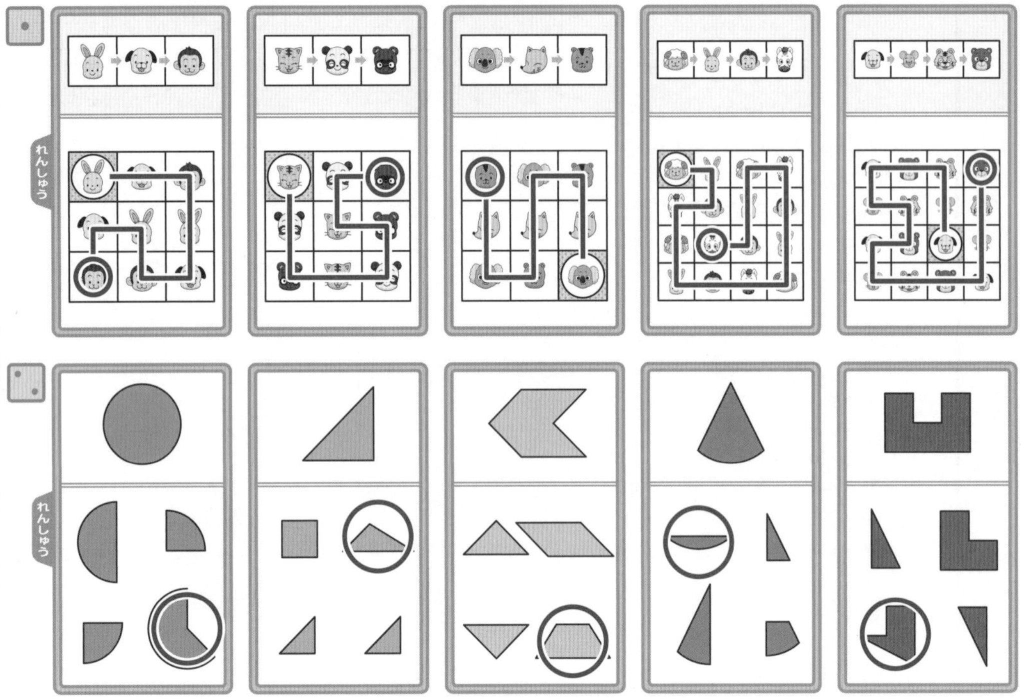


〈青のクーピー使用〉

**問題**
⊡上のお約束の順番通りに、○で囲まれた動物の箱から進むと、おしまいはどの箱になるでしょうか。見つけて○をつけましょう。ただし、同じ箱を2回通ることなく、全部の箱を通りましょう。また、ななめに進んではいけません。
⚁上のお手本を作るのに、使わないものを下から1つ見つけて○をつけましょう。

## 評　価

◆平均点 4.3 点

**項目別得点分布グラフ**
他の人がどれくらいの点をとっているかがわかります。

右のグラフは各得点にどれぐらいの人がいるかを%で表しています。
分布状態をみることにより、どのような傾向を持った問題であるかがわかります。

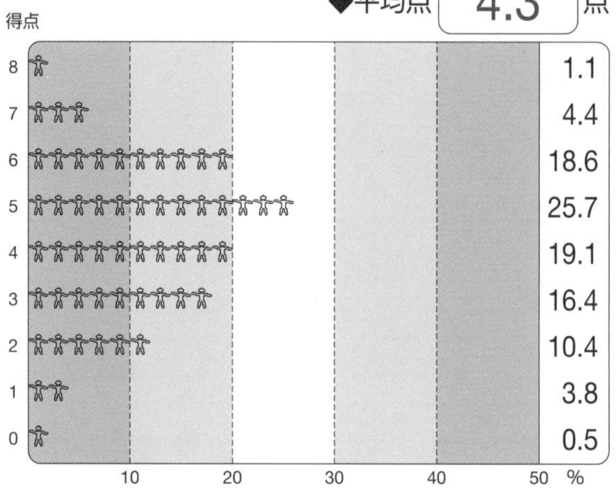


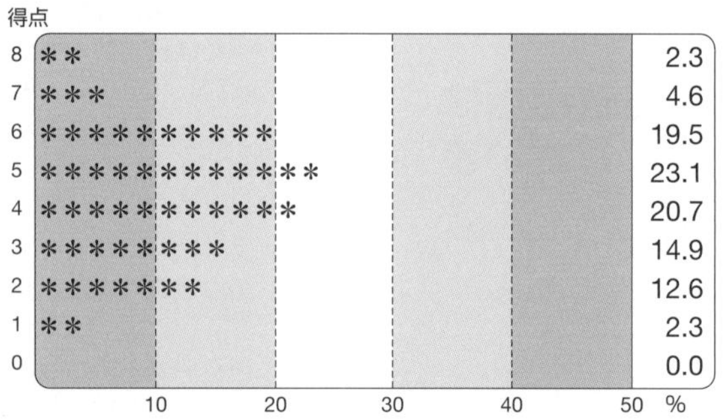


【男子】

◆平均点 4.4 点

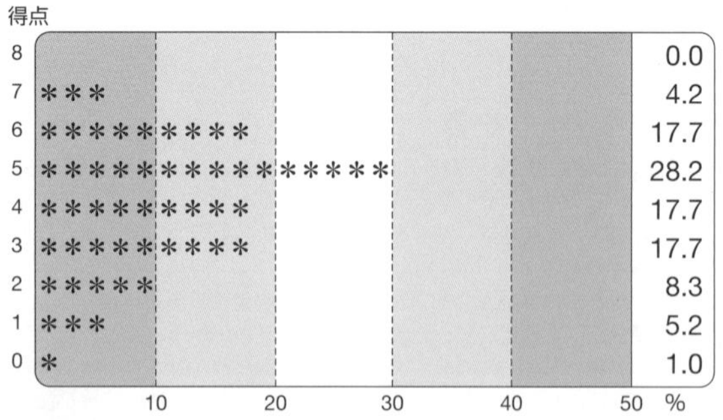


【女子】

◆平均点 4.2 点

**指導**
上の問題は、お約束の順番通りに絵を指でなぞっていきましょう。何度も線を書き直すと、採点者が解答の判別ができなくなるので気をつけましょう。下の問題については、図形の分け方はある程度パターン化されていますので、このパターンを多く覚えることで問題を早く解くことができます。

# テスト3　分野　推理思考　系列完成・折り紙　【問題用紙は78ページ】

## 問題

**実施要領**

解答時間ー⚀1分　⚁40秒　　（配点・1点×8=8点）

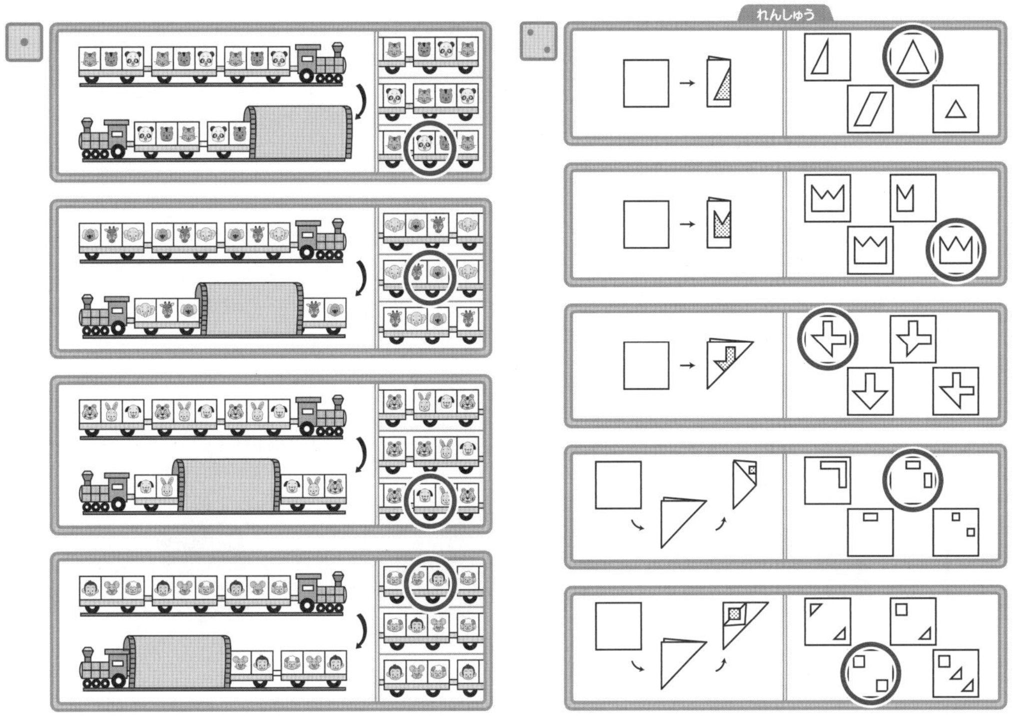


〈緑のクーピー使用〉

**問題**　⚀左の絵のように、動物さんを乗せた列車がトンネルに入りました。では、かくれて見えないところにちょうど合うものを右から見つけて○をつけましょう。
⚁左のように折り紙を折った後、黒いところを切って広げると、折り紙はどのようになるでしょうか。右から見つけて○をつけましょう。

## 評価

◆平均点　3.7　点

**項目別得点分布グラフ**

他の人がどれくらいの点をとっているかがわかります。

右のグラフは各得点にどれぐらいの人がいるかを%で表しています。
分布状態をみることにより、どのような傾向を持った問題であるかがわかります。

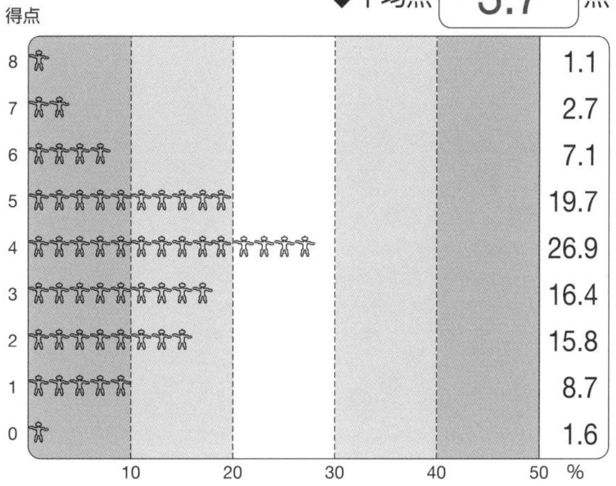


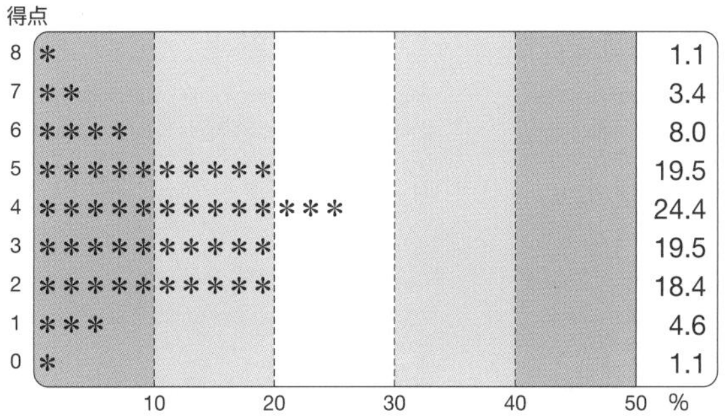


【男子】

◆平均点　3.8　点

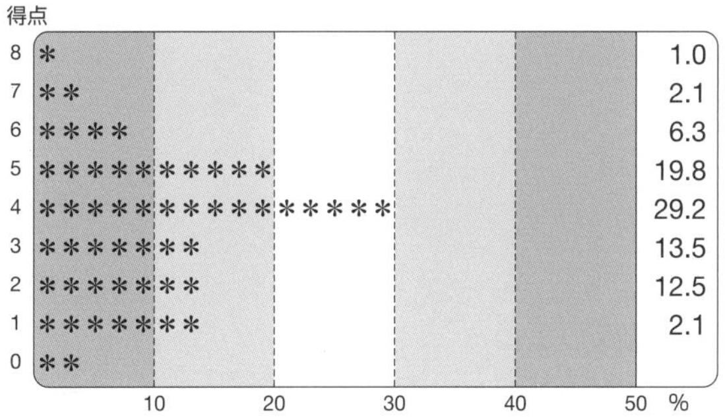


【女子】

◆平均点　3.6　点

**指導**

系列完成は、入試に頻出の問題です。上段と下段では絵の並び方が逆になることに気をつけてください。折り紙の問題は、左のお手本の絵を上手に使いましょう。特に最後の2問は、最終的に切り取った折り紙を一度折り目を戻すとどうなるかを左のお手本に描き込むことで全て開くとどうなるかがわかりやすくなります。

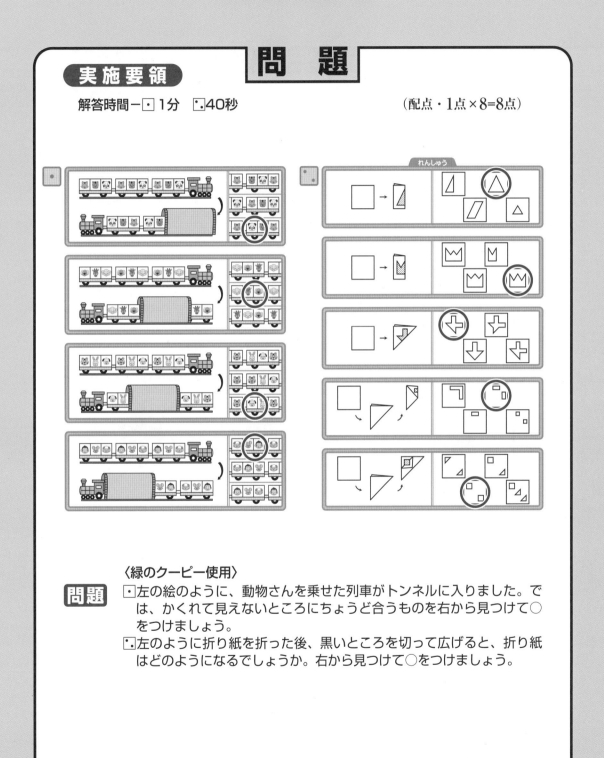

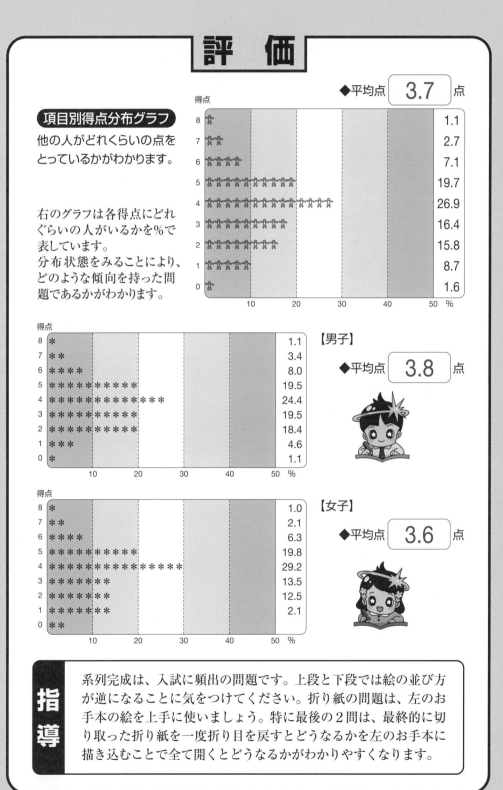

# テスト4 分野 比較 数量 数の比較・重さ比べ

【問題用紙は79ページ】

## 問題

**実施要領**

解答時間－⚀50秒 ⚁1分

（配点・1点×8=8点）

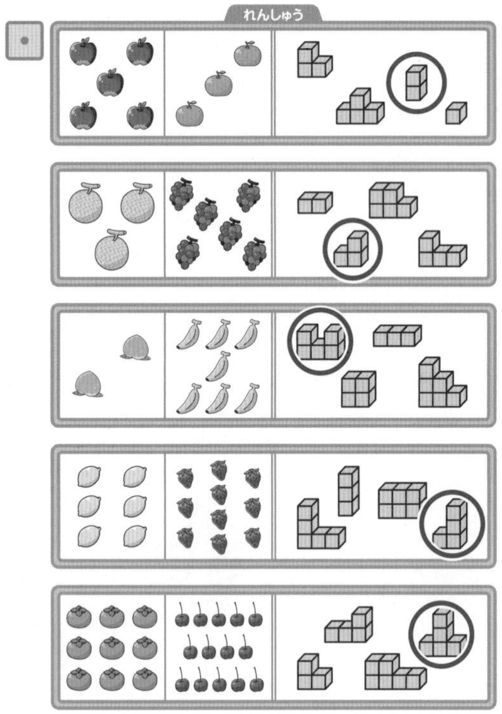


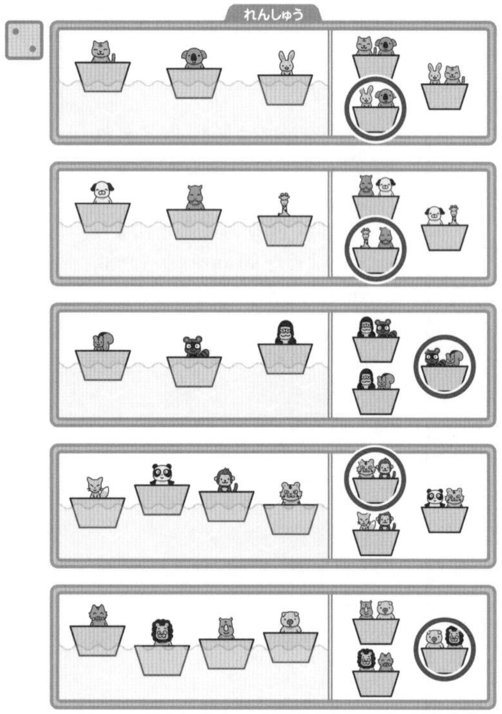


**問題**

〈緑のクーピー使用〉

⚀左の果物の数はいくつちがいますか。その数と同じ数の積み木を右から見つけて○をつけましょう。

⚁左の海に浮かんでいる船を見ながら、右の3つの船の中でどれが一番重いかを見つけて○をつけましょう。

## 評価

◆平均点 6.2 点

**項目別得点分布グラフ**

他の人がどれくらいの点をとっているかがわかります。

右のグラフは各得点にどれぐらいの人がいるかを%で表しています。
分布状態をみることにより、どのような傾向を持った問題であるかがわかります。

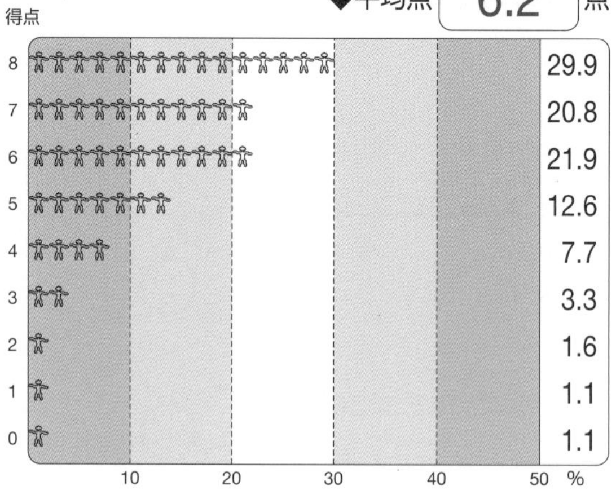


【男子】

◆平均点 6.2 点

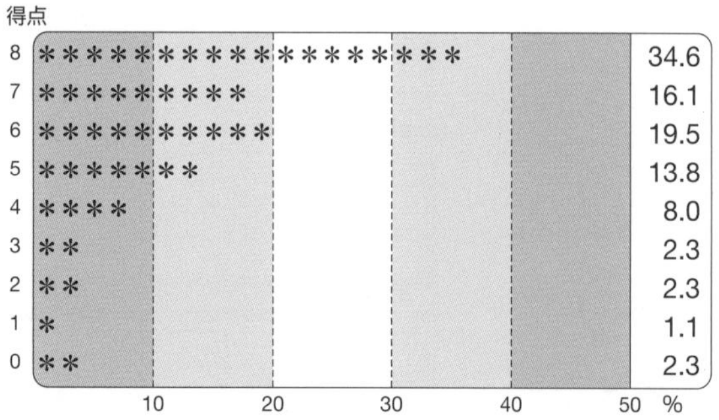

【女子】

◆平均点 6.3 点

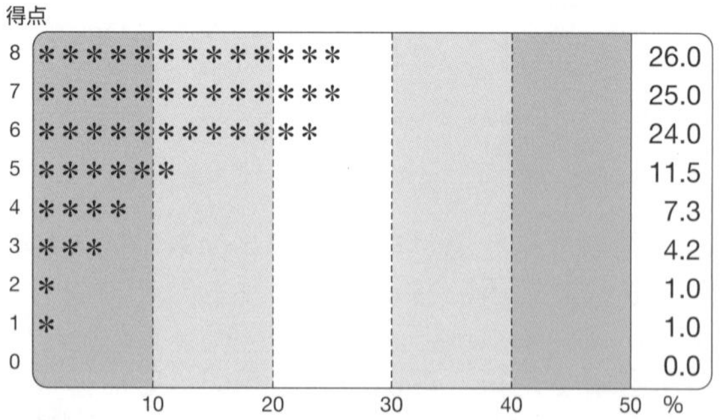

**指導**

左の問題は、多い方から少ない方の数だけ絵を消す（印を付ける）ことで対応しましょう。右の問題は、まずは重さの順番を見つけ、次に1番目と2番目に重い動物の組み合わせを見つけましょう。それがなければ、2番目と3番目の組み合わせよりは、1番目と3番目の方が重くなると考えましょう。

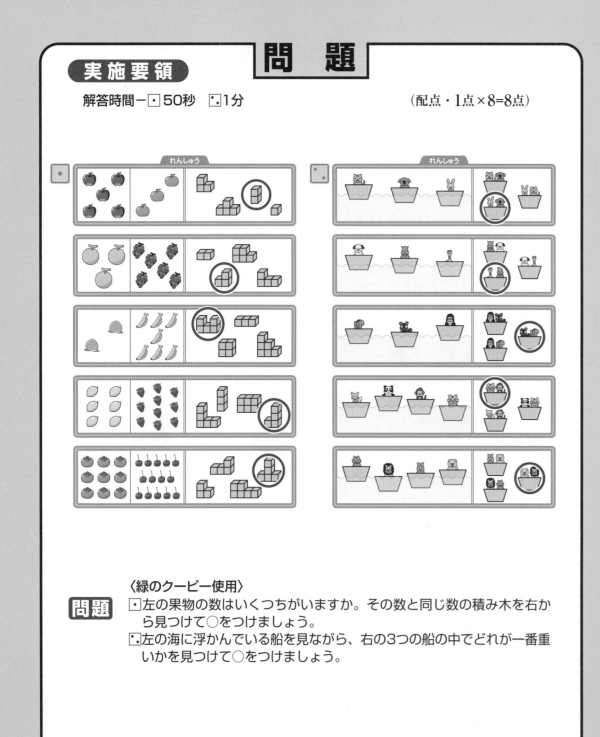

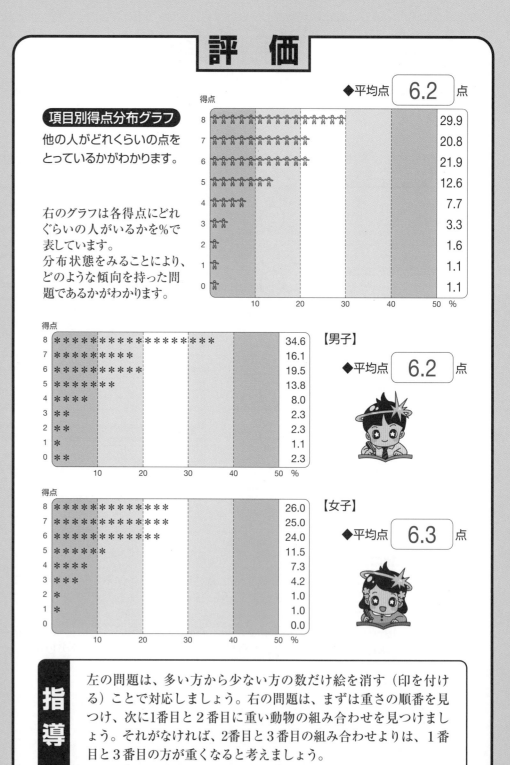

# テスト5 分野 知識 常識 言語・しりとり 【問題用紙は128ページ】

## 問　題

**実施要領**

解答時間－⚀⚁各1分　　　　（配点・1点×8=8点）

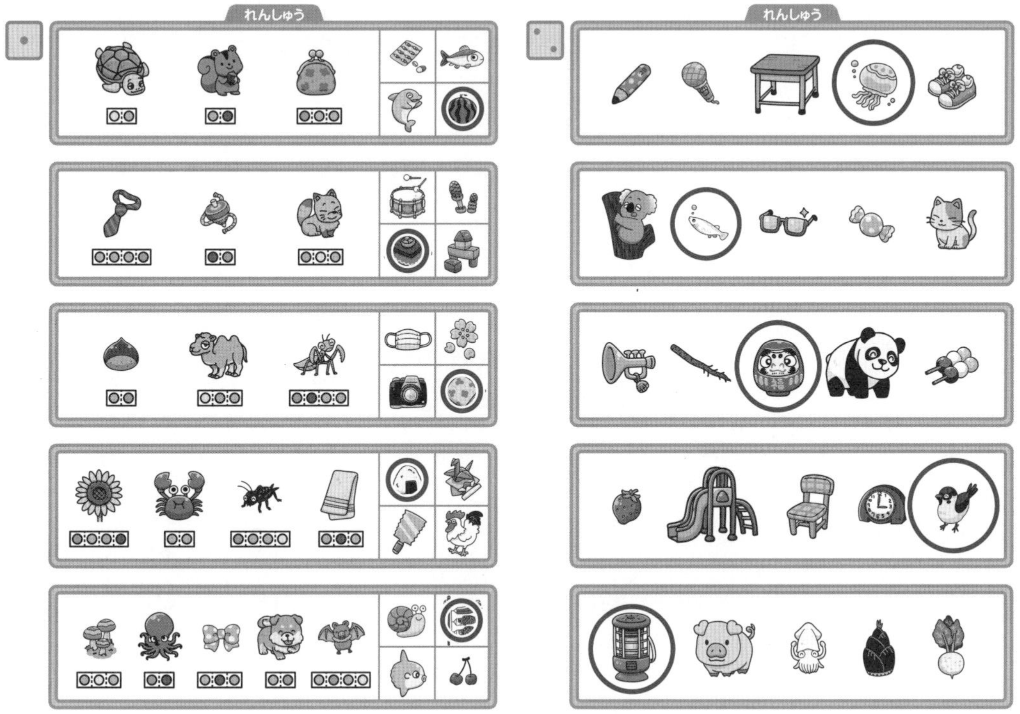


**問題**

〈緑のクーピー使用〉

⚀並んでいる絵の名前の「赤・青・黄」の丸に入る言葉（音）をつなぐと、右のどれになるでしょうか。見つけて○をつけましょう。

⚁並んでいる絵でしりとりをしたとき、1つだけ続かないものを見つけて○をつけましょう。

**※カラー問題につき、問題用紙は巻末(128ページ)にございますのでご注意下さい。**

## 評　価

◆平均点 3.2 点

**項目別得点分布グラフ**

他の人がどれくらいの点をとっているかがわかります。

右のグラフは各得点にどれぐらいの人がいるかを%で表しています。
分布状態をみることにより、どのような傾向を持った問題であるかがわかります。

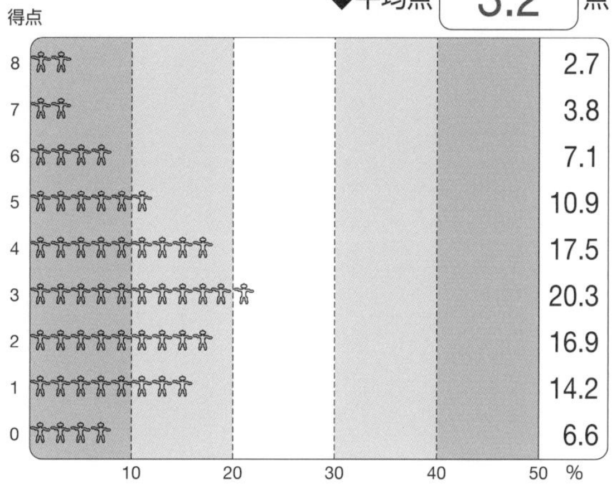


【男子】

◆平均点 3.2 点

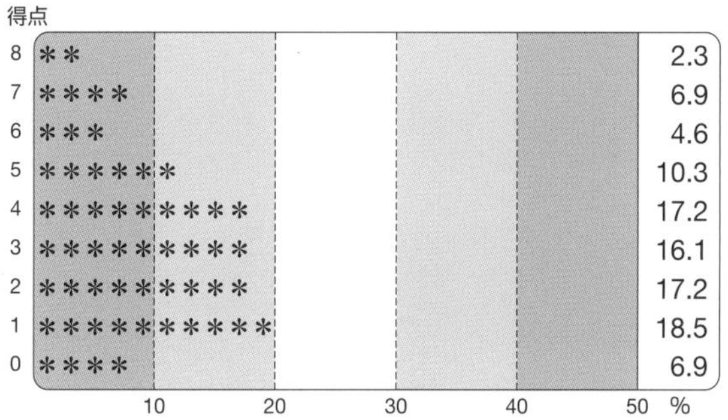

【女子】

◆平均点 3.3 点

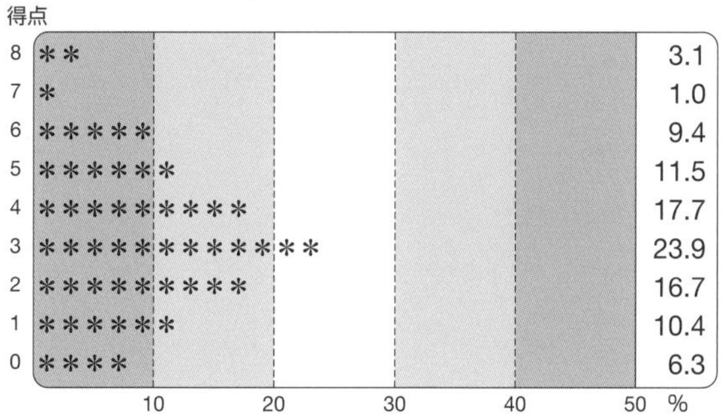

**指導**

左の問題は、まずは、赤、青、黄の丸に入る言葉を素早く見つけることから始めましょう。言葉の並び替えは繰り返し練習することで早くなります。右のしりとりの問題は、一番初めを見つける必要はありません。つながったものからどんどん線でつないでいけば、自ずと答えが残ります。

第6回

# 第7回 模擬テスト結果記入表

| テスト | 分野名 | 項目名 | 平均点 | 得点 |
|---|---|---|---|---|
| ❶ | 記　憶 | 絵の記憶 | 4.2/8 | /8 |
| ❷ | 図形・注意力 | 注意力・図形の回転 | 4.2/8 | /8 |
| ❸ | 推理・思考 | オセロゲーム・物の見え方 | 3.5/8 | /8 |
| ❹ | 比較・数量 | 総　合 | 3.9/8 | /8 |
| ❺ | 知識・常識 | しりとり・季節感 | 3.4/8 | /8 |
| | | | 総合得点 | /40 |

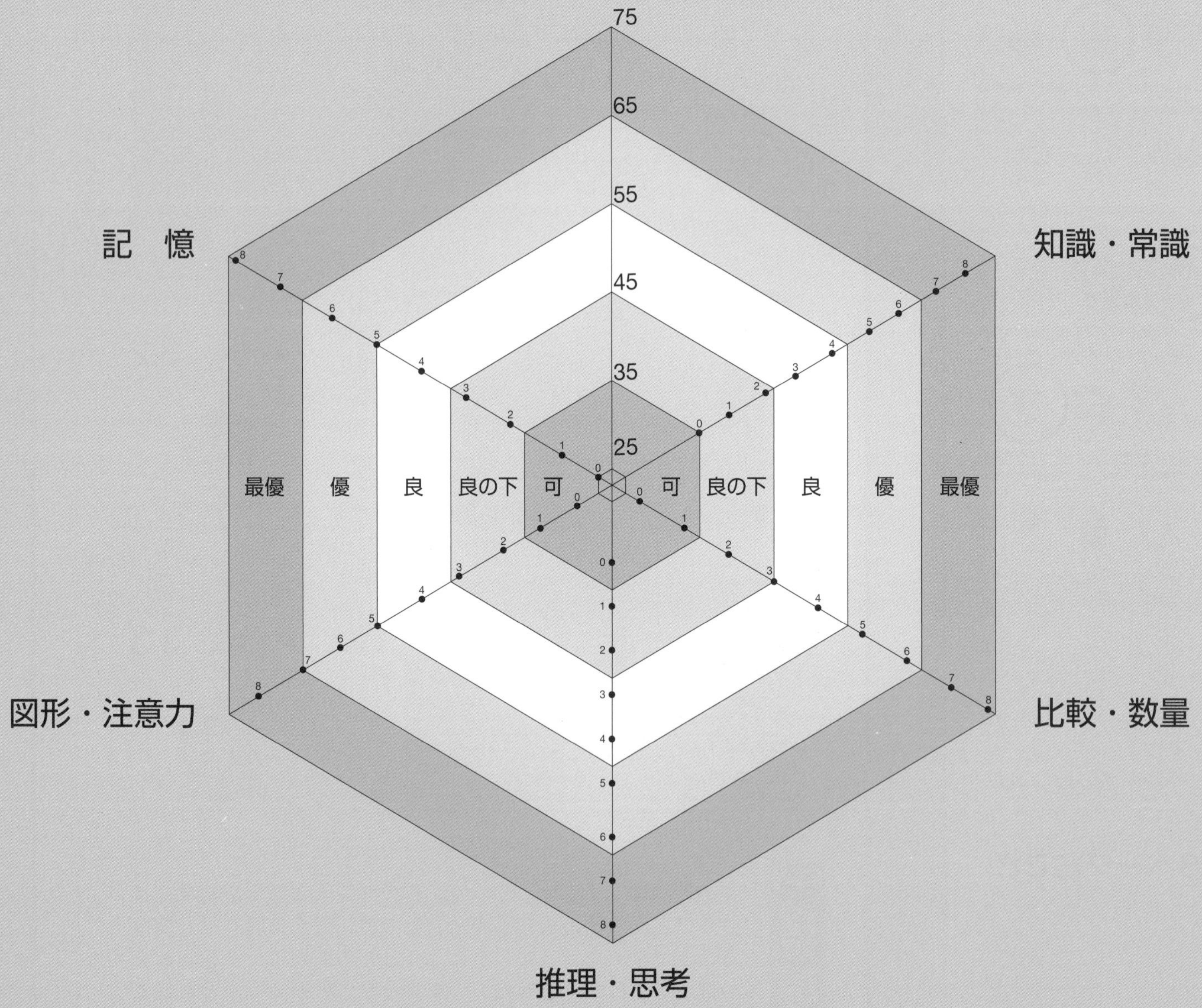


| 得点 | 偏差値 | 1000人換算順位 | 得点 | 偏差値 | 1000人換算順位 |
|---|---|---|---|---|---|
| 40 | | | 20 | 51 | 350 |
| 39 | | | 19 | 50 | 426 |
| 38 | | | 18 | 48 | 496 |
| 37 | | | 17 | 47 | 553 |
| 36 | | | 16 | 45 | 600 |
| 35 | 74 | 1 | 15 | 44 | 652 |
| 34 | 72 | 6 | 14 | 42 | 685 |
| 33 | 71 | 15 | 13 | 41 | 742 |
| 32 | 69 | 25 | 12 | 39 | 793 |
| 31 | 68 | 39 | 11 | 38 | 841 |
| 30 | 66 | 58 | 10 | 36 | 869 |
| 29 | 65 | 67 | 9 | 35 | 897 |
| 28 | | | 8 | 33 | 935 |
| 27 | 62 | 86 | 7 | 32 | 954 |
| 26 | 60 | 105 | 6 | 30 | 963 |
| 25 | 59 | 124 | 5 | 29 | 982 |
| 24 | 57 | 161 | 4 | | |
| 23 | 56 | 204 | 3 | 26 | 996 |
| 22 | 54 | 237 | 2 | | |
| 21 | 53 | 308 | 1 | | |

このレーダーチャートの記入の仕方　※各5つの分野は得点をそのままグラフにご記入下さい。

# テスト1 分野 記憶 絵の記憶 【記憶用紙は129ページ・問題用紙は130ページ】

## 問題

**実施要領**

(配点・1点×8=8点)

提示時間ー50秒　解答時間ー各10秒

(記憶用)

**解答**

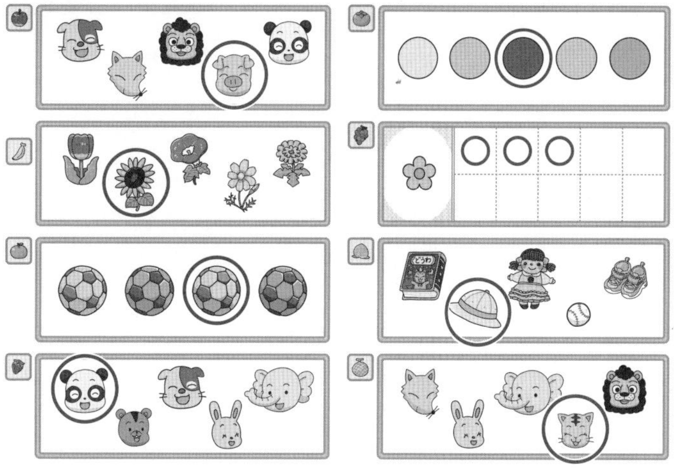

**問題**・スクリーンに映った絵をしっかりとおぼえた後、問題をしましょう。

(りんご) 窓の外からお部屋の中をのぞいていた動物を見つけて○をつけましょう。
(バナナ) 壁にかざってあったお花の絵は何でしたか。見つけて○をつけましょう。
(ミカン) お部屋にあったサッカーボールはどれでしたか。見つけて○をつけましょう。
(いちご) 車の絵を描いていた動物を見つけて○をつけましょう。
(か　き) 窓から入ってきた鳥は何色でしたか。同じ色を見つけて○をつけましょう。
(ぶどう) 花瓶に入っていたお花は何本でしたか。その数だけ○をかきましょう。
(モ　モ) 棚の二段目に入っていたものはどれでしたか。見つけて○をつけましょう。
(メロン) お部屋にいなかった動物を見つけて○をつけましょう。

**※カラー問題につき、記憶・問題用紙は巻末(129・130ページ)にございますのでご注意下さい。**

## 評価

◆平均点 4.2 点

**項目別得点分布グラフ**

他の人がどれくらいの点をとっているかがわかります。

右のグラフは各得点にどれぐらいの人がいるかを%で表しています。
分布状態をみることにより、どのような傾向を持った問題であるかがわかります。

| 得点 | % |
|---|---|
| 8 | 1.9 |
| 7 | 5.2 |
| 6 | 12.7 |
| 5 | 22.6 |
| 4 | 24.1 |
| 3 | 17.9 |
| 2 | 9.0 |
| 1 | 6.6 |
| 0 | 0.0 |

【男子】

◆平均点 4.1 点

| 得点 | % |
|---|---|
| 8 | 0.0 |
| 7 | 4.7 |
| 6 | 14.0 |
| 5 | 22.4 |
| 4 | 22.5 |
| 3 | 21.5 |
| 2 | 8.4 |
| 1 | 6.5 |
| 0 | 0.0 |

【女子】

◆平均点 4.2 点

| 得点 | % |
|---|---|
| 8 | 3.8 |
| 7 | 5.7 |
| 6 | 11.4 |
| 5 | 22.9 |
| 4 | 25.7 |
| 3 | 14.3 |
| 2 | 9.5 |
| 1 | 6.7 |
| 0 | 0.0 |

**指導**

実際の入試ではいきなり記憶させられるので、何をどうおぼえればいいのか戸惑ってしまいます。普段の練習では、まず解答用紙を見せながら、おぼえなければならないものを「しっかりと記憶させる」ように心掛けてください。

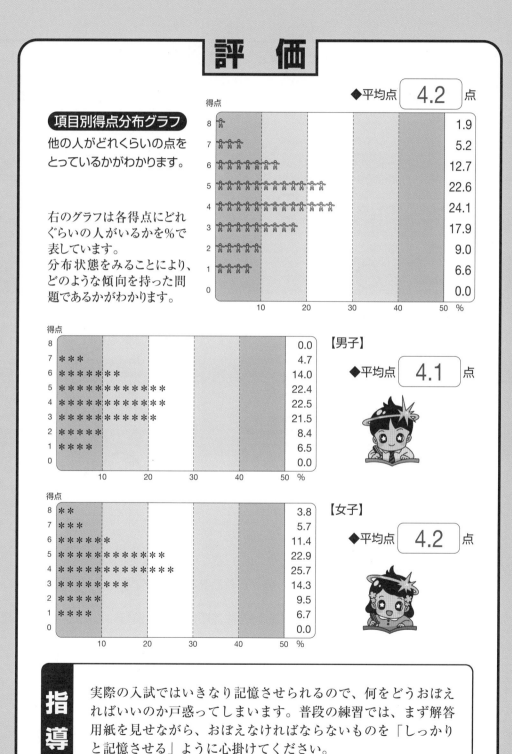

# テスト2 分野 図形 注意力 注意力・図形の回転 【問題用紙は80ページ】

## 問題

**実施要領**

解答時間ー⚀⚁各1分　（配点・1点×8=8点）

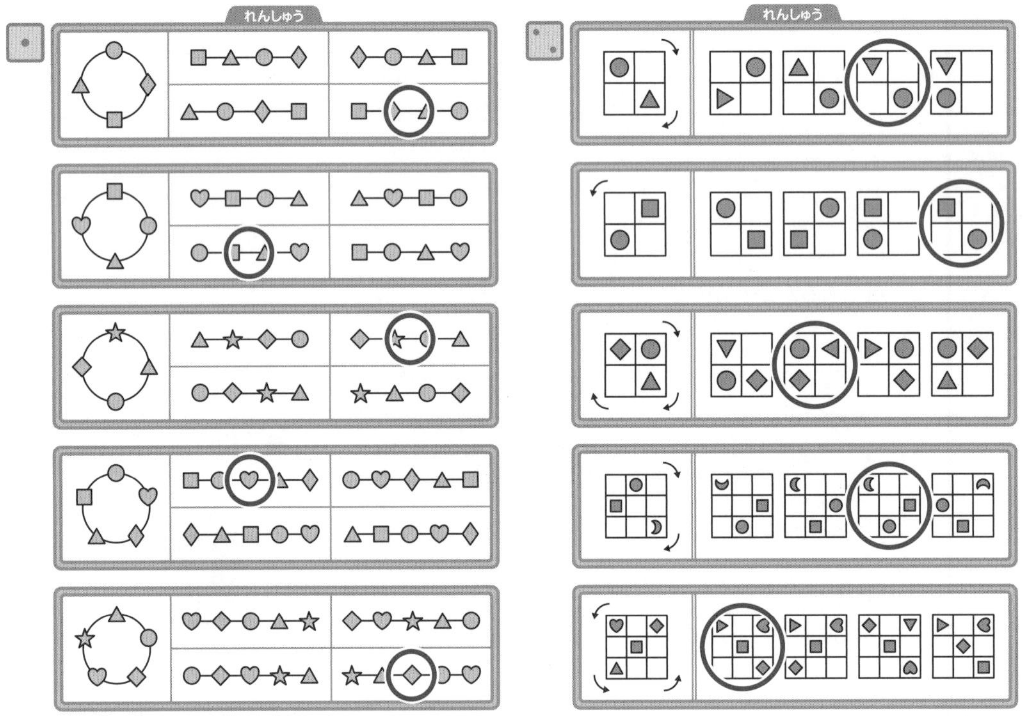


**問題**

〈緑のクーピー使用〉

⚀左のお手本のどこを切ってもできないものを右から見つけて○をつけましょう。

⚁左のお手本が、矢印の向きに矢印の数だけ回転したものを右から見つけて○をつけましょう。

## 評価

◆平均点 4.2 点

**項目別得点分布グラフ**

他の人がどれくらいの点をとっているかがわかります。

右のグラフは各得点にどれぐらいの人がいるかを%で表しています。
分布状態をみることにより、どのような傾向を持った問題であるかがわかります。

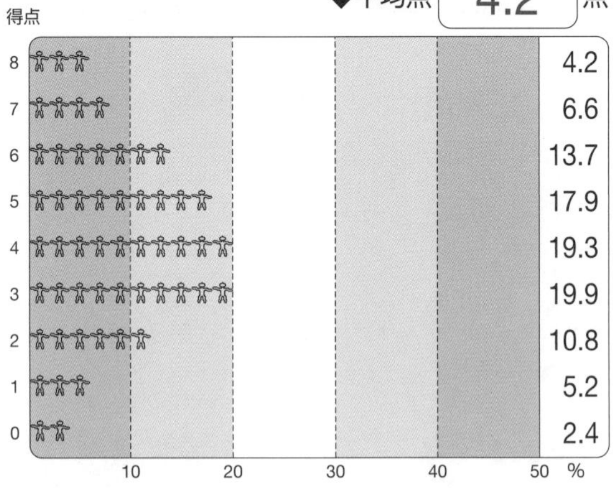


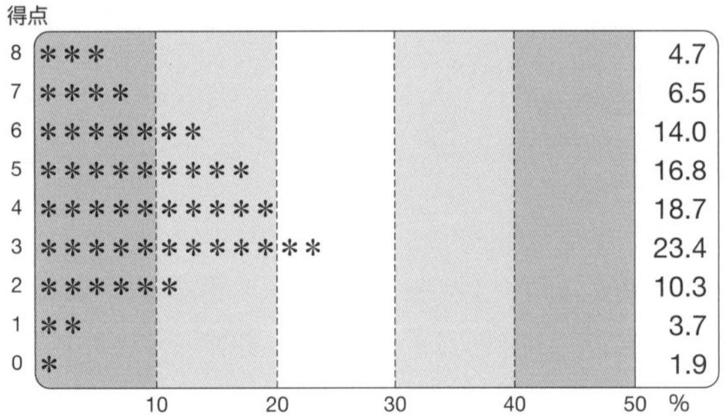


【男子】

◆平均点 4.2 点

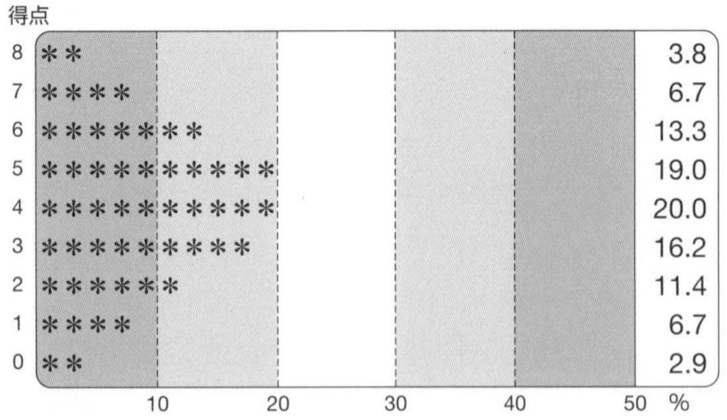


【女子】

◆平均点 4.1 点

**指導**

左の問題は、注意力の問題です。図形の並び方の順番を1つ1つ確認していけば、自ずと答えは見つかります。右の図形の問題は、入試でもよく出題されますが、今回は回転の方向と数が各問題ごとに異なりますので気をつけましょう。

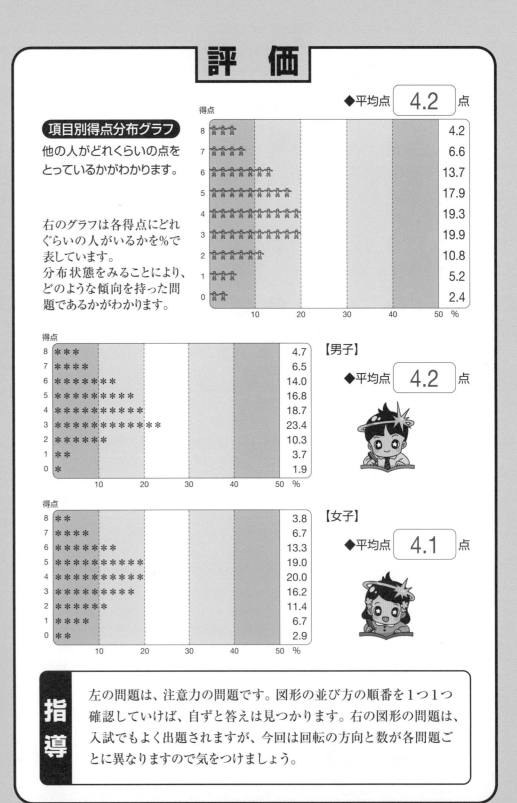

# テスト3 分野 推理思考 オセロゲーム・物の見え方

【問題用紙は81ページ】

## 問題

**実施要領**

解答時間－⚀1分30秒　⚁1分　　　(配点・1点×8=8点)

⚀

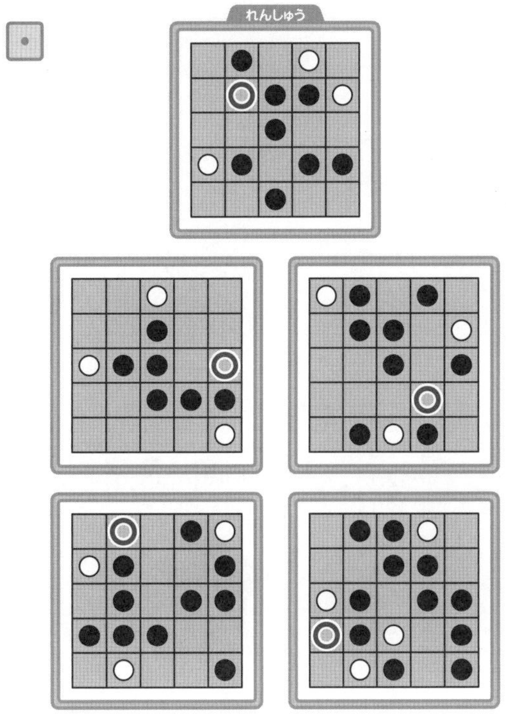


⚁

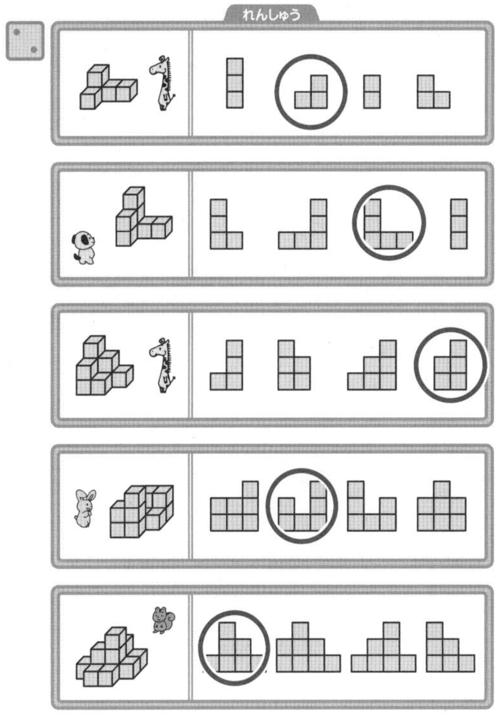


**問題**

〈青のクーピー使用〉

⚀縦でも横でもななめでも、黒にはさまれると白は黒になり、白にはさまれると黒は白になるお約束です。では、次にどこに白を置くと、白と黒の数が同じになるでしょうか。見つけて○をかきましょう。

⚁左の積み木をそれぞれの動物から見ると、どのように見えるでしょうか。右から見つけて○をつけましょう。

## 評価

◆平均点 3.5 点

**項目別得点分布グラフ**

他の人がどれくらいの点をとっているかがわかります。

右のグラフは各得点にどれぐらいの人がいるかを%で表しています。
分布状態をみることにより、どのような傾向を持った問題であるかがわかります。

| 得点 | % |
| --- | --- |
| 8 | 2.4 |
| 7 | 5.2 |
| 6 | 10.8 |
| 5 | 10.8 |
| 4 | 20.4 |
| 3 | 19.3 |
| 2 | 14.6 |
| 1 | 11.3 |
| 0 | 5.2 |

【男子】

◆平均点 3.6 点

| 得点 | % |
| --- | --- |
| 8 | 3.7 |
| 7 | 2.8 |
| 6 | 12.1 |
| 5 | 13.1 |
| 4 | 18.7 |
| 3 | 19.6 |
| 2 | 15.0 |
| 1 | 10.3 |
| 0 | 4.7 |

【女子】

◆平均点 3.5 点

| 得点 | % |
| --- | --- |
| 8 | 1.0 |
| 7 | 7.6 |
| 6 | 9.5 |
| 5 | 8.6 |
| 4 | 21.9 |
| 3 | 19.0 |
| 2 | 14.3 |
| 1 | 12.4 |
| 0 | 5.7 |

**指導**

オセロゲームの問題は、「ここに置けば白と黒はいくつになる・・・」と、置いたと仮定して数がいくつになるかを調べていきましょう。物の見え方の問題は、解くことが難しい場合は、動物さんから見える面に印を付け、それぞれ何段になっているのかを考えてみましょう。

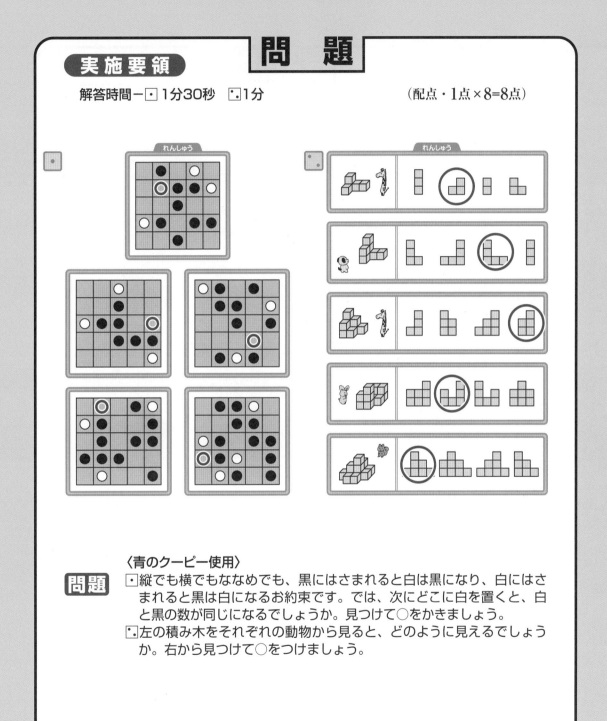

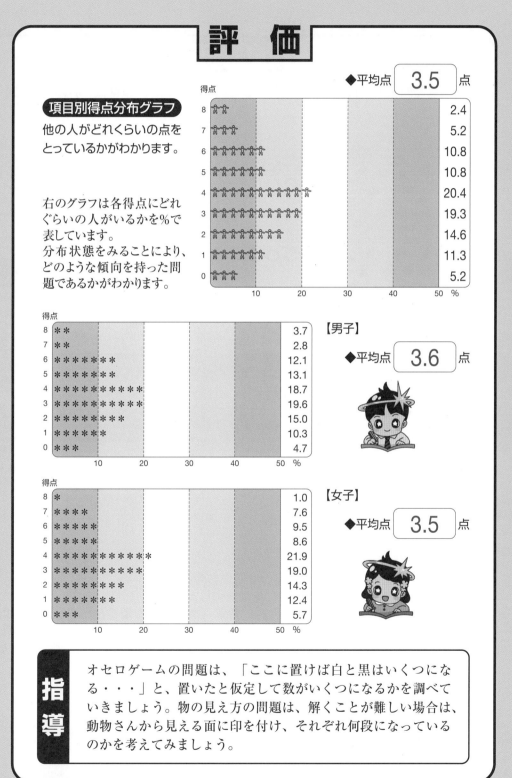

# テスト4　分野　比較 数量　総合　【問題用紙は82ページ】

## 問題

**実施要領**

解答時間ー⚀ ⚁各2分　　（配点・1点×8=8点）

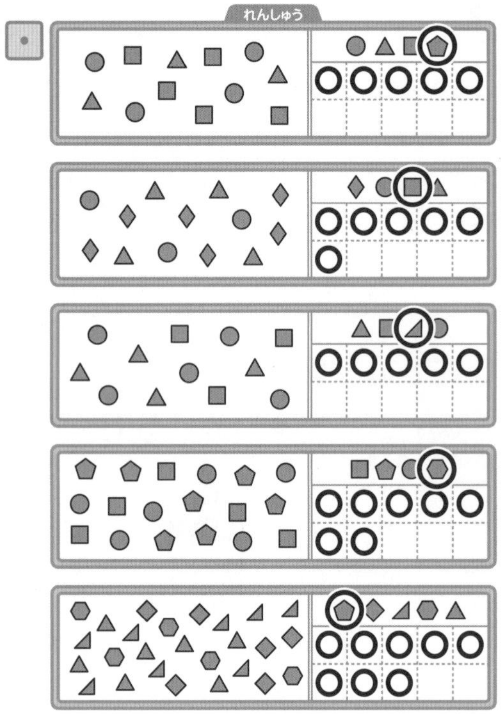


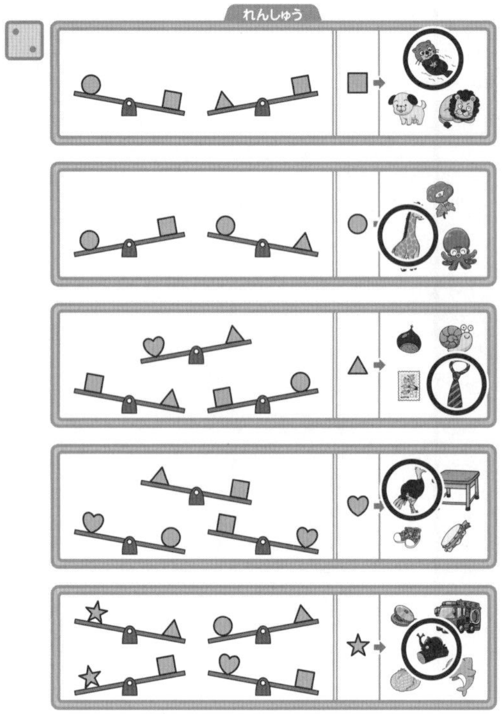


**問題**

〈緑のクーピー使用〉

⚀左の絵にない形を見つけて、右のところに○をつけましょう。その後、一番多い形の数だけ○をかきましょう。

⚁右の絵を使って、名前の言葉（音）の数で重さ比べをします。では、左のようなシーソーのとき、まん中の形に入る絵を見つけて○をつけましょう。ただし、小さい文字（「っ」や「ょ」）も1つに数えます。

## 評価

◆平均点　3.9点

**項目別得点分布グラフ**

他の人がどれくらいの点をとっているかがわかります。

右のグラフは各得点にどれぐらいの人がいるかを%で表しています。
分布状態をみることにより、どのような傾向を持った問題であるかがわかります。

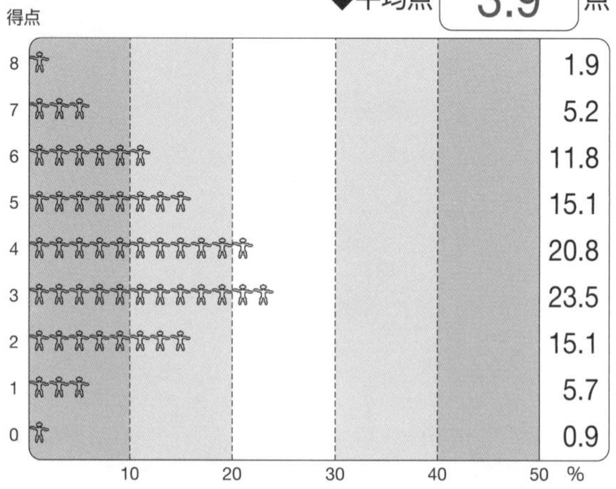


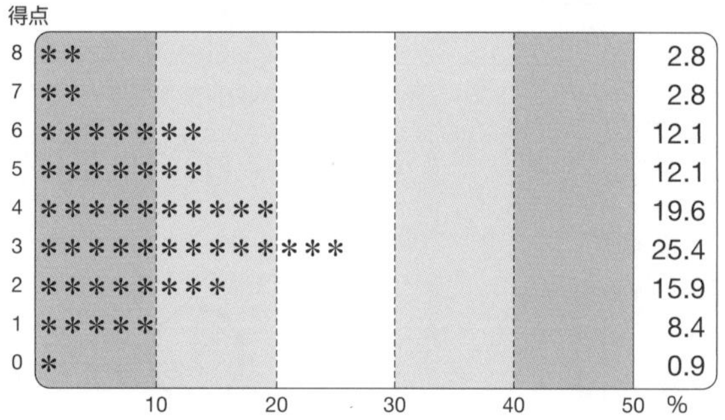


【男子】

◆平均点　3.7点

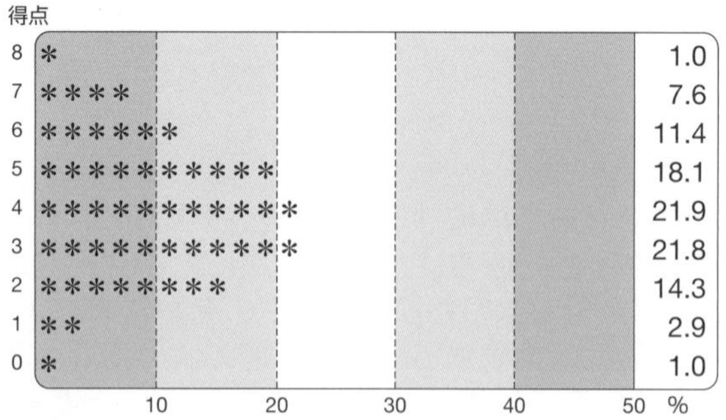


【女子】

◆平均点　4.0点

**指導**

左は、注意力と数量の問題です。ない形を見つけ忘れしないよう、気をつけましょう。右の言葉の数の問題は、よく出題されています。拗音・促音・長音も1つと考える問題にも慣れておきましょう。

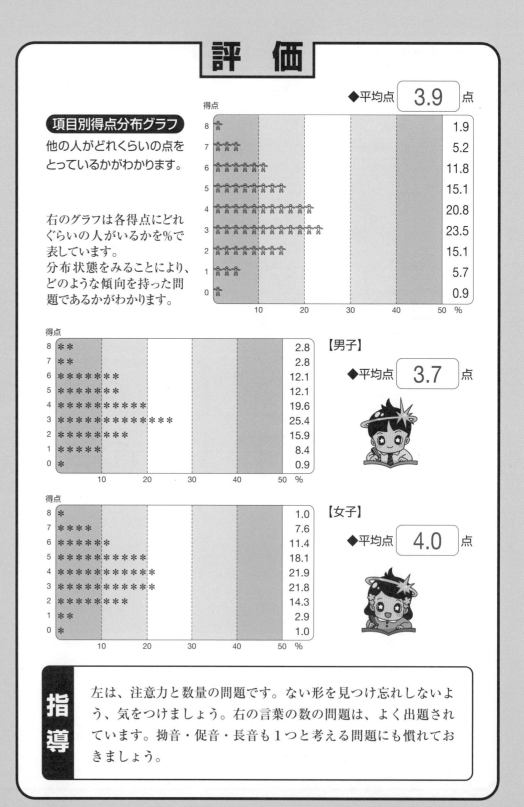

# テスト5 分野 知識 常識 しりとり・季節感

【問題用紙は83ページ】



## 問　題

**実施要領**

解答時間－⚀⚁各1分

（配点・1点×8=8点）

⚀

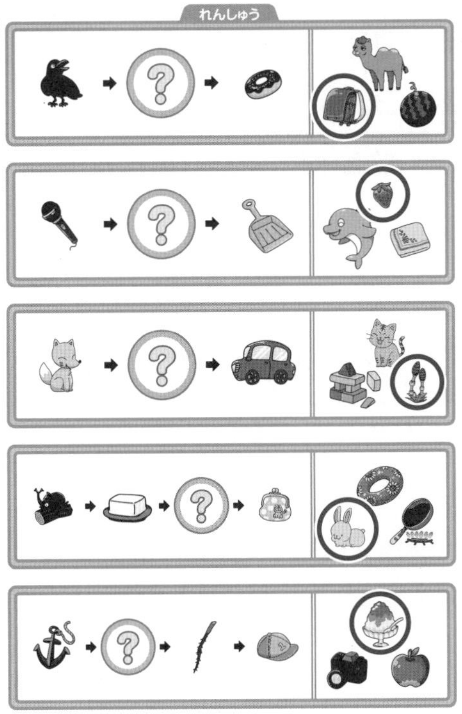


⚁（解答例）

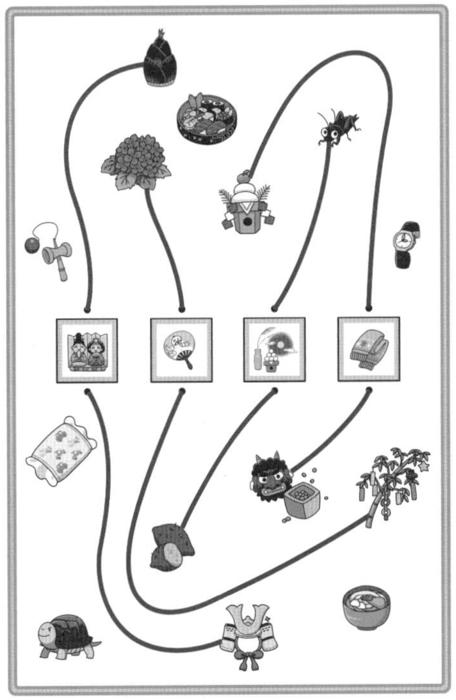

〈緑のクーピー使用〉

**問題**

⚀名前のまん中の言葉（音）でしりとりがつながるように、抜けているところにちょうど合う絵を右から見つけて○をつけましょう。

⚁まん中のそれぞれの絵と同じ季節の絵を2つずつ見つけて線でつなぎましょう。ただし、絵の上を通ったり、他の線と重なったりしてはいけません。

## 評　価

◆平均点 3.4 点

**項目別得点分布グラフ**

他の人がどれくらいの点をとっているかがわかります。

右のグラフは各得点にどれぐらいの人がいるかを%で表しています。
分布状態をみることにより、どのような傾向を持った問題であるかがわかります。

| 得点 | % |
|---|---|
| 8 | 4.2 |
| 7 | 5.2 |
| 6 | 8.5 |
| 5 | 12.7 |
| 4 | 18.0 |
| 3 | 10.8 |
| 2 | 14.6 |
| 1 | 17.5 |
| 0 | 8.5 |

【男子】

◆平均点 3.2 点

| 得点 | % |
|---|---|
| 8 | 5.6 |
| 7 | 1.9 |
| 6 | 9.3 |
| 5 | 13.1 |
| 4 | 15.9 |
| 3 | 9.3 |
| 2 | 15.0 |
| 1 | 21.5 |
| 0 | 8.4 |

【女子】

◆平均点 3.5 点

| 得点 | % |
|---|---|
| 8 | 2.9 |
| 7 | 8.6 |
| 6 | 7.6 |
| 5 | 12.4 |
| 4 | 19.9 |
| 3 | 12.4 |
| 2 | 14.3 |
| 1 | 13.3 |
| 0 | 8.6 |

**指導**

しりとりの問題は、入試において多くのパターンがあり、その1つが本問です。初見の場合はしっかりと覚えておきましょう。右の問題は、先を考え行動する力が求められます。いきなり線を描くのではなく、まずは指を使って、どのように線を描くかシミュレーションしてみましょう。

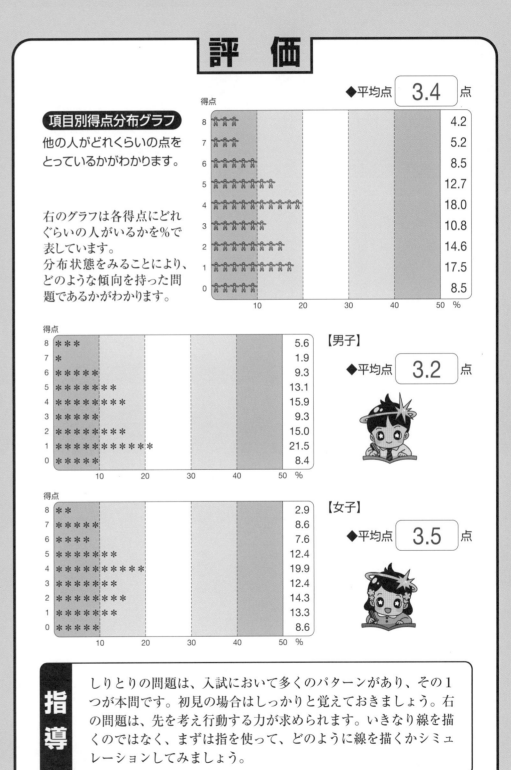

# 第8回　模擬テスト結果記入表

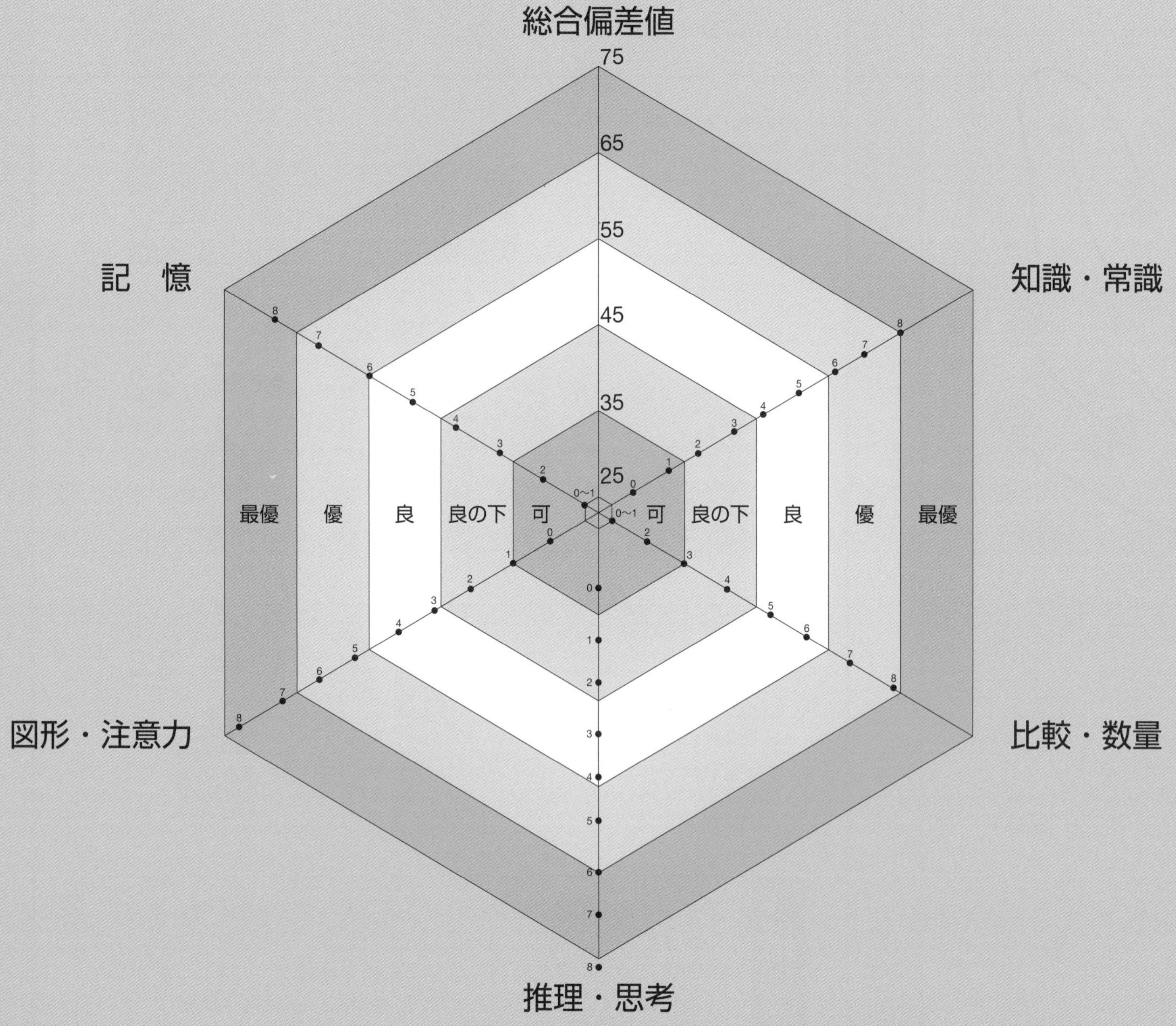


| テスト | 分野名 | 項目名 | 平均点 | 得点 |
|---|---|---|---|---|
| ❶ | 記　　憶 | お話の記憶 | 5.1/8 | /8 |
| ❷ | 図形・注意力 | パズル・あみだくじ | 3.7/8 | /8 |
| ❸ | 推理・思考 | 五目並べ・折り紙 | 3.3/8 | /8 |
| ❹ | 比較・数量 | 数　　量 | 5.6/8 | /8 |
| ❺ | 知識・常識 | 知　　識 | 4.8/8 | /8 |

総合偏差値
（下の表にてお調べ下さい。）

総合得点
/40

| 得点 | 偏差値 | 1000人換算順位 | 得点 | 偏差値 | 1000人換算順位 |
|---|---|---|---|---|---|
| 40 | | | 20 | 46 | 595 |
| 39 | 76 | 1 | 19 | 45 | 656 |
| 38 | | | 18 | 43 | 717 |
| 37 | | | 17 | 41 | 767 |
| 36 | | | 16 | 40 | 813 |
| 35 | 70 | 6 | 15 | 38 | 839 |
| 34 | 68 | 11 | 14 | 37 | 854 |
| 33 | 66 | 21 | 13 | 35 | 874 |
| 32 | 65 | 26 | 12 | 34 | 889 |
| 31 | 63 | 42 | 11 | 32 | 935 |
| 30 | 62 | 67 | 10 | 30 | 955 |
| 29 | 60 | 82 | 9 | 29 | 971 |
| 28 | 59 | 143 | 8 | | |
| 27 | 57 | 184 | 7 | | |
| 26 | 55 | 250 | 6 | | |
| 25 | 54 | 280 | 5 | | |
| 24 | 52 | 356 | 4 | 21 | 986 |
| 23 | 51 | 422 | 3 | | |
| 22 | 49 | 473 | 2 | | |
| 21 | 48 | 514 | 1 | | |

このレーダーチャートの記入の仕方

※総合は右下の表より偏差値を参照して、位置をご記入下さい。
※各5つの分野は得点をそのままグラフにご記入下さい。

# テスト1 分野 記憶 お話の記憶 【問題用紙は131ページ】



## 問題

**実施要領**

制限時間ー各10秒

(配点・1点×8=8点)

**解答**

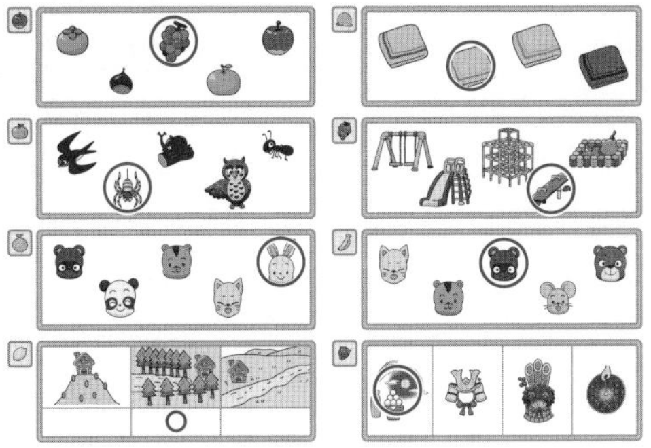

※カラー問題につき、問題用紙は巻末（131 ページ）にございますのでご注意下さい。

**問題**

〈青のクーピー使用〉

（プリントを見せないでお話を聞かせて下さい。）

（りんご）広場にあるのは何の木ですか。見つけて○をつけましょう。

（みかん）木の上から下りてきたのは誰ですか。見つけて○をつけましょう。

（メロン）買い物に行く途中だったのは誰ですか。見つけて○をつけましょう。

（レモン）シマウマさんの家はどこにありますか。見つけてその絵の下に○をかきましょう。

（も　も）ヤギのおじいさんのハンカチはどれですか。見つけて○をつけましょう。

（ぶどう）キリンさんとシマウマさんは、広場でまず何をして遊びましたか。見つけて○をつけましょう。

（バナナ）途中で広場にやって来たのは誰ですか。見つけて○をつけましょう。

（いちご）今のお話と同じ季節の絵を見つけて○をつけましょう。

### お話

今日、キリンさんはシマウマさんと広場で遊ぶ約束をしていました。広場には大きなブドウの木があり、キリンさんはその木の下で待っていましたが、いつまでたってもシマウマさんは来ません。すると、木の上からクモさんが下りてきたので、キリンさんはシマウマさんを見なかったか聞きました。クモさんは「今日は見てないよ。」と言うと、また木の上に戻っていきました。その後、ツバメさんが休憩しに木の枝にとまったので、キリンさんはツバメさんにも同じように聞きました。ツバメさんは「朝早くに家の庭で体操をしているのは見たよ。」と言うと、また飛んでいってしまいました。すると今度は、買い物に行く途中のウサギさんがやってきて、「あれ。キリンさん、シマウマさんと遊ぶんじゃなかった。」と言いました。キリンさんが「そうなんだけど、シマウマさんがこないんだ。」と言うと、「おかしいな。昨日、キリンさんと遊ぶこと楽しみにしてたのに。」と言いました。そしてウサギさんは「もし見かけたらキリンさんが心配していたよと言っておくね。」と言って歩いていきました。その後また少し待ってみましたが、やっぱりシマウマさんが来ないので、キリンさんはシマウマさんの家へ行ってみることにしました。シマウマさんの家は山のふもとの湖のそばにあります。キリンさんがドアをノックしてみましたが、誰も出てきませんでした。「行きちがいになったのかなあ。」と思って、キリンさんはゆっくり広場へ戻ることにしました。すると、途中の草むらからシマウマさんが顔を出しました。驚いたキリンさんが「わぁ、びっくりした。シマウマさん、こんなところで一体何をしているんだい。」と聞くと、「キリンさん、ごめんね。実は、ヤギのおじいさんがハンカチをおとして困っているんだ。」とシマウマさんが言いました。そこで、キリンさんも一緒に探してあげることにしました。草むらには無かったので、二人は少し歩きながら、小川の方まで行ってみることにしました。キョロキョロと辺りを見ながら歩いていると、「おーい。キリンさん、シマウマさん。」と二人を呼ぶ声が聞こえました。声がする方を見ると、リンゴの木の穴からリスさんが手を振っていました。「やぁ、リスさん。こんにちは。」二人が近づいてそう言うと、リスさんは「こんにちは。このハンカチが枝に引っかかっていたんだけど、誰のか知らないかな。」と言ってハンカチを出してきました。シマウマさんは「これ、ヤギのおじいさんのだよ。探してたんだ。」と言って、黄緑色のハンカチを受け取りました。そして、赤い屋根が目印のヤギのおじいさんの家に行き、ハンカチを届けました。ヤギのおじいさんはお礼にカキを二人に3個ずつくれました。キリンさんとシマウマさんは、そのあと広場に戻ってシーソーで遊びました。シーソーで遊んだ後ブランコで遊んでいると、途中でタヌキさんがやって来たので、三人でジャングルジムで遊びました。

## 評価

◆平均点 5.1 点

**項目別得点分布グラフ**

他の人がどれくらいの点をとっているかがわかります。

右のグラフは各得点にどれぐらいの人がいるかを%で表しています。
分布状態をみることにより、どのような傾向を持った問題であるかがわかります。

| 得点 | % |
|---|---|
| 8 | 5.1 |
| 7 | 14.2 |
| 6 | 26.0 |
| 5 | 22.8 |
| 4 | 16.2 |
| 3 | 8.6 |
| 2 | 5.1 |
| 1 | 1.0 |
| 0 | 1.0 |

【男子】

◆平均点 4.9 点

| 得点 | % |
|---|---|
| 8 | 4.1 |
| 7 | 13.3 |
| 6 | 21.4 |
| 5 | 26.6 |
| 4 | 14.3 |
| 3 | 11.2 |
| 2 | 6.1 |
| 1 | 1.0 |
| 0 | 2.0 |

【女子】

◆平均点 5.3 点

| 得点 | % |
|---|---|
| 8 | 6.1 |
| 7 | 15.2 |
| 6 | 30.2 |
| 5 | 19.2 |
| 4 | 18.2 |
| 3 | 6.1 |
| 2 | 4.0 |
| 1 | 1.0 |
| 0 | 0.0 |

**指導**

今回のお話も、しっかり集中して聞いておかないとなかなか満点はとれません。特にできなかった子は、場面を頭に思い描きながらしっかり聞き取ることを今からでも徹底的に繰り返して練習しておきましょう。

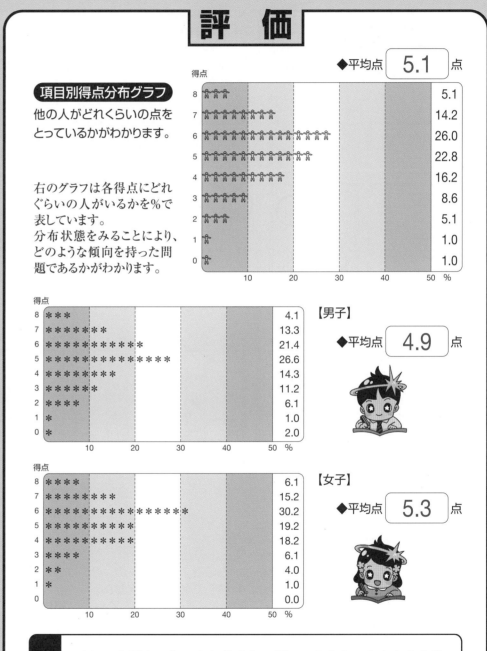

# テスト2 分野 図形 注意力 パズル・あみだくじ

【問題用紙は84ページ】

## 問題

**実施要領**

解答時間ー⚀ 1分 ⚁40秒　　(配点・1点×8=8点)

⚀

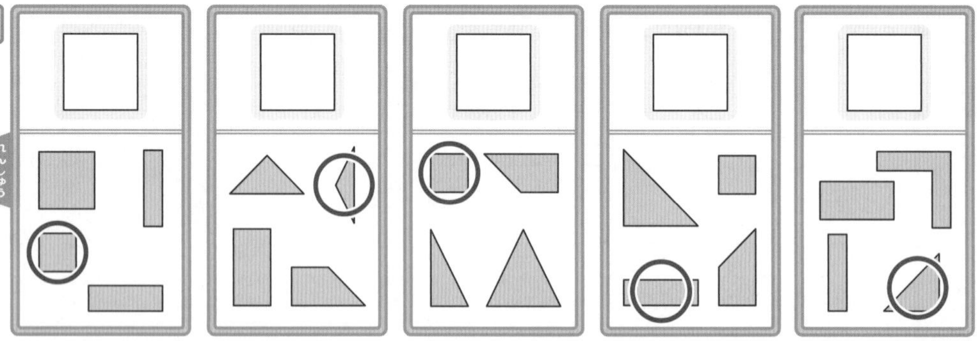


⚁

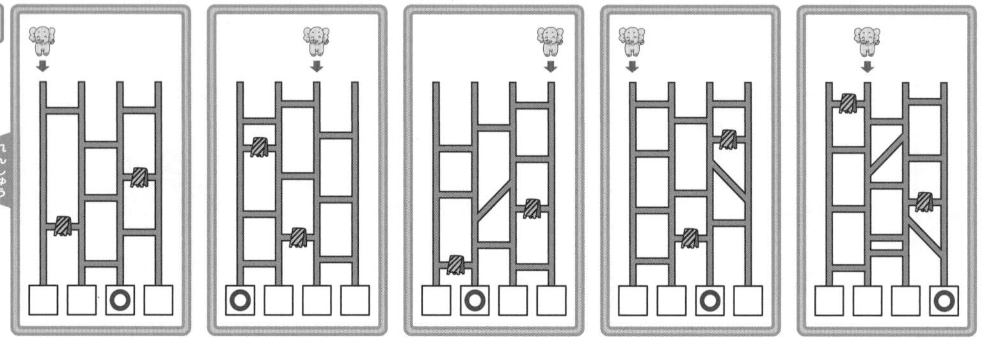


〈青のクーピー使用〉

**問題**
⚀下の形のうち3つを使って、上の四角（正方形）をすき間なくぴったりうめます。では、使わないものを1つ見つけて◯をつけましょう。ただし、形は重ねたり裏返したりしてもかまいません。
⚁ゾウさんがあみだくじのお約束で下まで進んで着いた箱に◯をかきましょう。ただし、工事中の橋は通ることができません。

## 評価

**項目別得点分布グラフ**

他の人がどれくらいの点をとっているかがわかります。

右のグラフは各得点にどれぐらいの人がいるかを%で表しています。
分布状態をみることにより、どのような傾向を持った問題であるかがわかります。

◆平均点 3.7 点

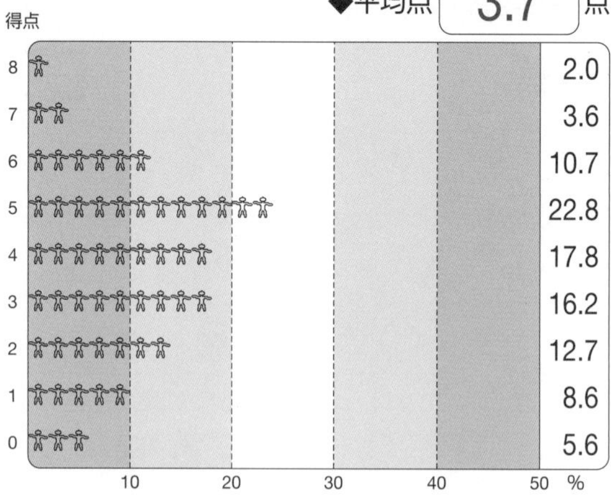


【男子】

◆平均点 3.8 点

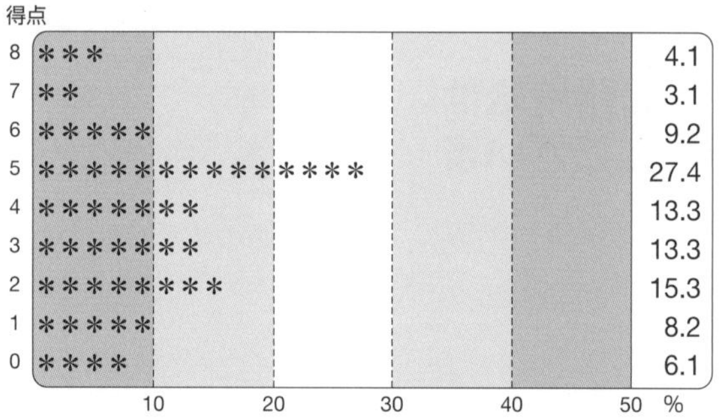

【女子】

◆平均点 3.7 点

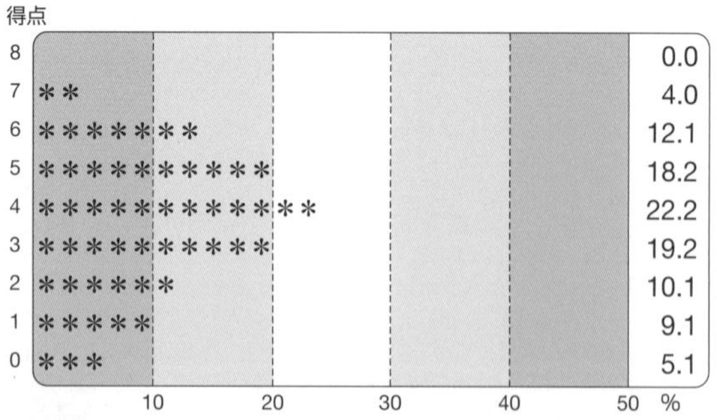

**指導**

上の図形の問題は、形を作るのではなく、隙間を埋める問題です。大きな形を先に、後から小さな形で隙間を埋めていくように考えてみましょう。下の問題のように、難易度が高くない問題は制限時間が短く設定されます。「始め」の合図で素早く取り組むなど、1秒も無駄にしない気持ちで臨みましょう。

# テスト3　分野　推理思考　五目並べ・折り紙　【問題用紙は85ページ】



## 問題

**実施要領**

解答時間ー⊡⊡各1分　　（配点・1点×8=8点）

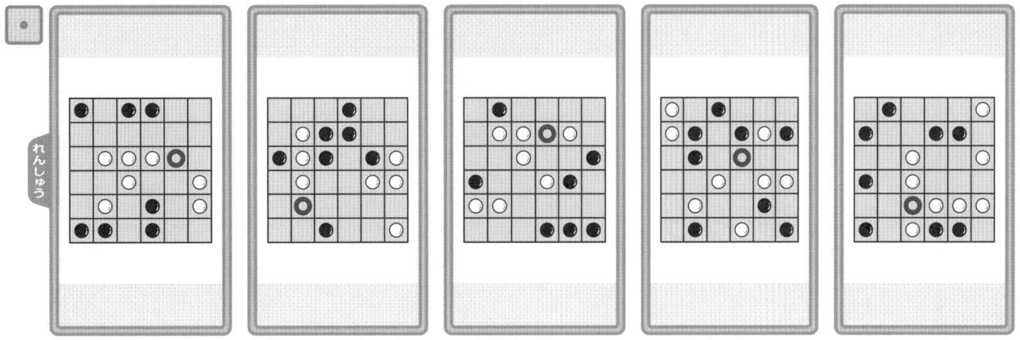


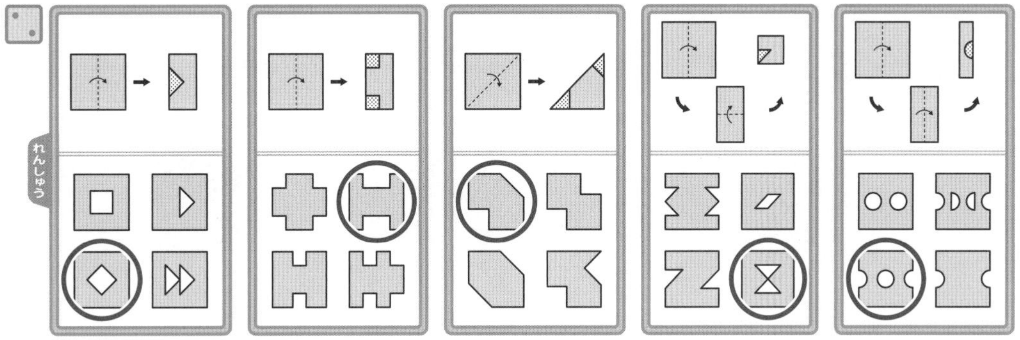


**問題**

〈青のクーピー使用〉

⊡白と黒の石を順番に置いていき、縦でも横でもななめでも、同じ石を先に5つ並べた方が勝つお約束でゲームをしています。では、次は白を置く番ですが、この次にまた順番がきたときに白が勝つようにするには、どこに置くとよいでしょうか。見つけて◯をかきましょう。

⊡上のように折った折り紙の黒いところを切って広げると、下のどれになるでしょうか。見つけて◯をつけましょう。

## 評価

**項目別得点分布グラフ**

他の人がどれくらいの点をとっているかがわかります。

右のグラフは各得点にどれぐらいの人がいるかを%で表しています。
分布状態をみることにより、どのような傾向を持った問題であるかがわかります。

◆平均点　3.3　点

| 得点 | % |
|---|---|
| 8 | 1.0 |
| 7 | 2.0 |
| 6 | 11.2 |
| 5 | 13.2 |
| 4 | 16.8 |
| 3 | 17.3 |
| 2 | 20.2 |
| 1 | 12.7 |
| 0 | 5.6 |

【男子】

◆平均点　3.4　点

| 得点 | % |
|---|---|
| 8 | 2.0 |
| 7 | 2.0 |
| 6 | 14.3 |
| 5 | 10.2 |
| 4 | 18.6 |
| 3 | 16.3 |
| 2 | 17.3 |
| 1 | 12.2 |
| 0 | 7.1 |

【女子】

◆平均点　3.2　点

| 得点 | % |
|---|---|
| 8 | 0.0 |
| 7 | 2.0 |
| 6 | 8.1 |
| 5 | 16.2 |
| 4 | 15.2 |
| 3 | 18.2 |
| 2 | 23.2 |
| 1 | 13.1 |
| 0 | 4.0 |

**指導**

上の五目並べの問題は、白が3つ並んでいる所を見つけましょう。ただし、3つ並んでいたとしても、列の両端どちらか一方でも黒が置かれていれば、次の一手で勝つことは出来ません。折り紙の問題は、入試では、頻出問題です。後半の2問はしっかりと復習をしておきましょう。

# テスト4 分野 比較 数量 数 量

【問題用紙は86ページ】

## 問題

**実施要領**

解答時間ー⚀ 1分30秒　⚁30秒　　（配点・1点×8=8点）

⚀

⚁

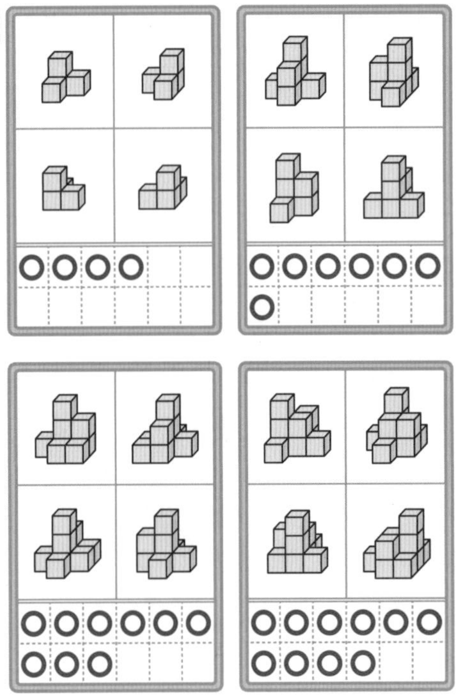

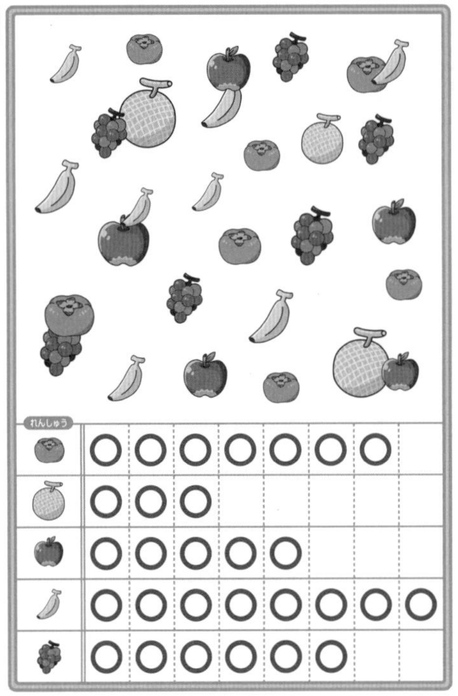


〈緑のクーピー使用〉

**問題** ⚀上の絵は、同じ積み木を前後左右の4つの方向から見たものです。では、見え方から積み木の数を考えて、その数だけ下に○をかきましょう。

⚁それぞれの果物の数をかぞえて、その数だけ○をかきましょう。

## 評価

◆平均点 5.6 点

**項目別得点分布グラフ**

他の人がどれくらいの点をとっているかがわかります。

右のグラフは各得点にどれぐらいの人がいるかを%で表しています。

分布状態をみることにより、どのような傾向を持った問題であるかがわかります。

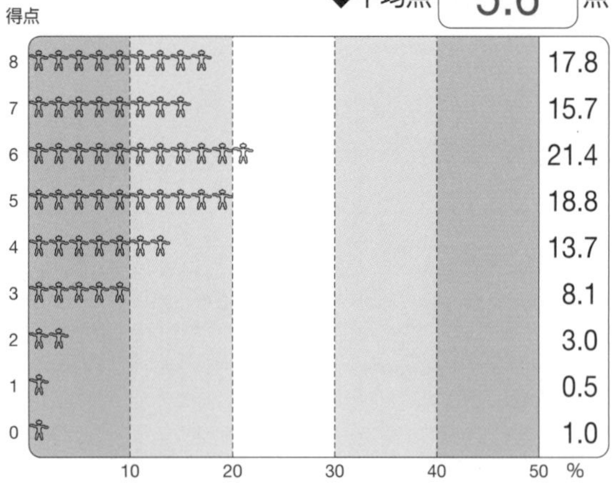

| 得点 | % |
|---|---|
| 8 | 17.8 |
| 7 | 15.7 |
| 6 | 21.4 |
| 5 | 18.8 |
| 4 | 13.7 |
| 3 | 8.1 |
| 2 | 3.0 |
| 1 | 0.5 |
| 0 | 1.0 |

【男子】

◆平均点 5.5 点

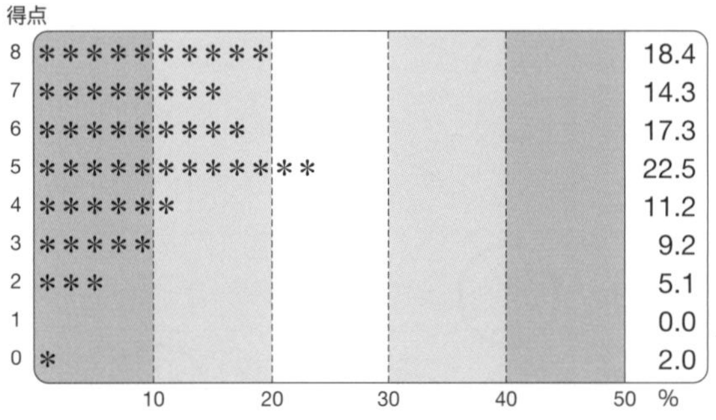

| 得点 | % |
|---|---|
| 8 | 18.4 |
| 7 | 14.3 |
| 6 | 17.3 |
| 5 | 22.5 |
| 4 | 11.2 |
| 3 | 9.2 |
| 2 | 5.1 |
| 1 | 0.0 |
| 0 | 2.0 |

【女子】

◆平均点 5.7 点

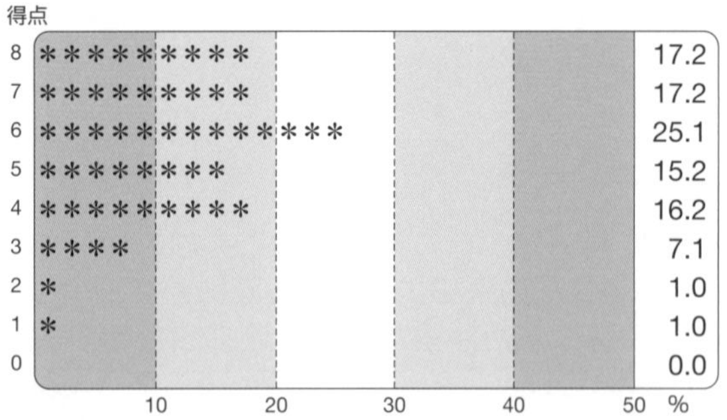

| 得点 | % |
|---|---|
| 8 | 17.2 |
| 7 | 17.2 |
| 6 | 25.1 |
| 5 | 15.2 |
| 4 | 16.2 |
| 3 | 7.1 |
| 2 | 1.0 |
| 1 | 1.0 |
| 0 | 0.0 |

**指導**

左の積み木の問題は、正面からでは見えない所の積み木の有無を確認しなければなりません。また、いくつ見えていなかったのかも考えましょう。右の問題は、絵に印を付けて数えましょう。見直しの際は、まず印の付け忘れている絵がないかを確認して下さい。付け忘れていた所は間違えている可能性が高いので、その問題から数え直しましょう。

# テスト5 分野 知識 常識 知識

【問題用紙は87(132)ページ】

## 問題

**実施要領**

解答時間ー⚀50秒　⚂30秒　　　（配点・1点×8=8点）

〈緑のクーピー使用〉

**問題**

⚀磁石にくっつくものとくっつかないものが、両方入っている袋を見つけて○をつけましょう。

⚂上の赤ちゃんが大きくなったものを下から見つけて、その印をつけましょう。

※カラー問題もご用意しております。
問題用紙は巻末（132ページ）にございます。
（解答の位置は同じになります。）

## 評価

◆平均点 4.8 点

**項目別得点分布グラフ**

他の人がどれくらいの点をとっているかがわかります。

右のグラフは各得点にどれぐらいの人がいるかを%で表しています。
分布状態をみることにより、どのような傾向を持った問題であるかがわかります。

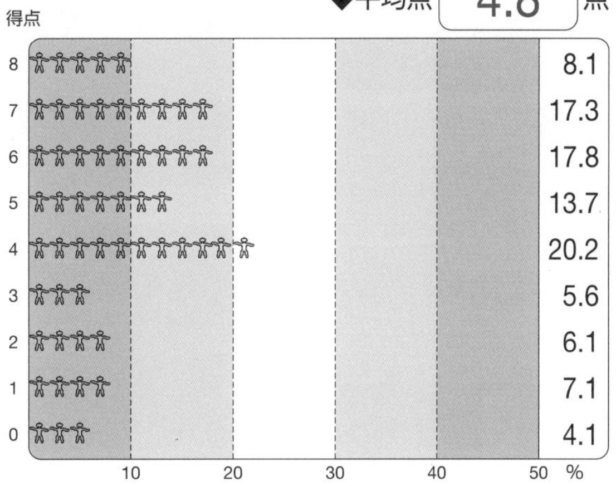


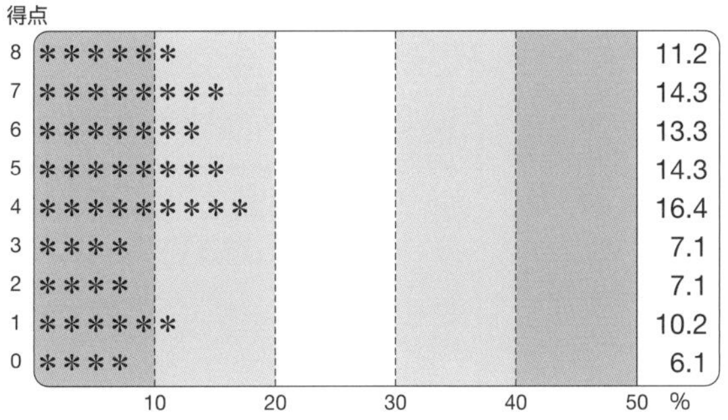


【男子】

◆平均点 4.5 点

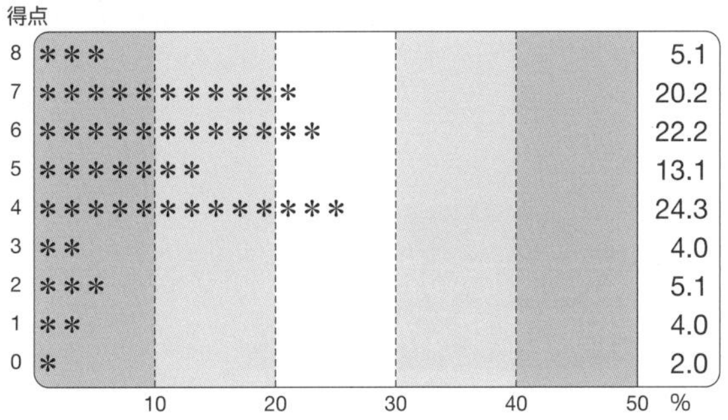


【女子】

◆平均点 5.0 点

**指導**

磁石につく、つかないは覚えるしかありません。実際に磁石を近づけて見せてあげましょう。右の問題も、覚えるしかありませんが実際の幼虫を見つけるのは少々困難です。図鑑や昆虫館などで興味を持たせてあげましょう。

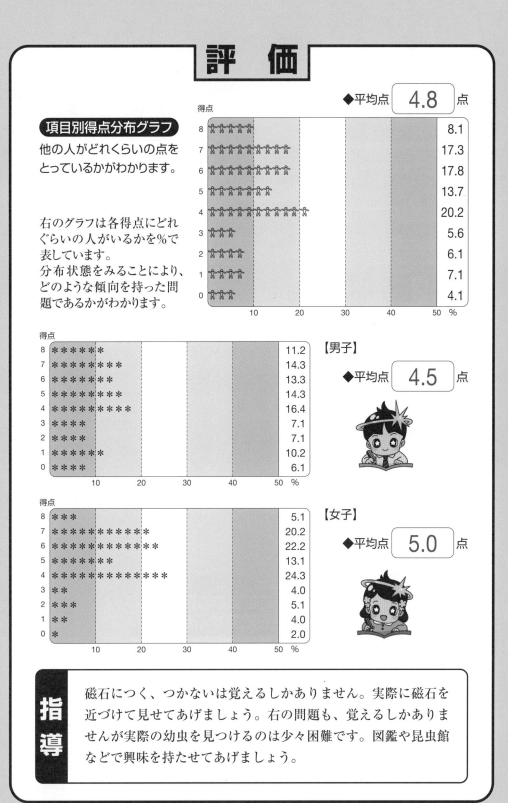

# 国立 私立 有名小学校受験問題集 プログラム表

（このプログラム表は、ご使用いただく一つの目安とお考えください。お子様の習熟度や目的に応じて、自由にご選択ください。）

## これから受験準備を始められる方へ

有名小受験ワーク（A･B･C）

## 少し準備が進まれてきた方へ

段階別ワーク（A･B･C）

分野別ワーク（1･2･3･4）

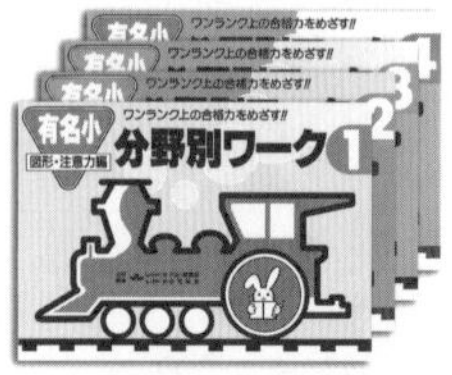


### 面接対策として

面接･口頭試問ワーク（A･B･C）

## 数多く問題を解きたい方へ

ハイレベ合格ワーク100（1～5）

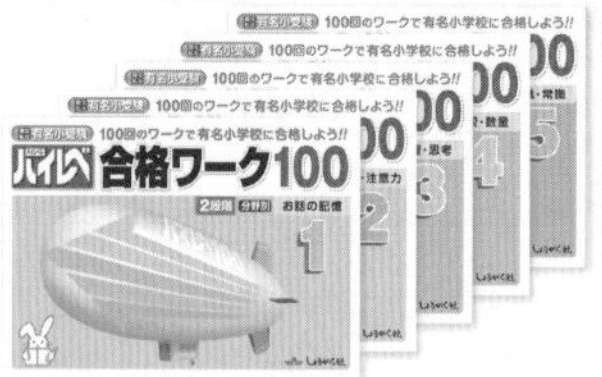

実力強化ワーク（A･B･C）

集中ワーク（1･2･3･4･5）

## 難易度の高い学校志望の方へ

有名小特訓ワーク（A･B･C）

## 有名小学校受験

## 最新の入試情報を知りたい方へ

有名小学校入試問題集（年度版）

## 実際の入試のレベルを体験したい方へ

幼児模擬テスト集（年度版）

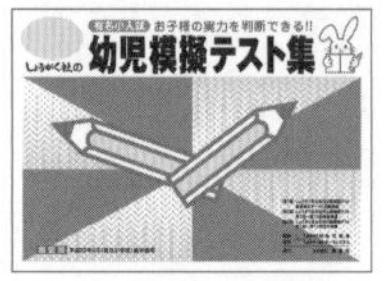


## ここまでの習熟度を確認するために

基礎力判定テスト（1･2･3）

## ここまでの習熟度を確認するために

入試対策テスト（1･2･3）

## ここまでの習熟度を確認するために

有名小合格テスト（1･2･3）

## 入試直前の追い込みのために

合格完成テスト（1･2･3）

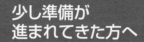

# 第1回～第8回
# 模擬テスト

# テスト3

テスト1・2の問題用紙はカラー問題につき、巻末（117・118ページ）のプリントをお使い下さい。

点

れんしゅう

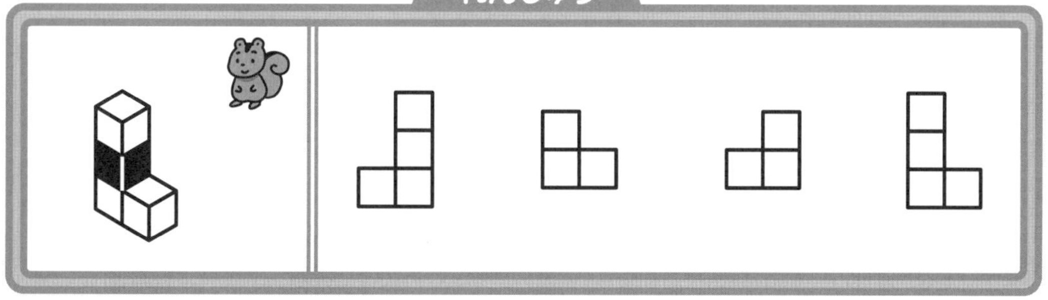

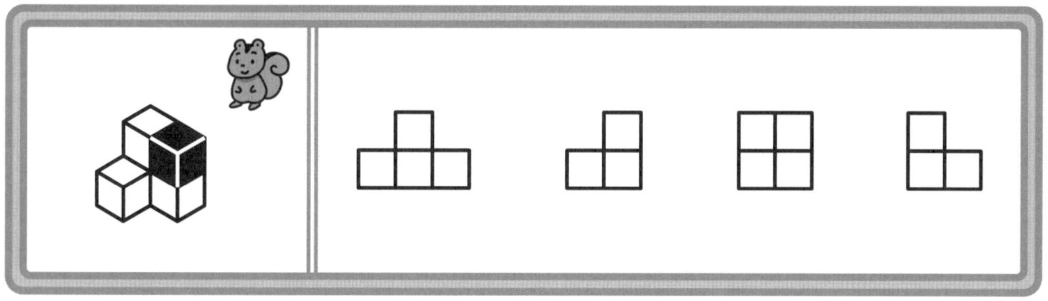

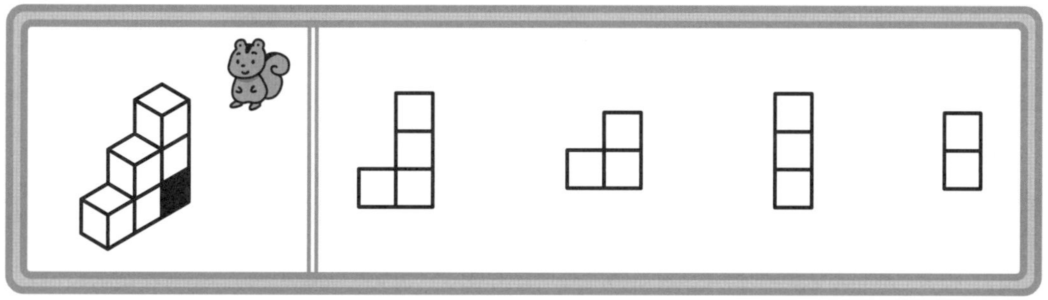

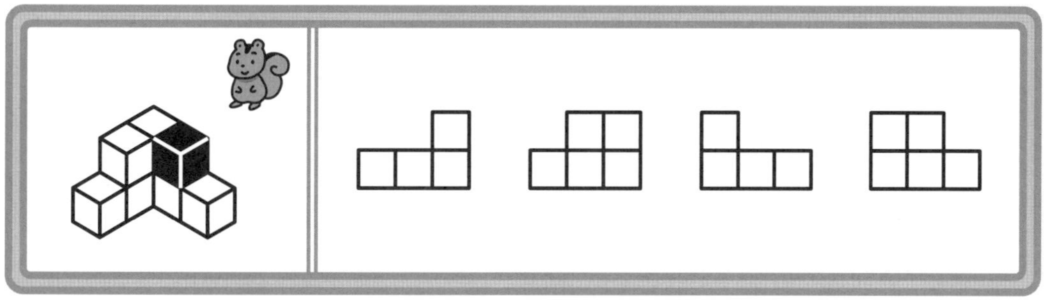

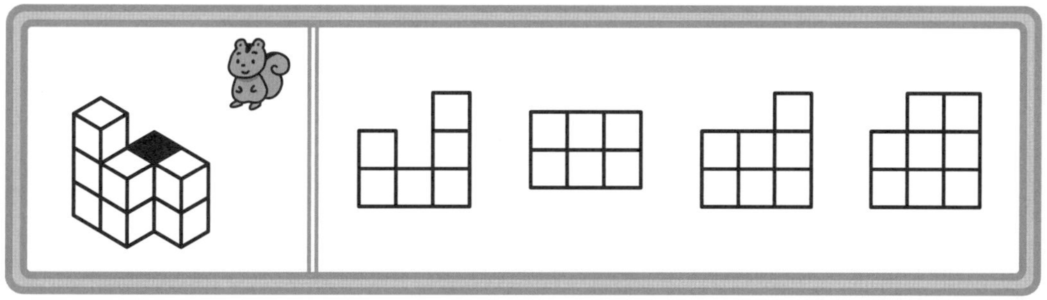

れんしゅう

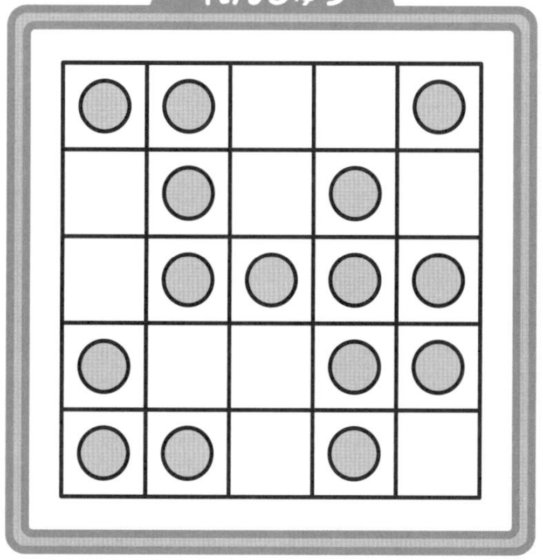

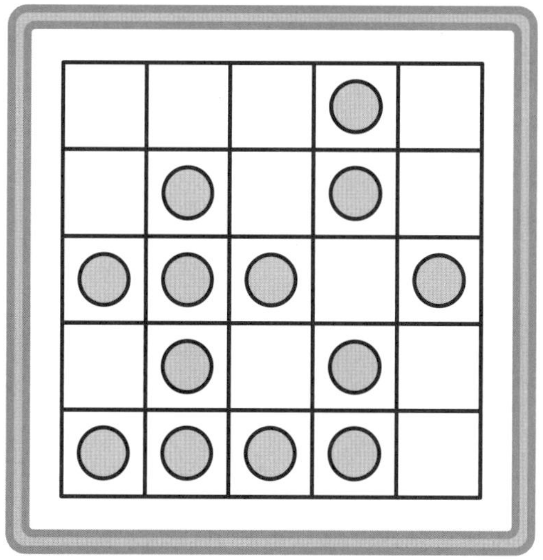

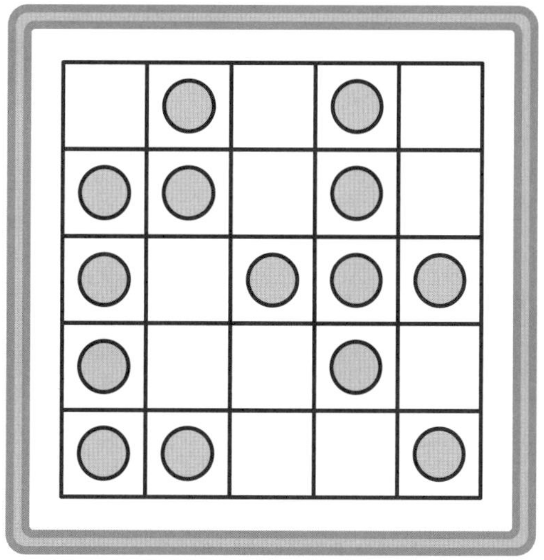

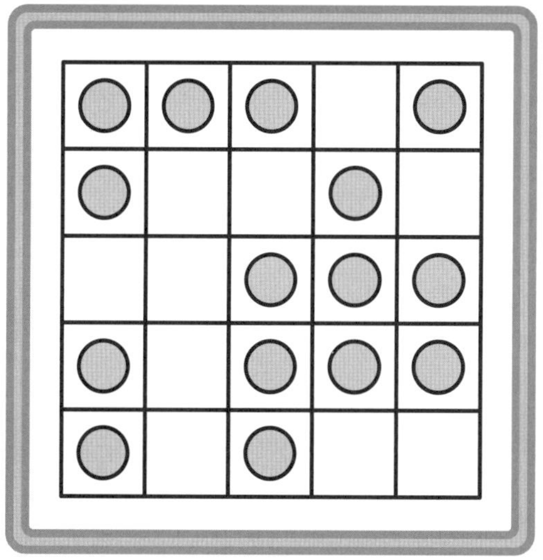

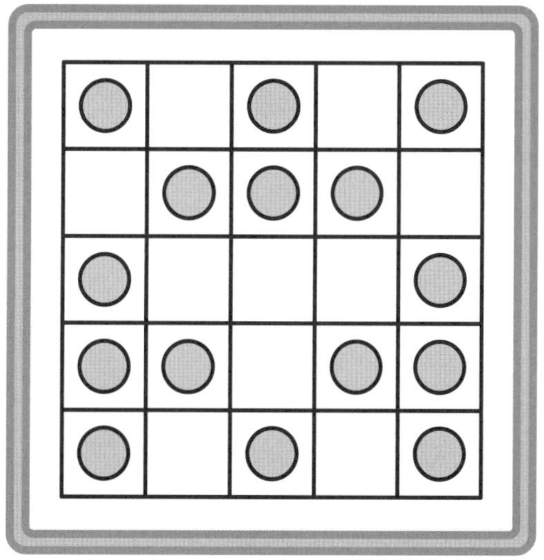

# テスト4

点

れい

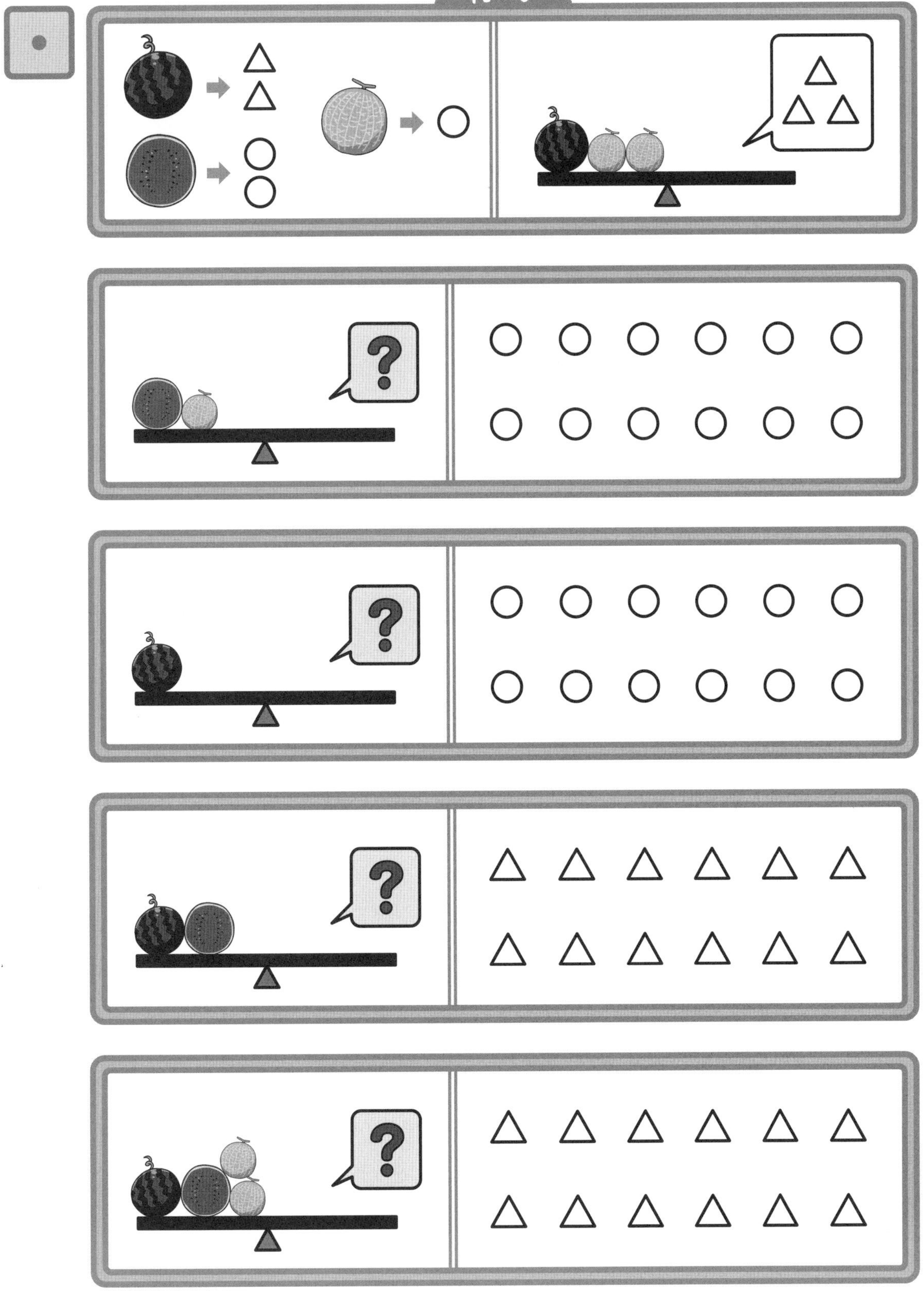

れんしゅう

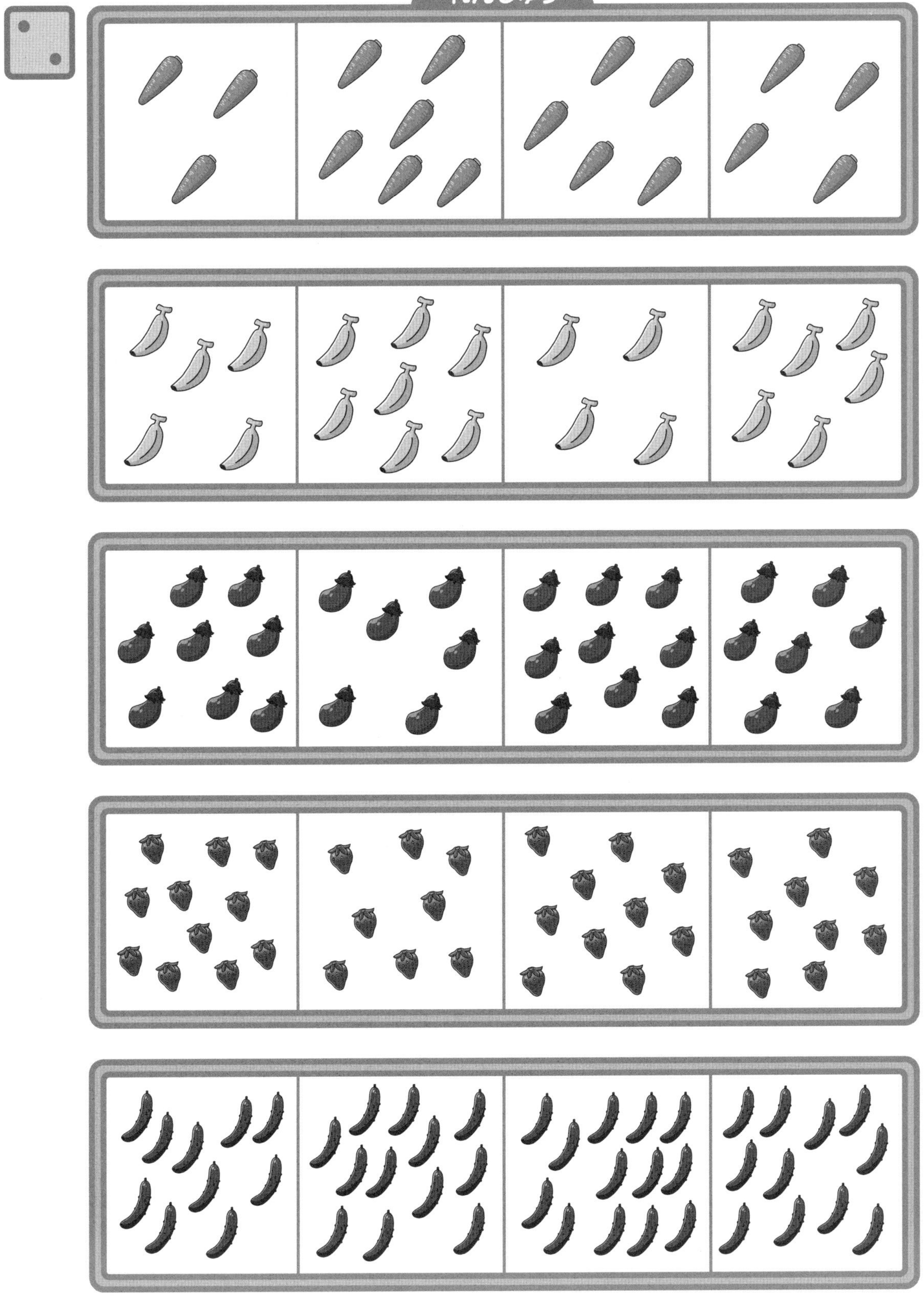

# テスト5

点

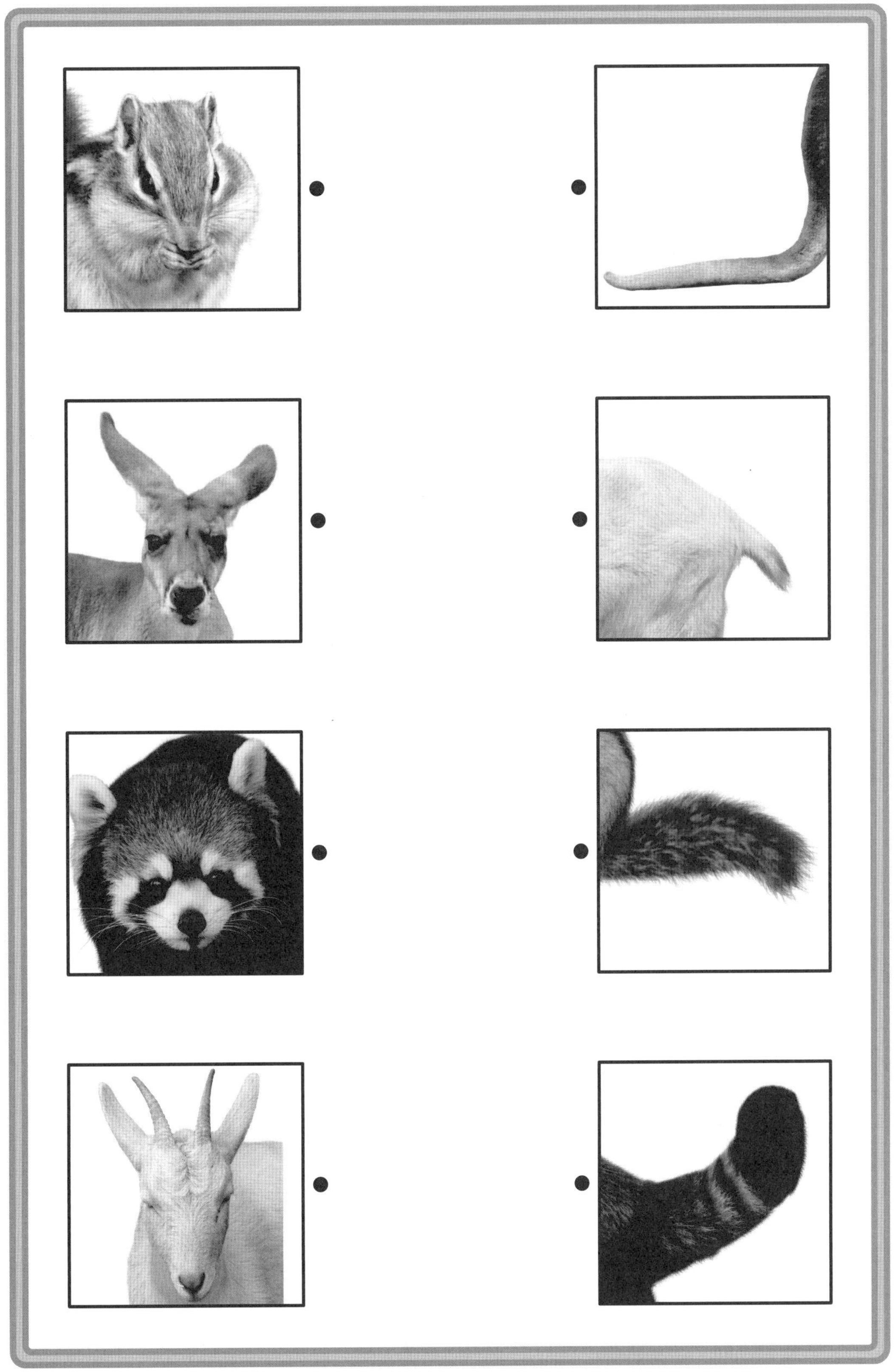

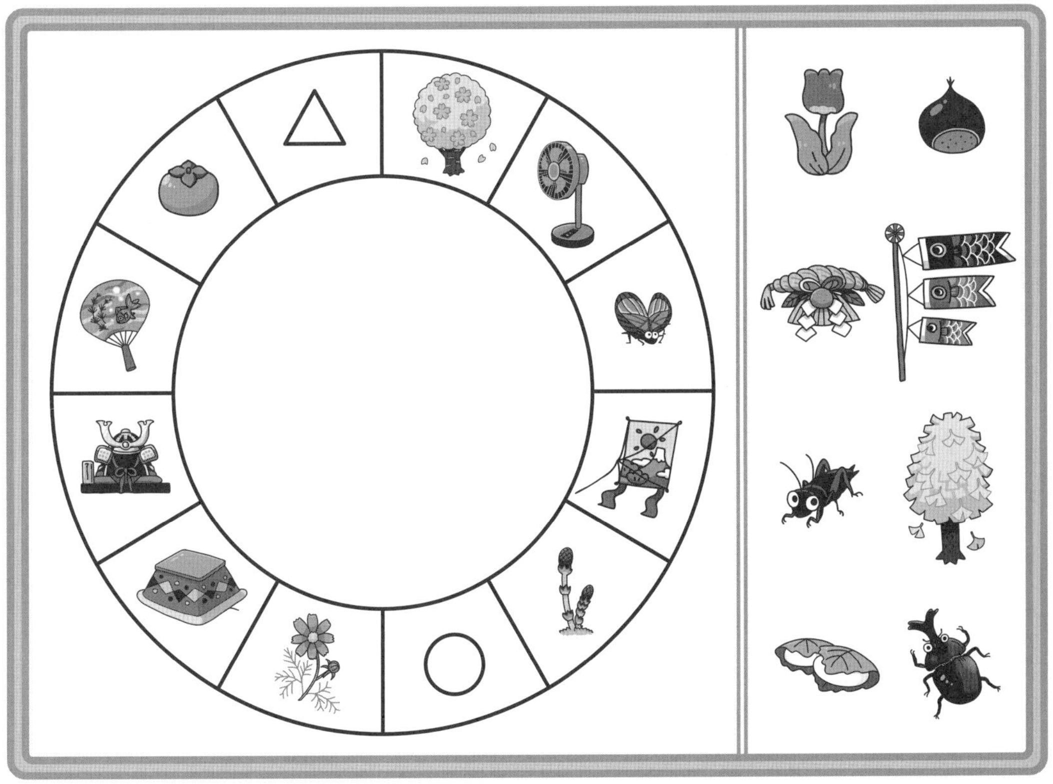

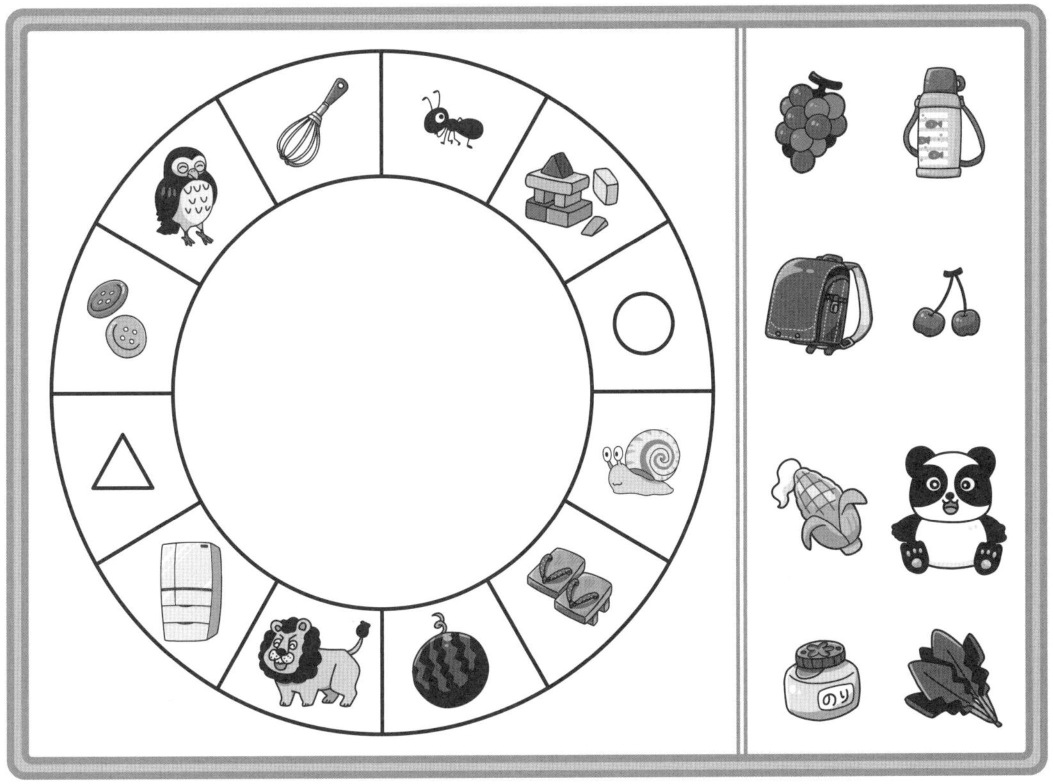

# テスト2

テスト1の問題用紙はカラー問題につき、巻末（120ページ）のプリントをお使い下さい。

点

れんしゅう

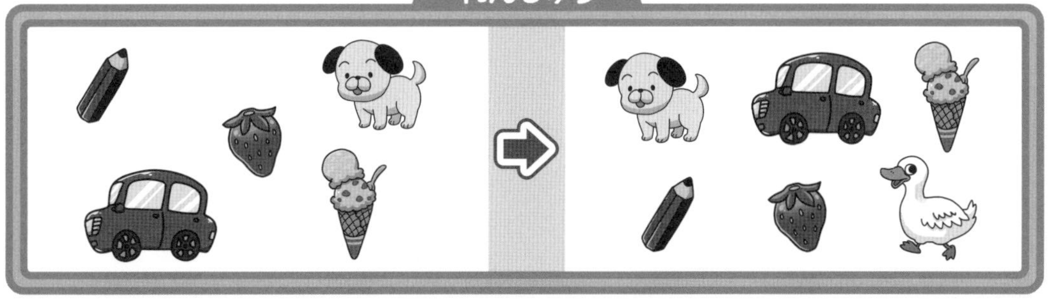

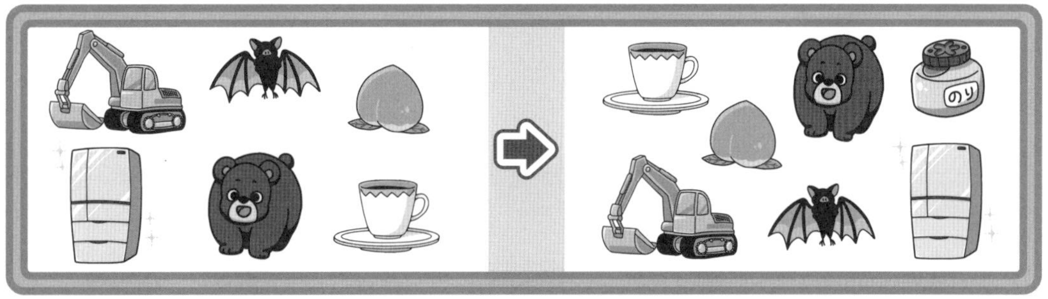


れんしゅう

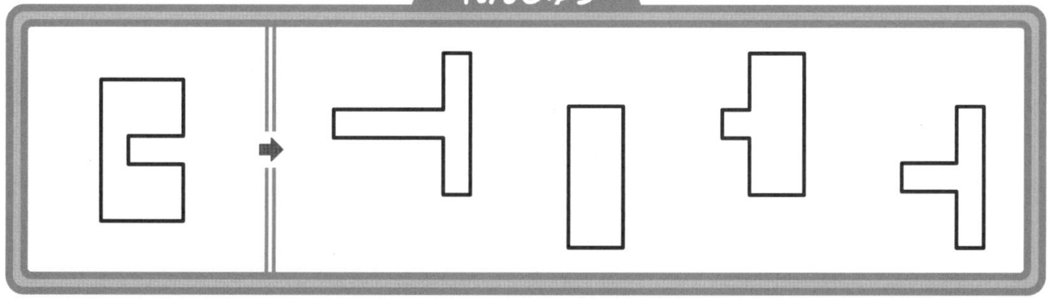

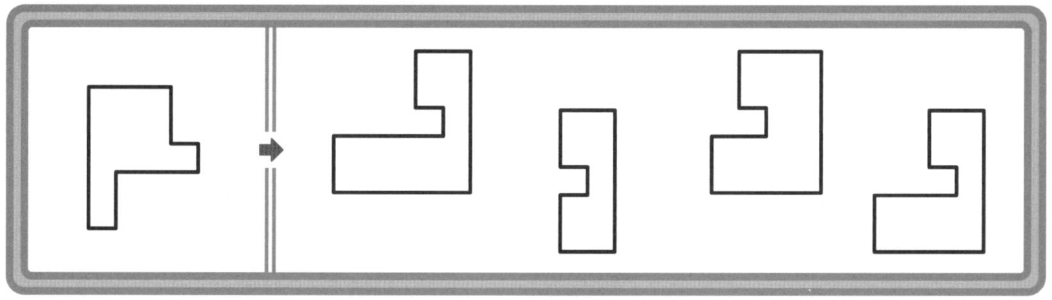

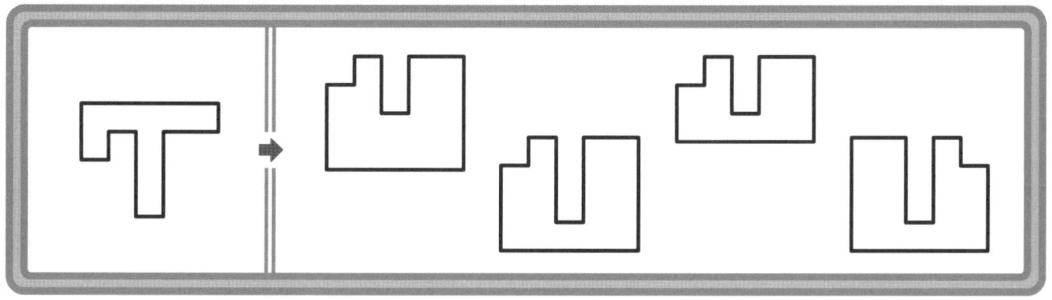

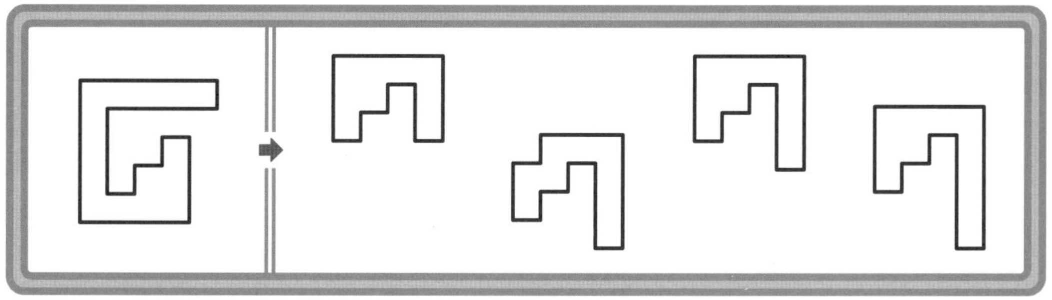

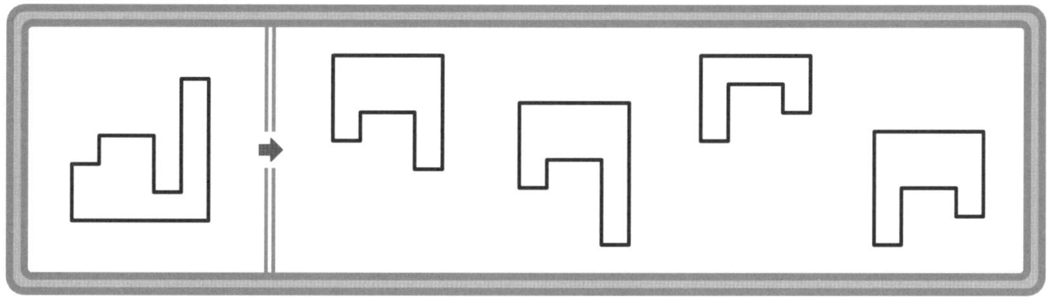

# テスト3

点

れんしゅう

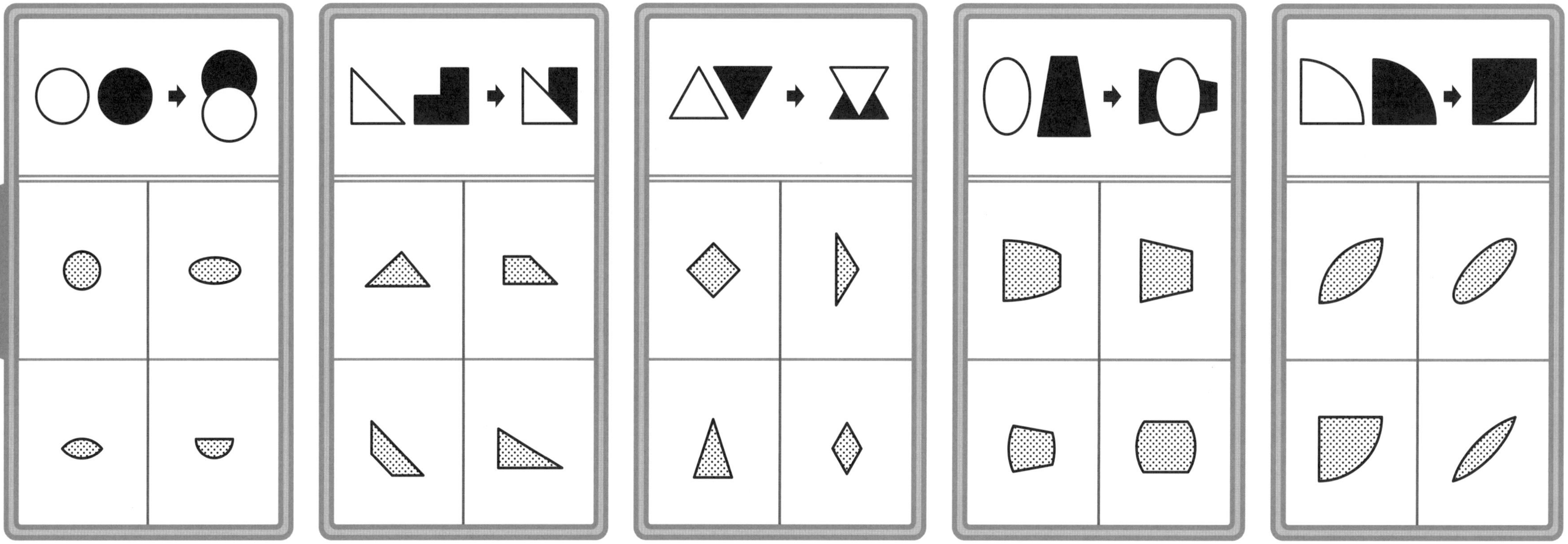

れんしゅう

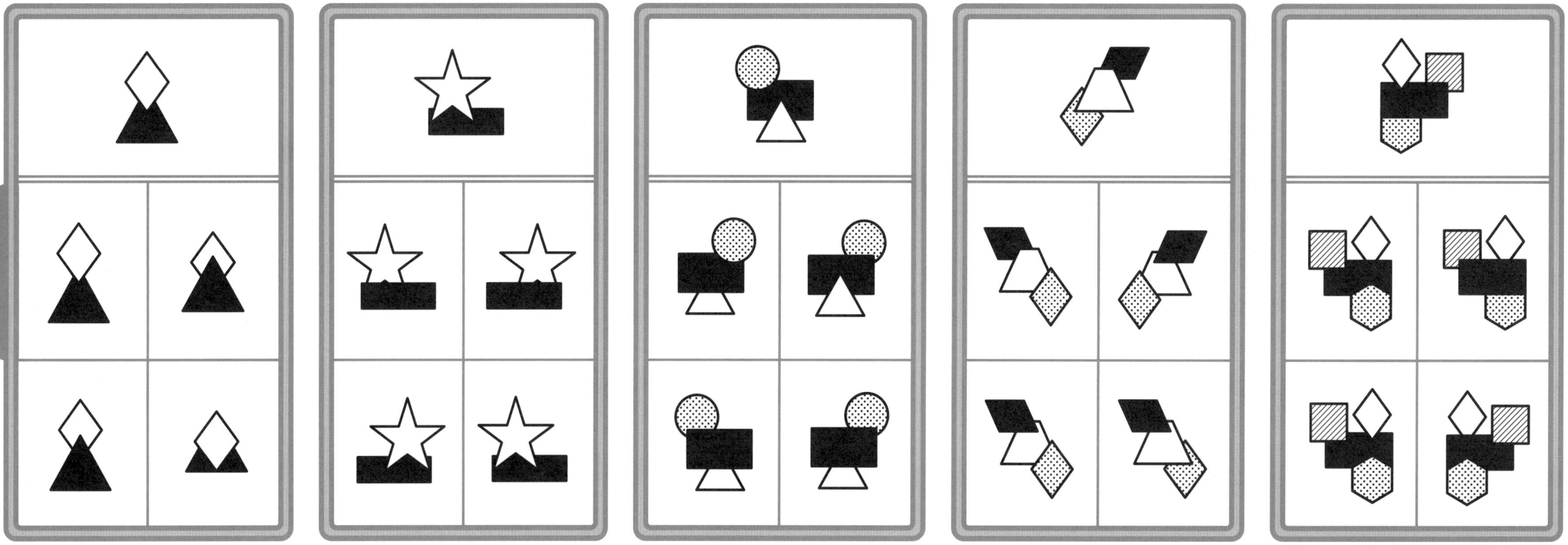

# テスト4

点

れんしゅう

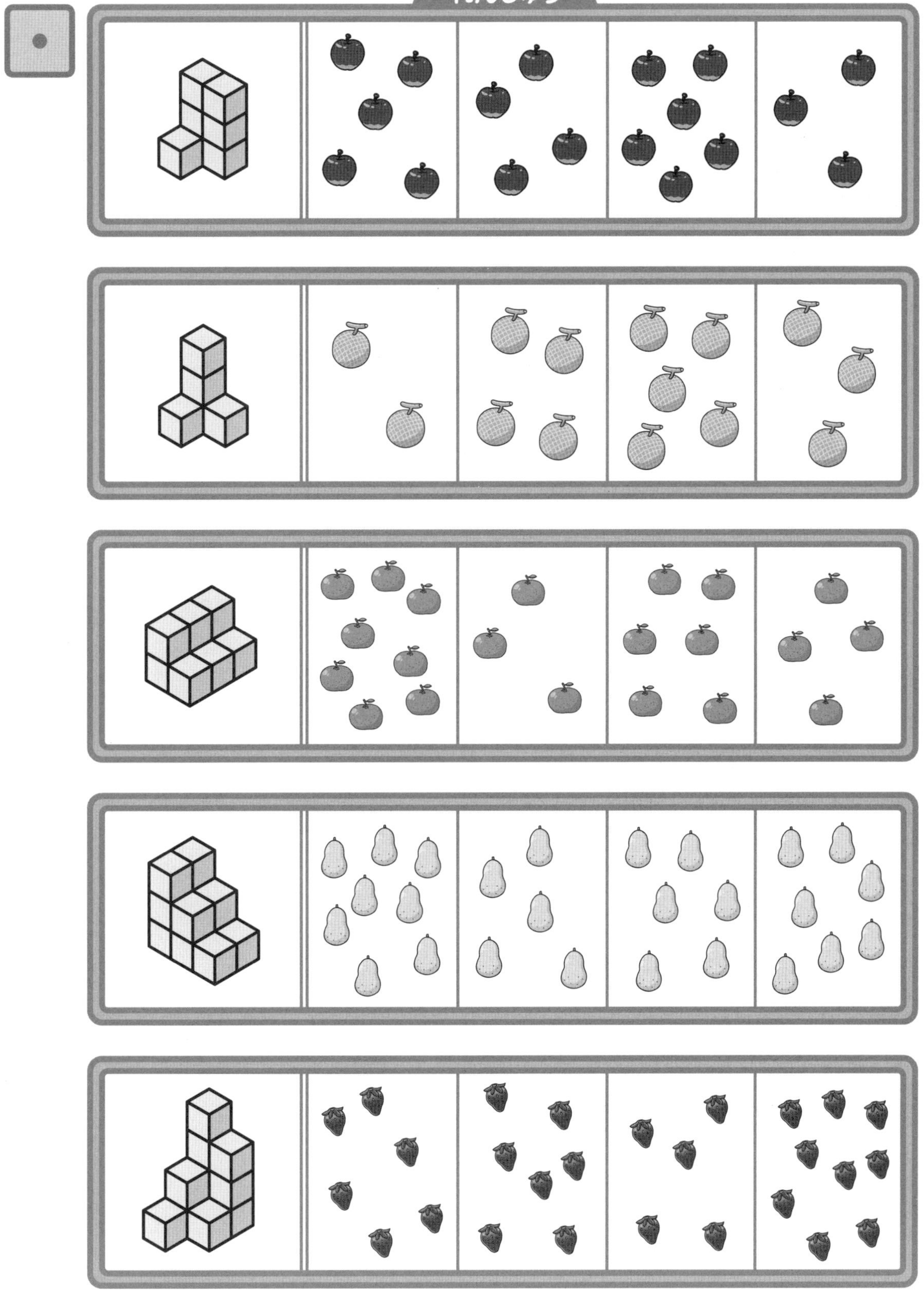

れんしゅう

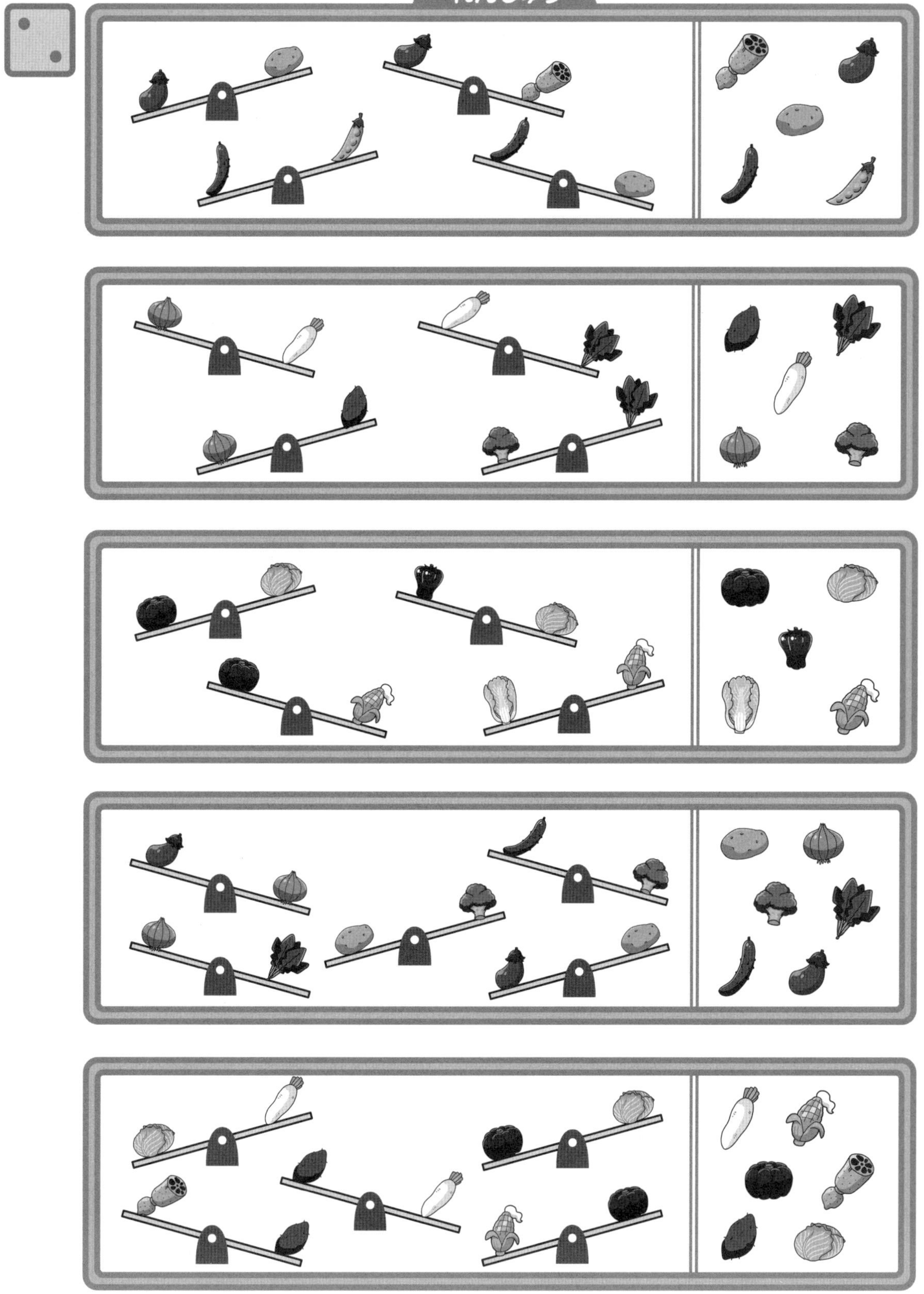

# テスト5

点

れんしゅう

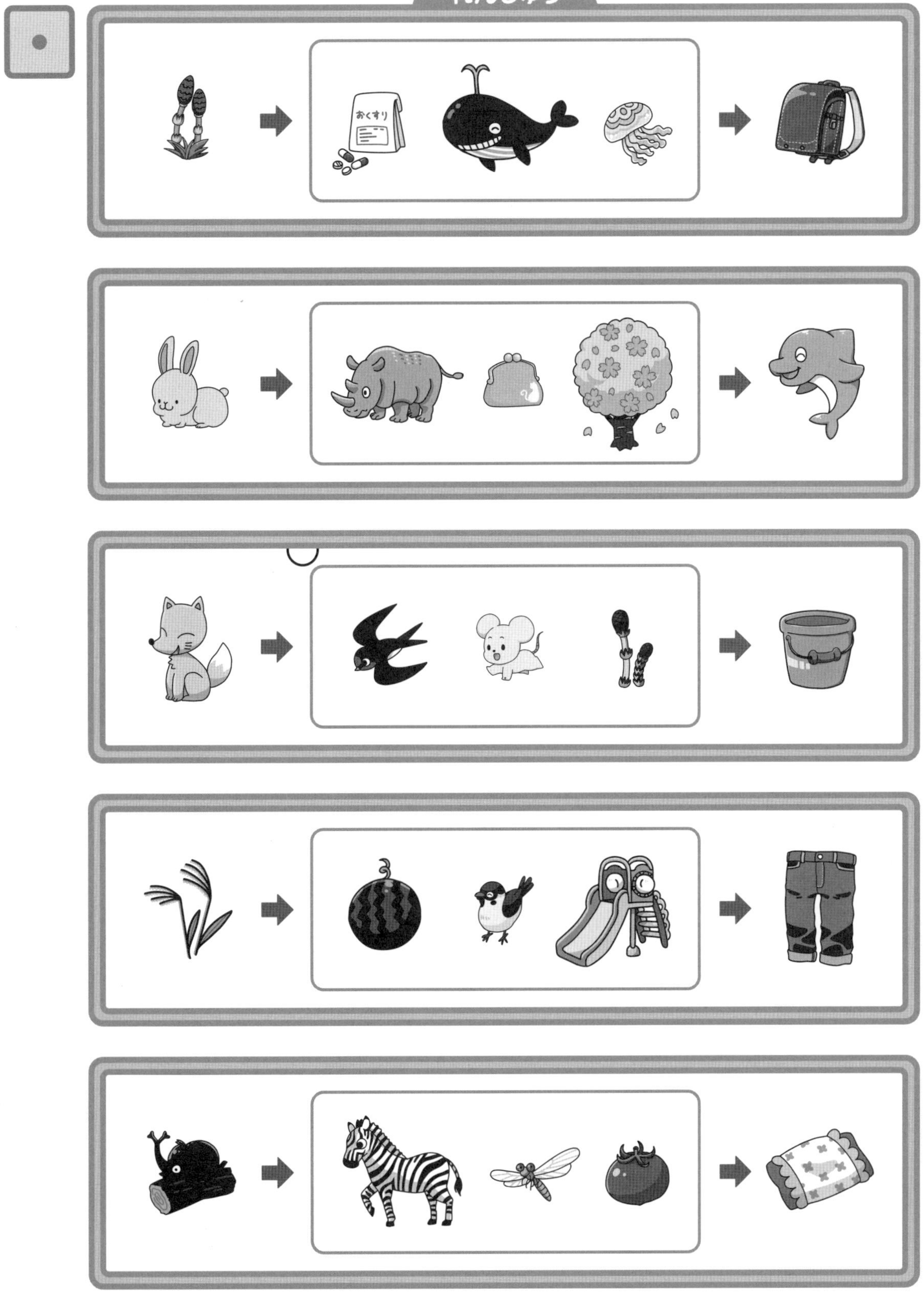

# テスト2

テスト1の問題用紙はカラー問題につき、巻末（123ページ）のプリントをお使い下さい。

点

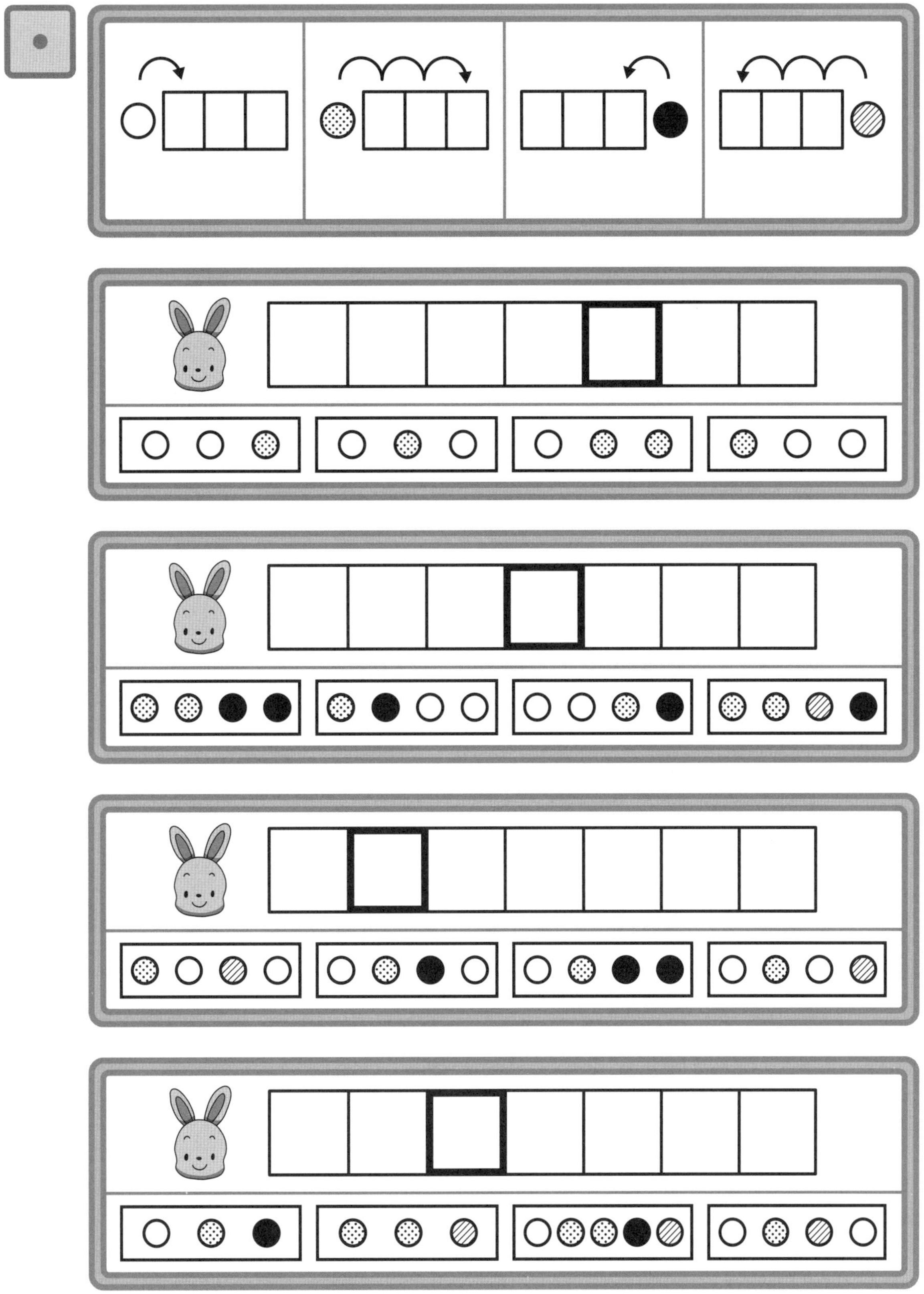

れんしゅう

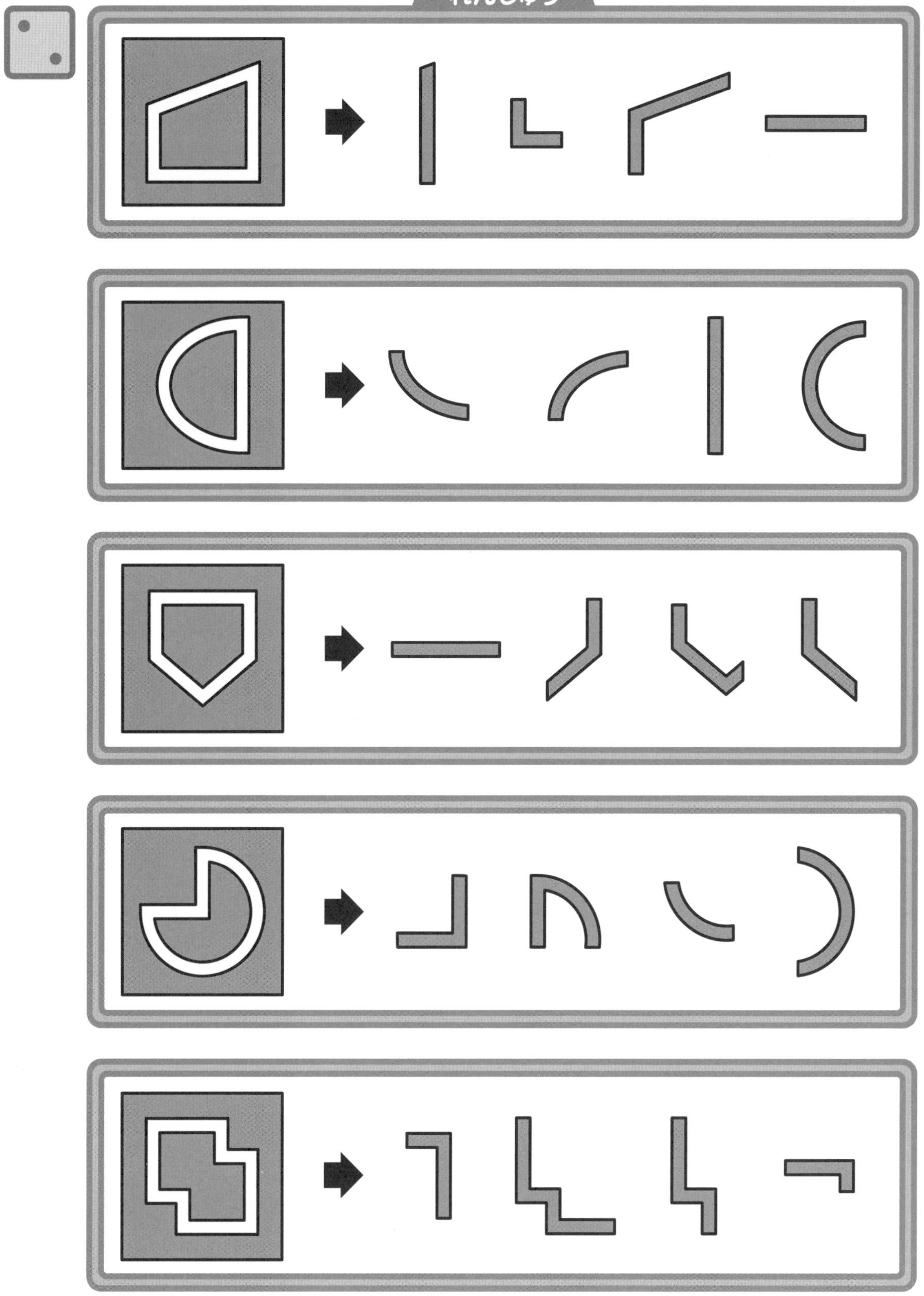

# テスト3

点

れんしゅう

れんしゅう

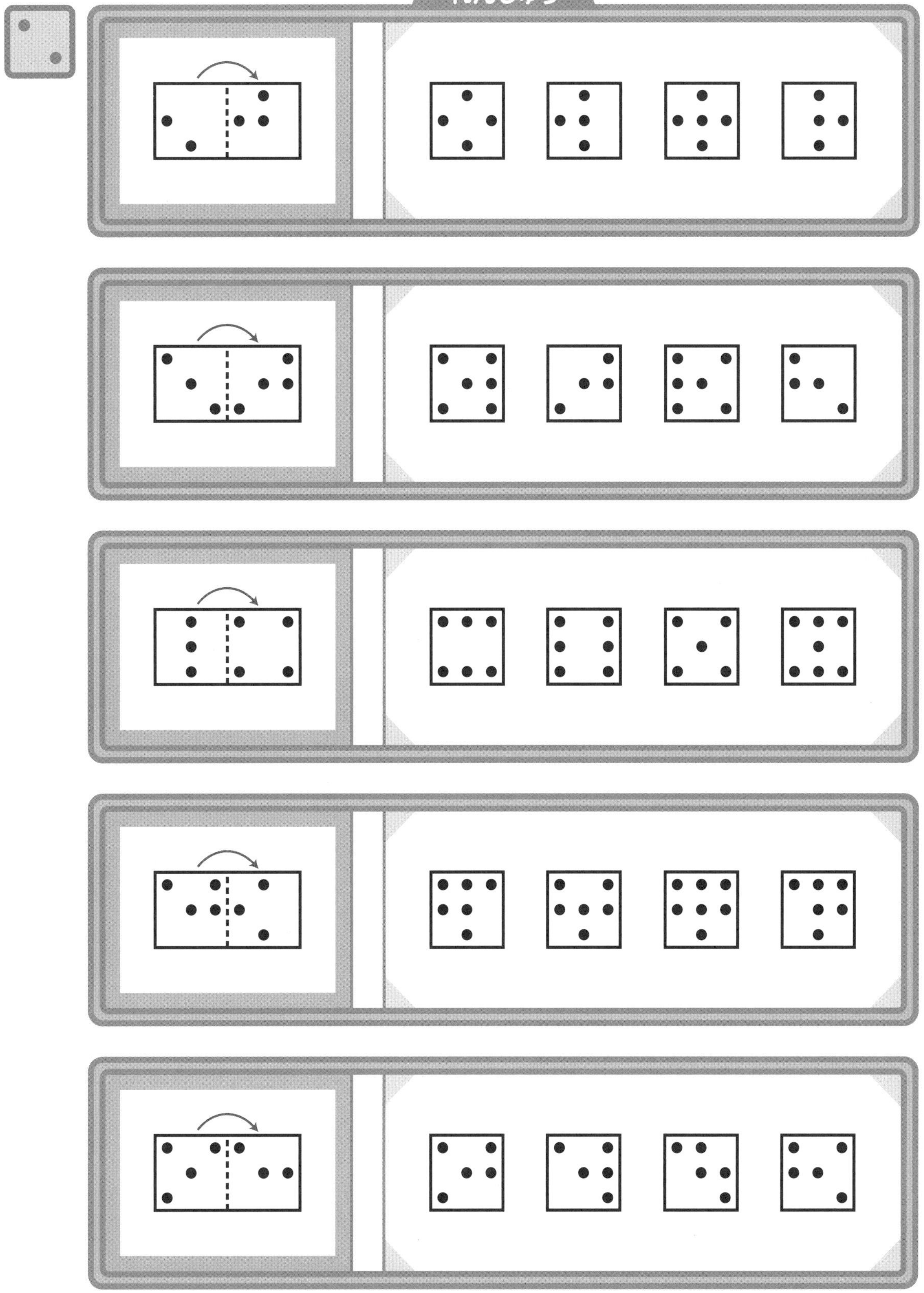

# テスト4

点

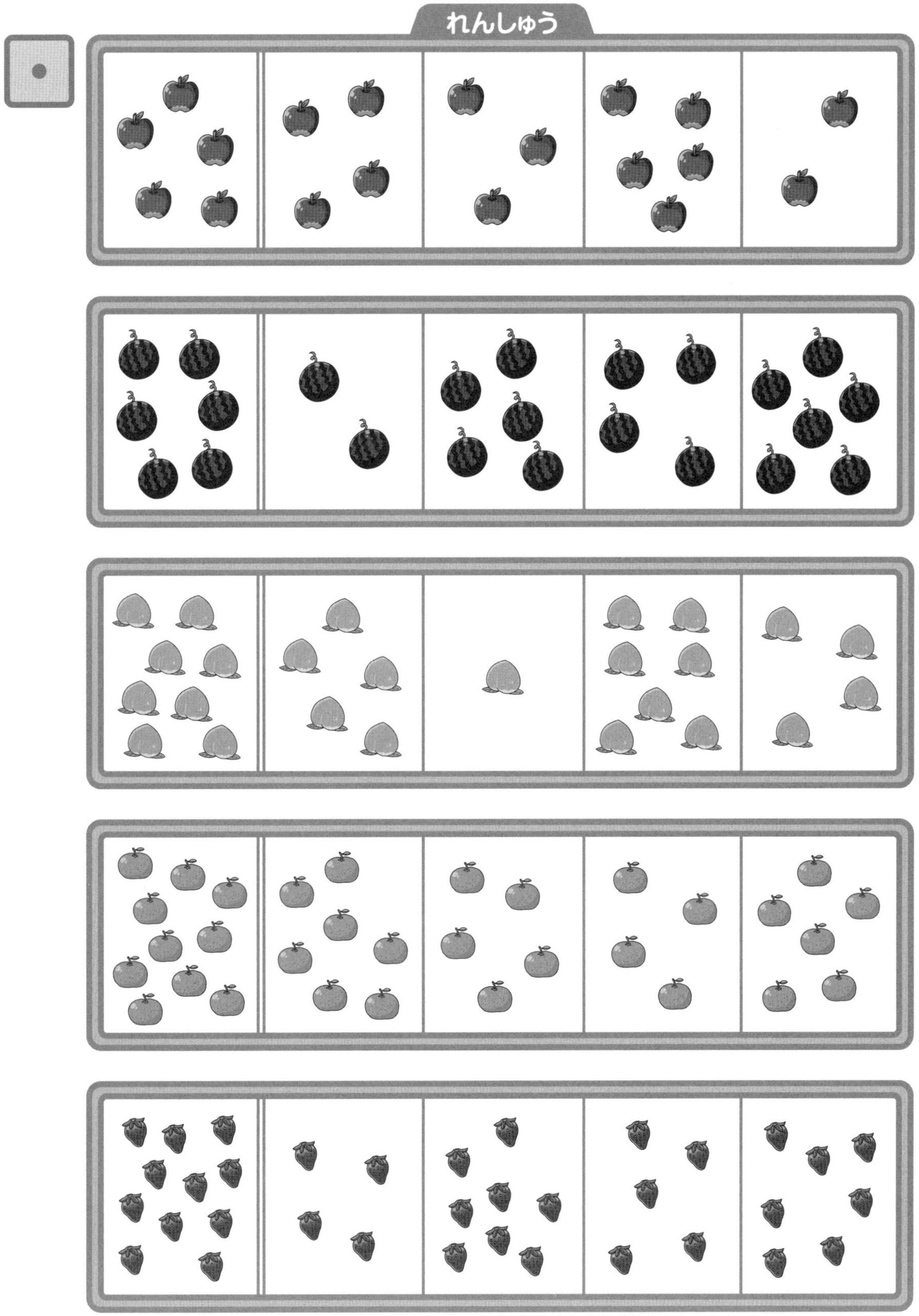

第3回

# テスト5

点

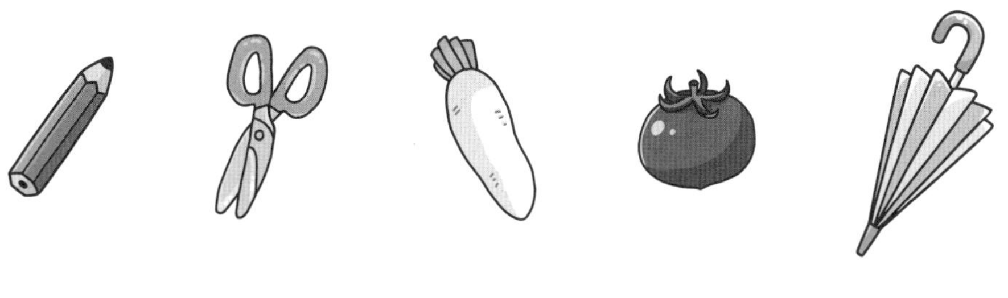

# テスト2

テスト１の問題用紙はカラー問題につき、巻末（124ページ）のプリントをお使い下さい。

点

れんしゅう

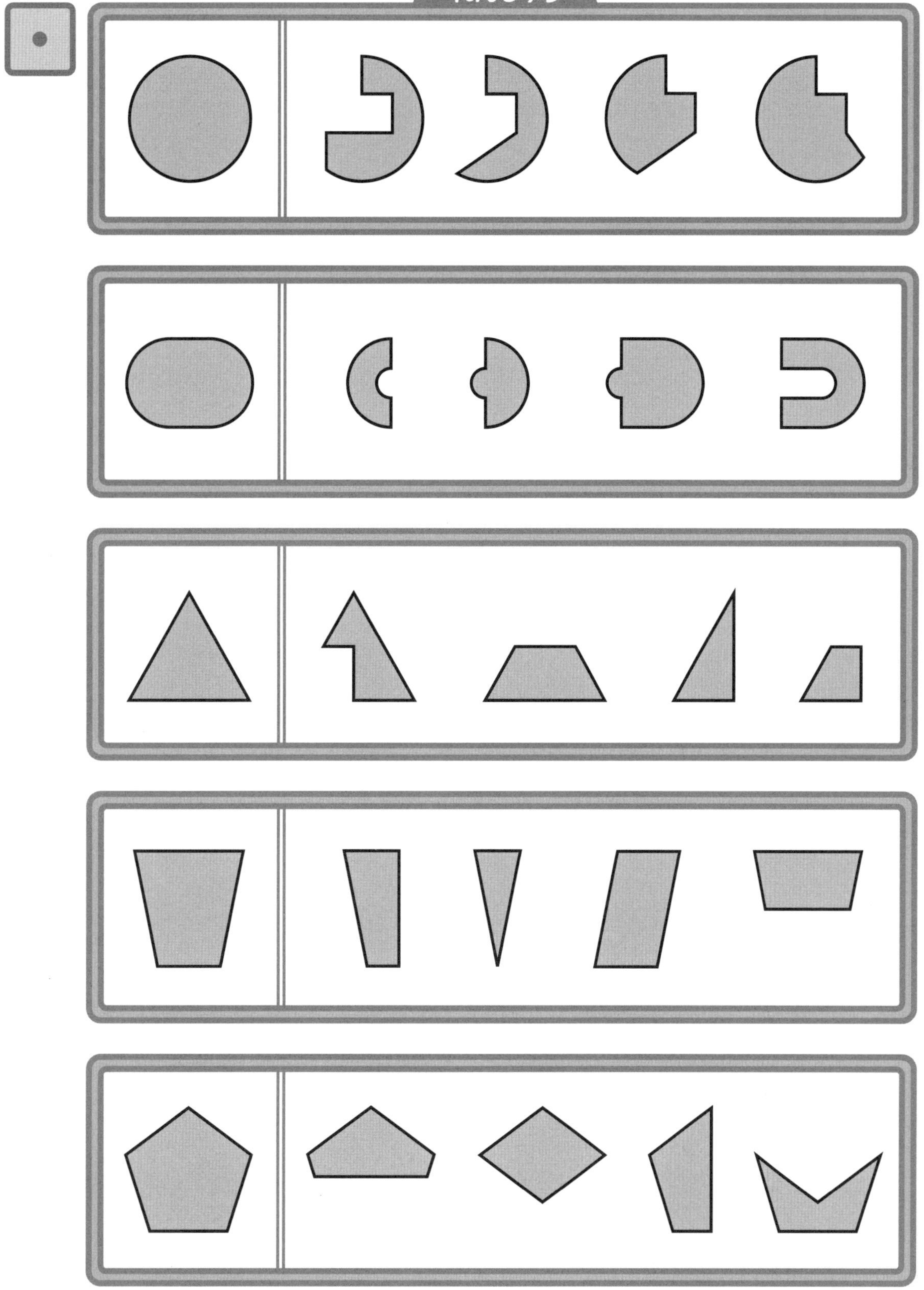

れんしゅう

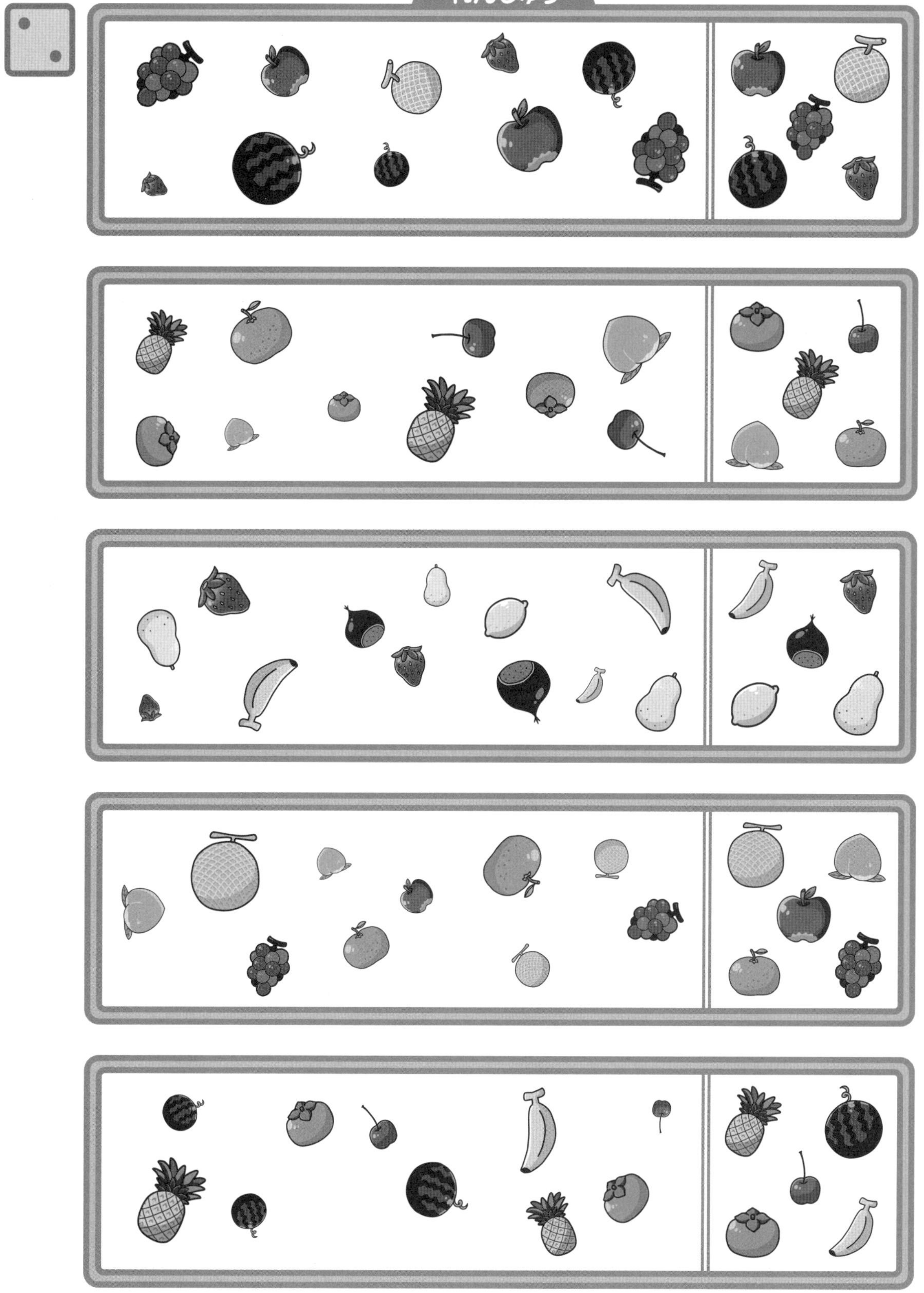

# テスト3

点

れんしゅう

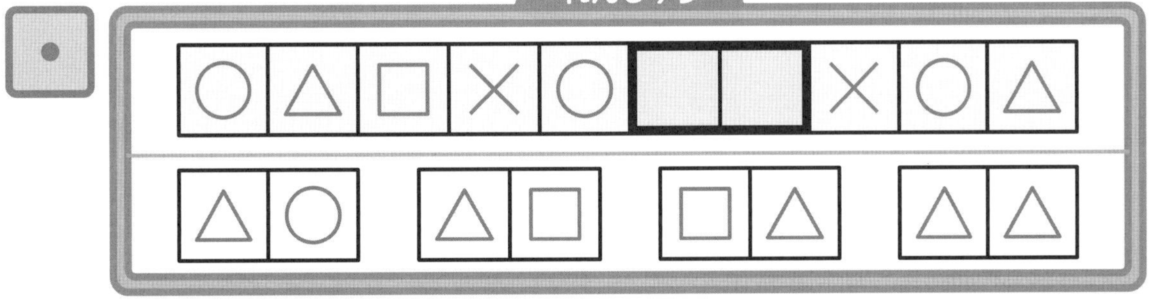

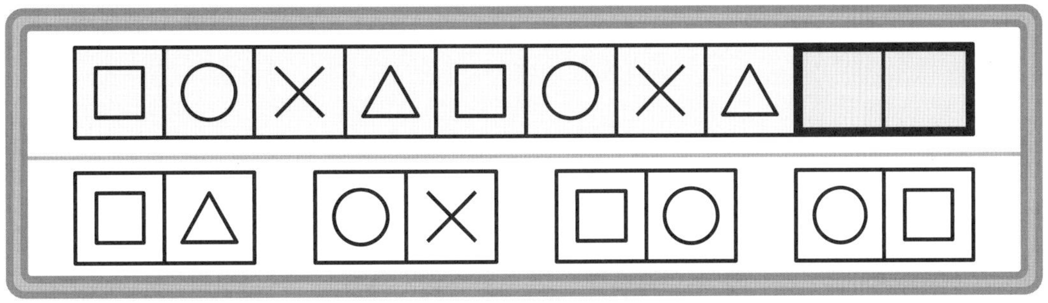

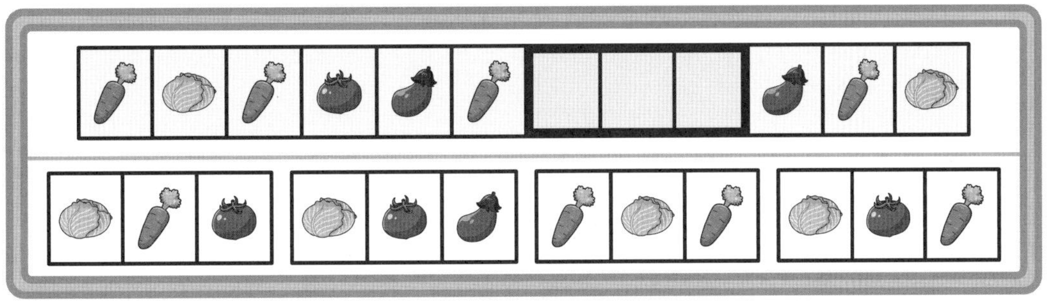

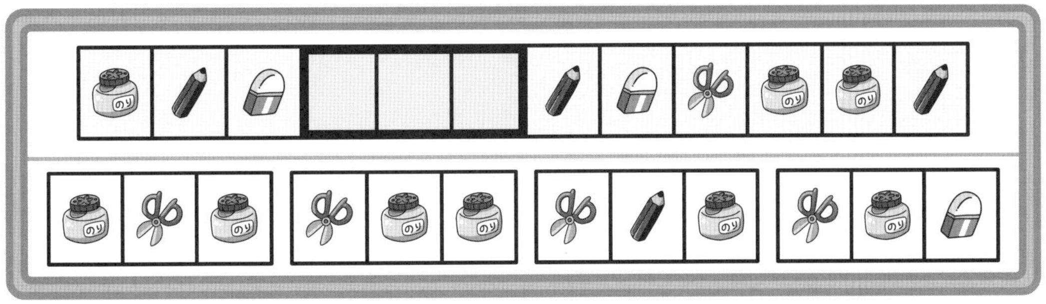

れんしゅう

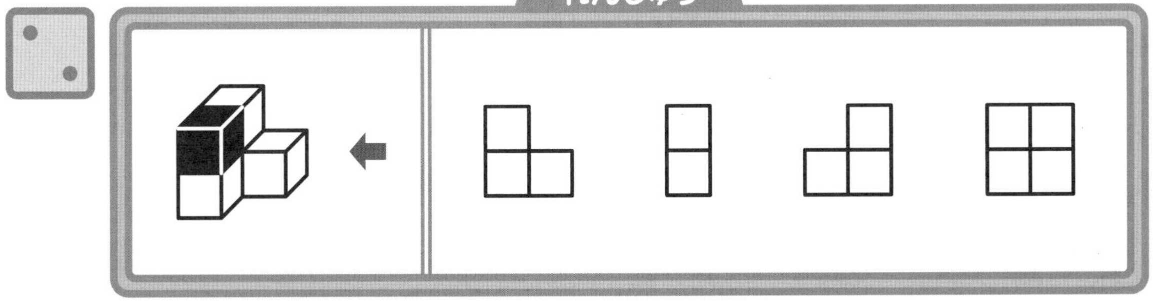

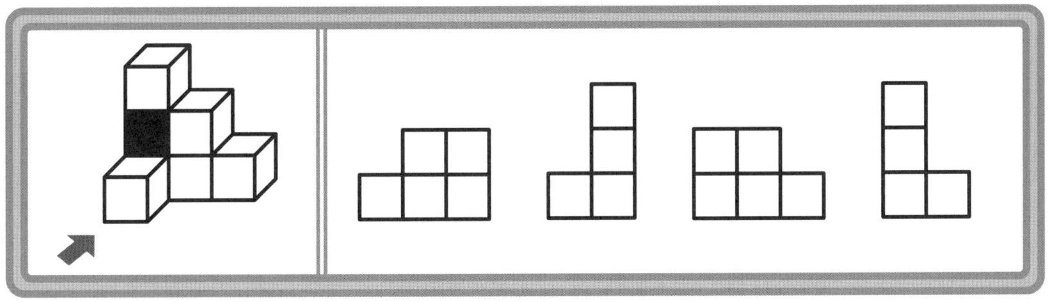

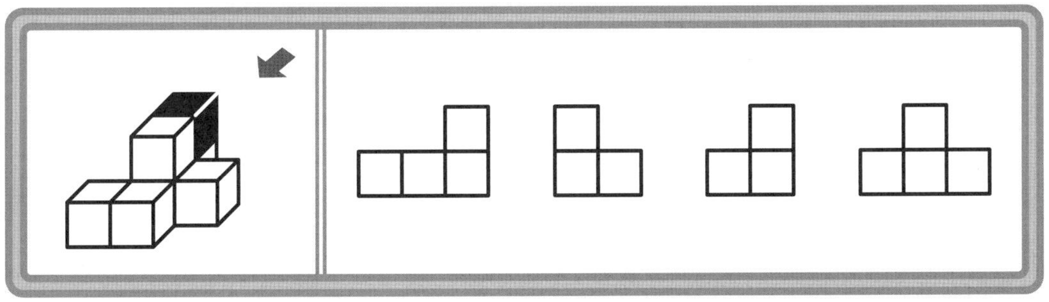

# テスト4

点

れんしゅう

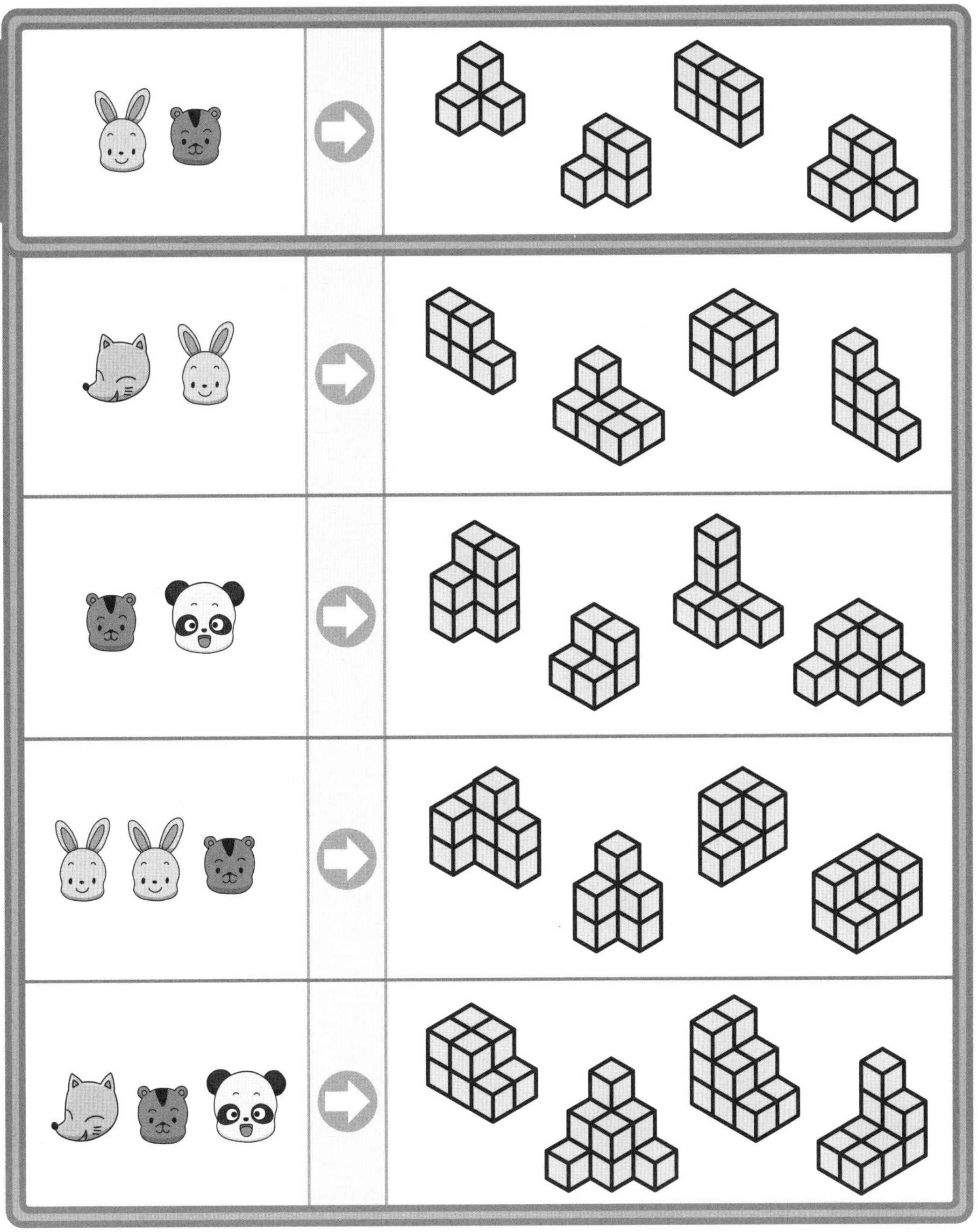

れんしゅう

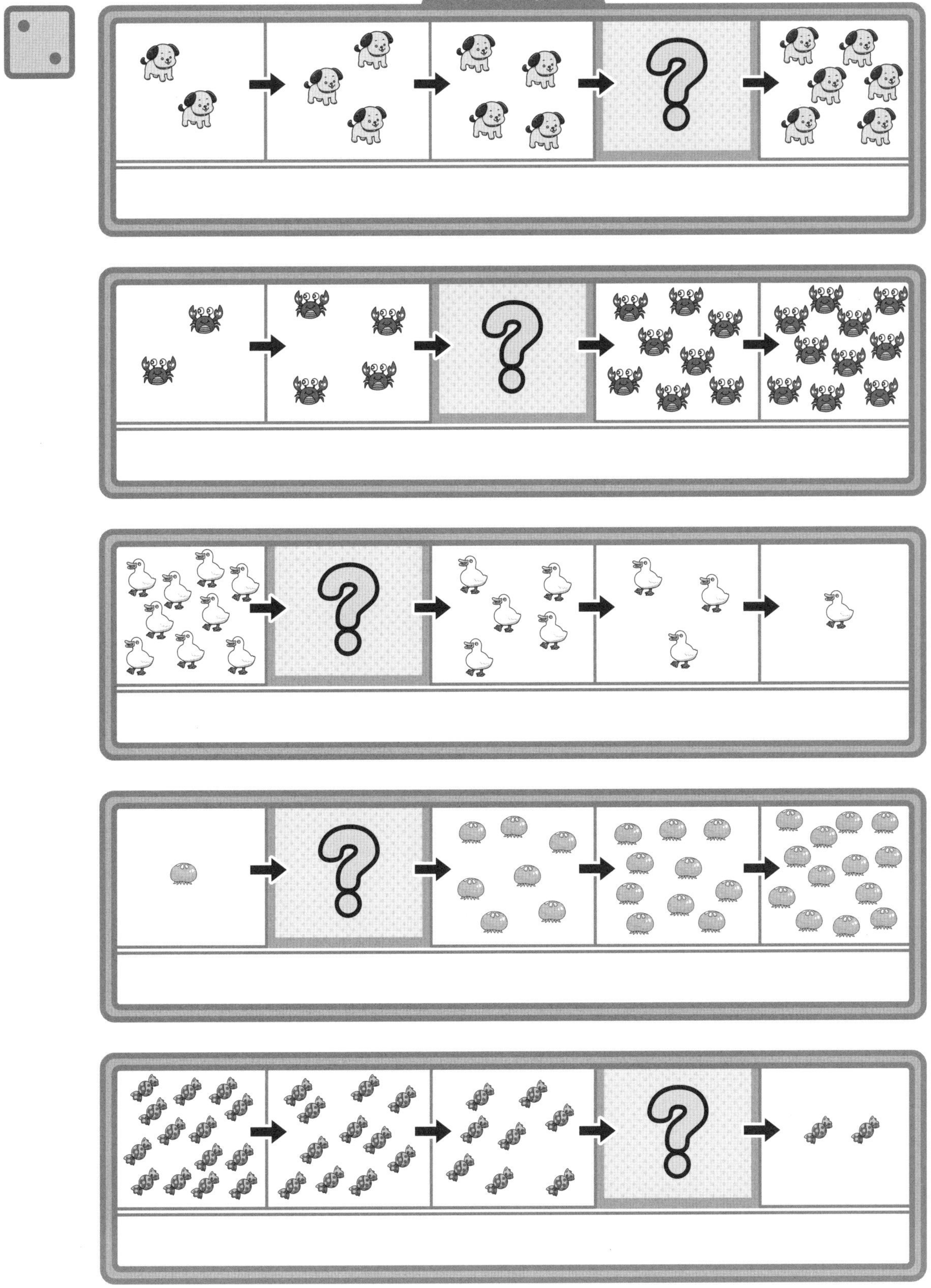

第4回

# テスト5

点

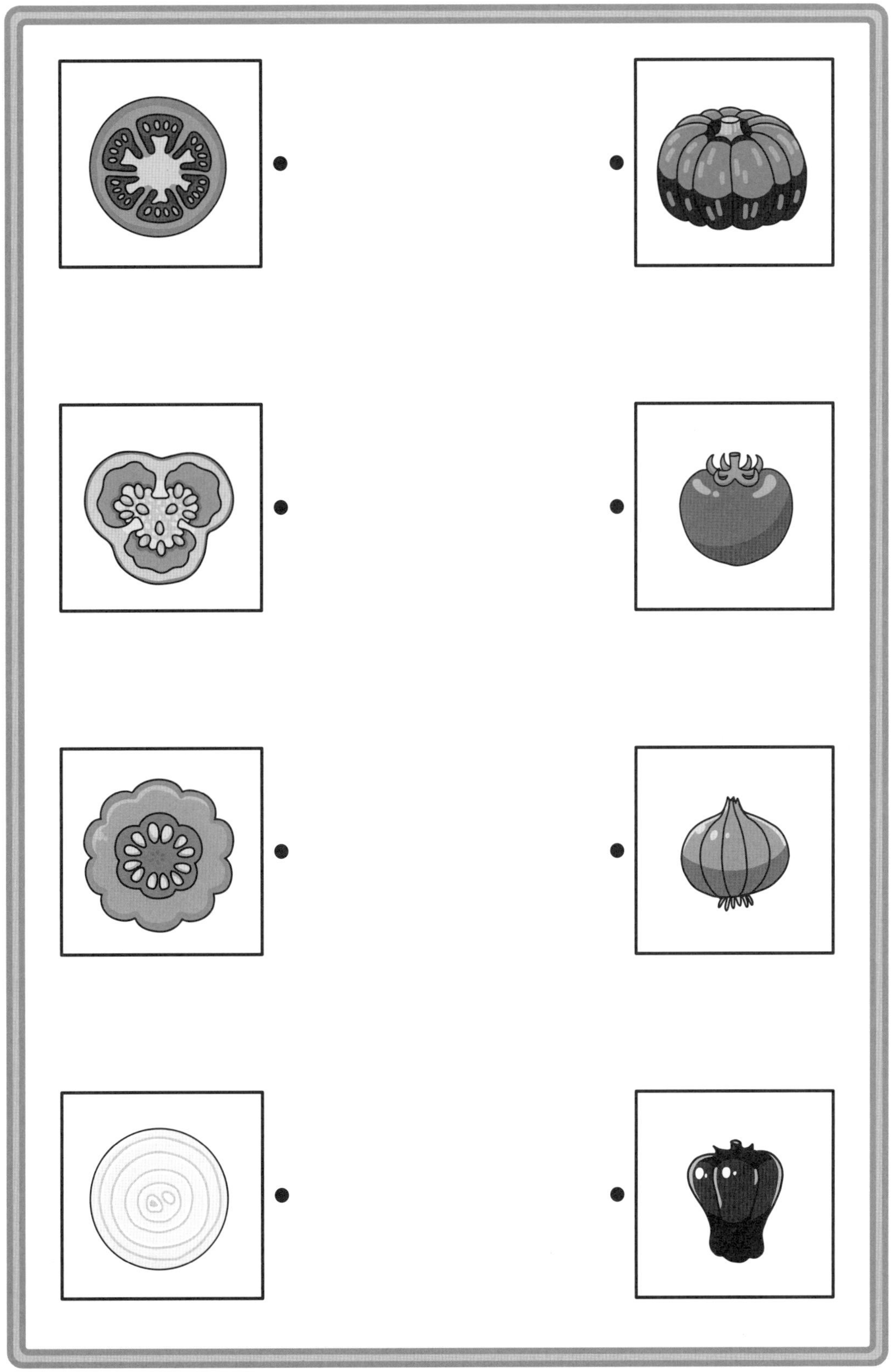

れんしゅう

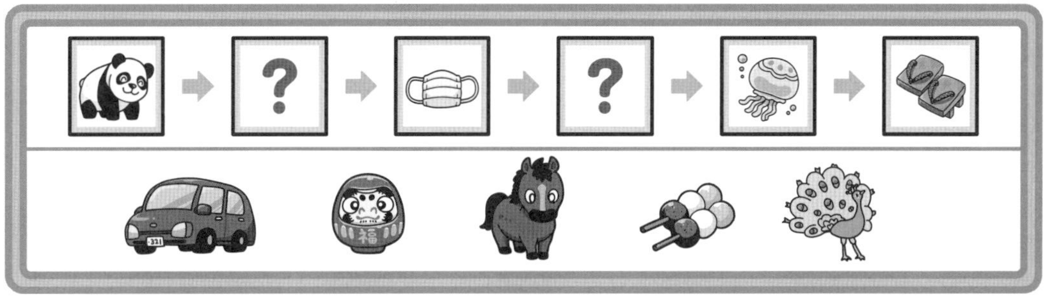

第4回

# テスト2

テスト1の問題用紙はカラー問題につき、巻末（125ページ）のプリントをお使い下さい。

点

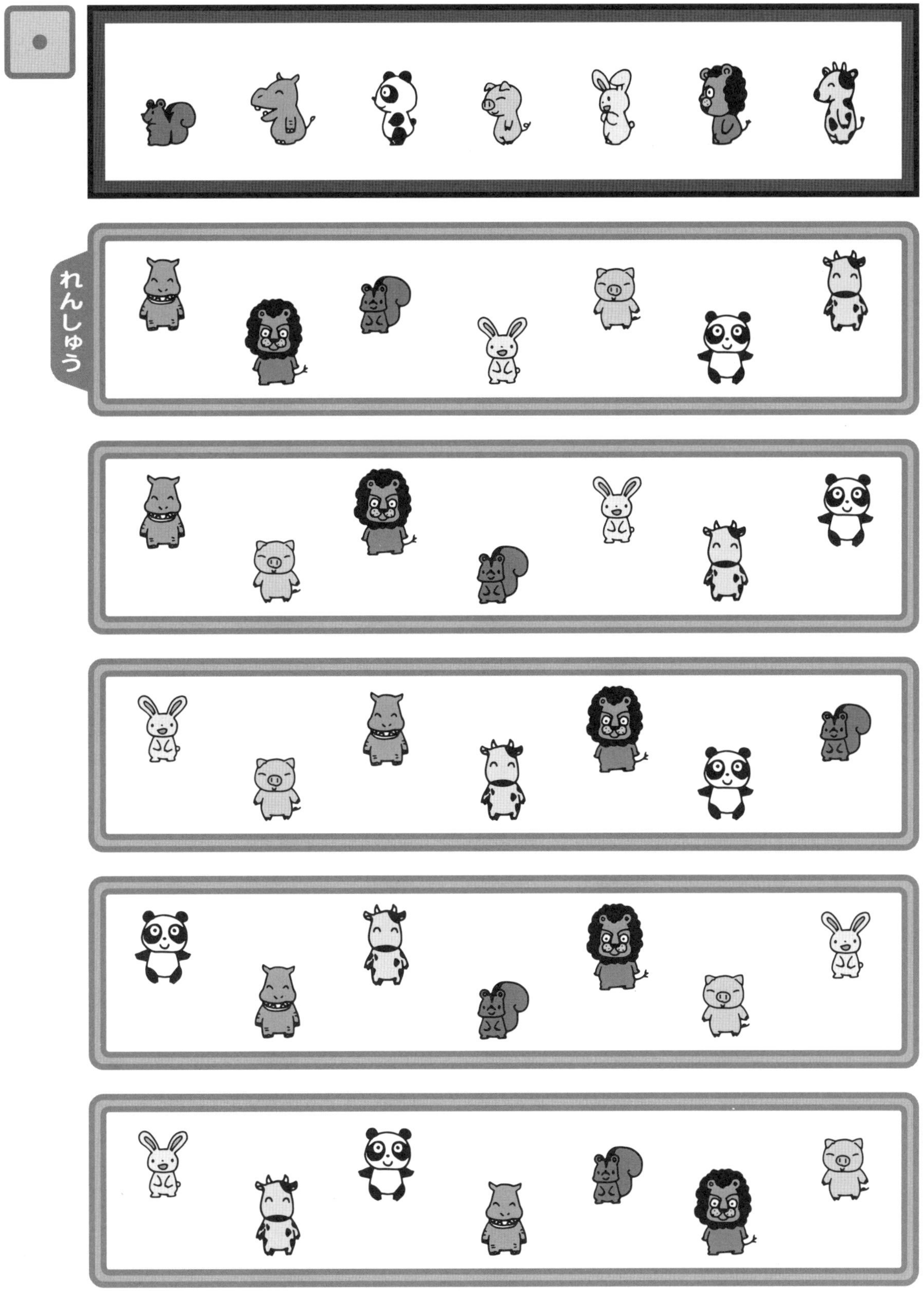


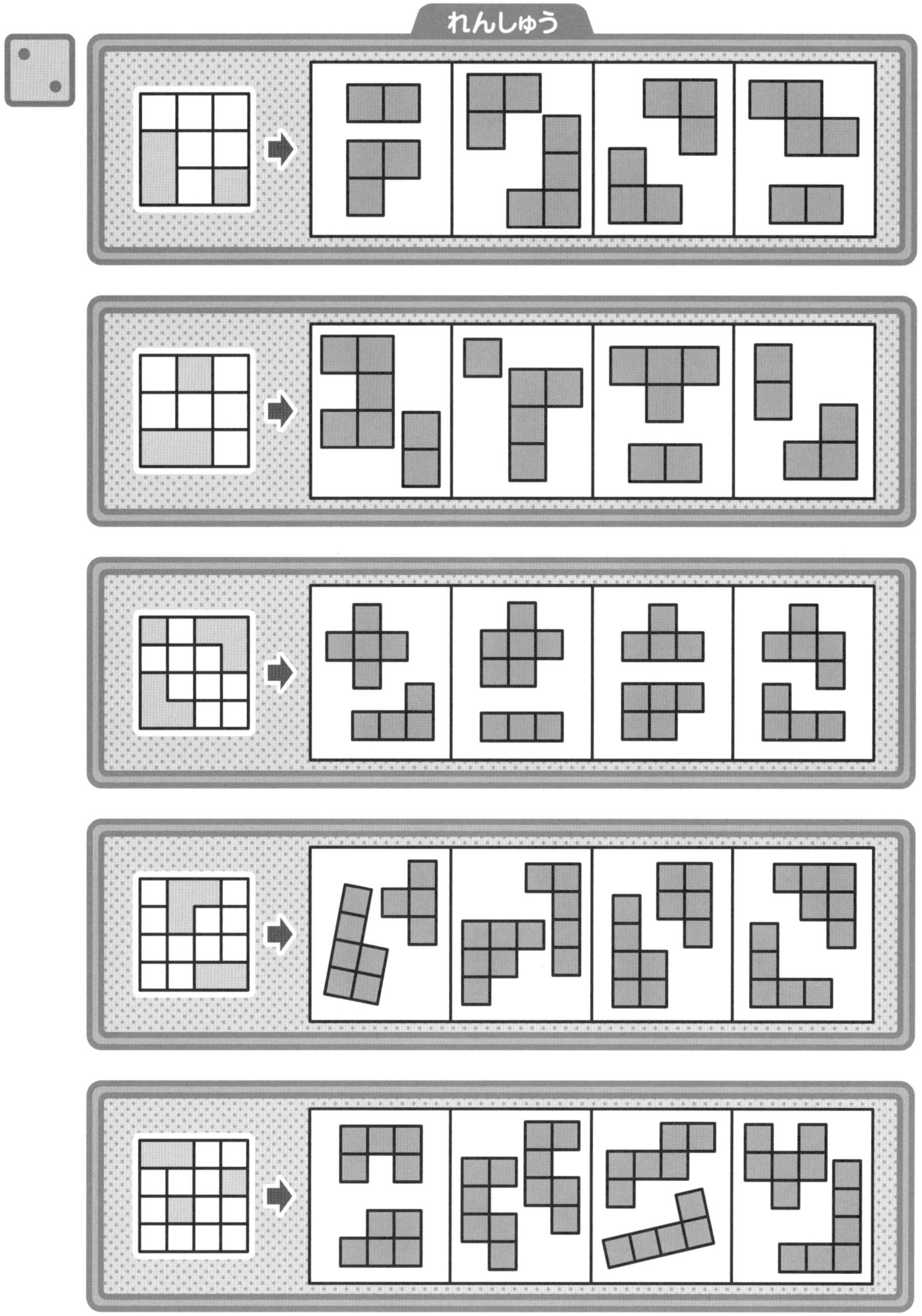

# テスト3

点

れんしゅう

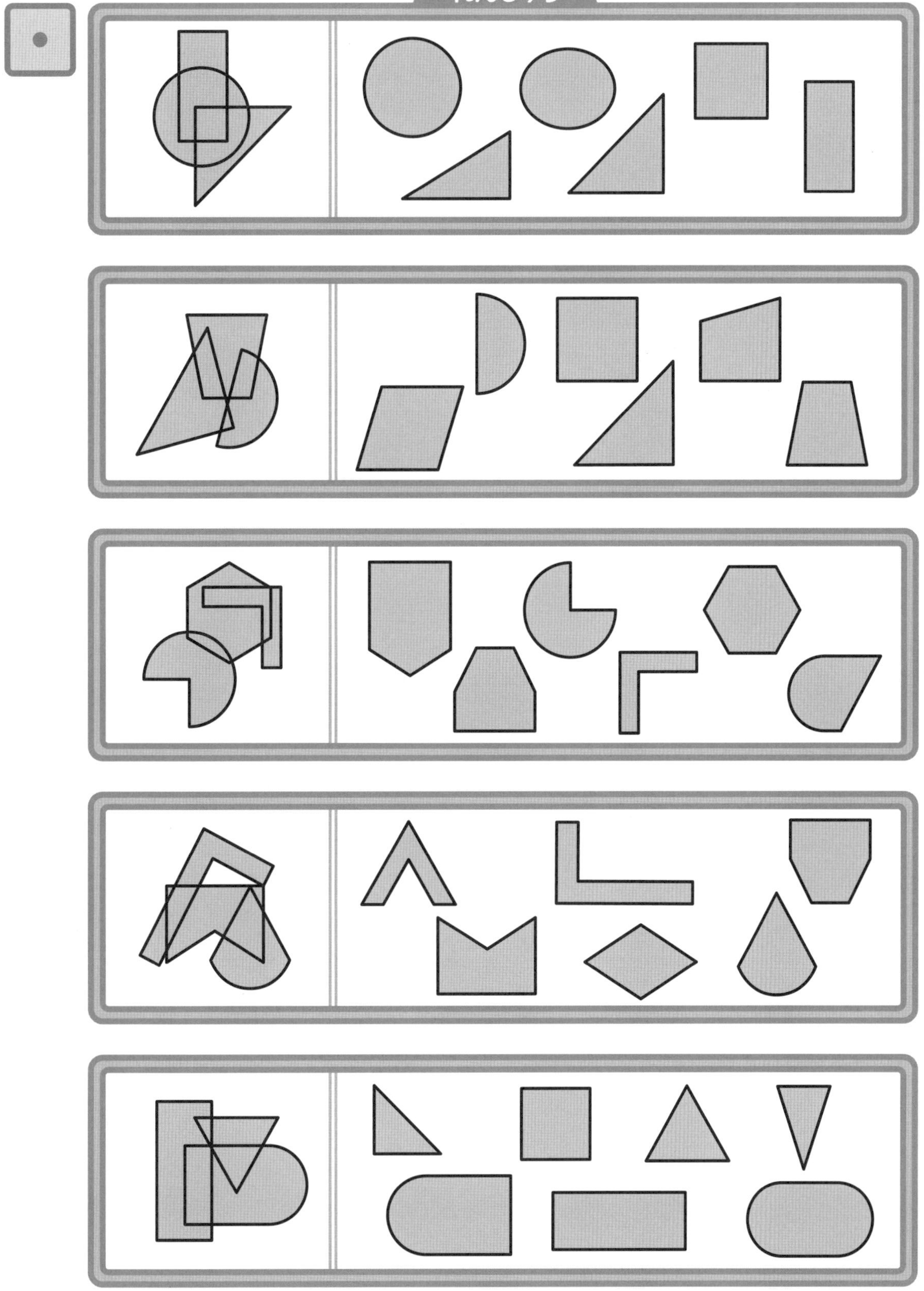

れんしゅう

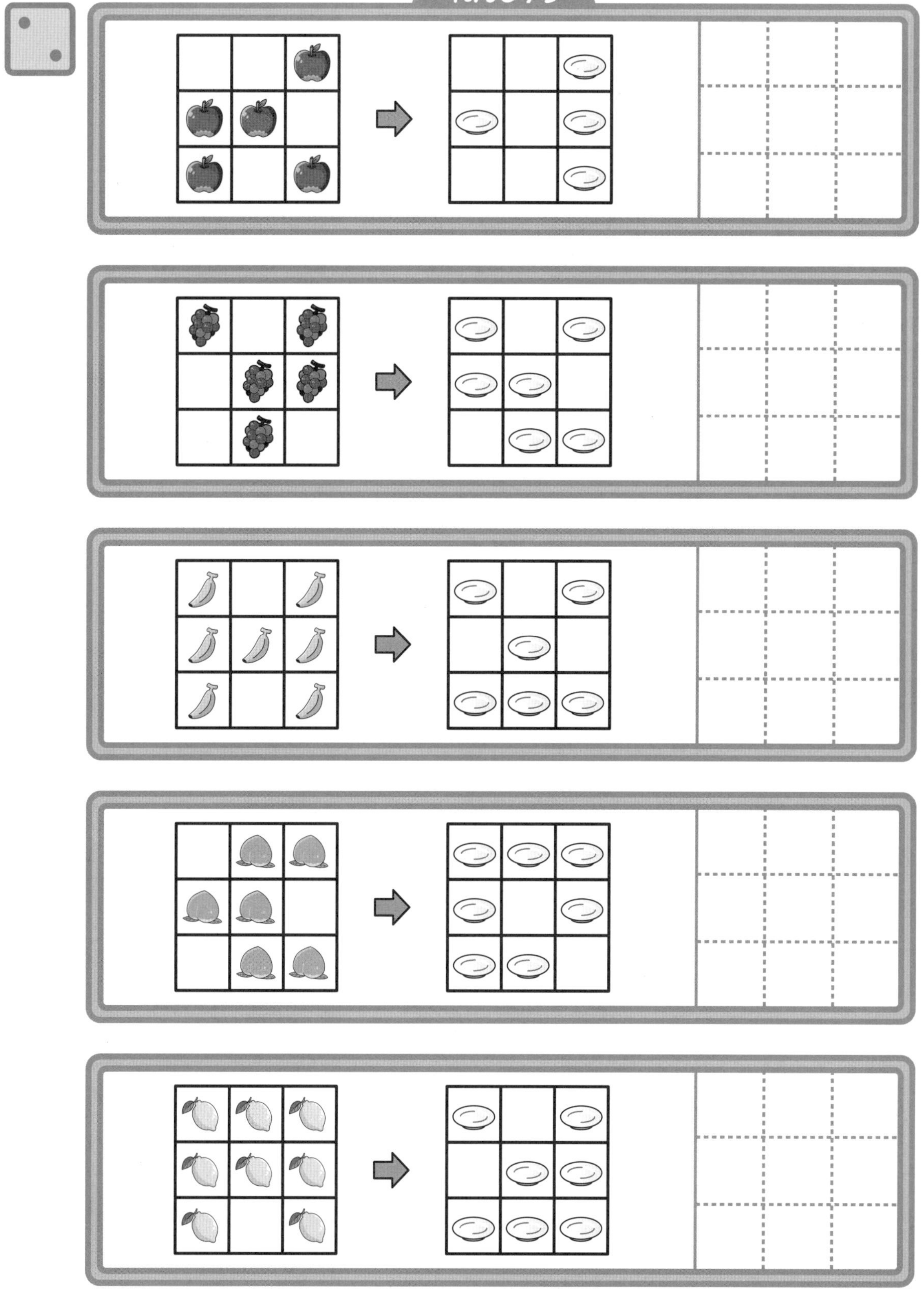

第5回

# テスト4

点

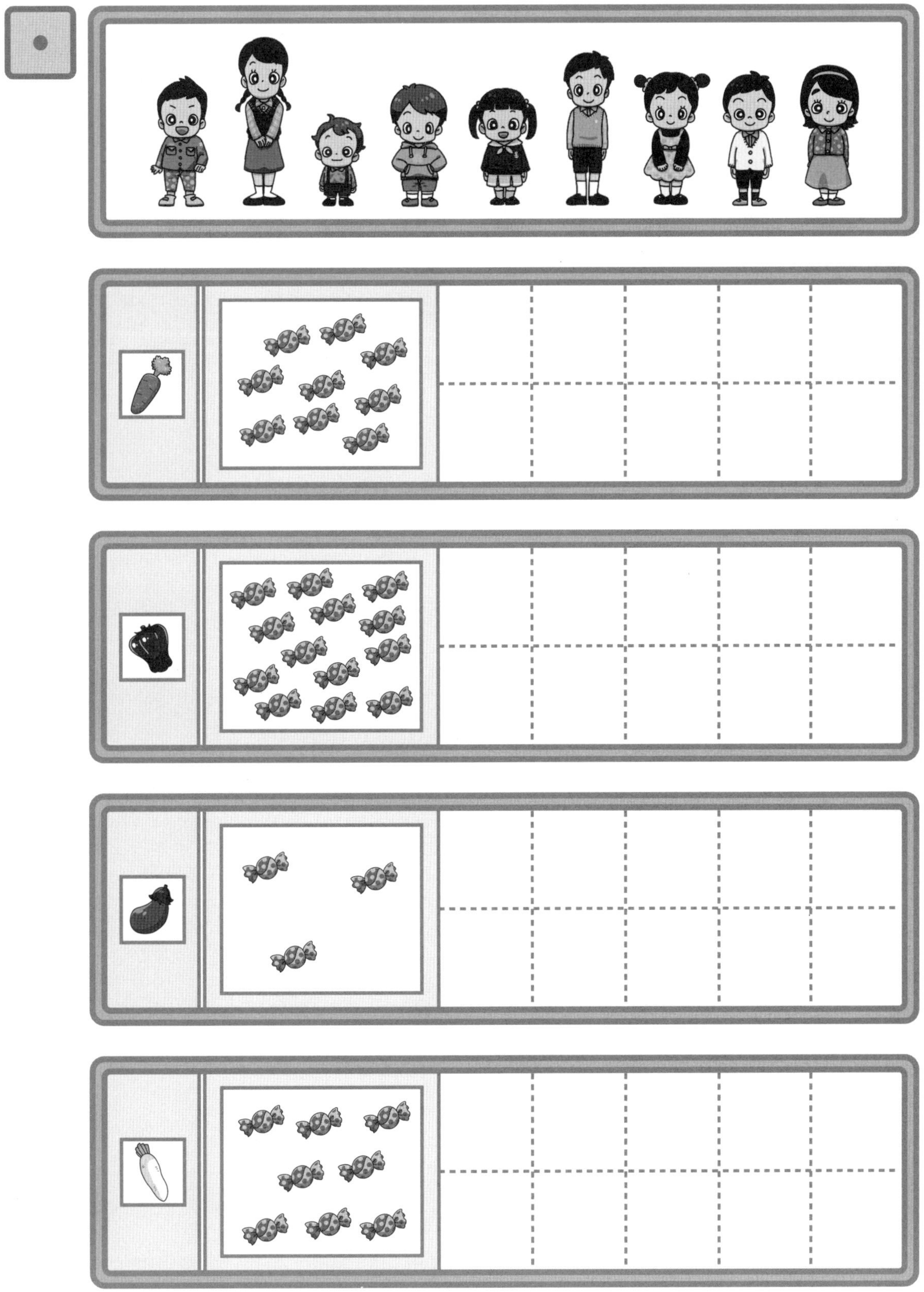

れんしゅう

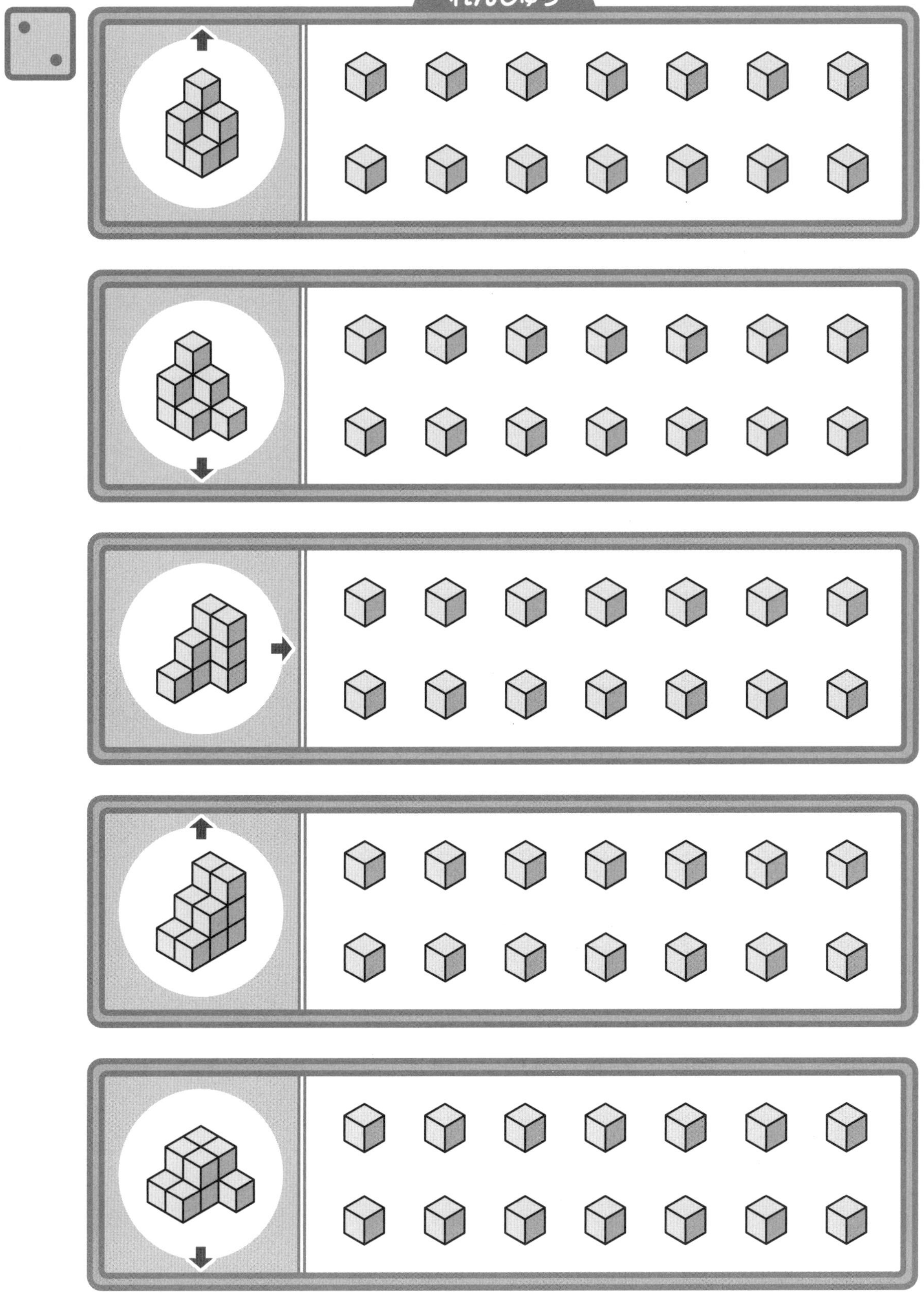

第5回

# テスト5

点

れんしゅう

○

×

○

×

○

×

○

×

○

×

第5回

# テスト2

テスト1の問題用紙はカラー問題につき、巻末（127ページ）のプリントをお使い下さい。

点

れんしゅう

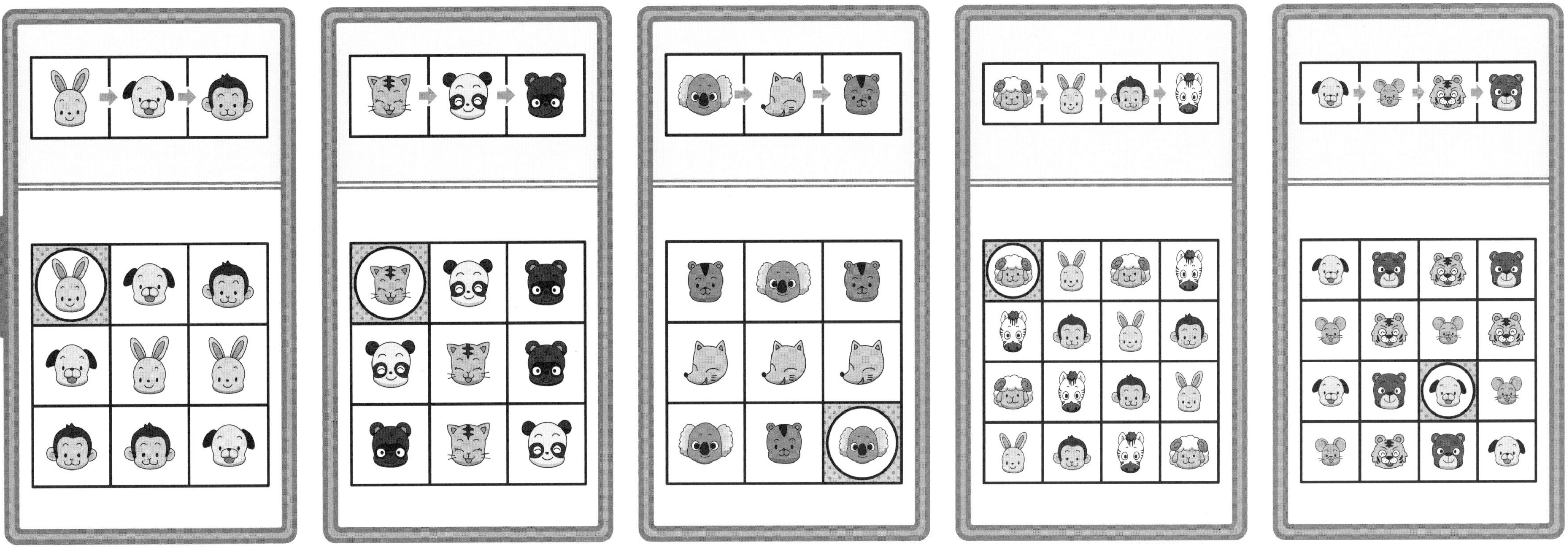

れんしゅう

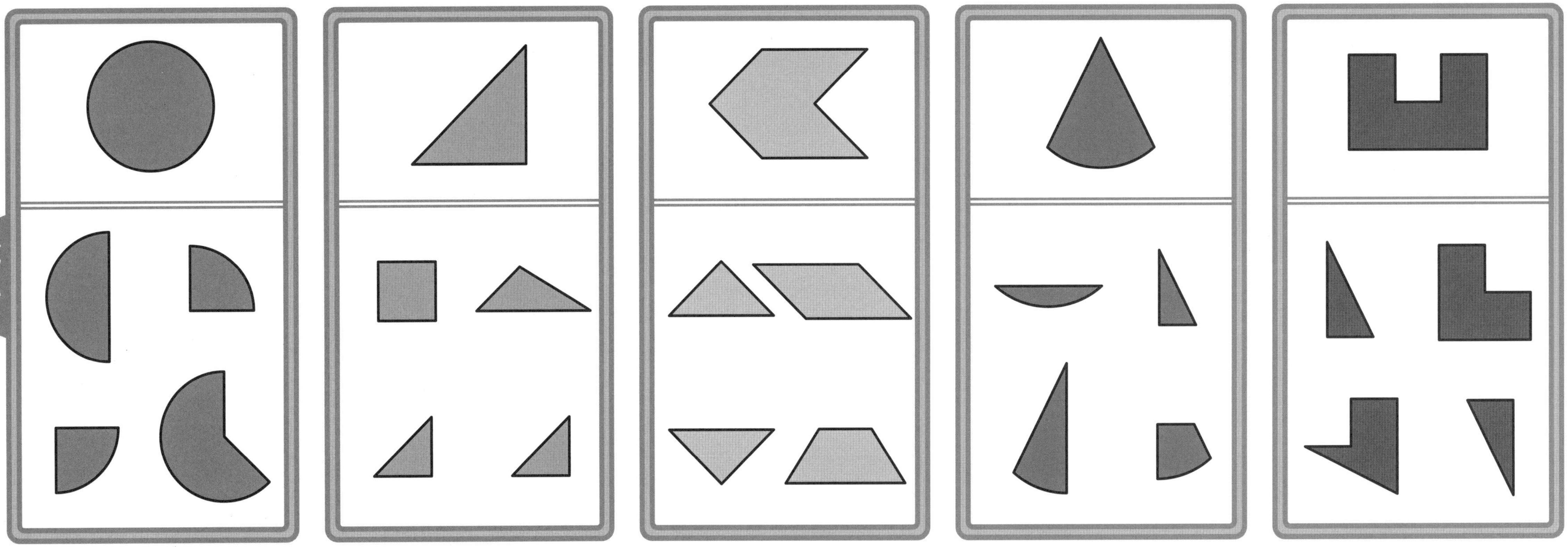

第6回

# テスト3

点

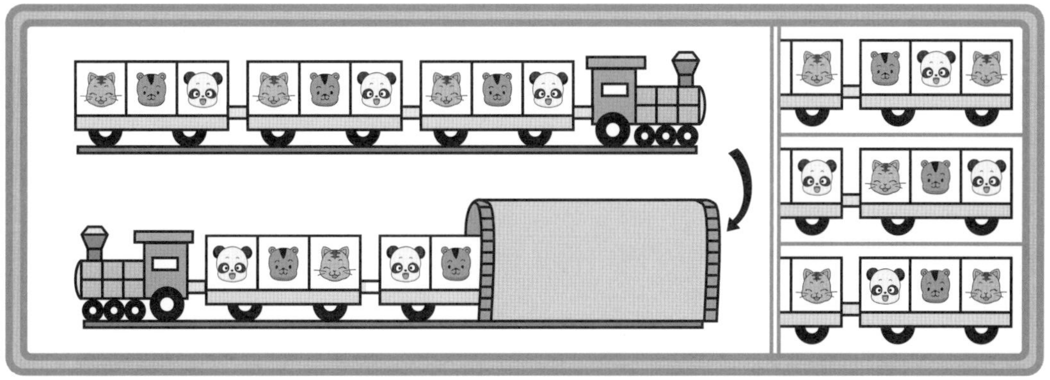

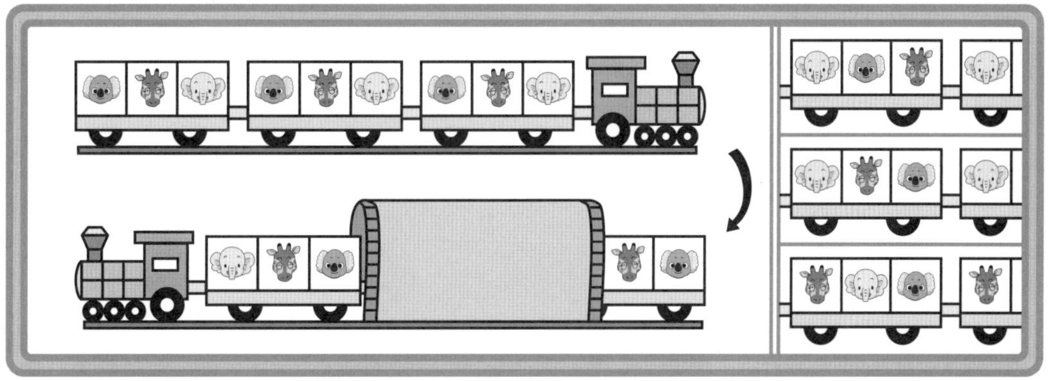

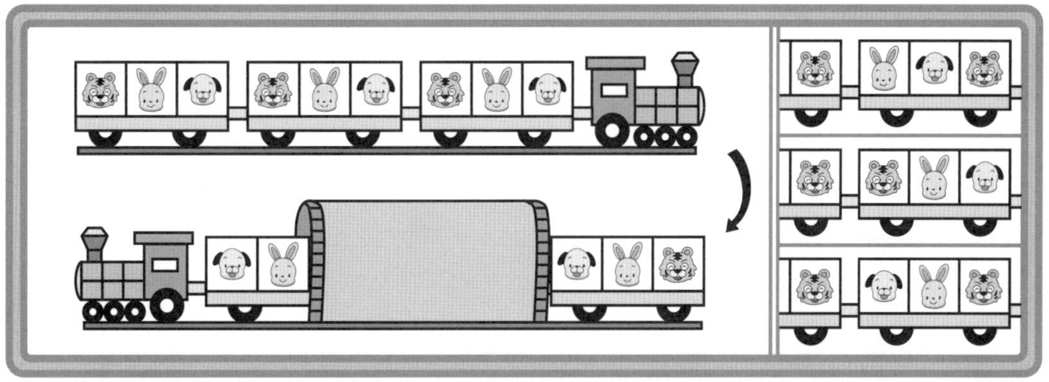

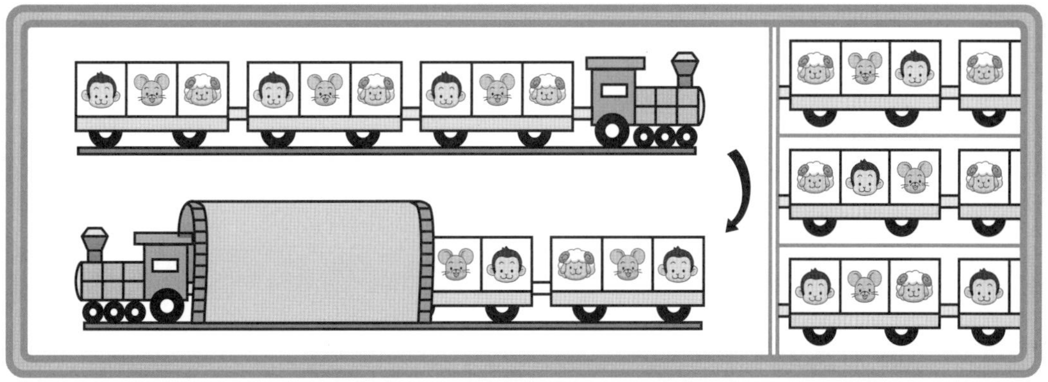

れんしゅう

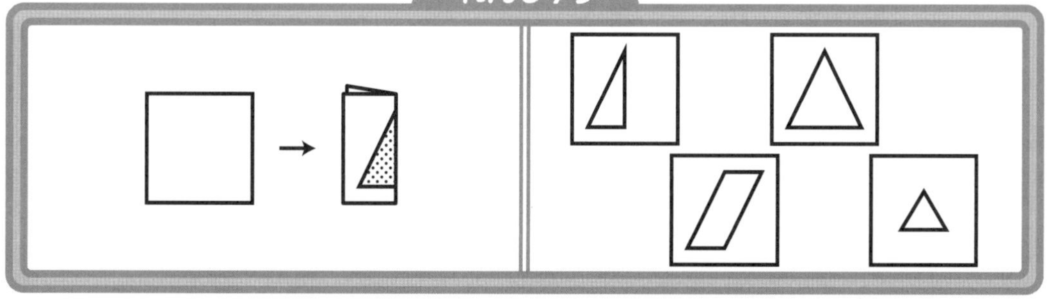

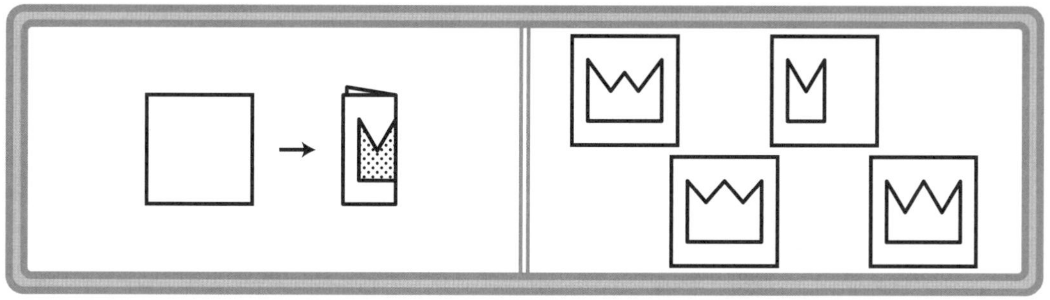

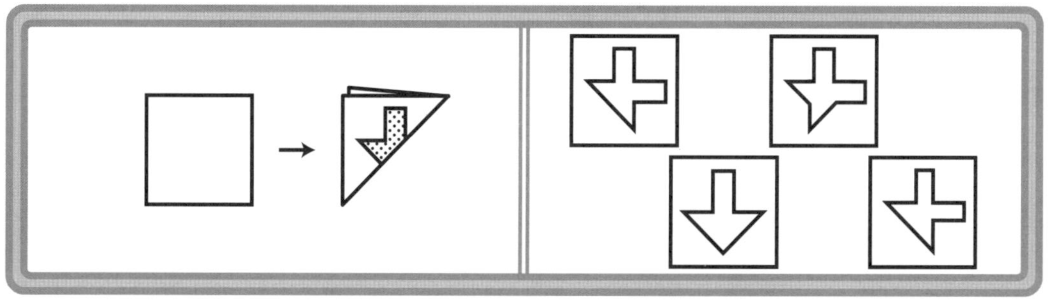

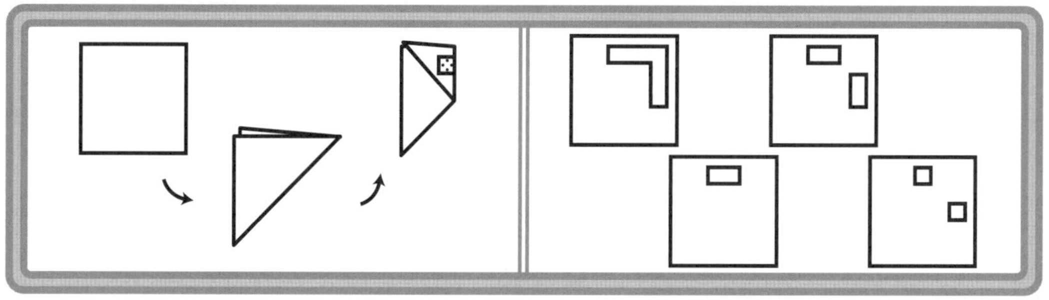

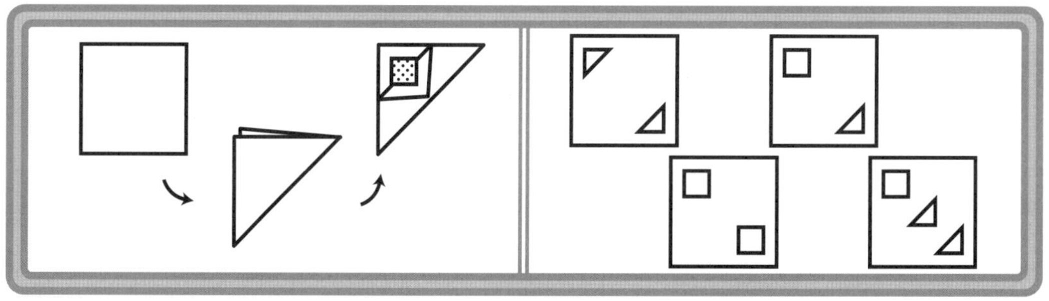

# テスト4

テスト5の問題用紙はカラー問題につき、巻末（128ページ）のプリントをお使い下さい。

点

れんしゅう

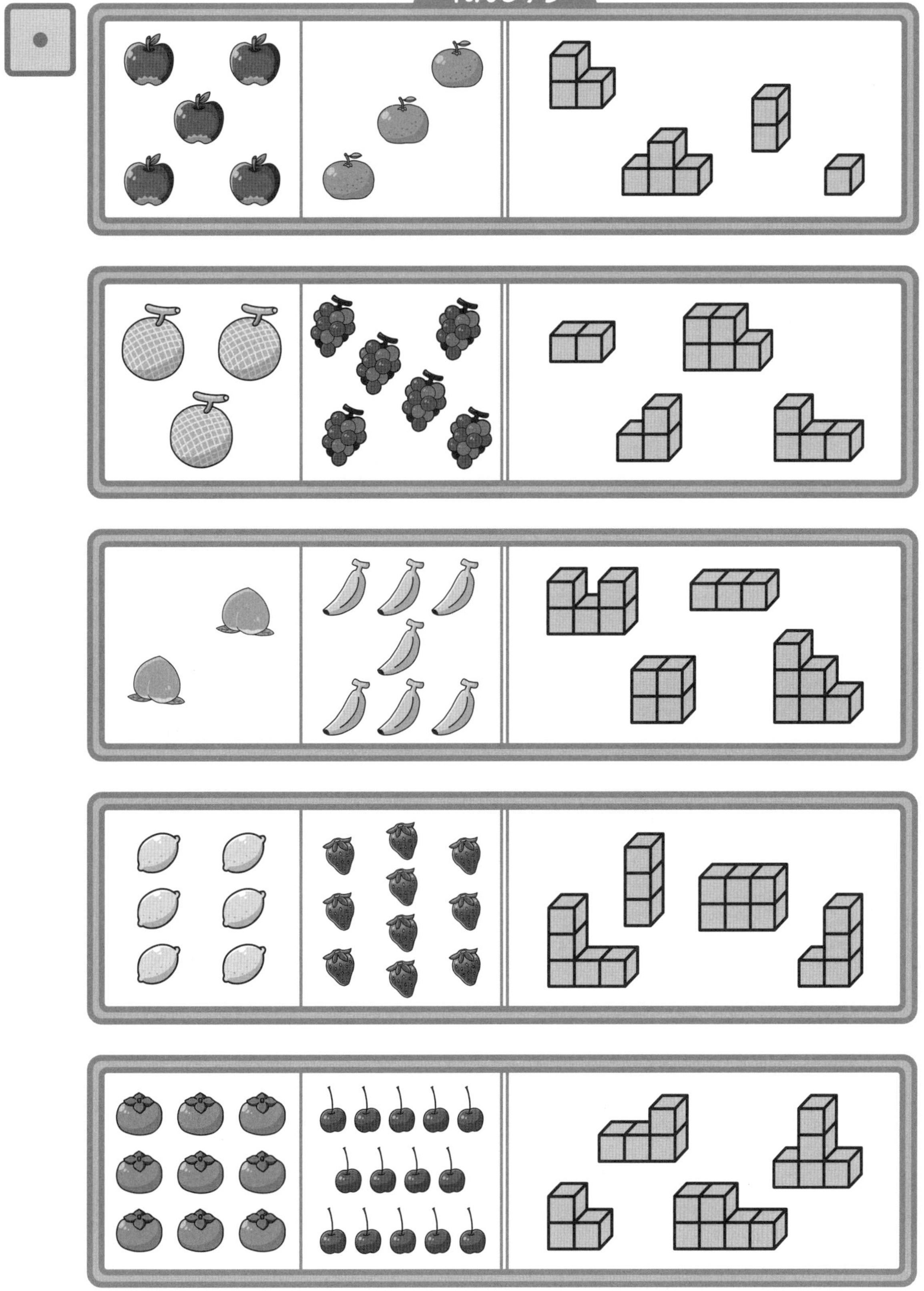

れんしゅう

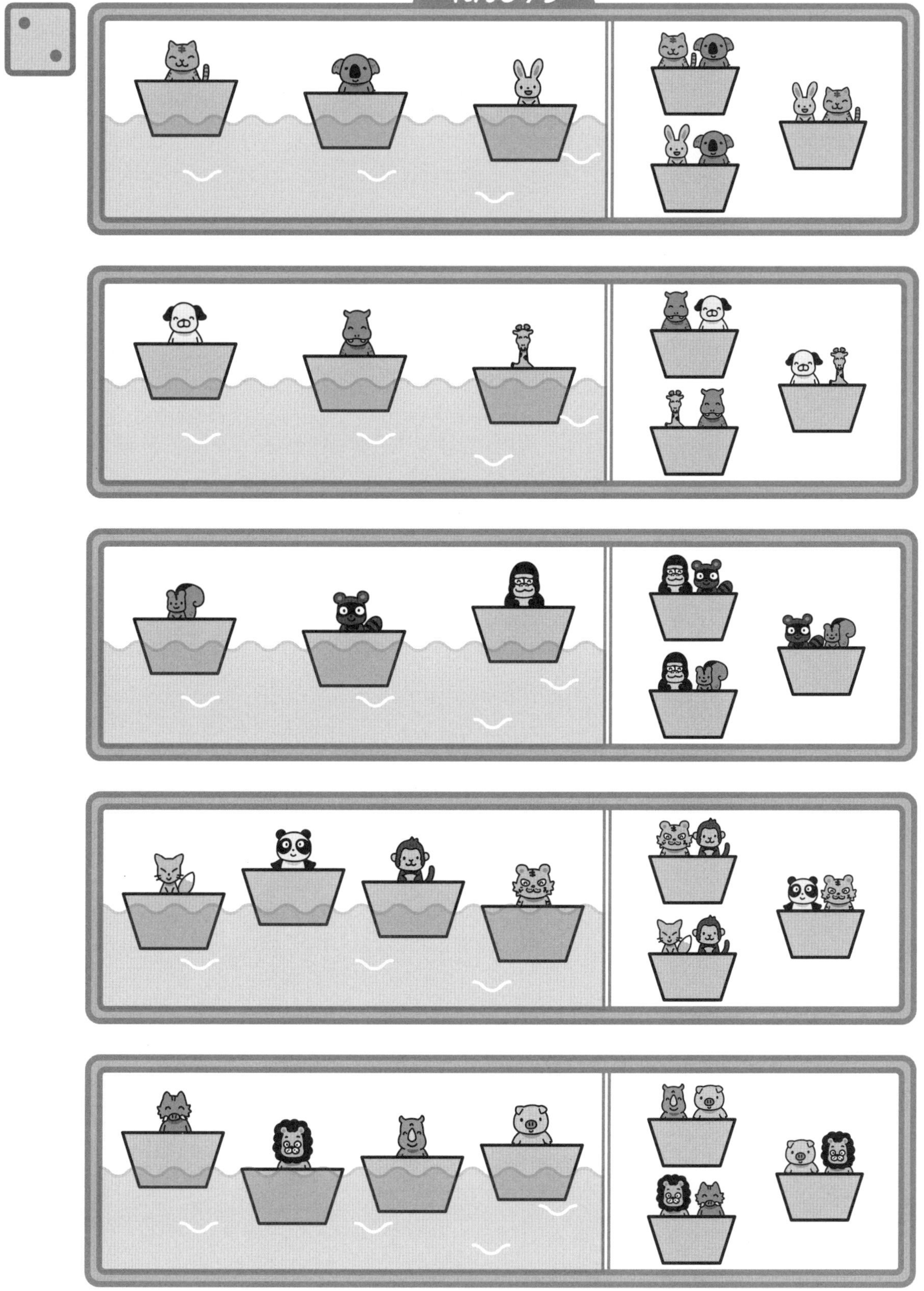

# テスト2

テスト1の問題用紙はカラー問題につき、巻末（129・130ページ）のプリントをお使い下さい。

点

れんしゅう

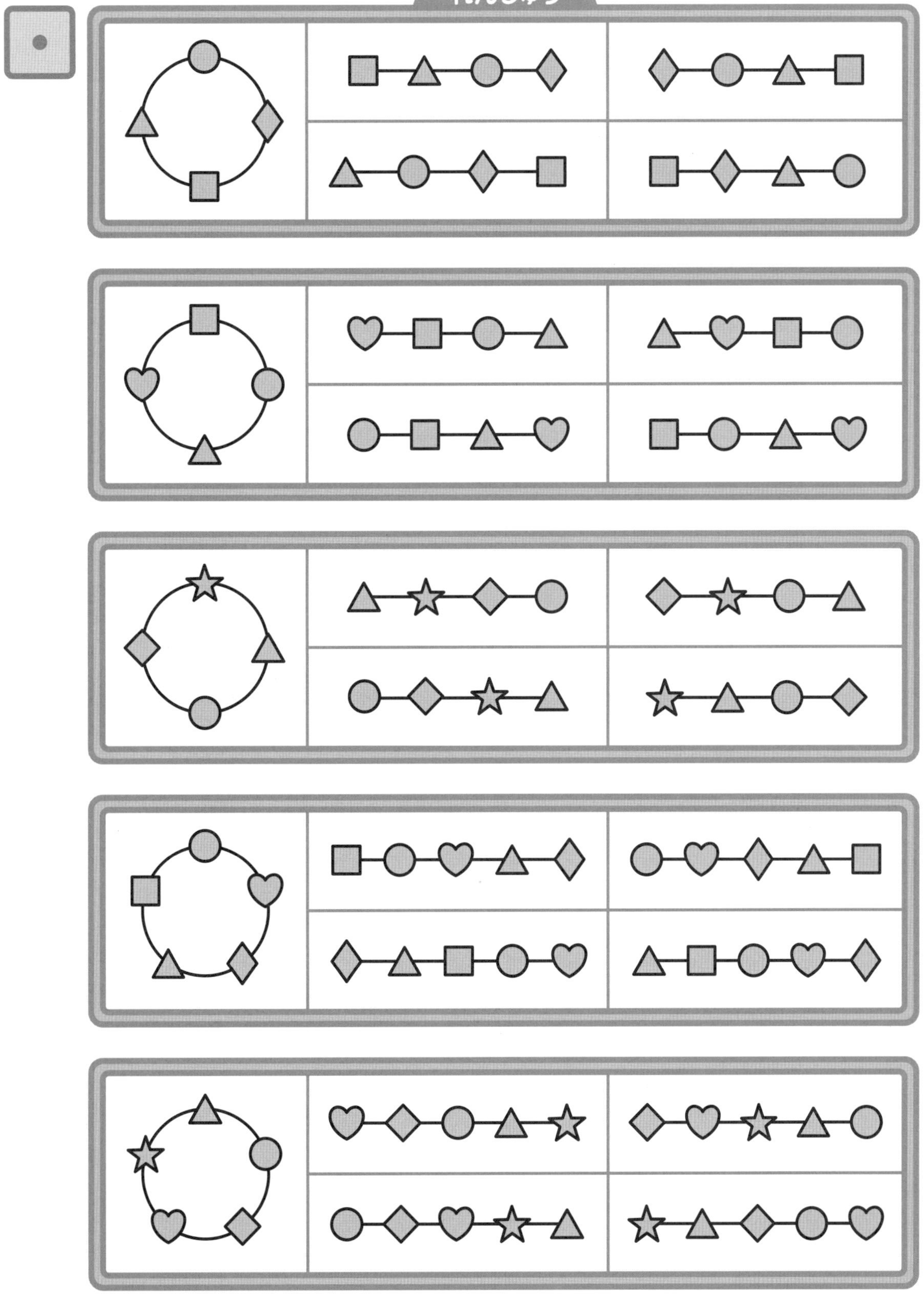

れんしゅう

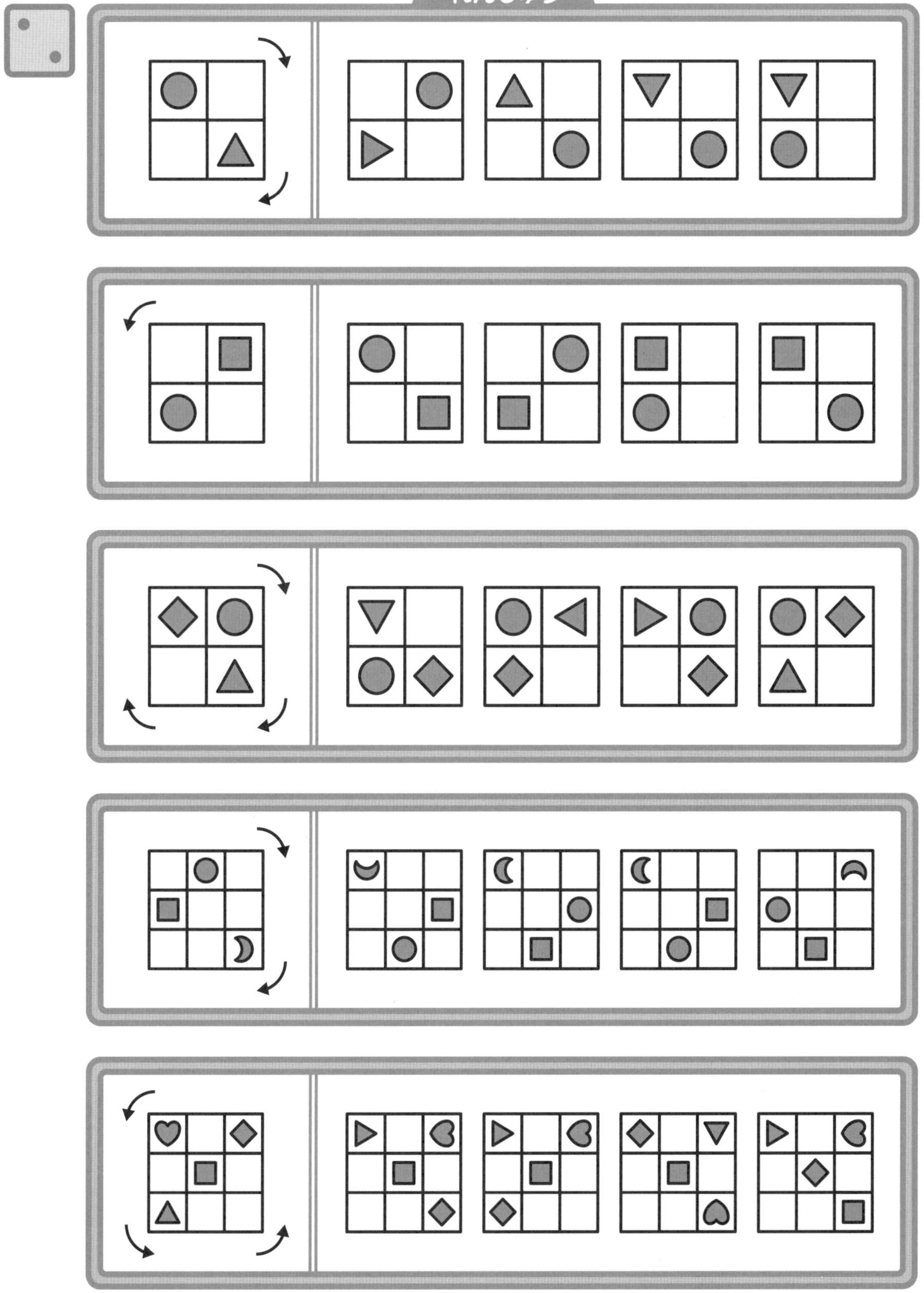

# テスト3

点

れんしゅう

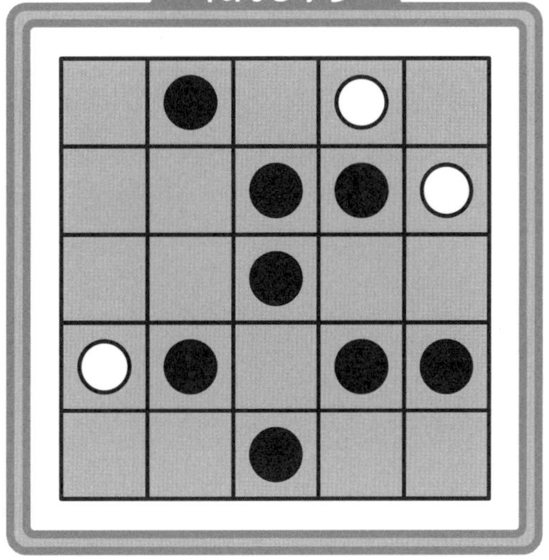

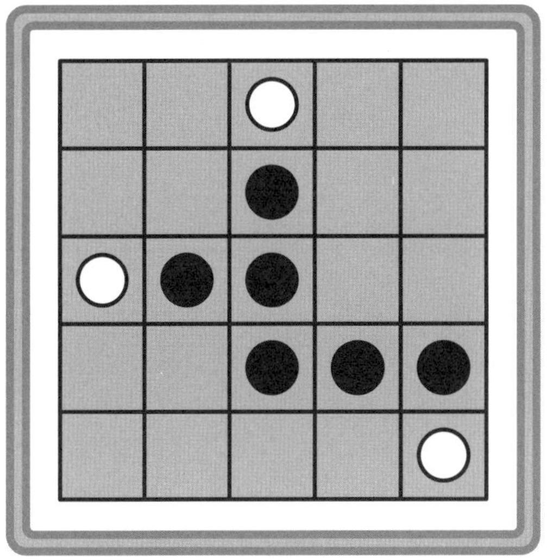

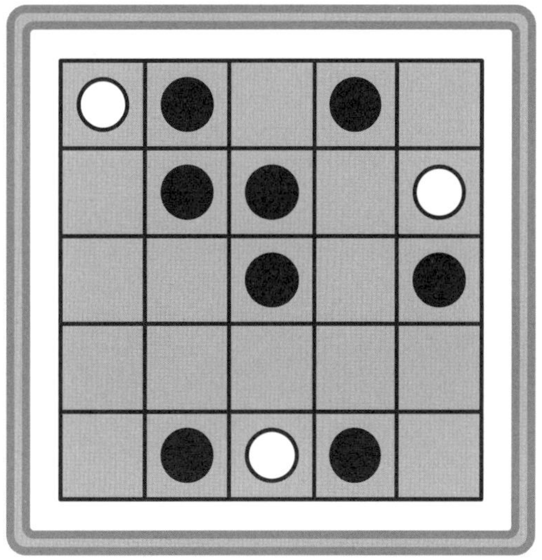

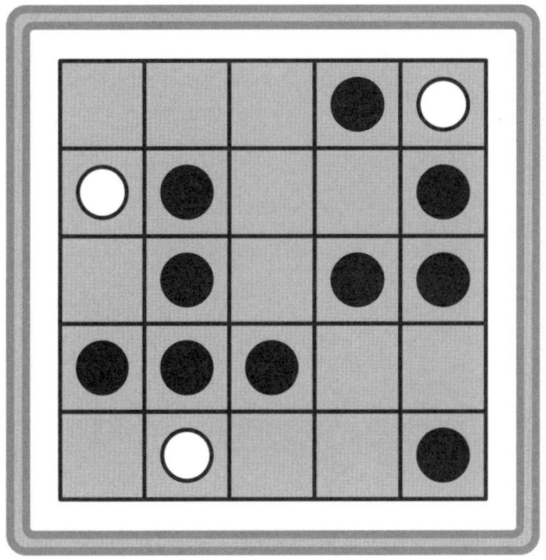

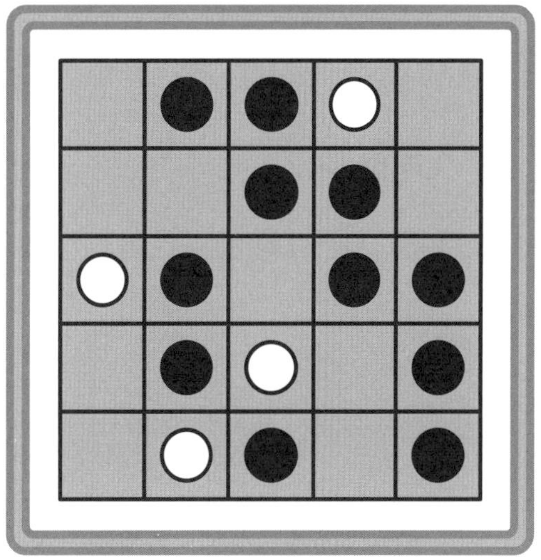

れんしゅう

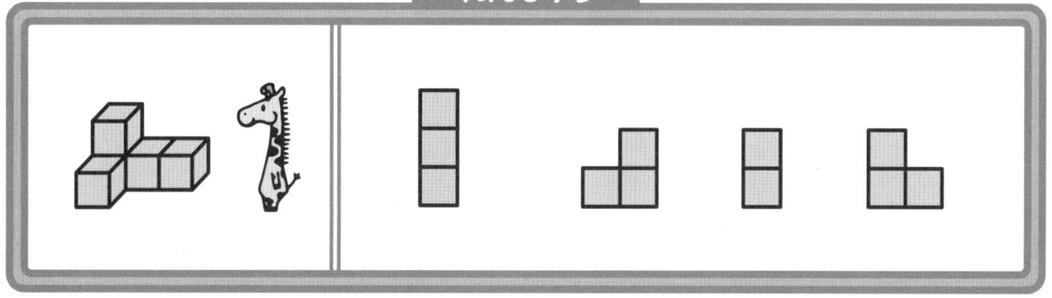

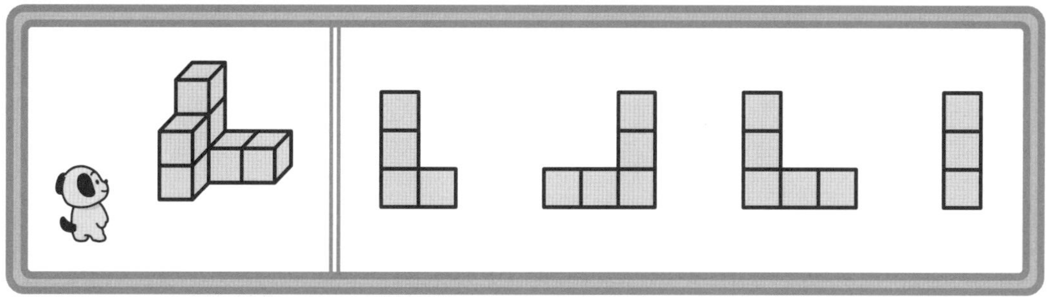

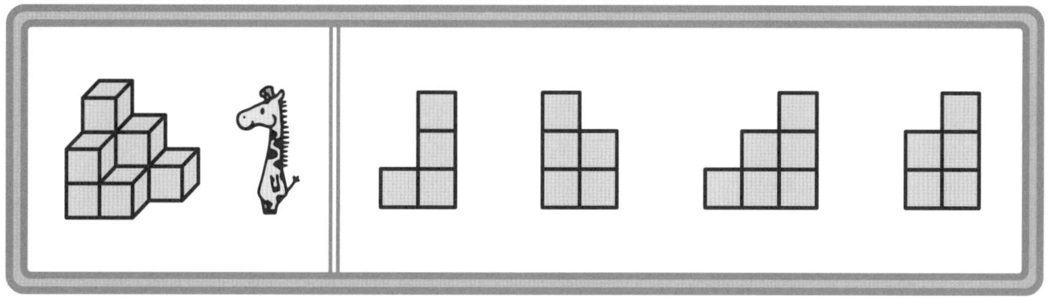

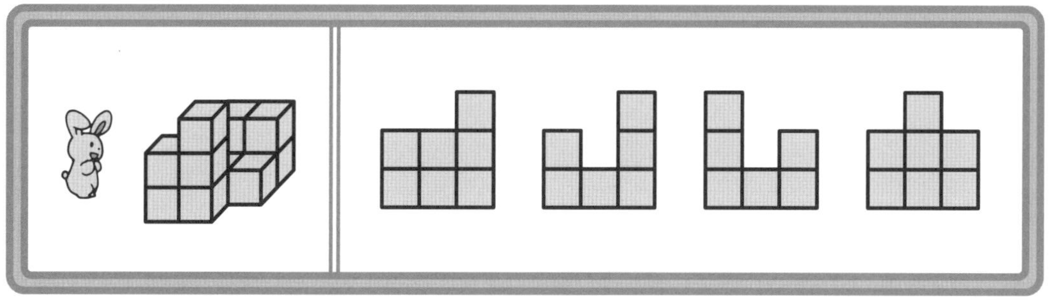

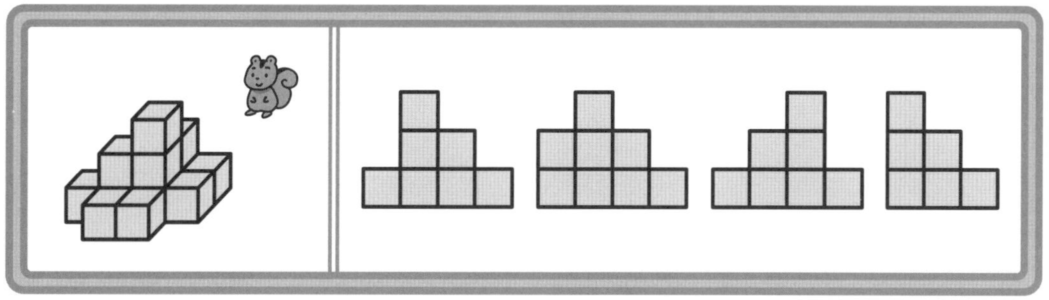

# テスト4

点



れんしゅう

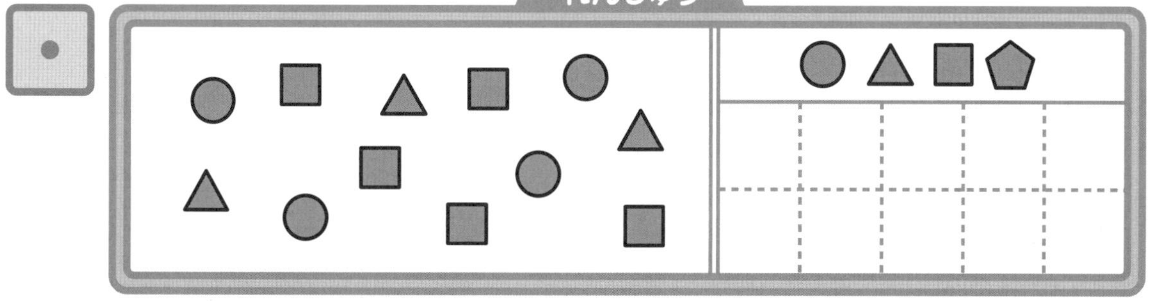

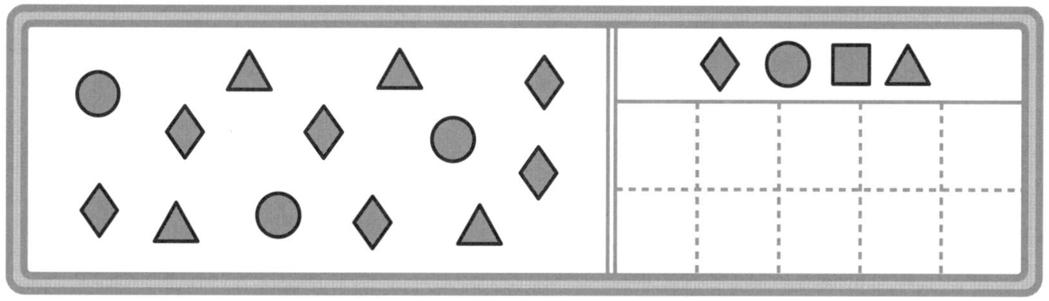

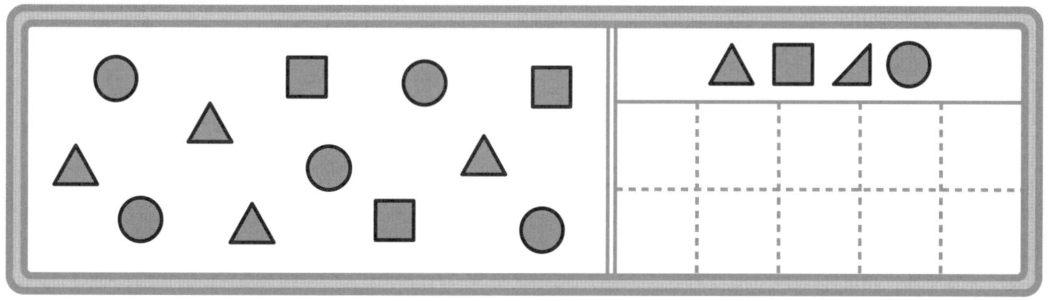

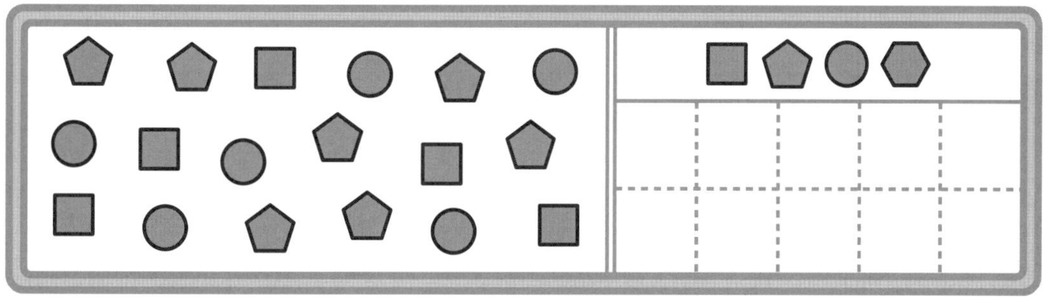

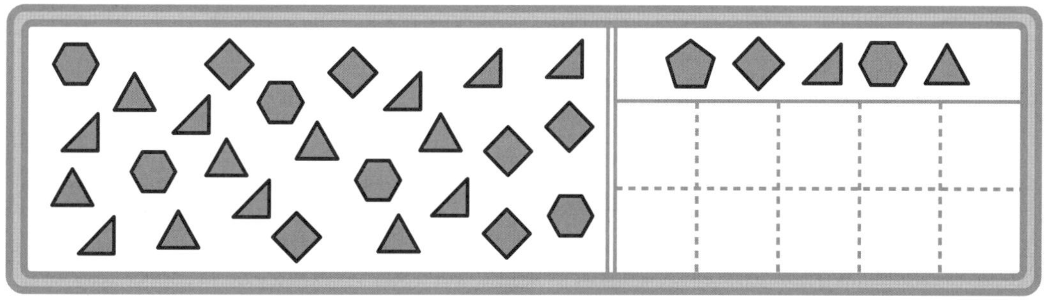

れんしゅう

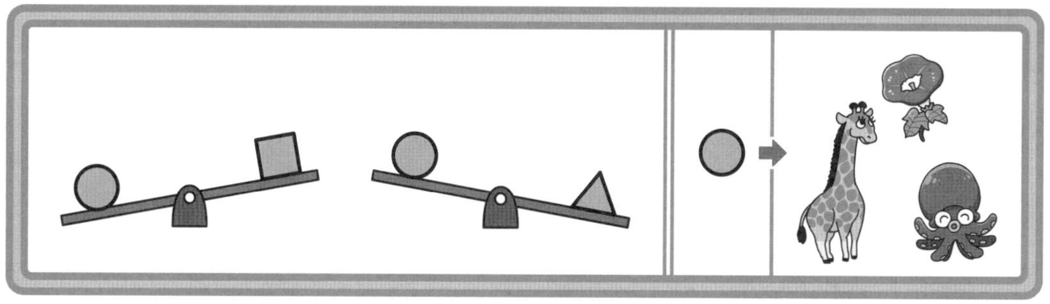

# テスト5

点

れんしゅう

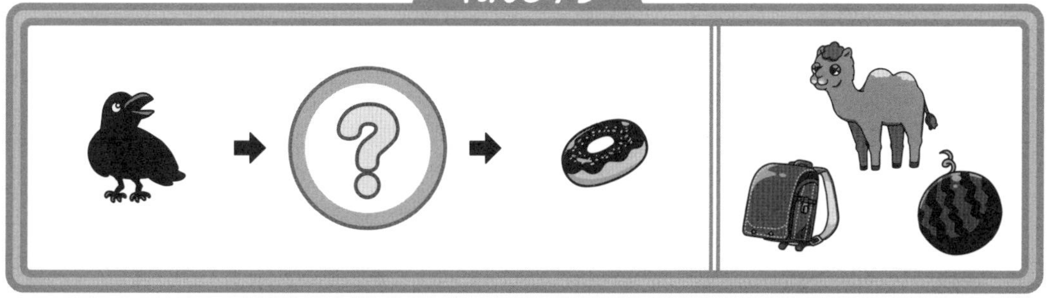

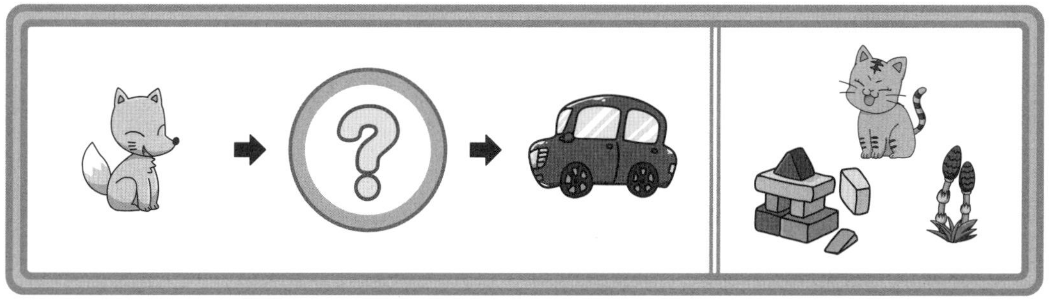

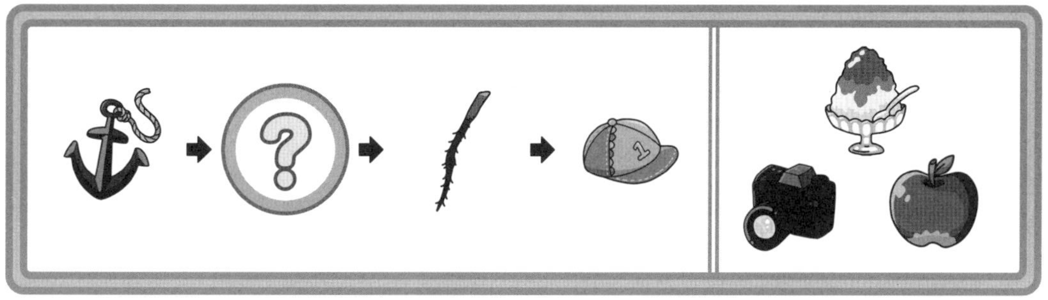

# テスト2

テスト1の問題用紙はカラー問題につき、巻末（131ページ）のプリントをお使い下さい。

点



れんしゅう

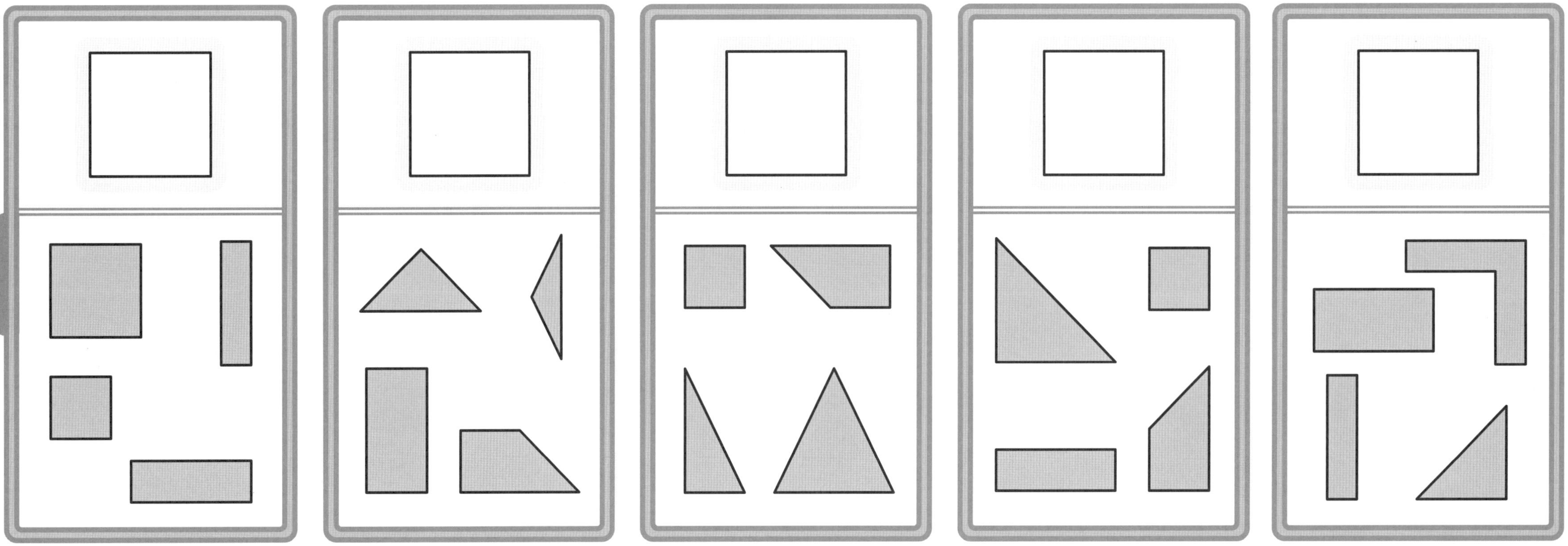

れんしゅう

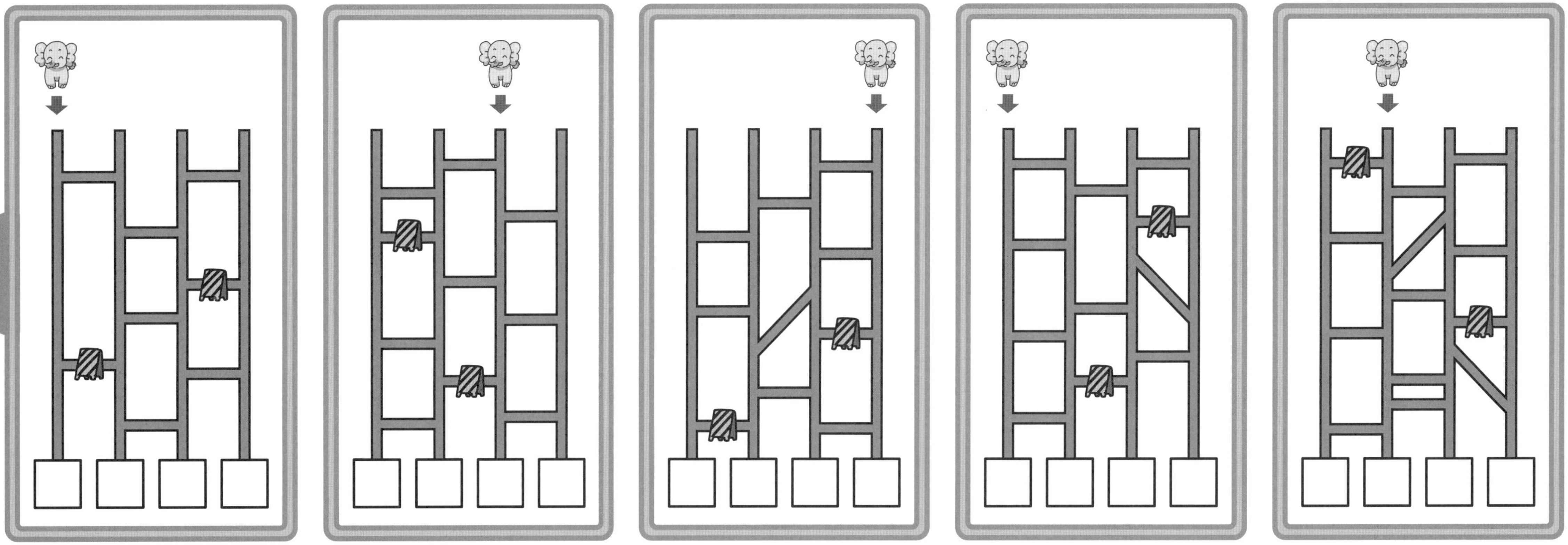

# テスト3

点

れんしゅう

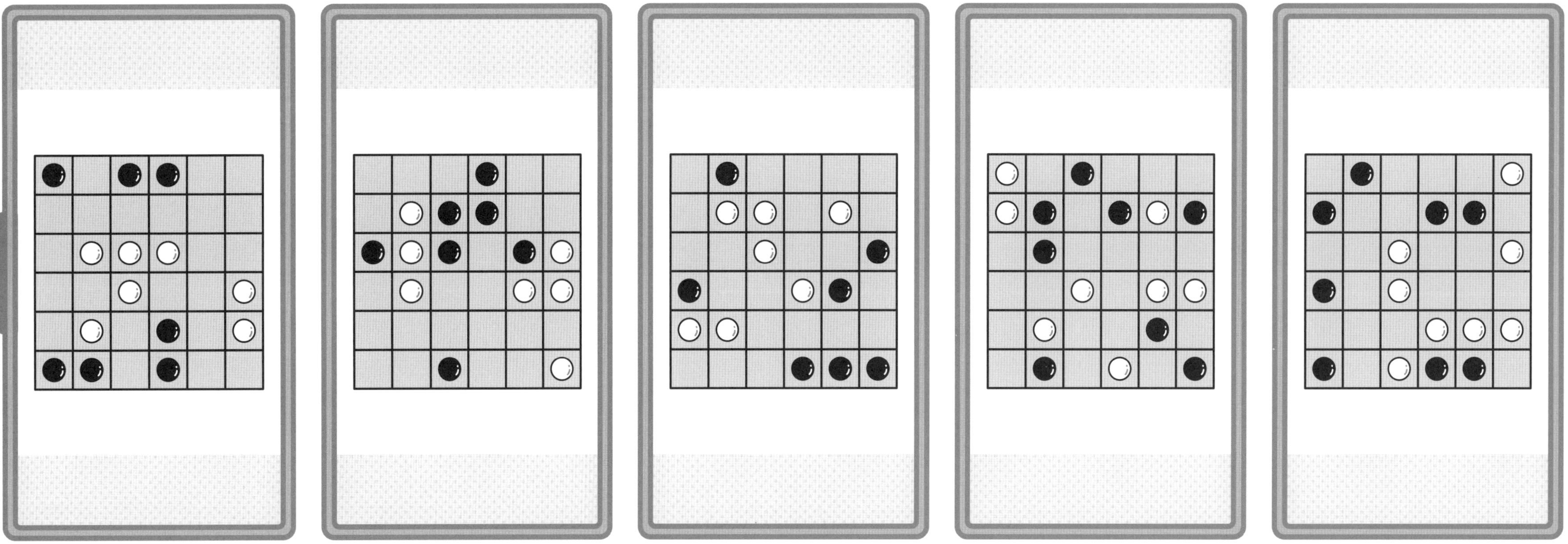

れんしゅう

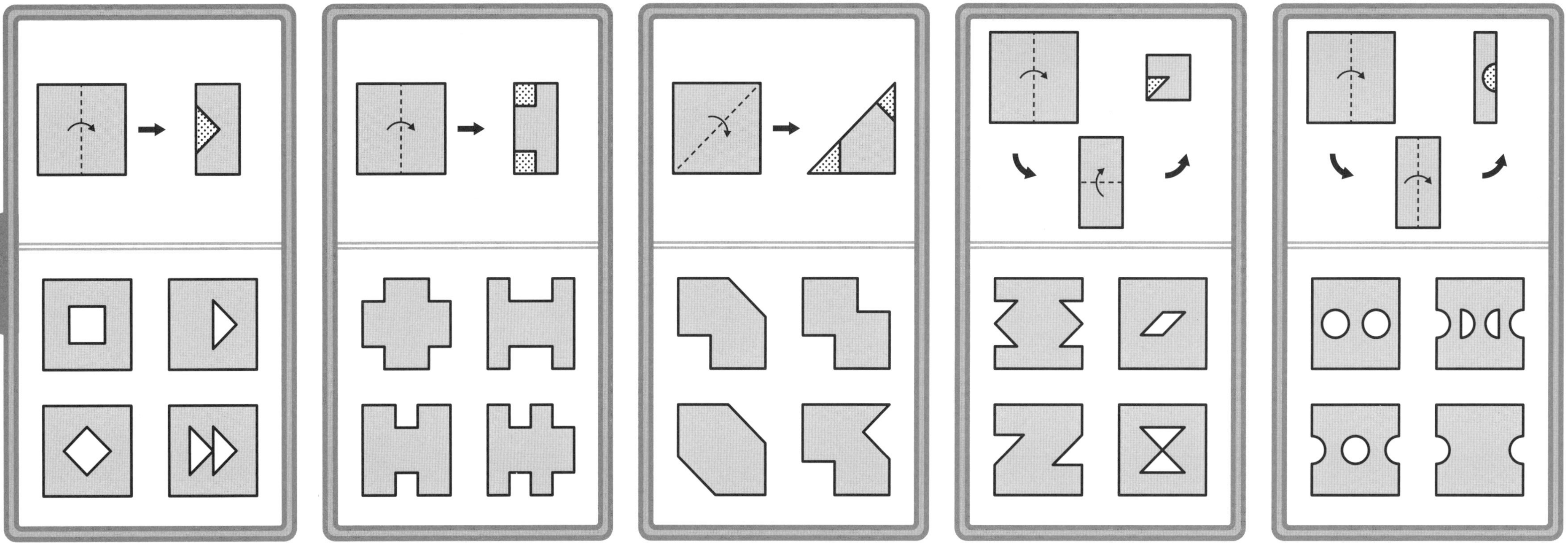

# テスト4

点

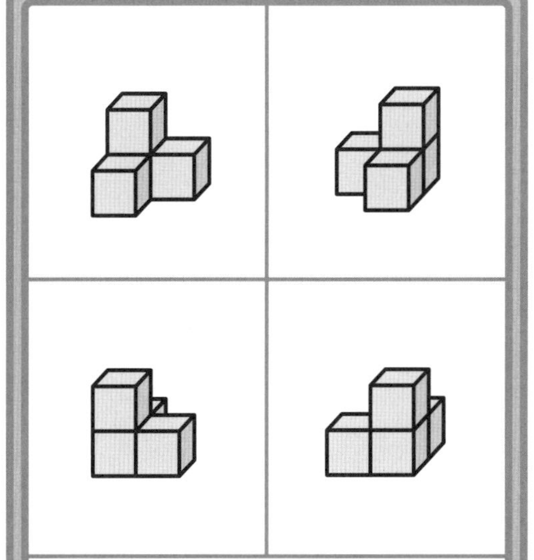

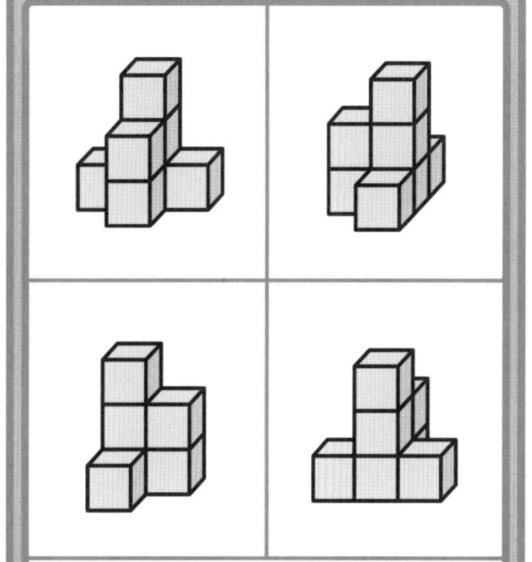

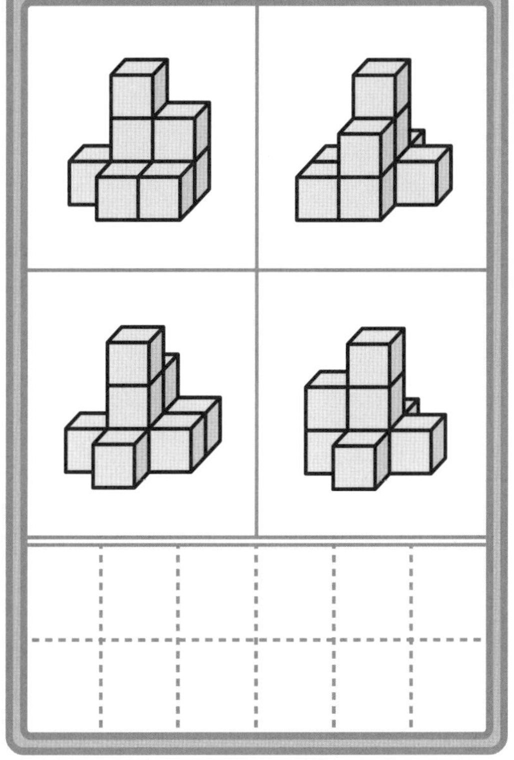

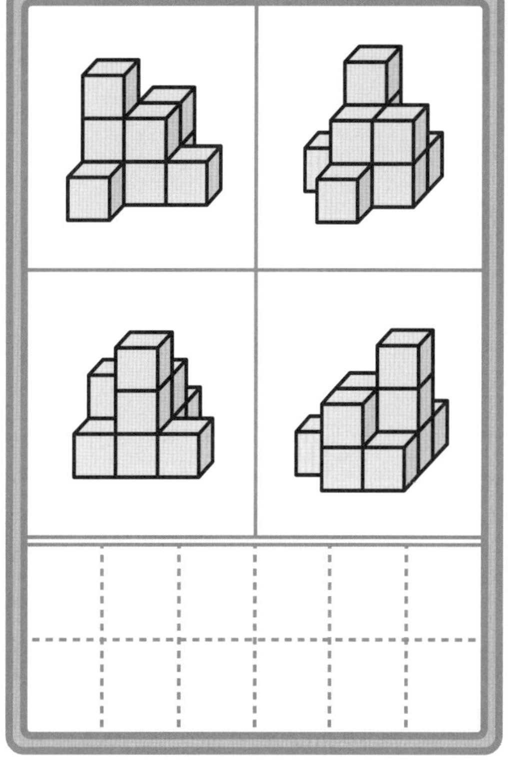

れんしゅう

# テスト5

点

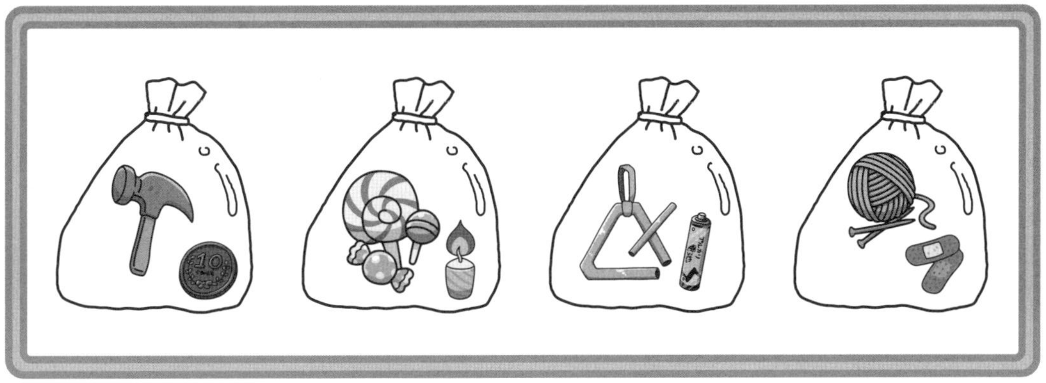

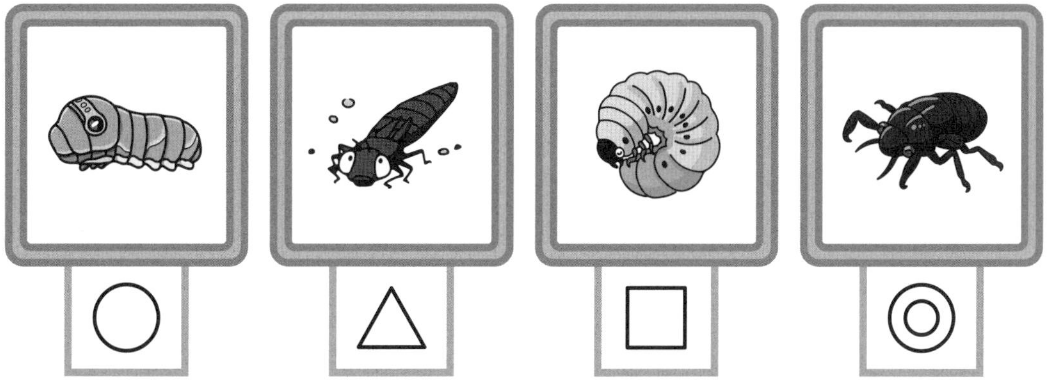

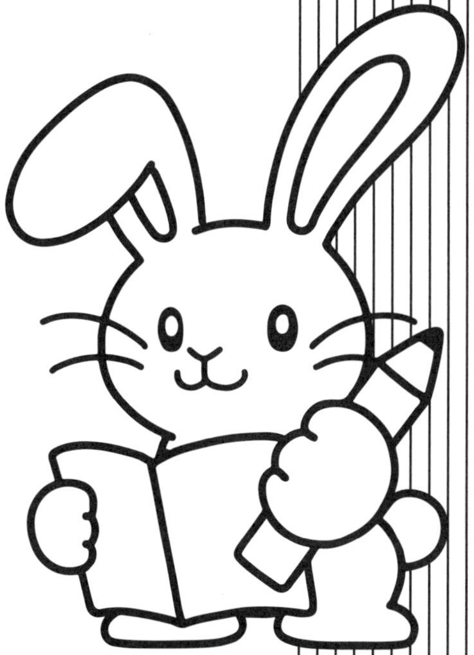

# 付　録

# 強化問題

❶ 解　　答

❷ 第1回～第8回模擬

# 強化問題の解答①

第1回 模擬テスト強化問題① …P.92

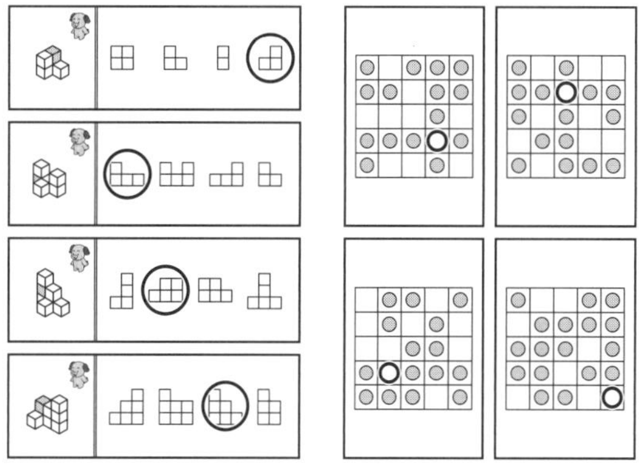

第1回 模擬テスト強化問題② …P.93

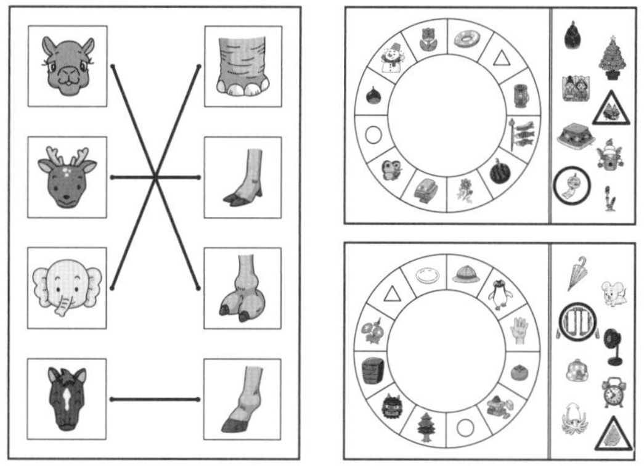

第1回 模擬テスト強化問題③ …P.94

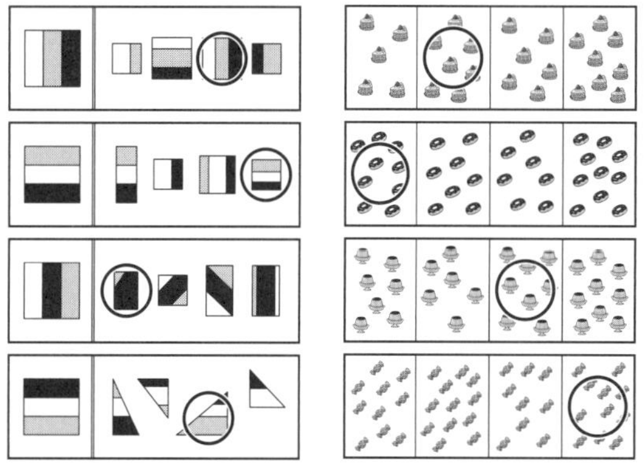

第2回 模擬テスト強化問題① …P.95

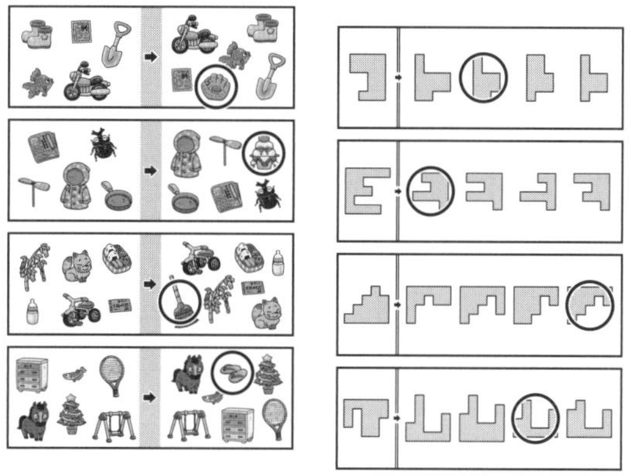

第2回 模擬テスト強化問題② …P.96

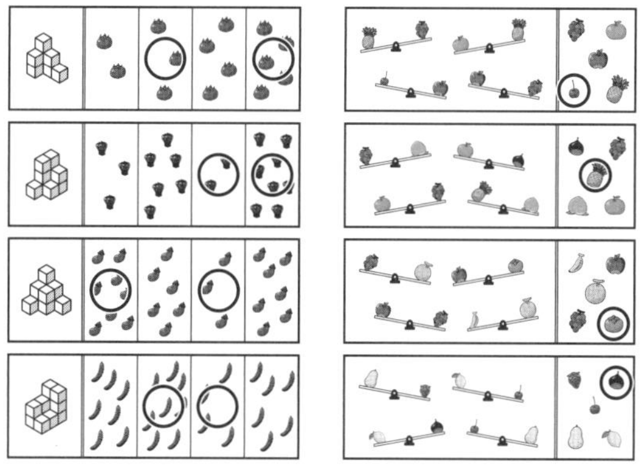

第2回 模擬テスト強化問題③ …P.97

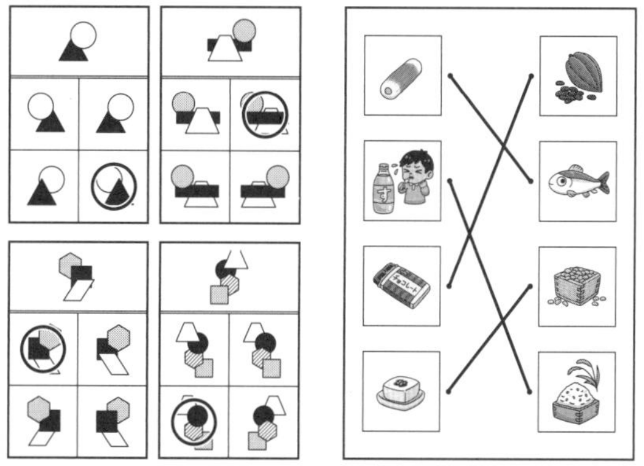

第3回 模擬テスト強化問題① …P.98

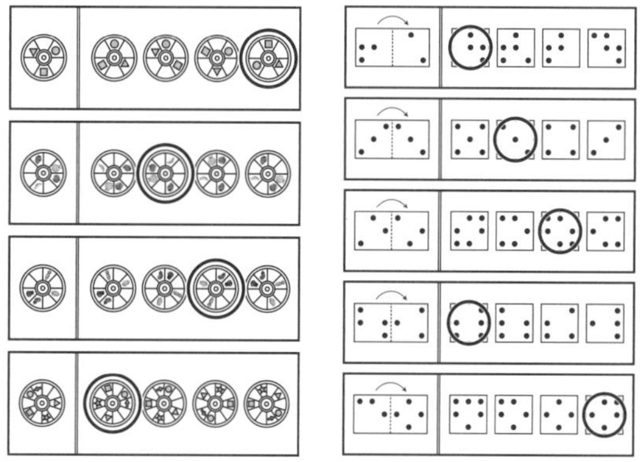

第3回 模擬テスト強化問題② …P.99

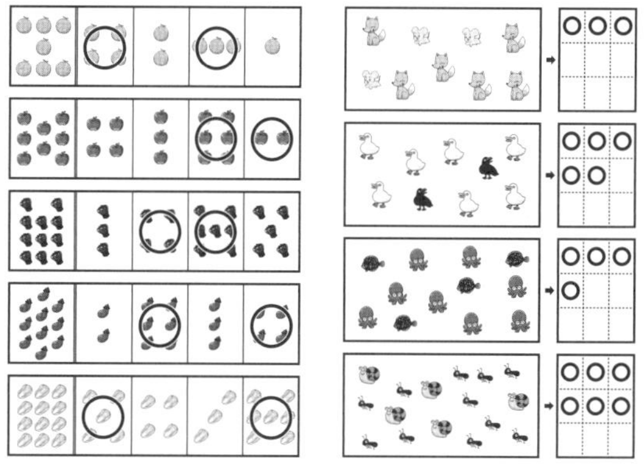

第3回 模擬テスト強化問題③ …P.100

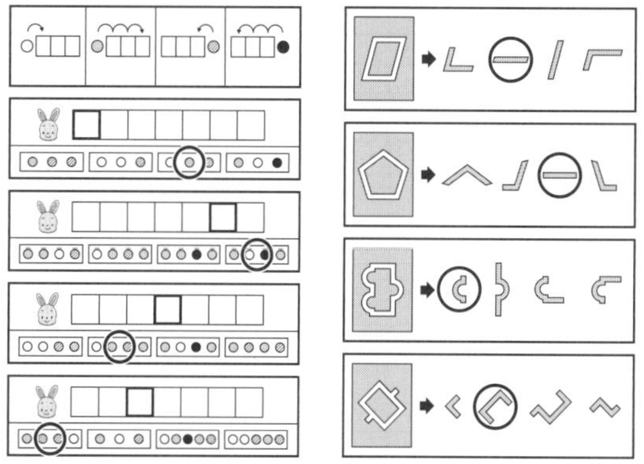

# 強化問題の解答②

## 第4回 模擬テスト強化問題① …P.101

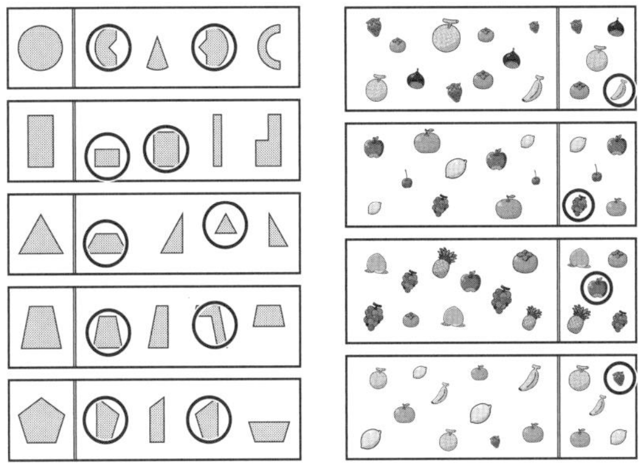

## 第5回 模擬テスト強化問題① …P.104

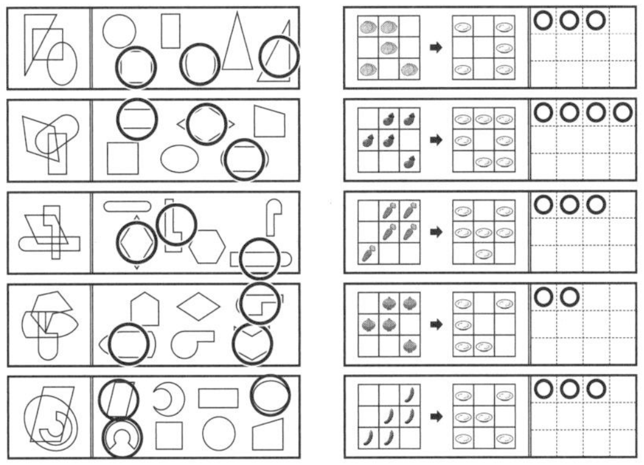

## 第6回 模擬テスト強化問題① …P.107

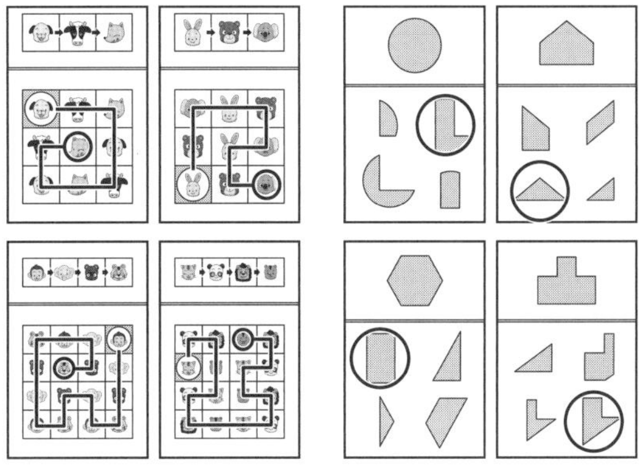

## 第4回 模擬テスト強化問題② …P.102

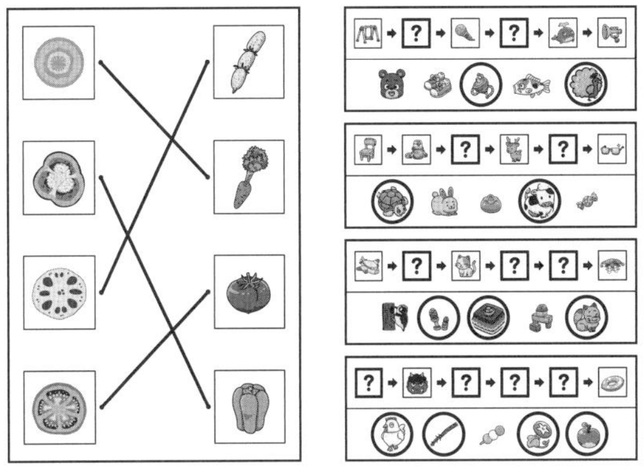

## 第5回 模擬テスト強化問題② …P.105

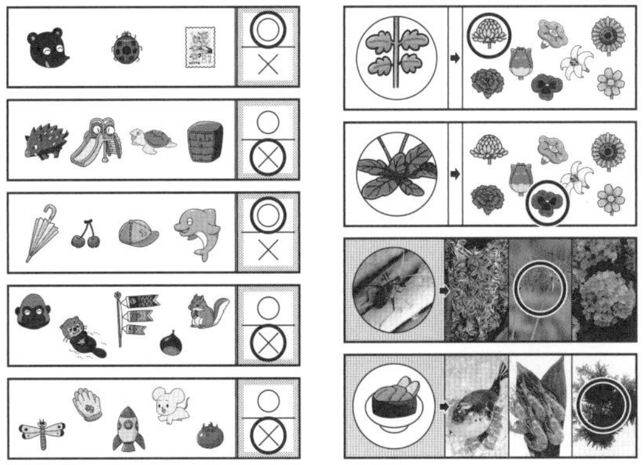

## 第6回 模擬テスト強化問題② …P.108

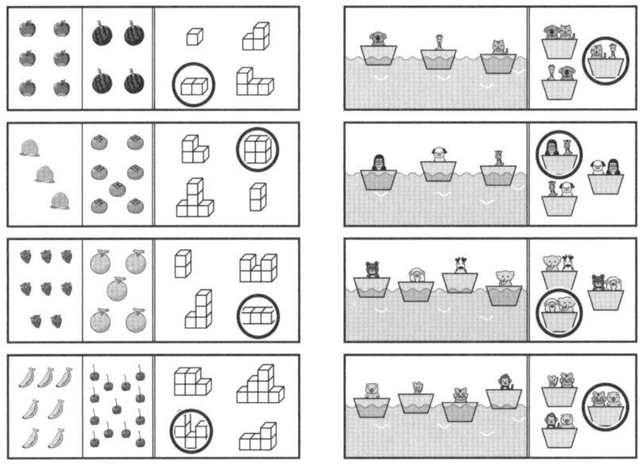

## 第4回 模擬テスト強化問題③ …P.103

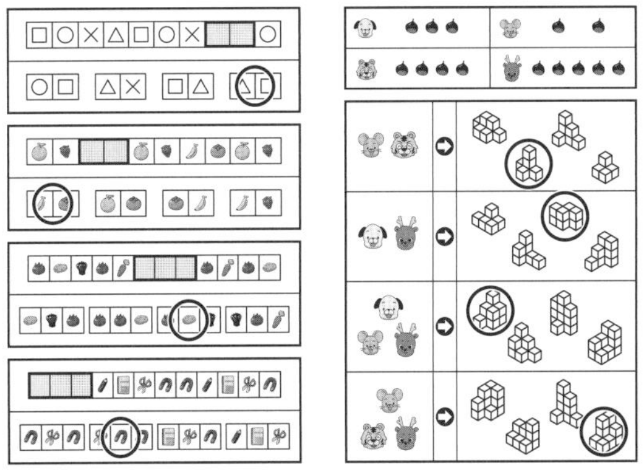

## 第5回 模擬テスト強化問題③ …P.106

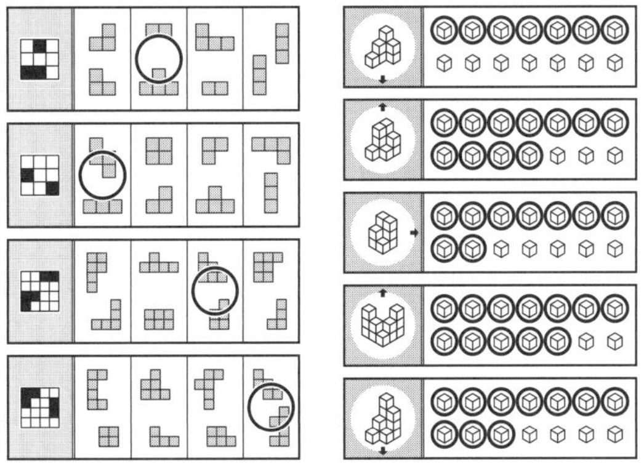

## 第6回 模擬テスト強化問題③ …P.109

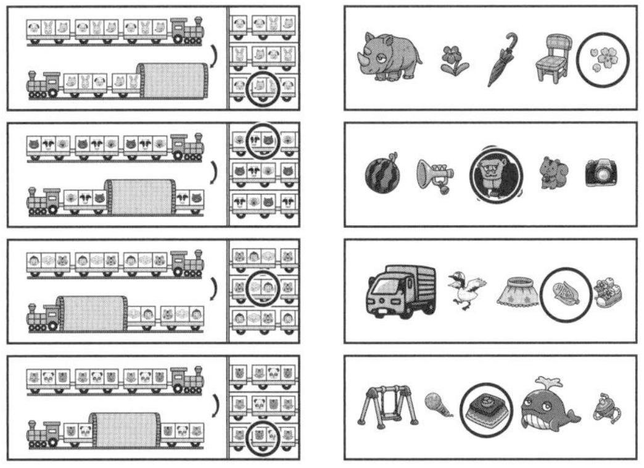

# 強化問題の解答③

## 第7回 模擬テスト強化問題① …P.110

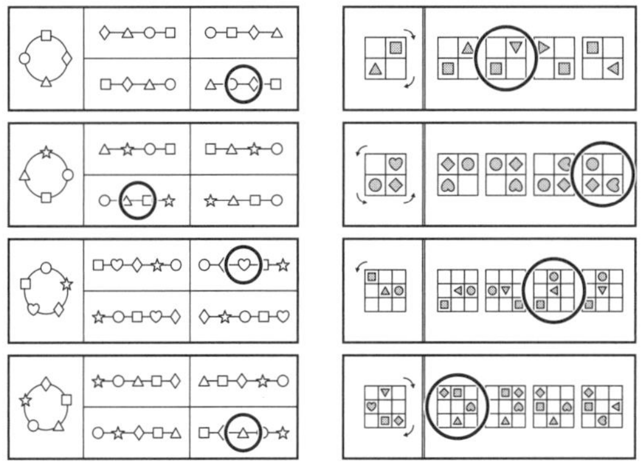

## 第7回 模擬テスト強化問題② …P.111

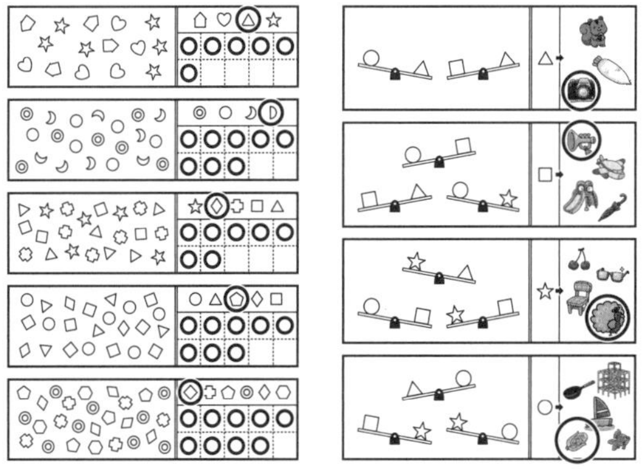

## 第7回 模擬テスト強化問題③ …P.112

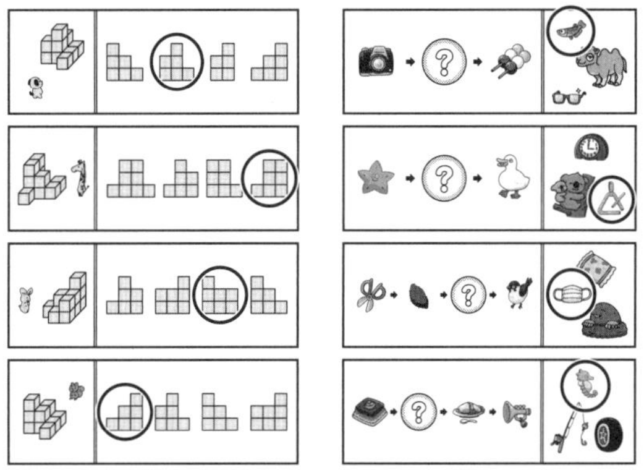

## 第8回 模擬テスト強化問題① …P.113

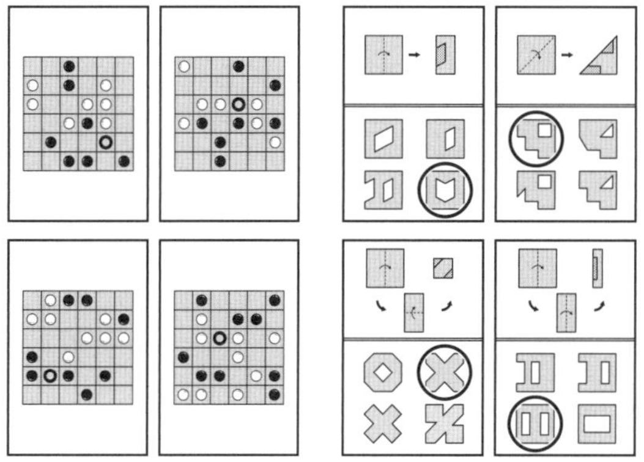

## 第8回 模擬テスト強化問題② …P.114

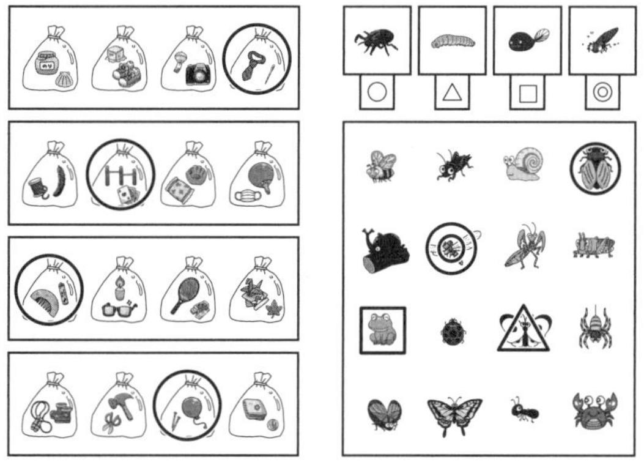

## 第8回 模擬テスト強化問題③ …P.115

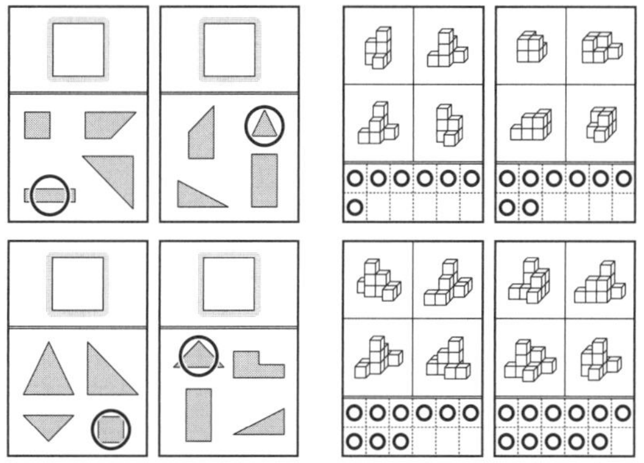

# 第1回　模擬テスト強化問題①

推理・思考

●黒い積み木（1つ）を取った後、うしろにいるイヌから積み木を見るとどのように見えますか。

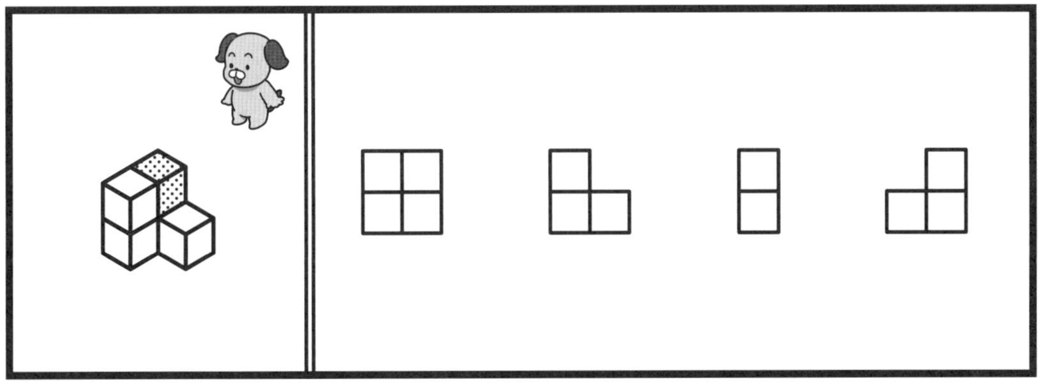

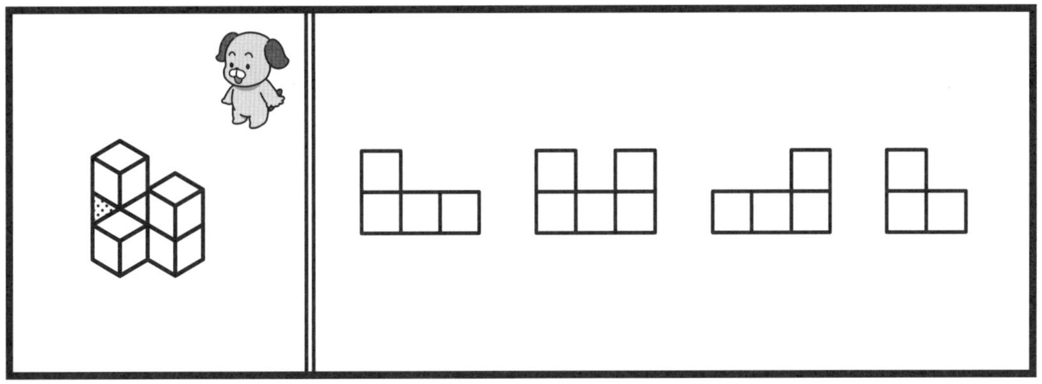

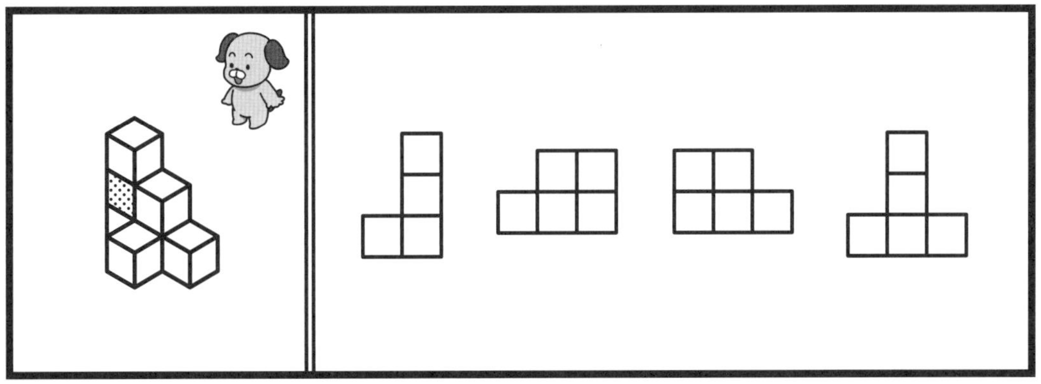

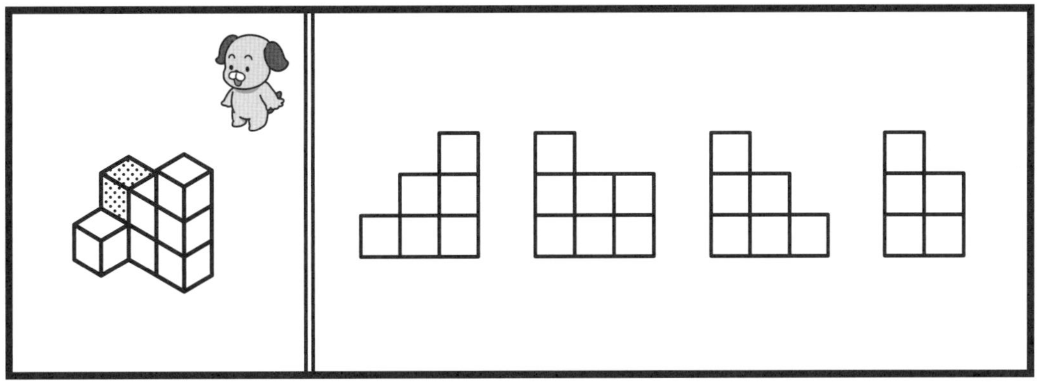

推理・思考

●黒い○を1列（5つ）に並べます。では、あと1つ置くと2列同時に5つ並ぶところを見つけて○をかきましょう。（縦、横だけでなく、斜めも含めます。）

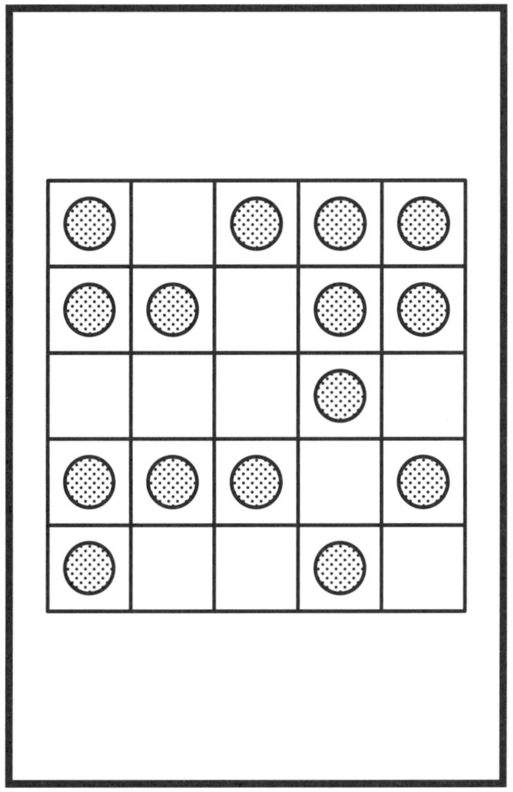

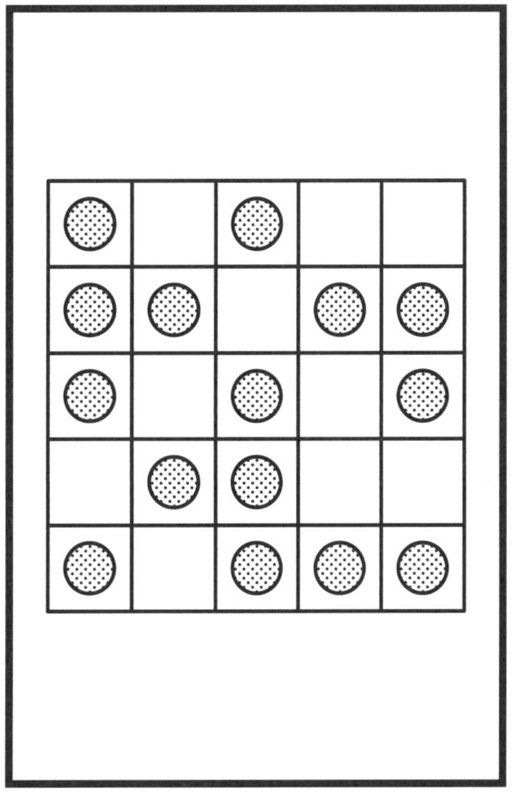

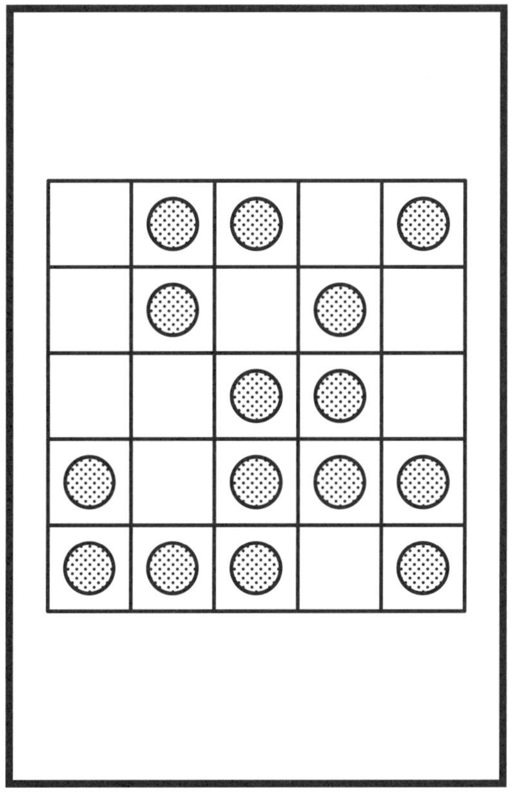

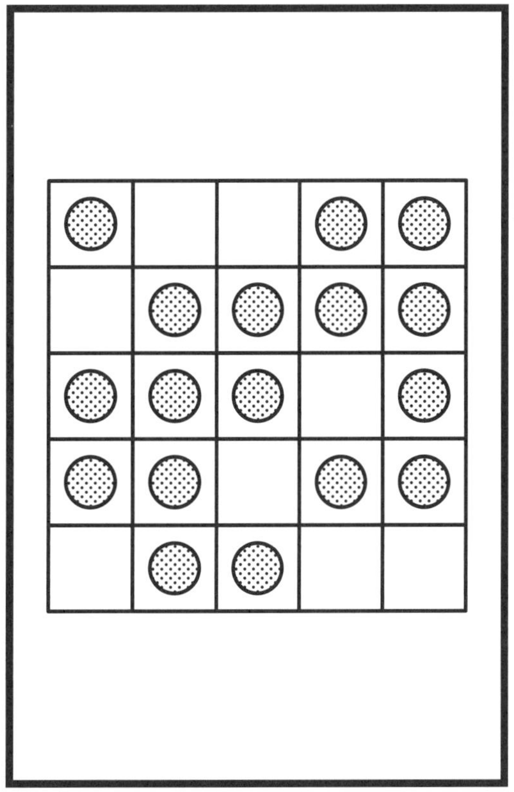

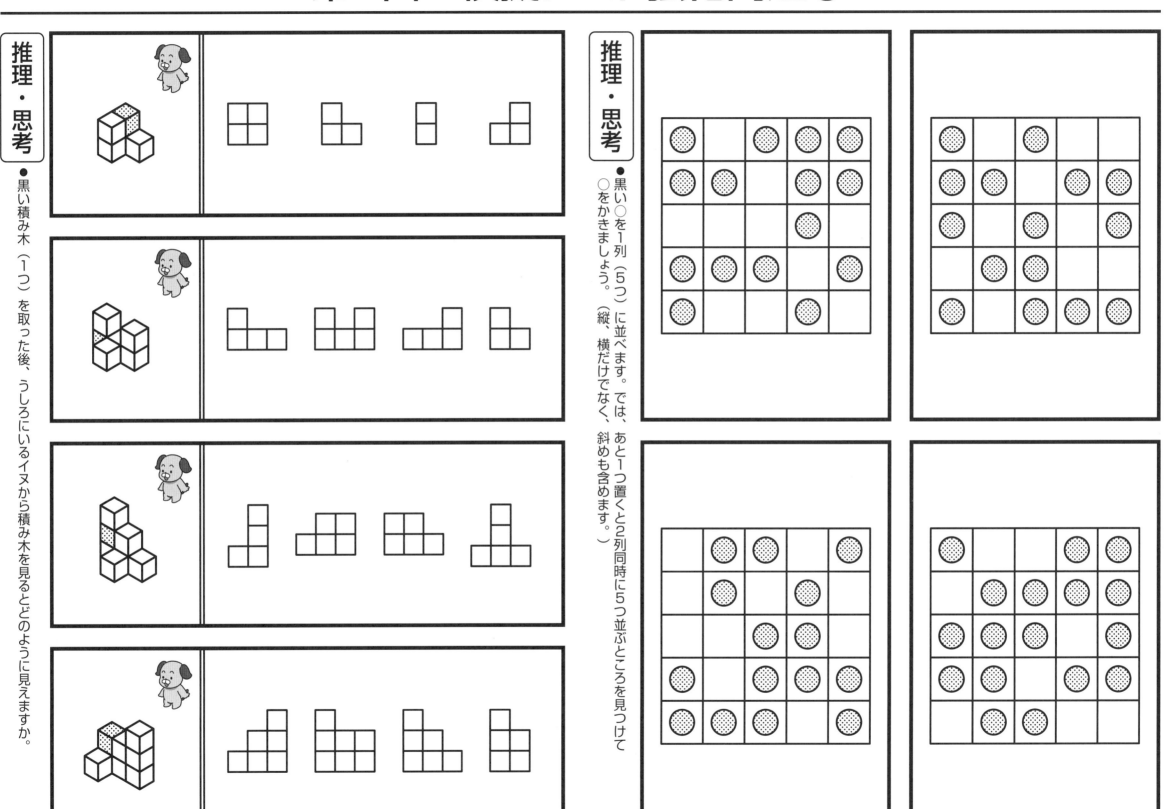

# 第1回　模擬テスト強化問題②

知識・常識

●左の動物のあしを右から見つけて線でつなぎましょう。

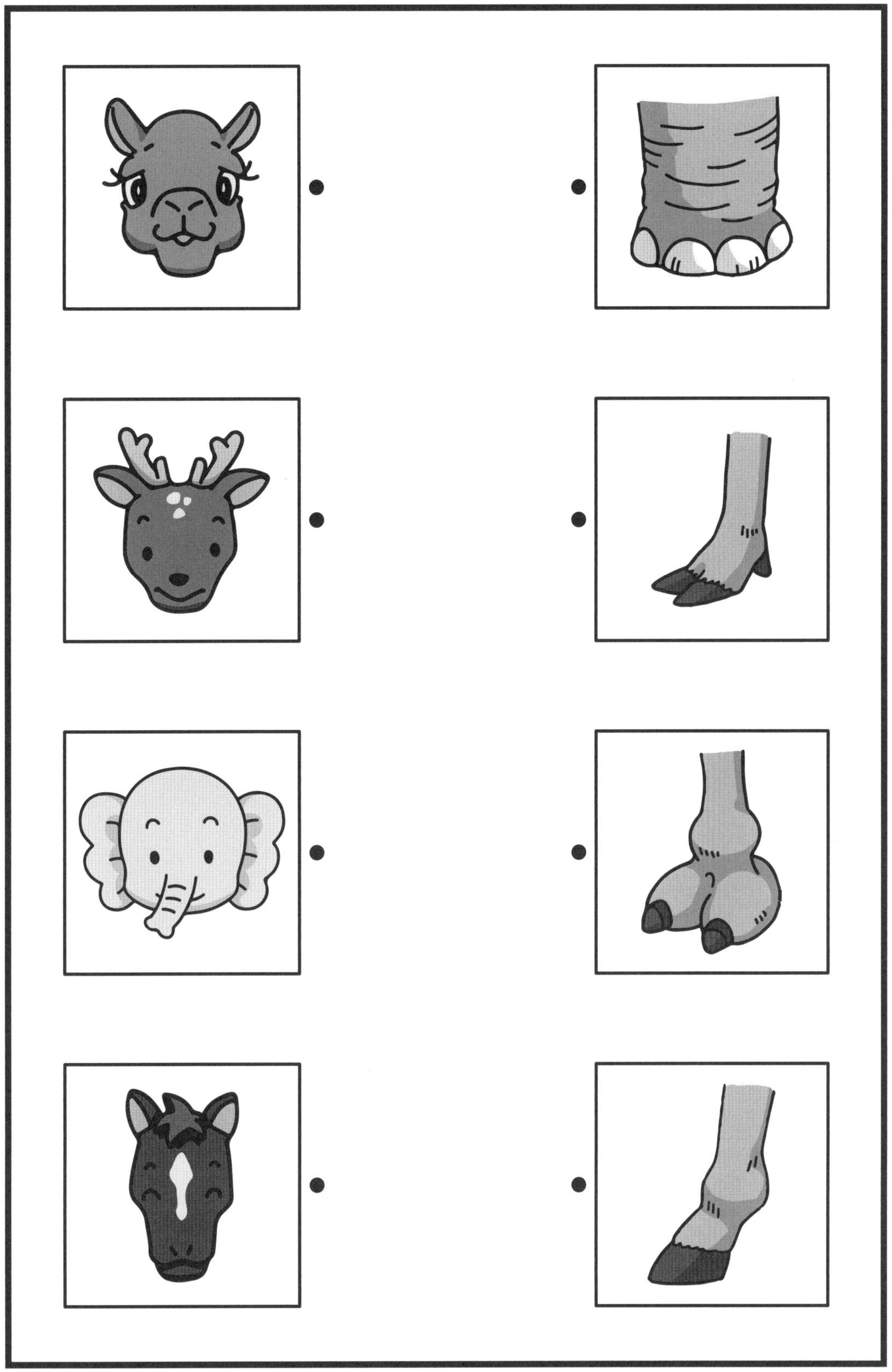

知識・常識

●並び方のお約束を考えて、抜けている所に入る絵を見つけて、その印をつけましょう。

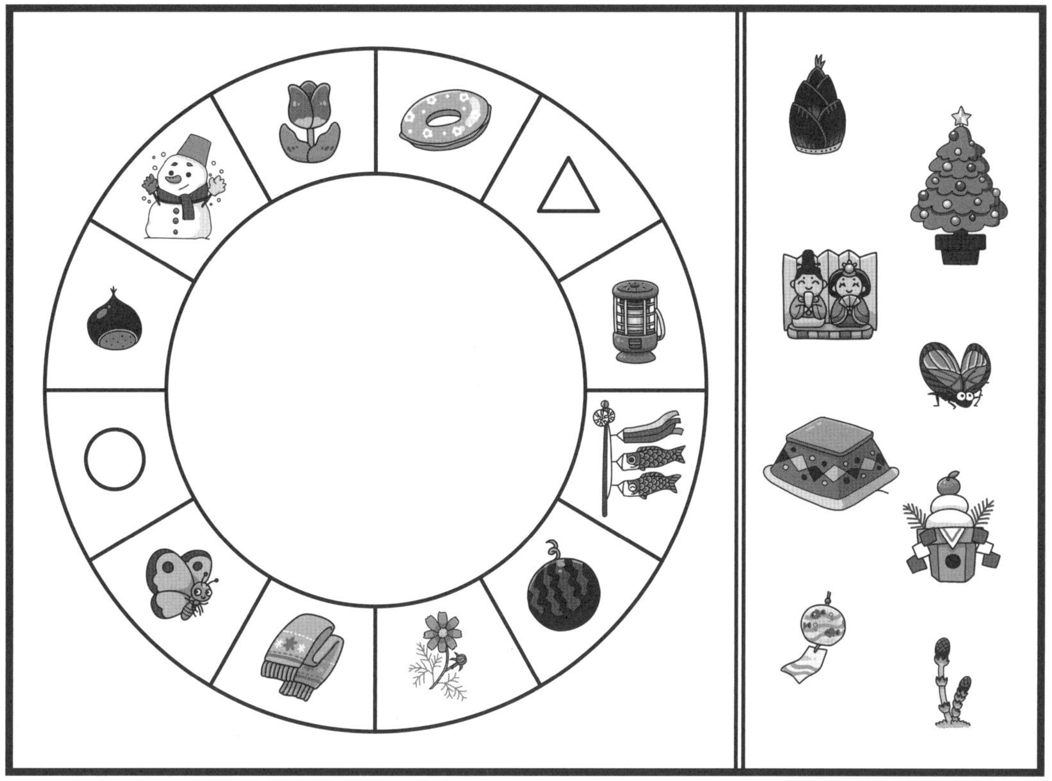

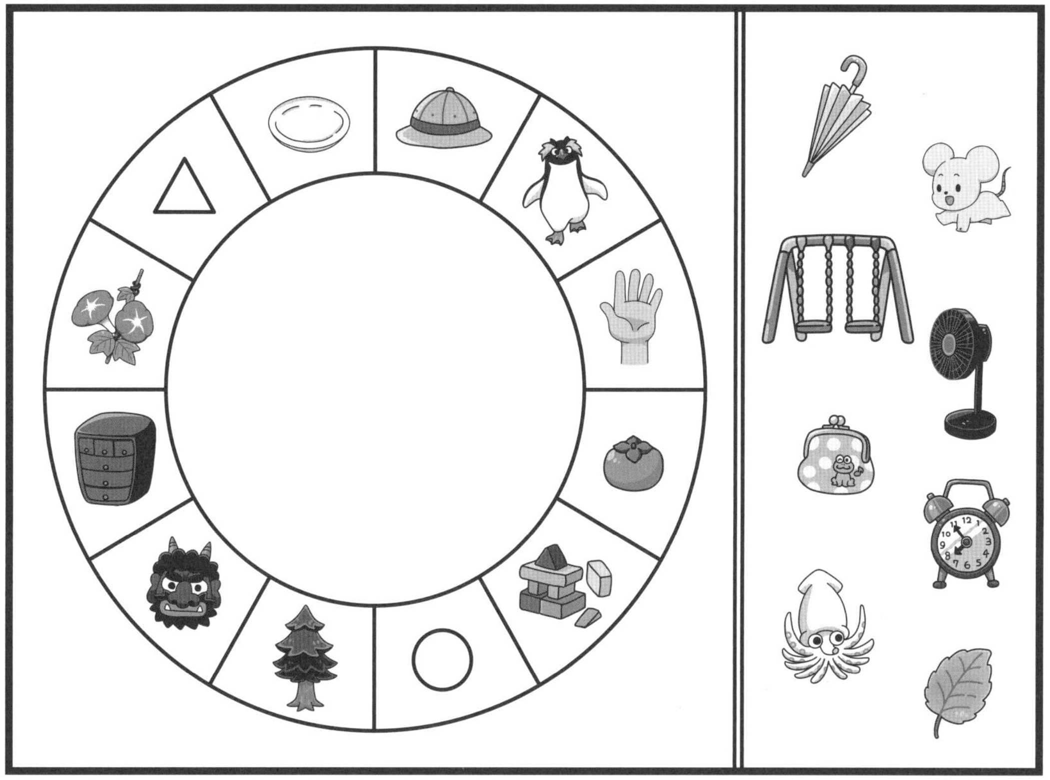

# 第1回　模擬テスト強化問題③

**図形・注意力**

●左の模様を切り取ります。どのように切ってもできないものを右から1つ見つけて○をつけましょう。

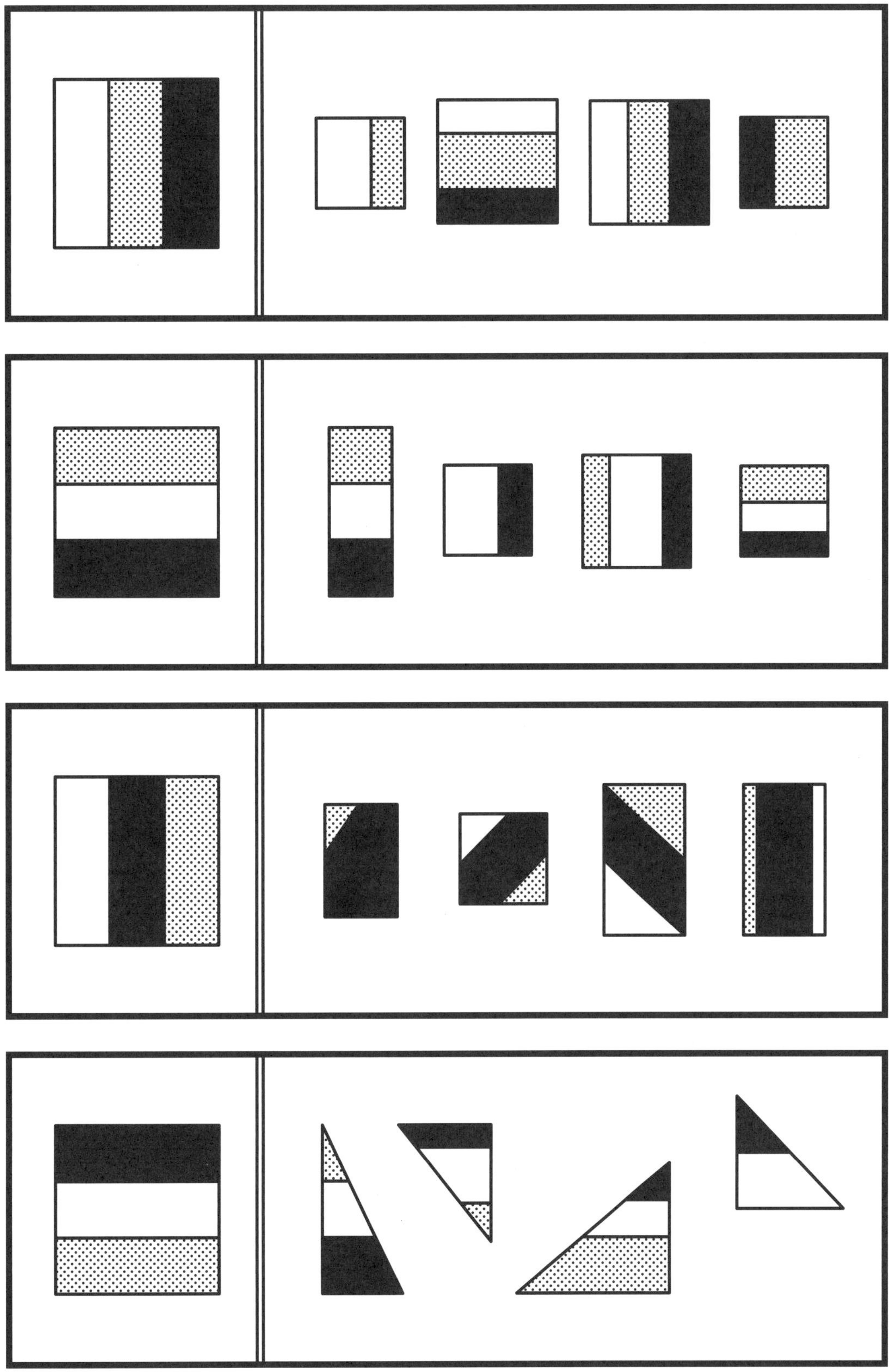

**比較・数量**

●絵の数が二番目に多いところを見つけて○をつけましょう。

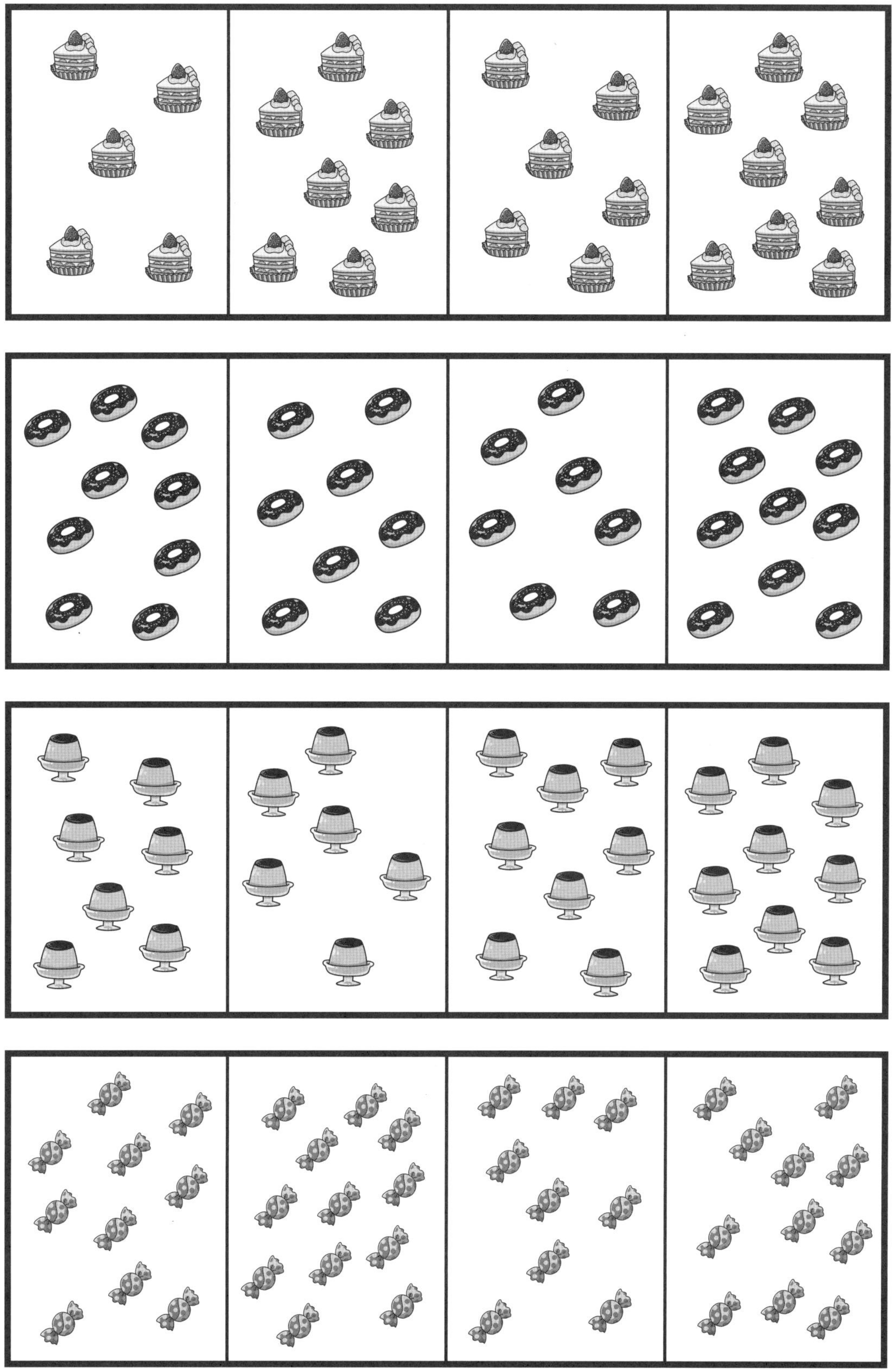

# 第2回　模擬テスト強化問題①

図形・注意力

●左の絵が右のようになりました。増えた絵を右から見つけて○をつけましょう。

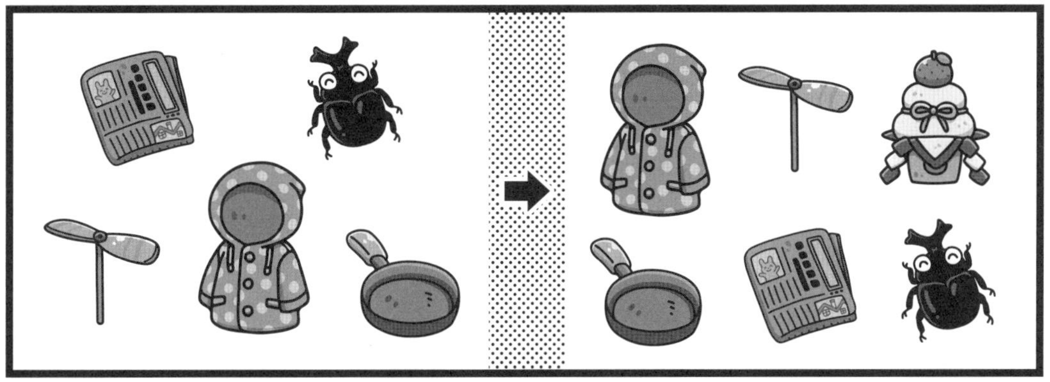

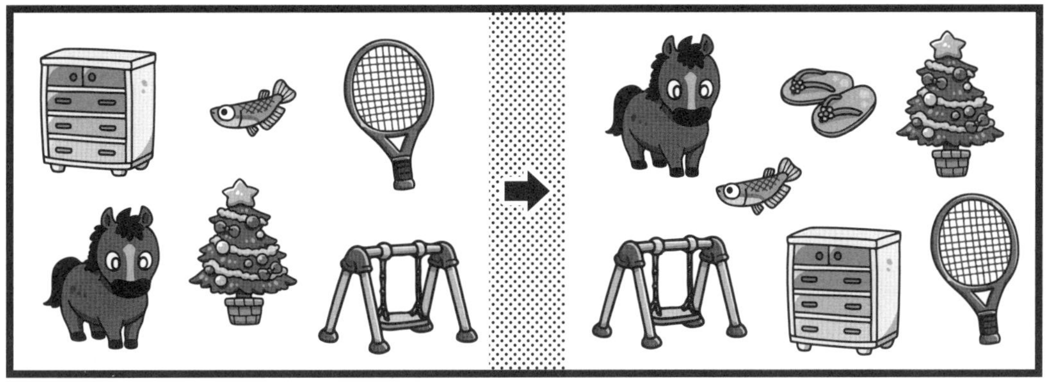

図形・注意力

●ぴったり合わせて真四角を作るには、左はしの形に右のどの形を合わせればよいでしょうか。見つけて○をつけましょう。

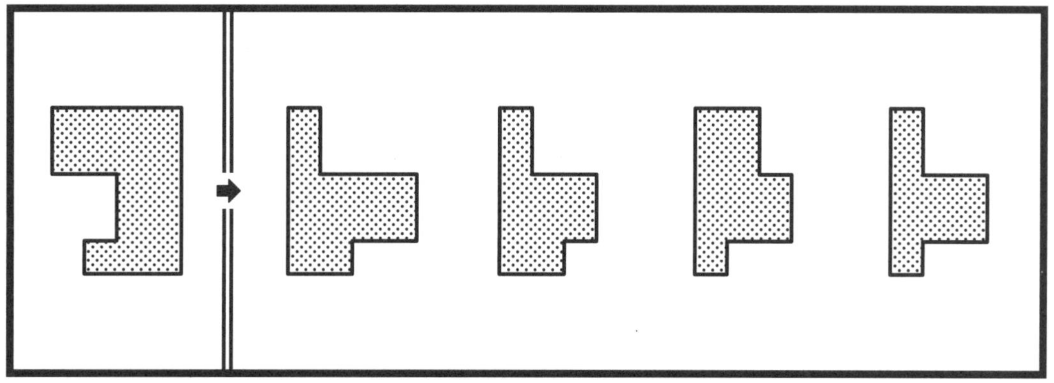

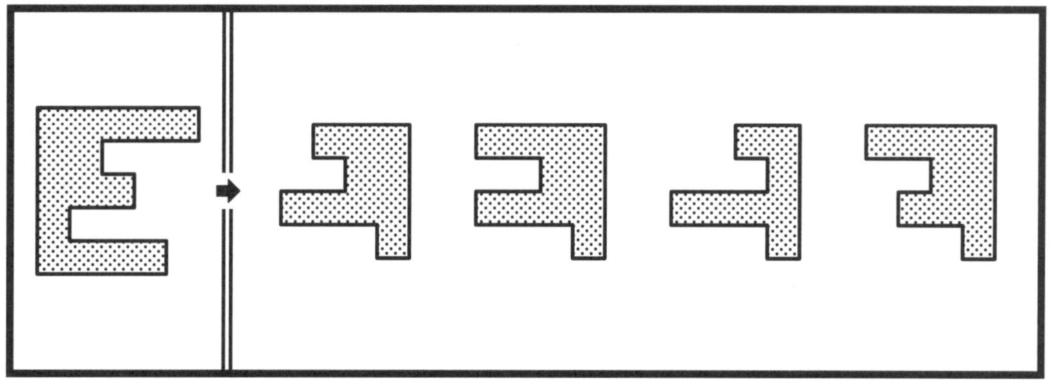

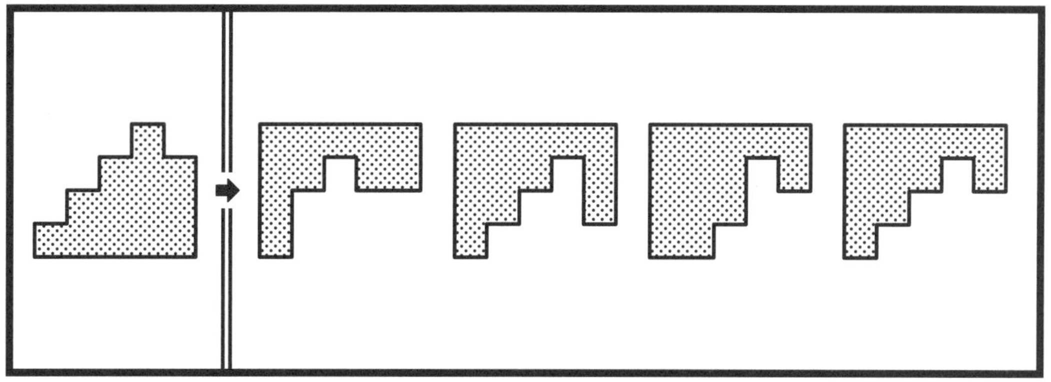

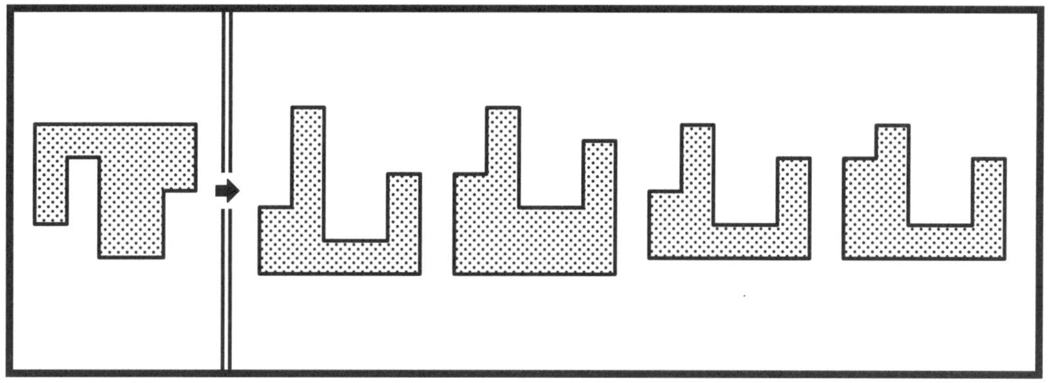

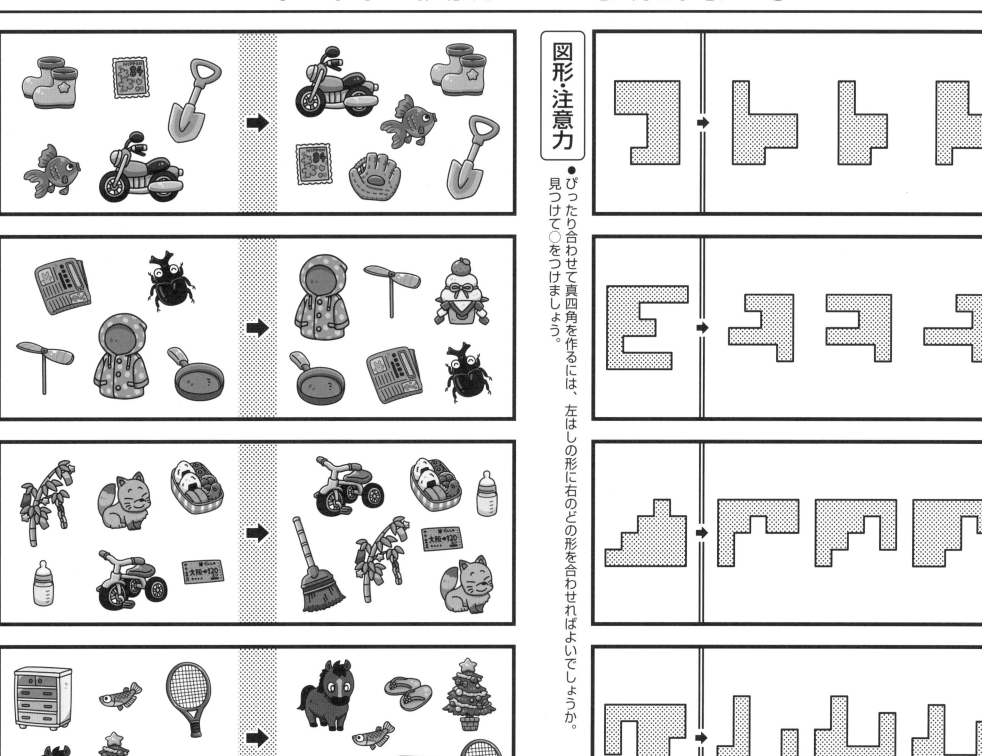

# 第2回　模擬テスト強化問題②

## 比較・数量

●お手本の積み木の数と同じ数にするには、右のどの2つの絵の数を合わせるとよいでしょうか。見つけて○をつけましょう。

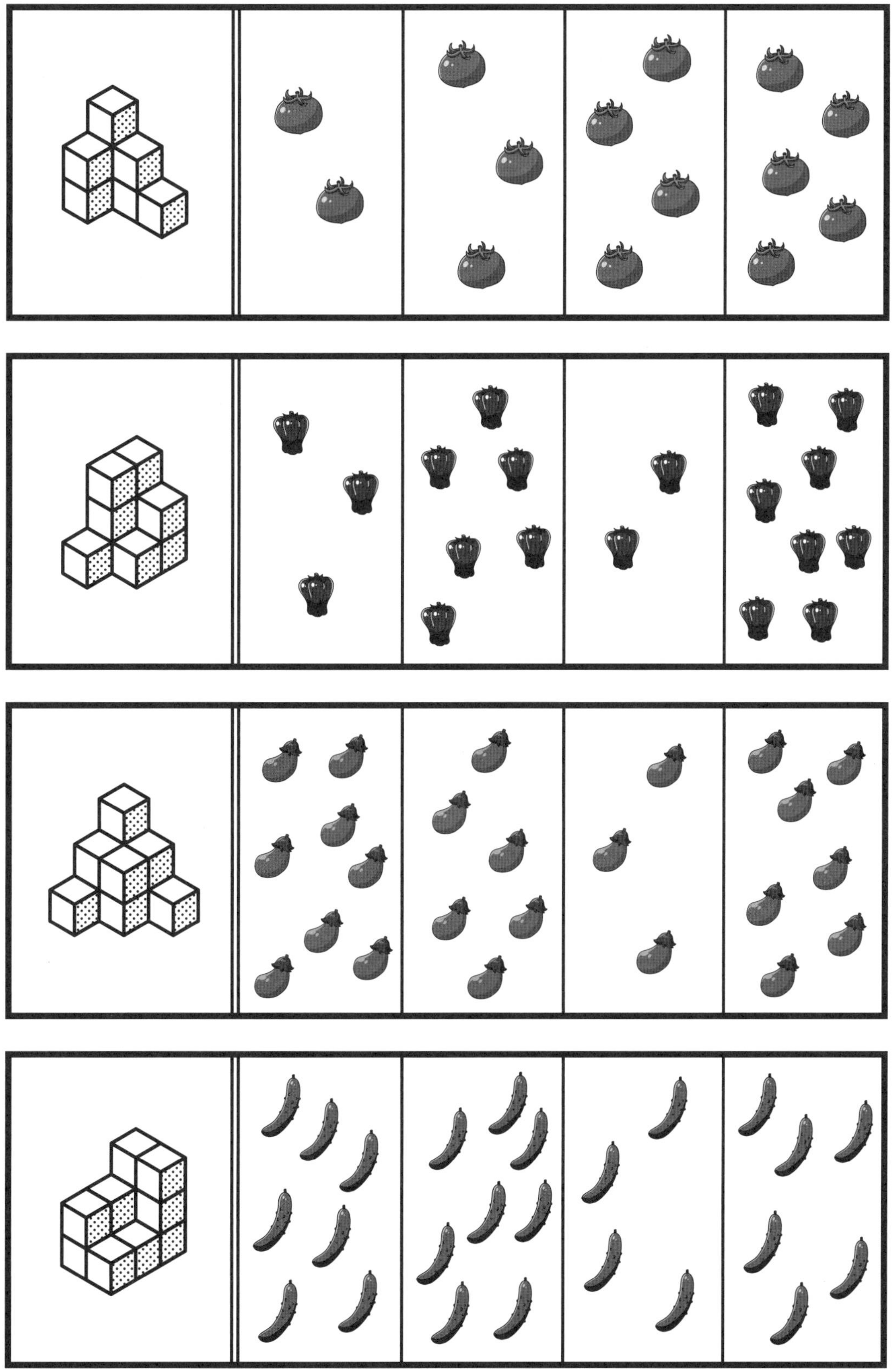

## 比較・数量

●シーソーの絵をよく見て、いちばん軽いものに○をつけましょう。

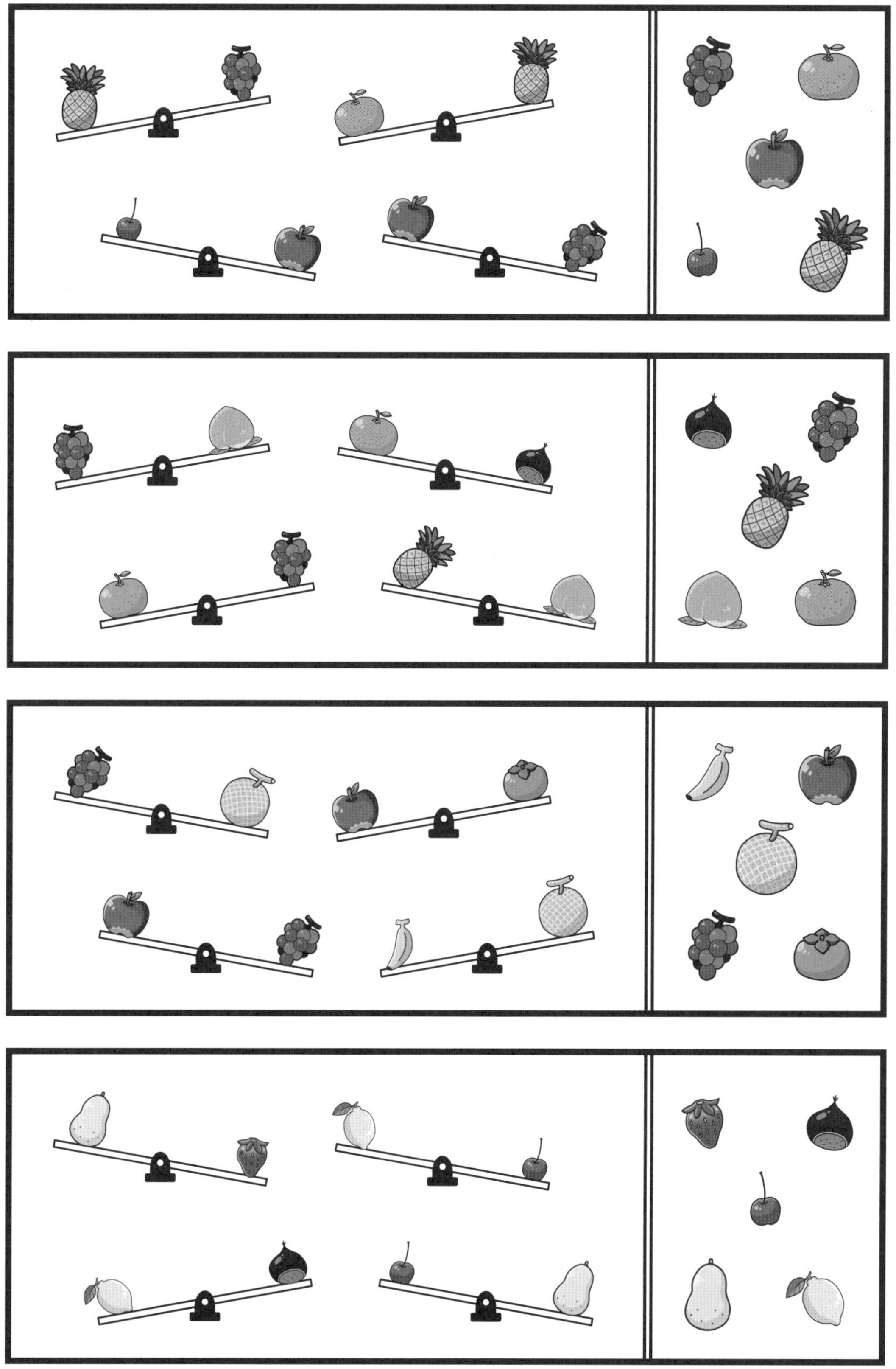

# 第2回　模擬テスト強化問題③

**推理・思考**

●左はしの形は、表と裏が同じ色の紙で作ってあります。この形を裏から見たらどのように見えるでしょうか。右から1つ見つけて○をつけましょう。

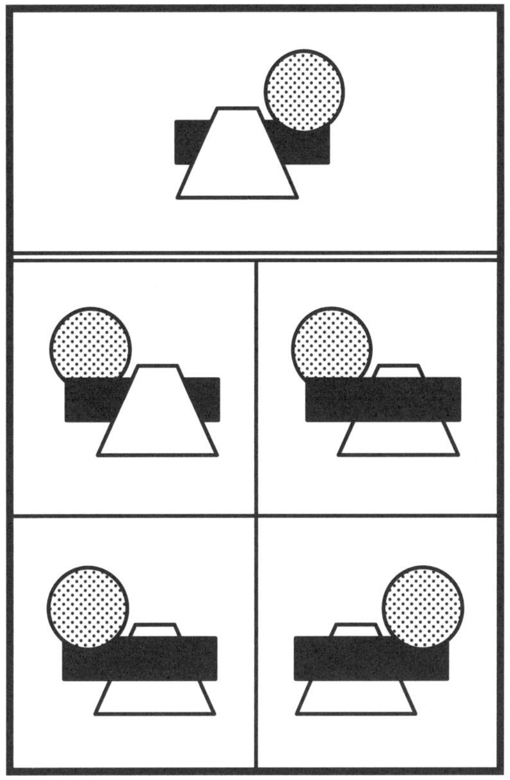

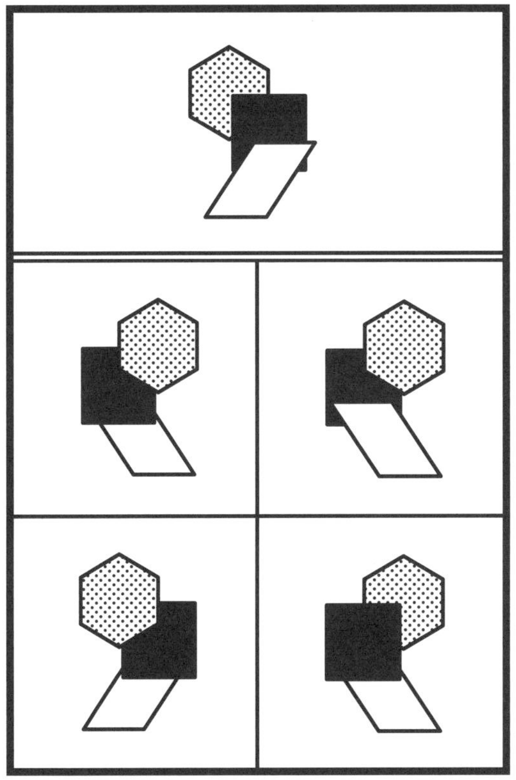

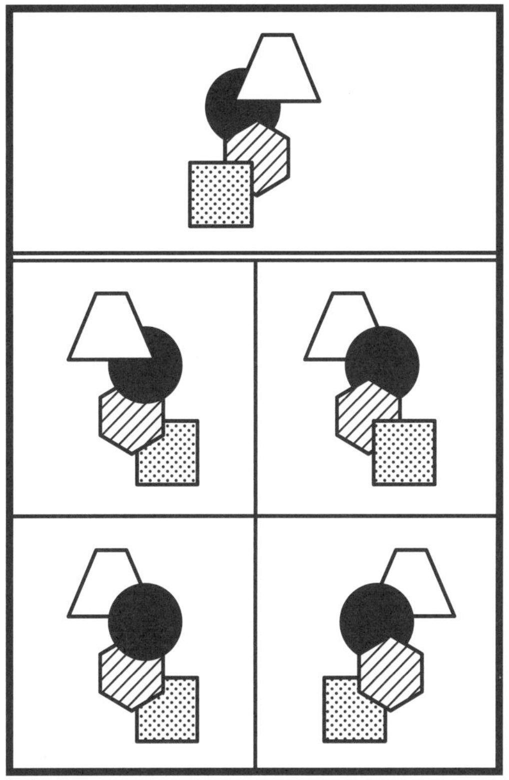

**知識・常識**

●左の絵は右の絵のどれから作られているか、選んで線でつなぎましょう。

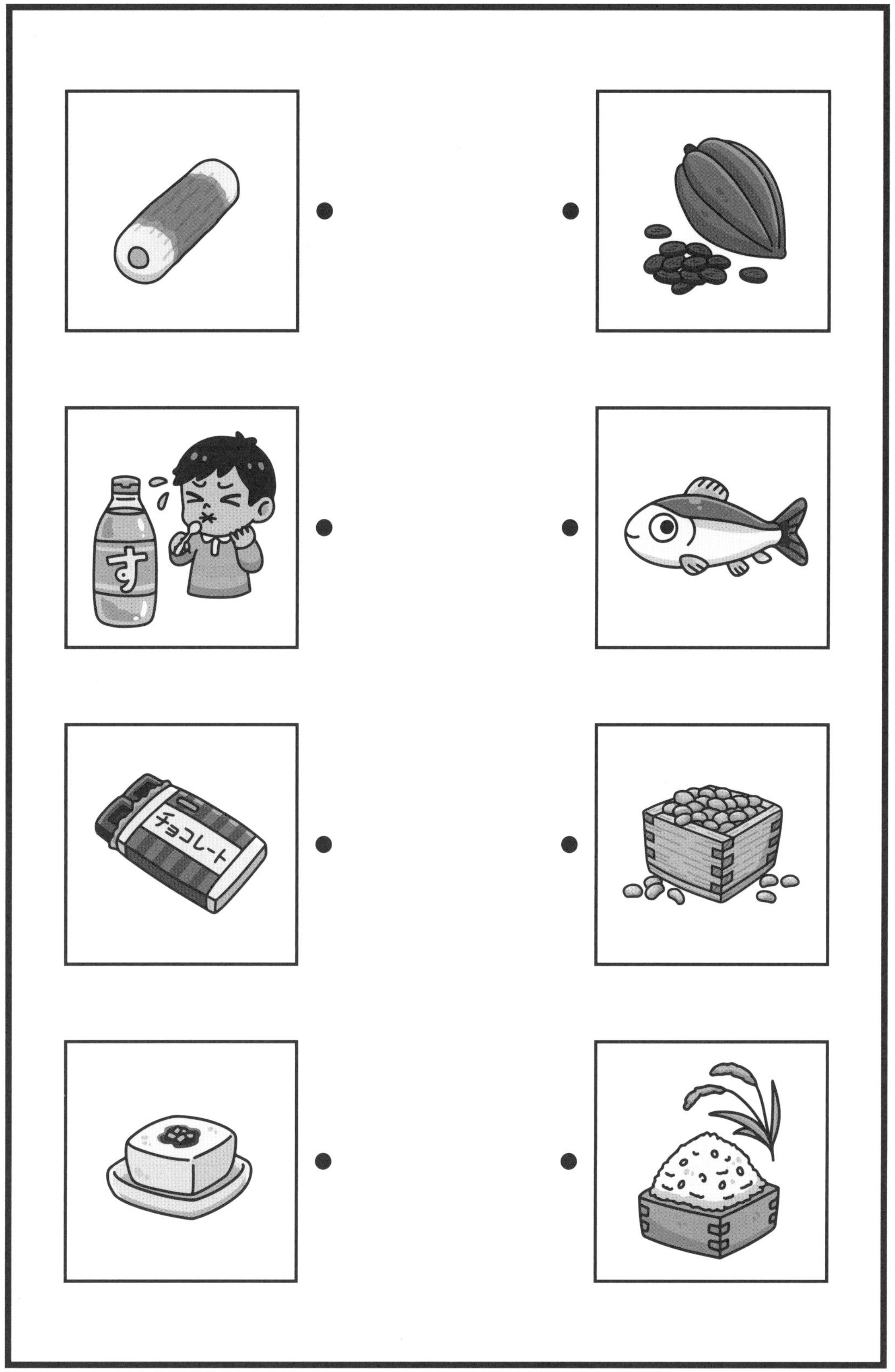

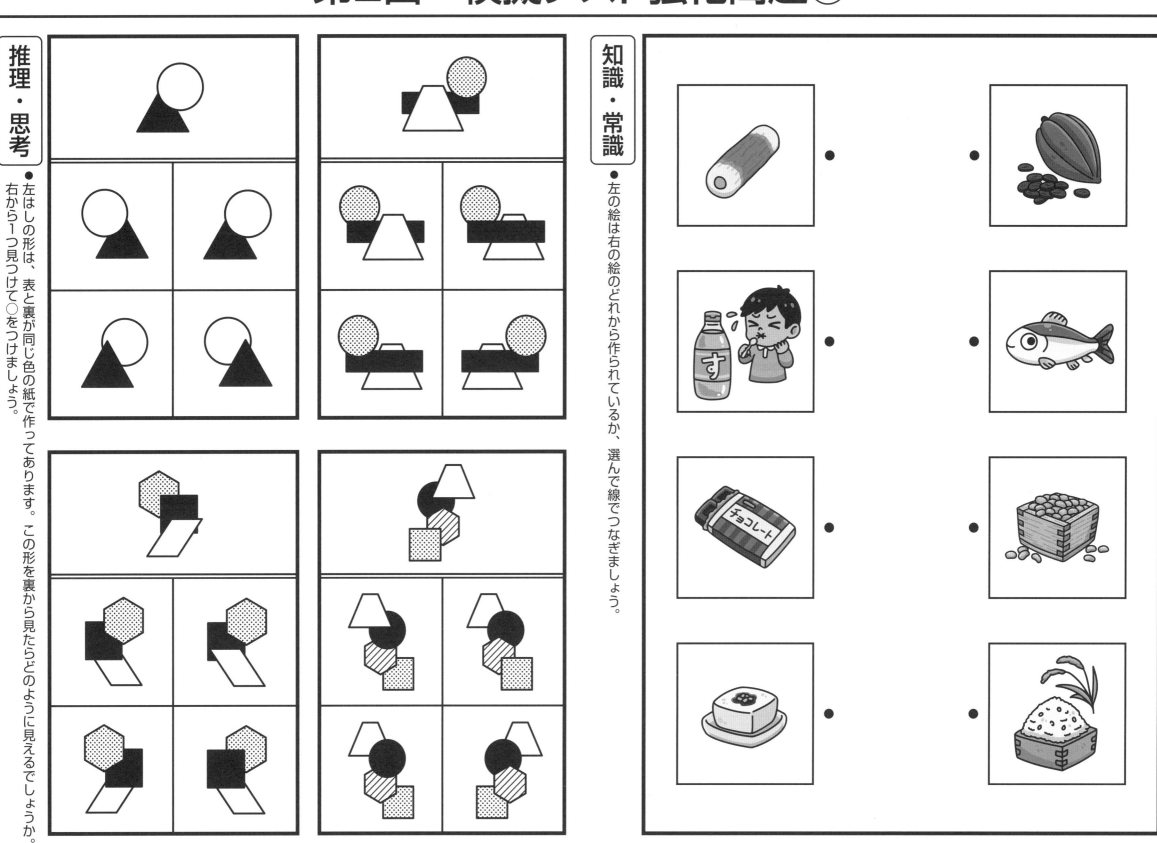

# 第3回　模擬テスト強化問題①

## 推理・思考

●左のお手本が回転したものを右から見つけて○をつけましょう。

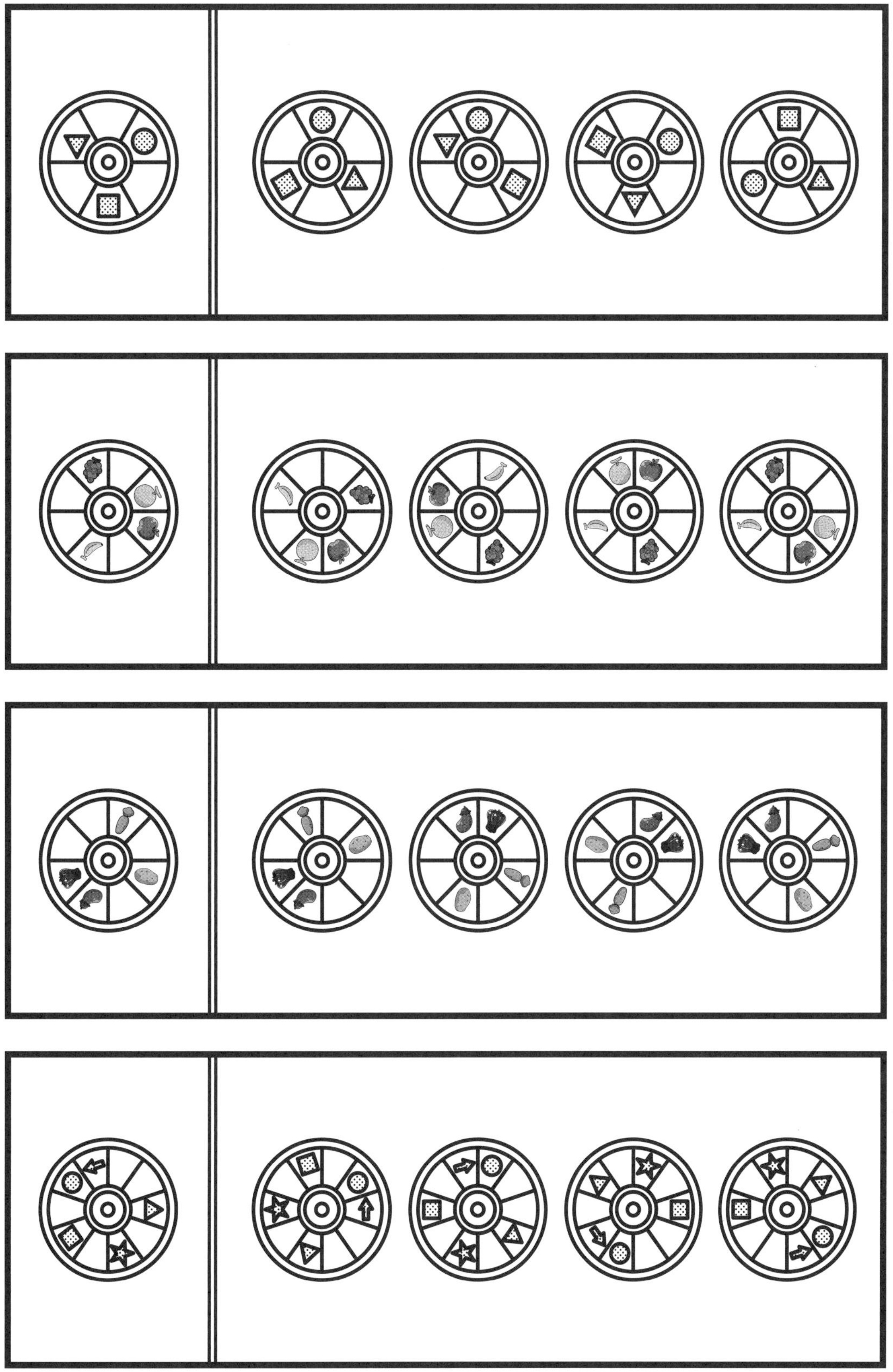

## 推理・思考

●左の透き通った紙を点線のところで矢印の向きに折って重ねると、右のどれになるでしょうか。見つけて○をつけましょう。

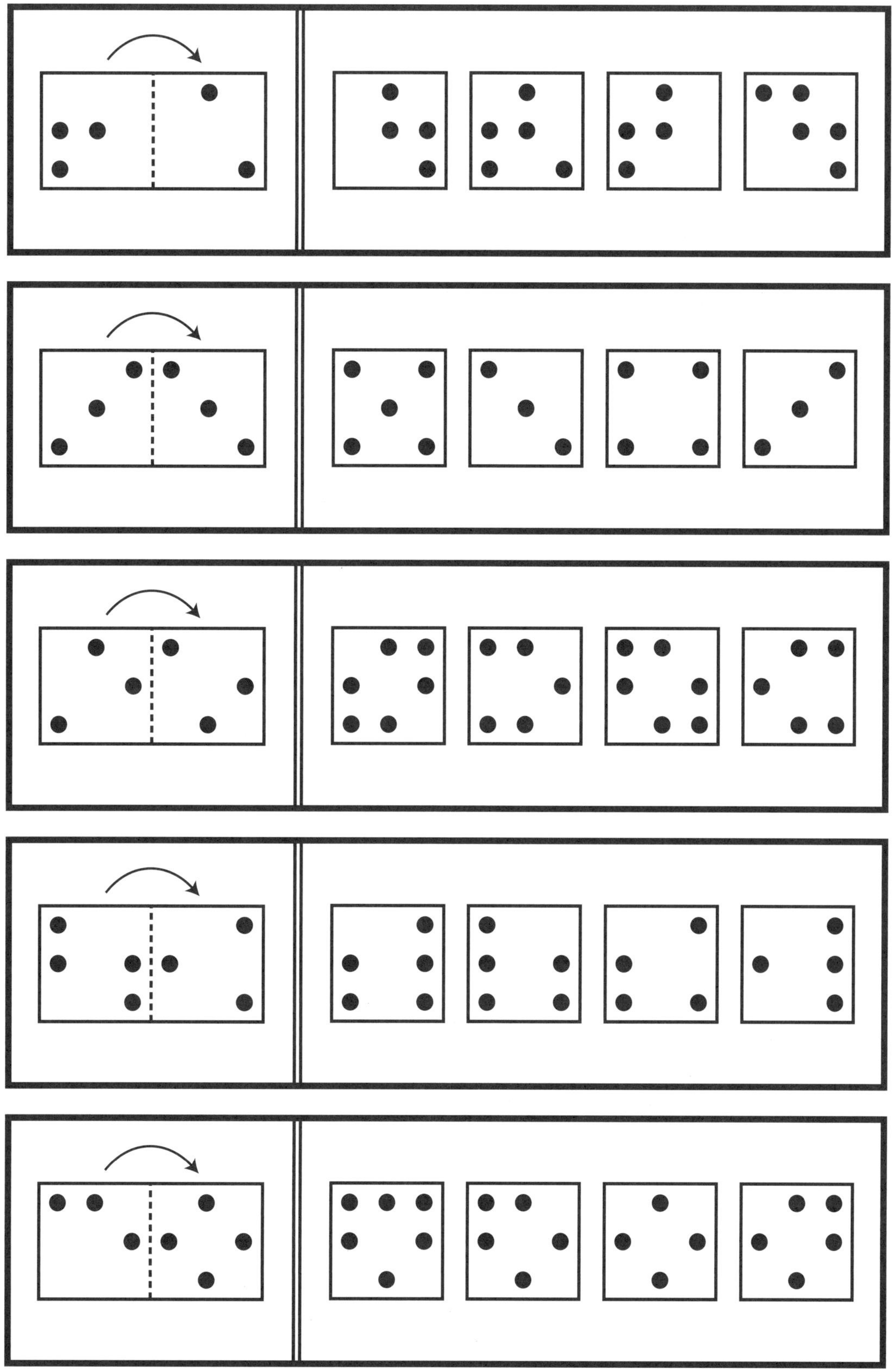

# 第3回　模擬テスト強化問題②

比較・数量

●左のお手本と同じ数にするには、右のどの2つを合わせるとよいでしょうか。見つけて○をつけましょう。

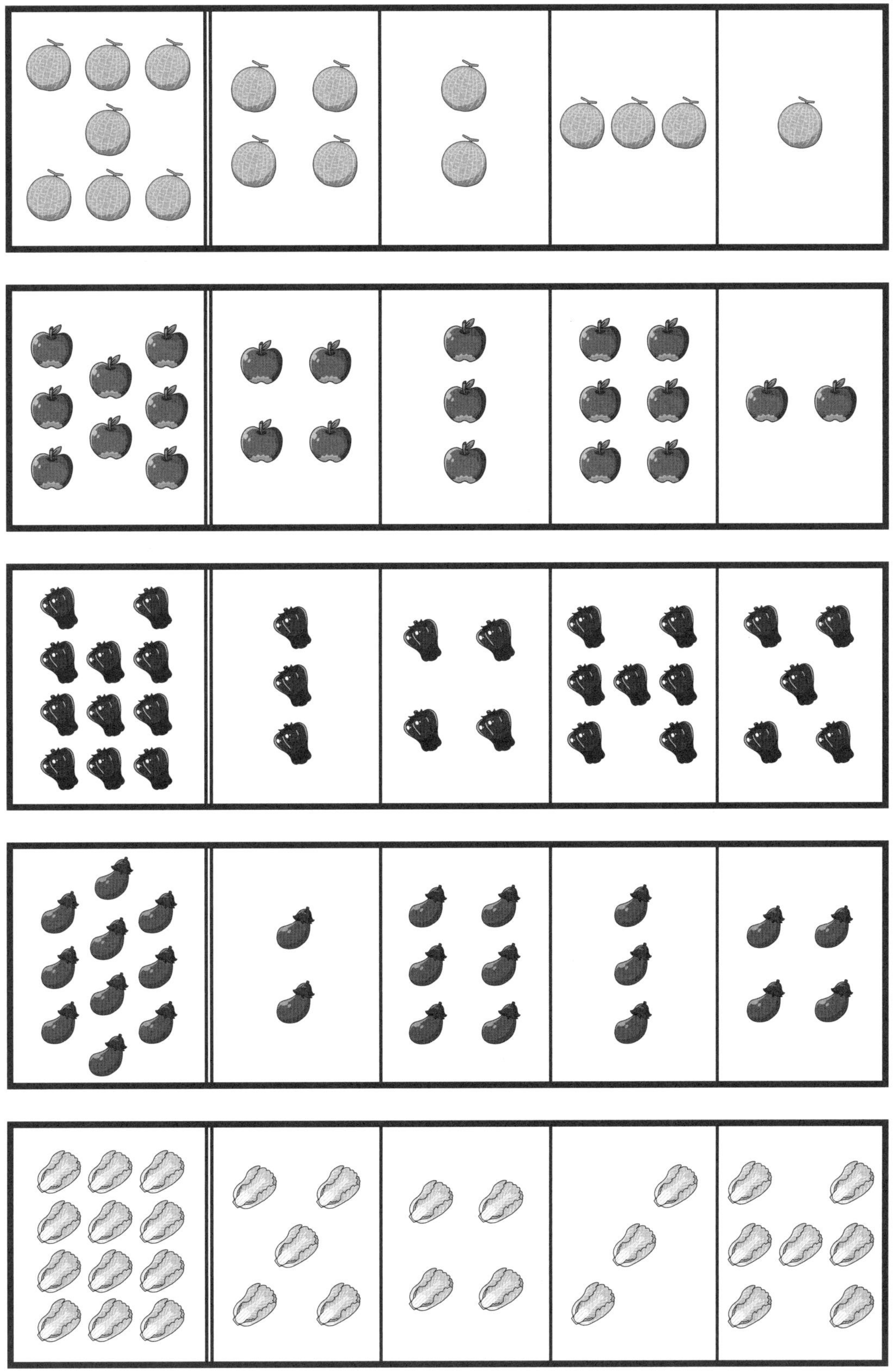

比較・数量

●2つの絵の数を同じ数にしたいと思います。足りない数だけ右の箱に○をかきましょう。

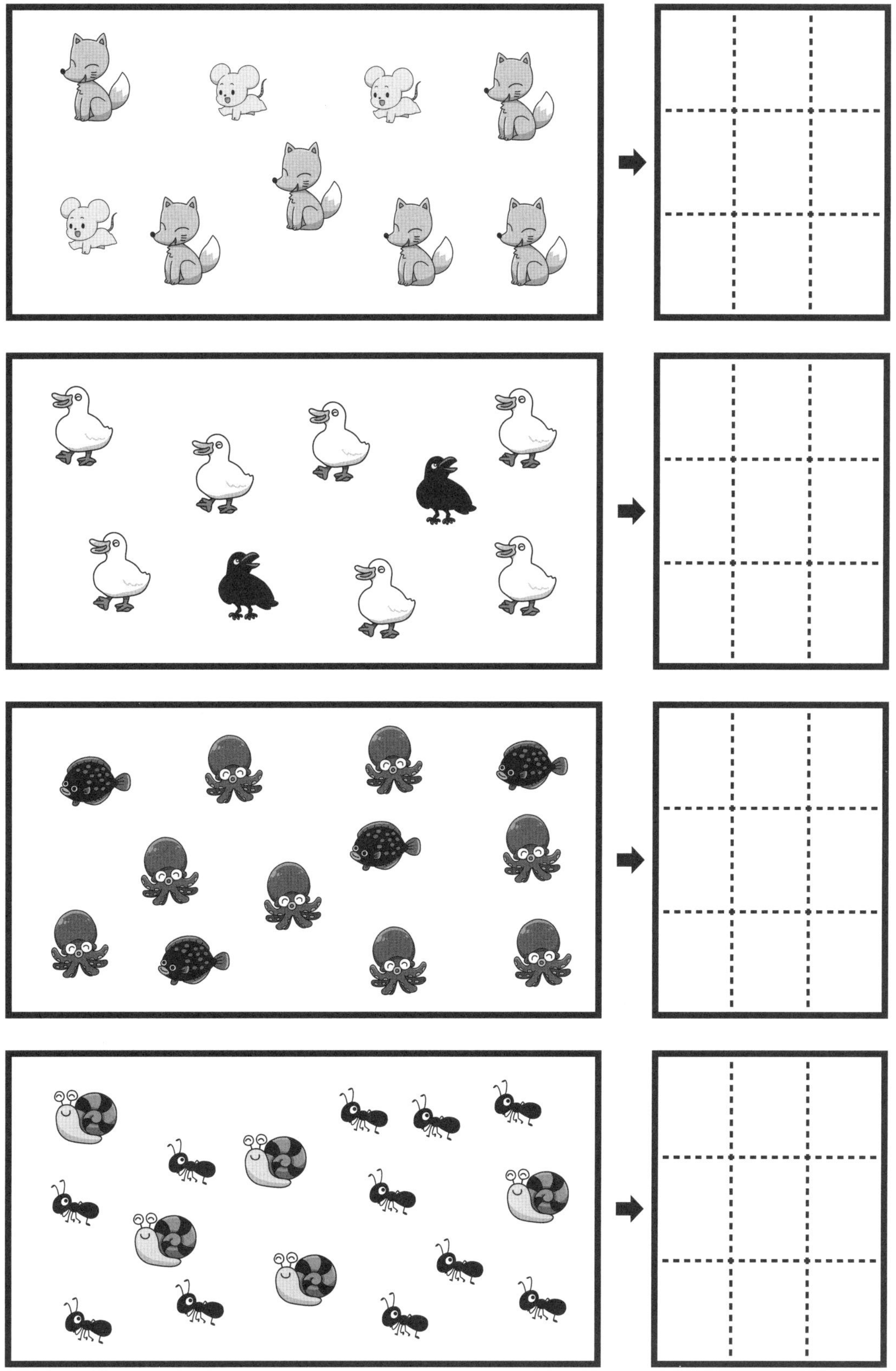

# 第3回　模擬テスト強化問題③

## 図形・注意力

●上のお約束通りにウサギさんが進んだとき、太い枠の箱にぴったりとまることができないものを下から見つけて○をつけましょう。

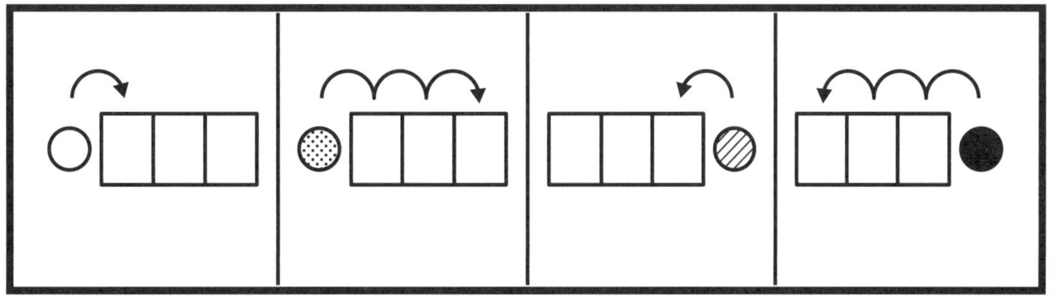

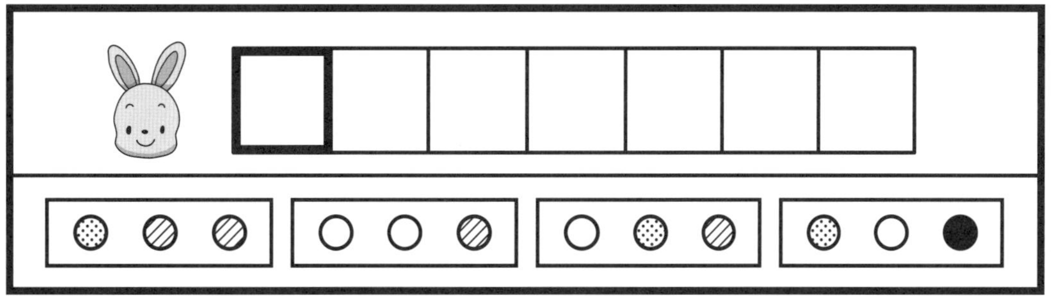

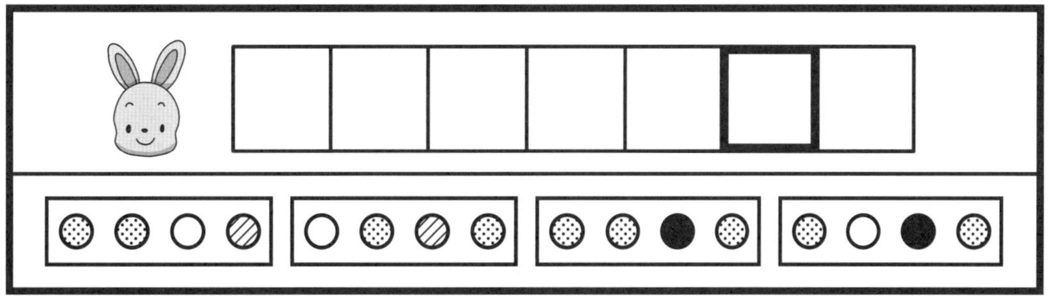

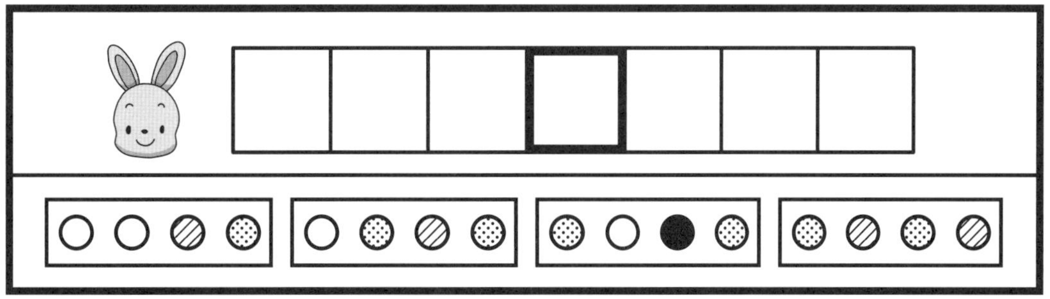

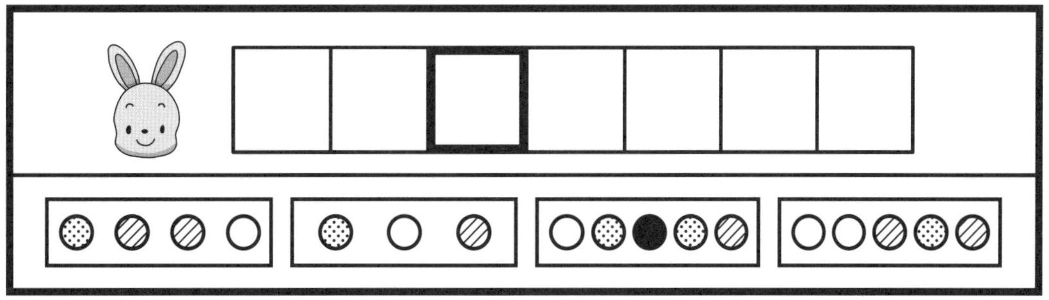

## 図形・注意力

●左のお手本に右のパズルをぴったり合わせて入れるとき、1つだけ使わないものを見つけて○をつけましょう。

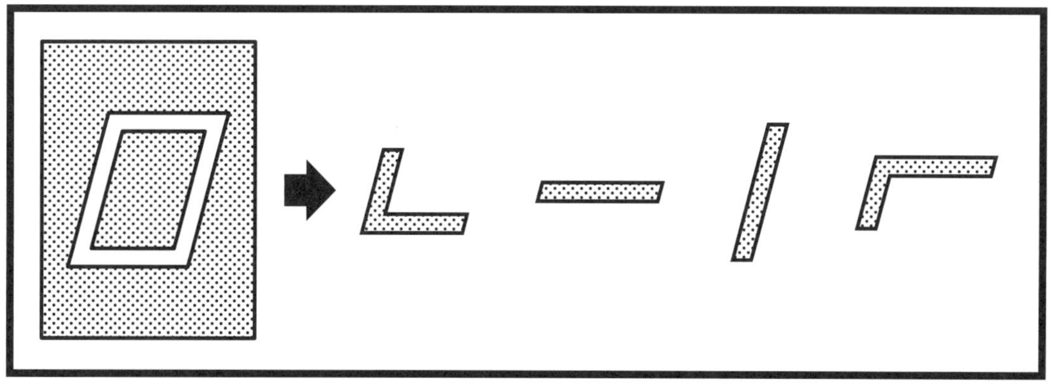

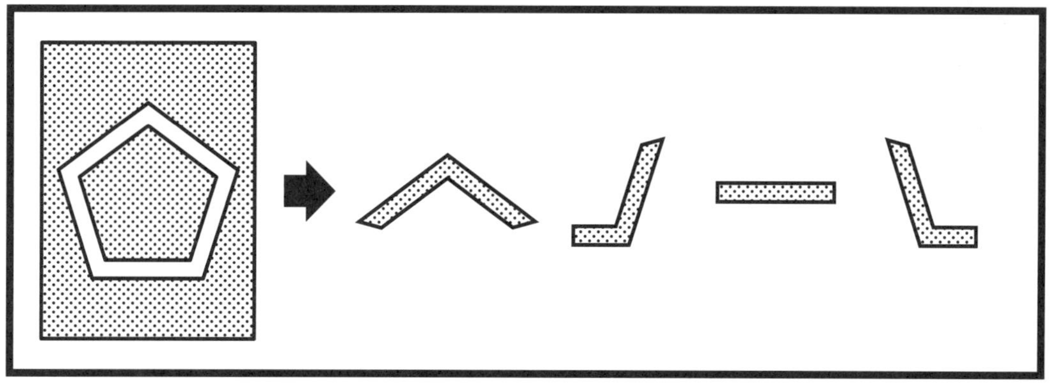

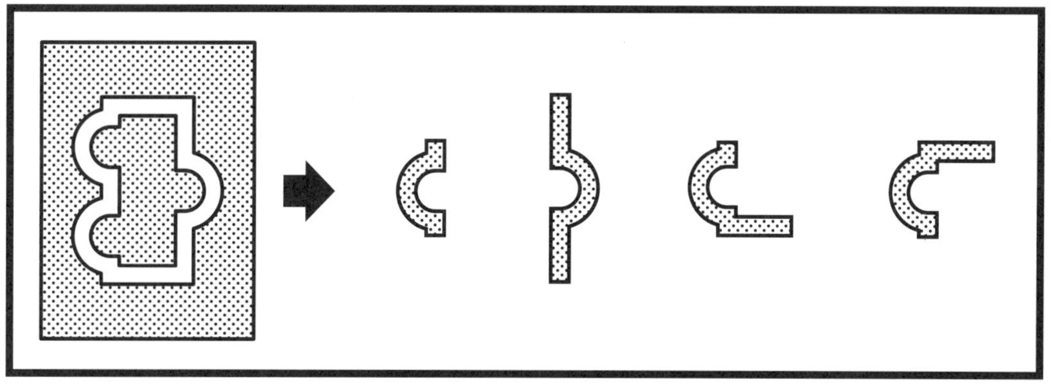

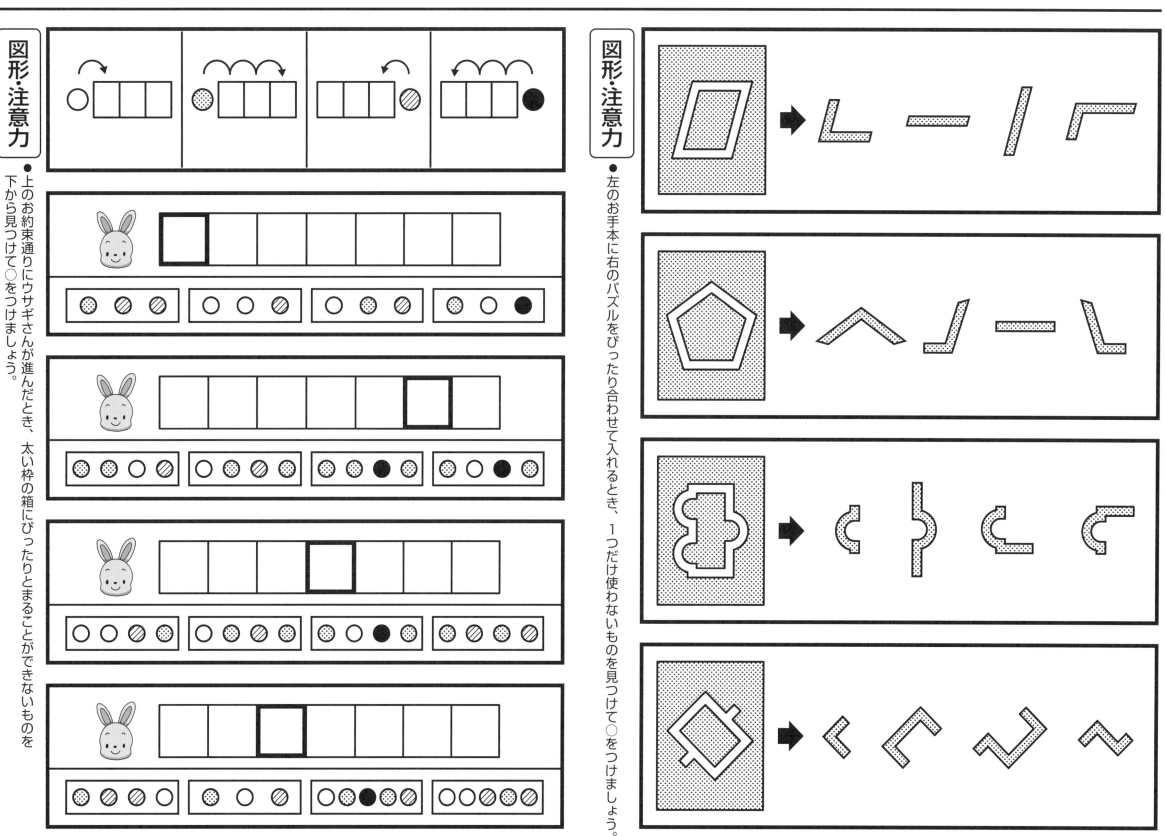

# 第4回　模擬テスト強化問題①

**図形・注意力**

●左のお手本を作るには、右のどの2つを合わせるとよいでしょうか。見つけて○をつけましょう。

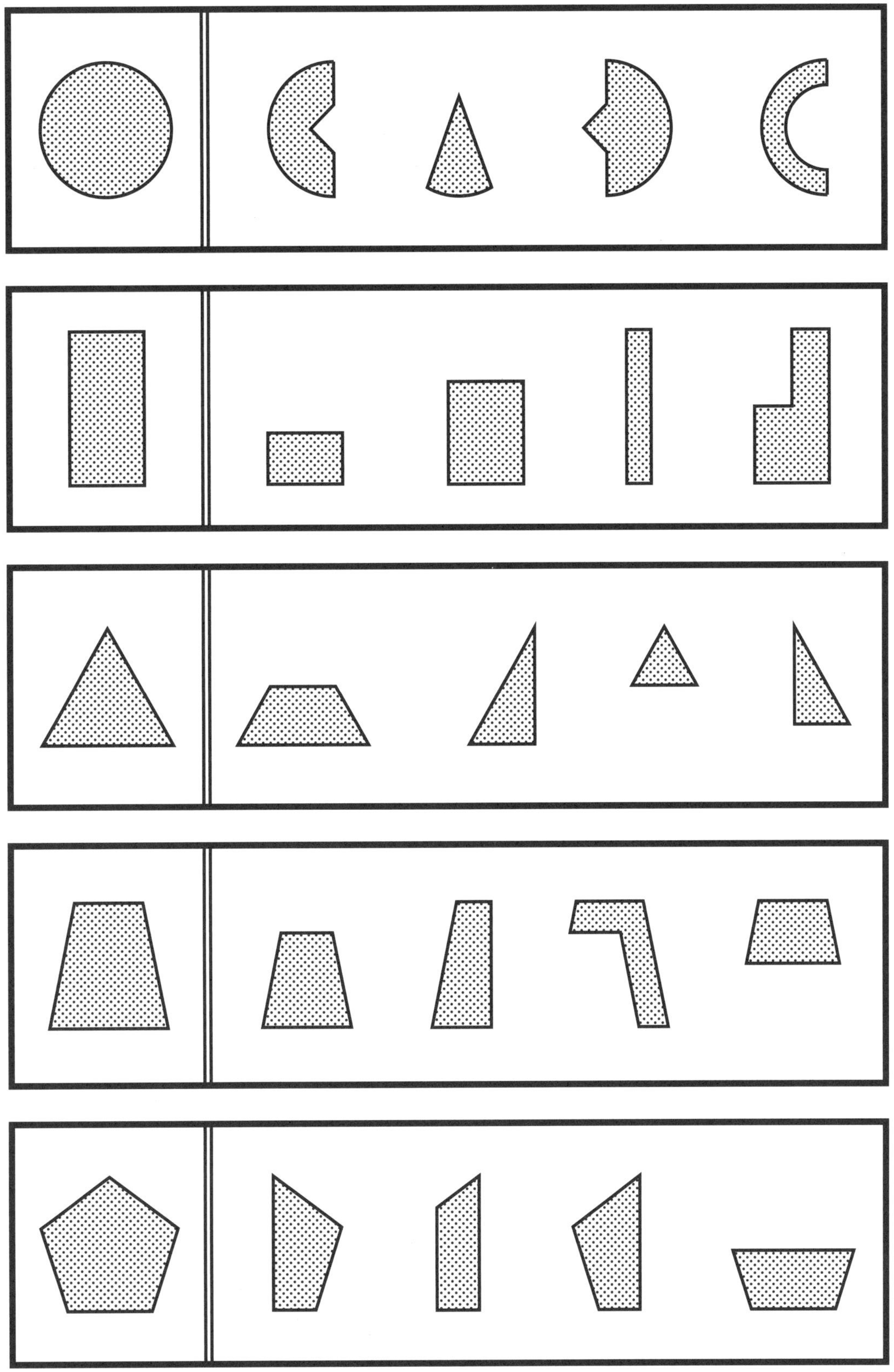

**図形・注意力**

●左の絵で1つしかないものを見つけて、右はしの絵に○をつけましょう。

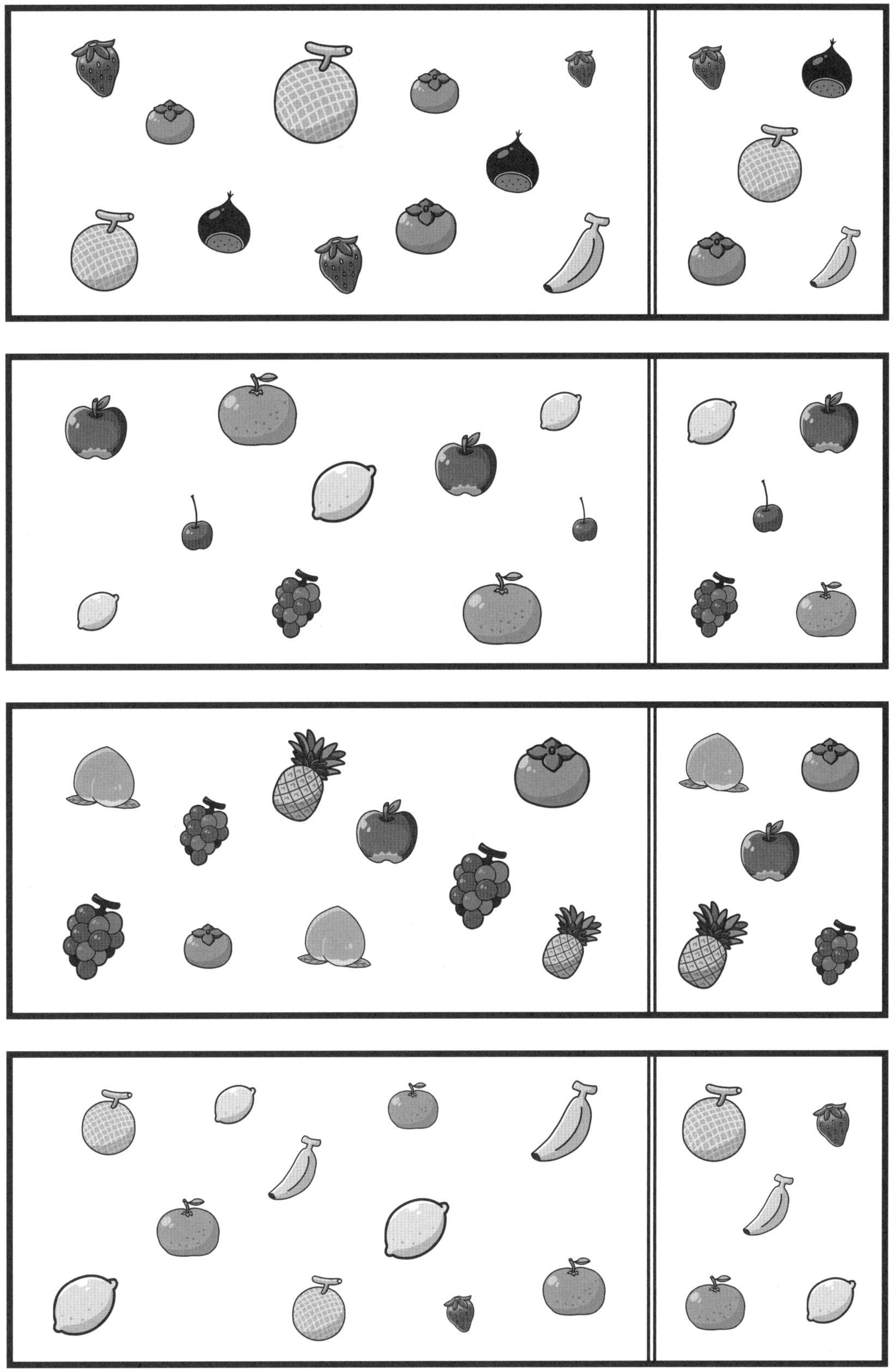

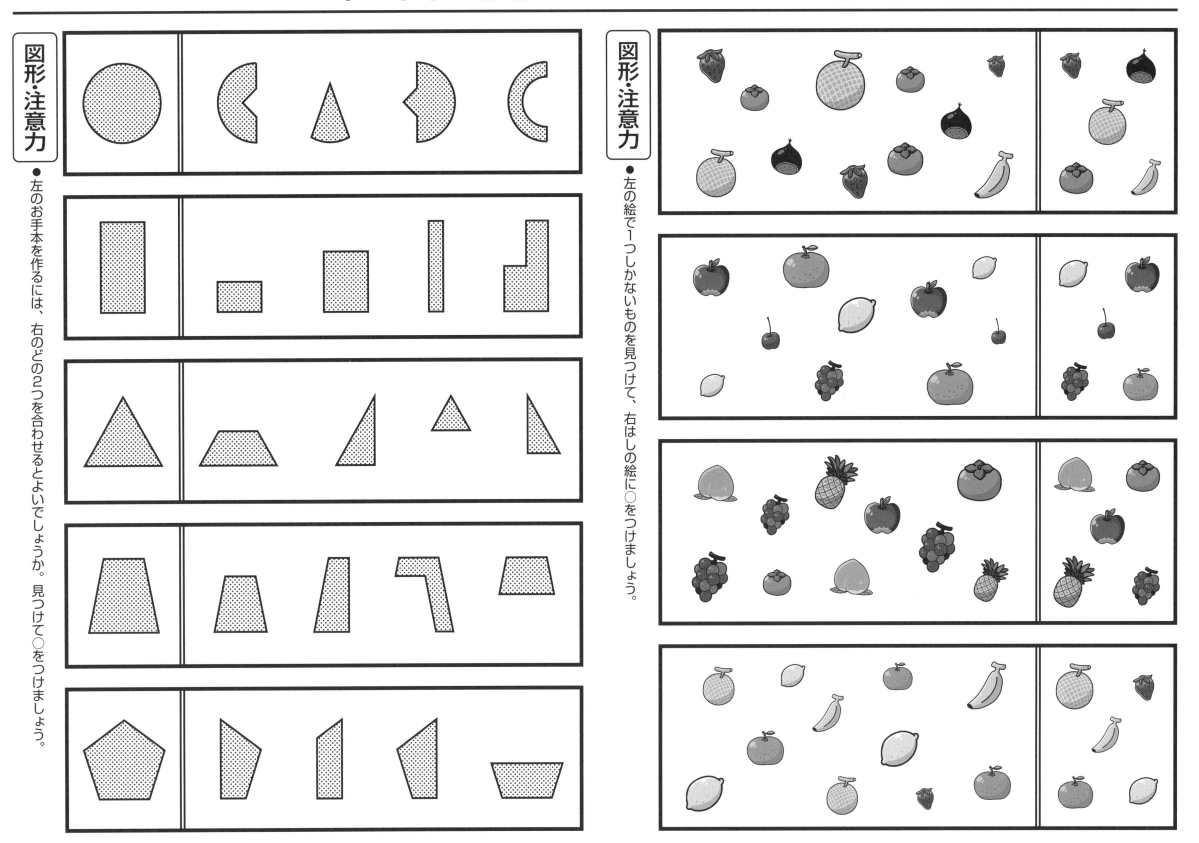

# 第4回　模擬テスト強化問題②

**知識・常識**

●左の切り口は右のどの野菜のものでしょうか。見つけて線でつなぎましょう。

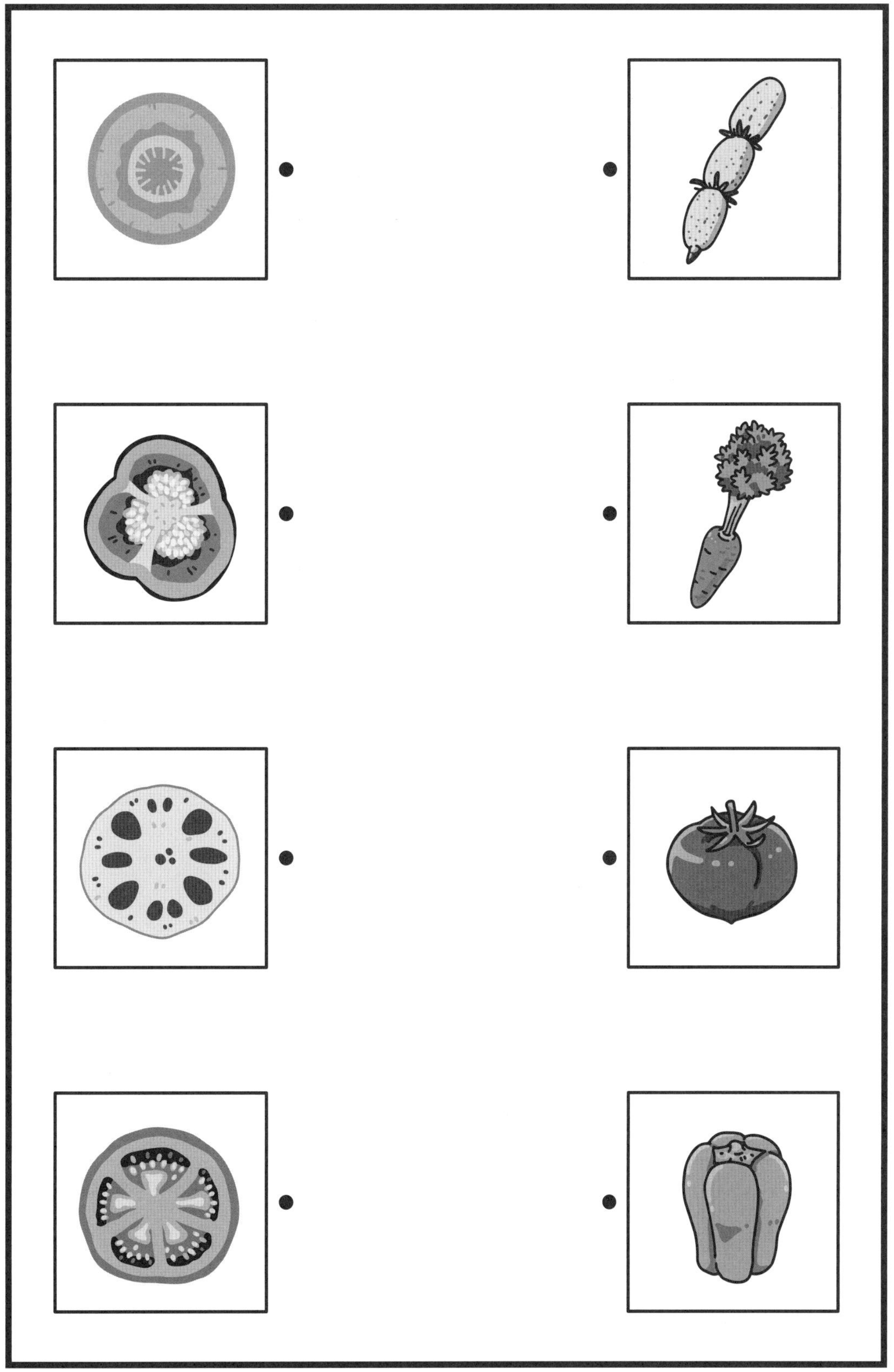

**知識・常識**

●しりとりができるように、？に入る絵を下から全部見つけて○をつけましょう。

# 第4回　模擬テスト強化問題③

## 推理・思考

●印や絵が並んでいるお約束を考えて、抜けているところに入るものを下から見つけて○をつけましょう。

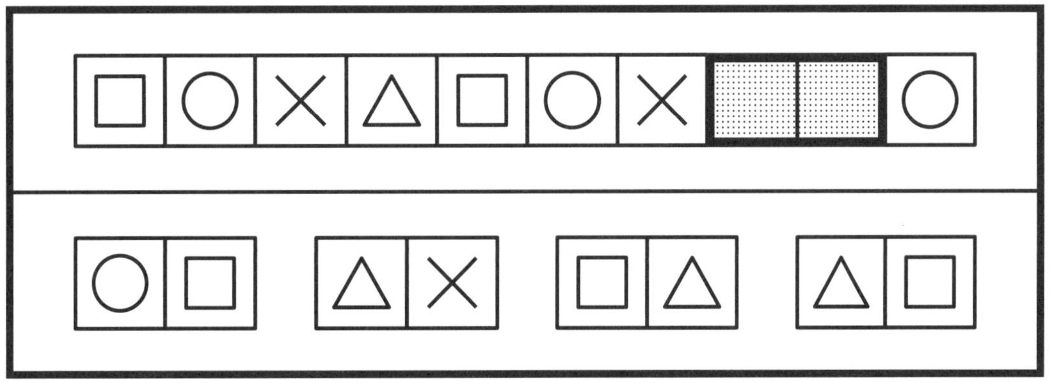

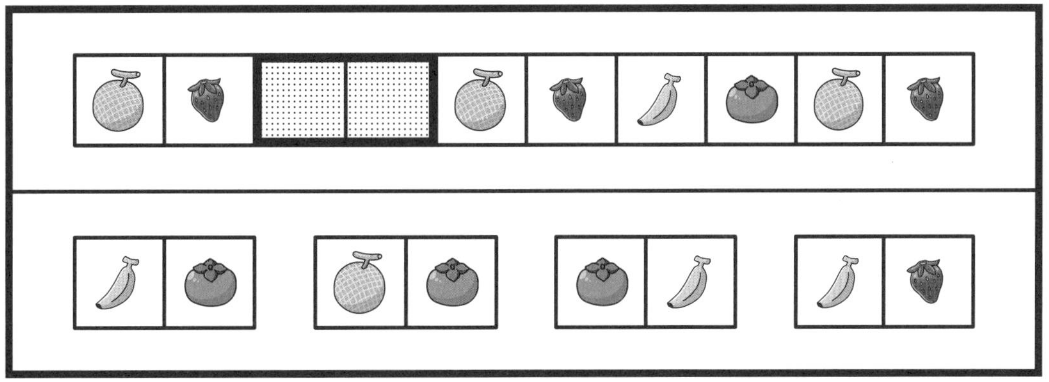

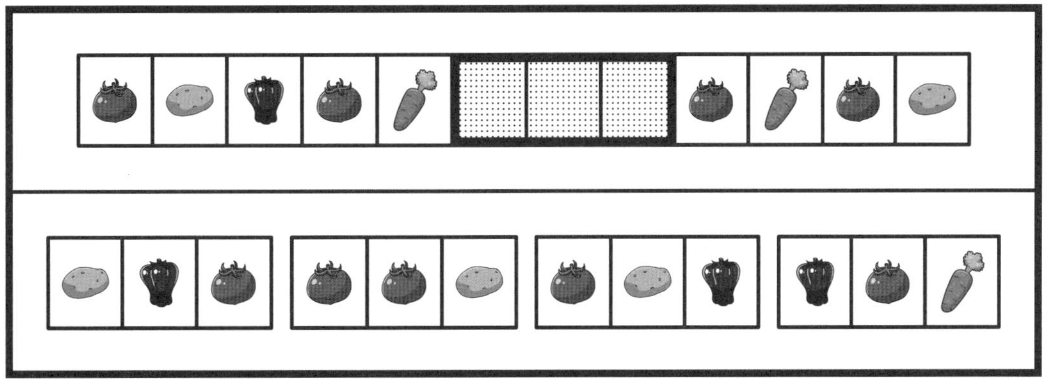

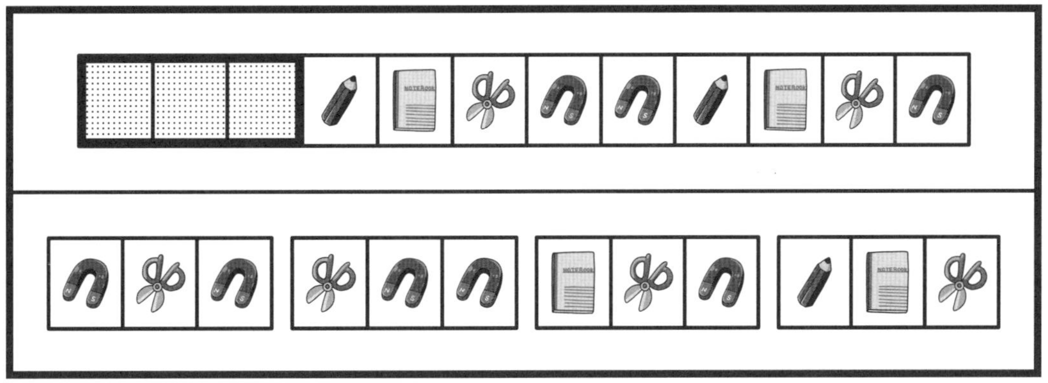

## 比較・数量

●動物さんが上の絵の数だけクリを持っています。では、左の動物さんが持っているクリを合わせると、クリは全部で何個になるでしょうか。その数と同じ積み木を右から見つけて○をつけましょう。

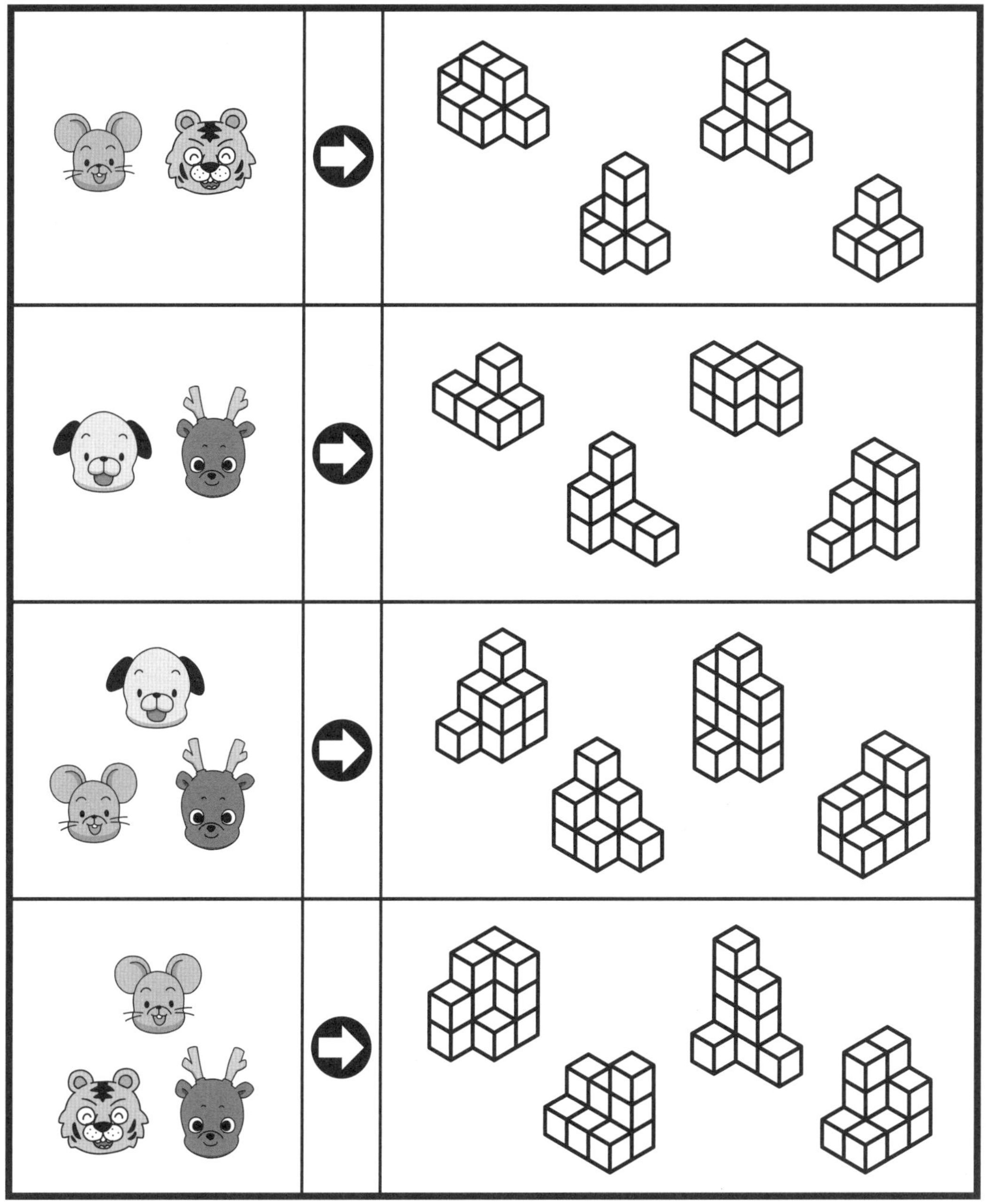

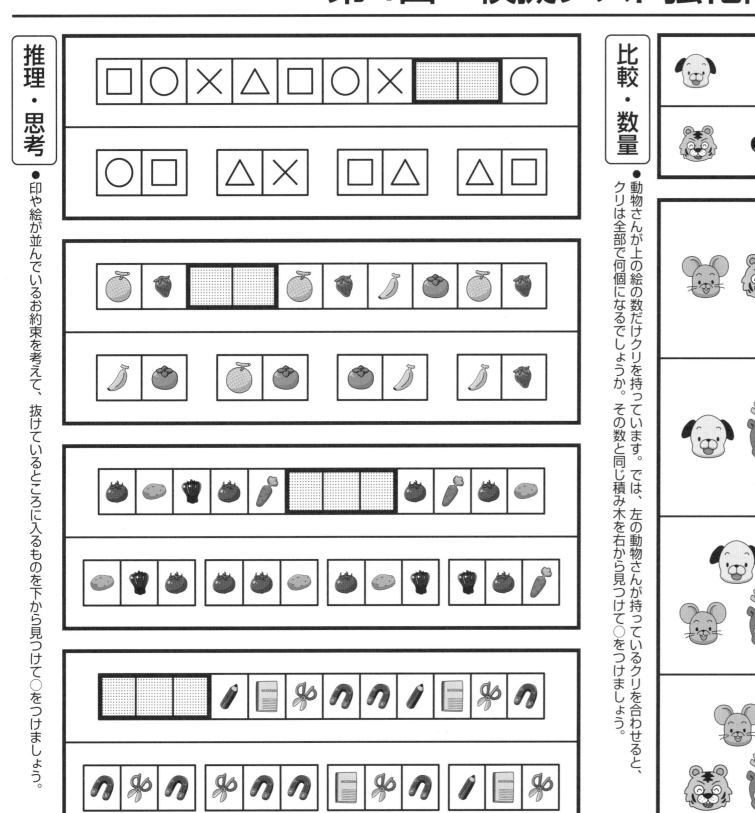

# 第5回　模擬テスト強化問題①

推理・思考

●左の形を作るには、右のどの3つの形を重ねるとよいでしょうか。3つ見つけて○をつけましょう。

推理・思考

●左の2枚の紙を重ねたとき、お皿にのっている食べ物はいくつになるでしょうか。その数だけ右の箱に○をかきましょう。

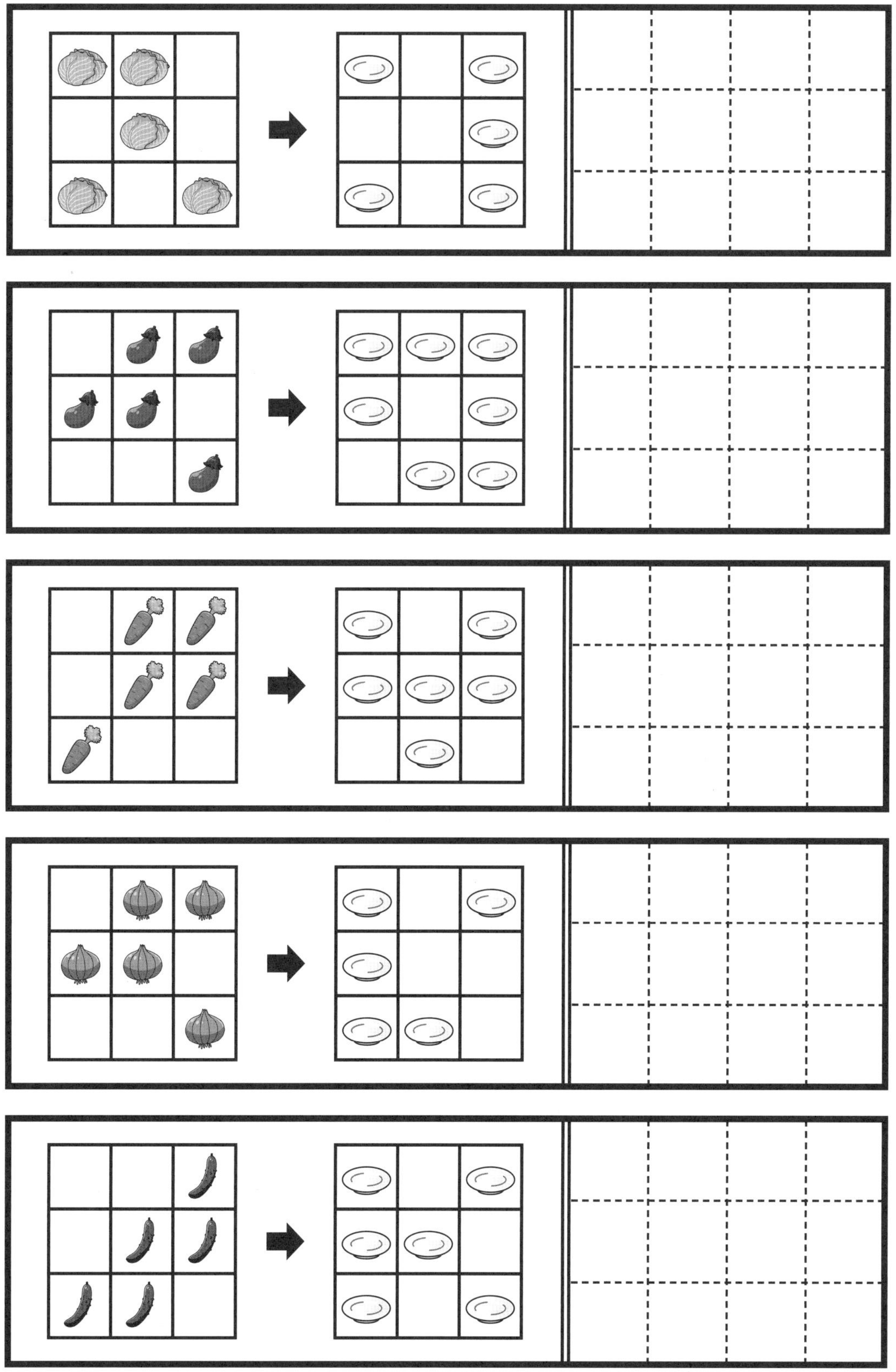

# 第5回　模擬テスト強化問題②

知識・常識

●並んでいる絵を使ってしりとりをした時、全部つながったら○のほうに、つながらない時には×のほうに○をつけましょう。

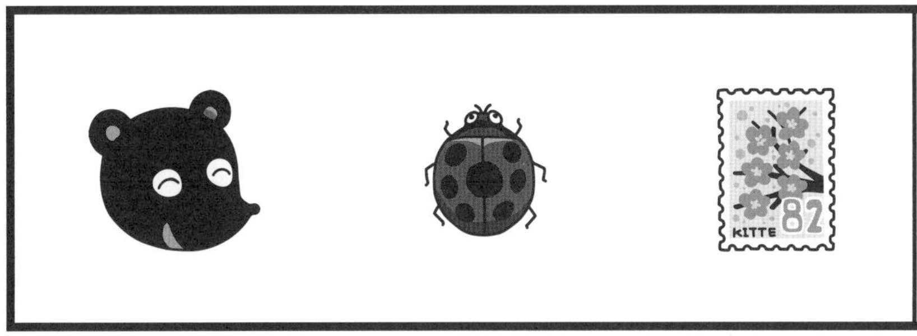


○
×

○
×

○
×

○
×

○
×

知識・常識

●（一・二段目）左の葉っぱのお花を見つけて○をつけましょう。（三段目）左のもの（すず虫）と同じ季節の絵を見つけて○をつけましょう。（四段目）左のおすし（ウニ）はどれからできるでしょうか。見つけて○をつけましょう。

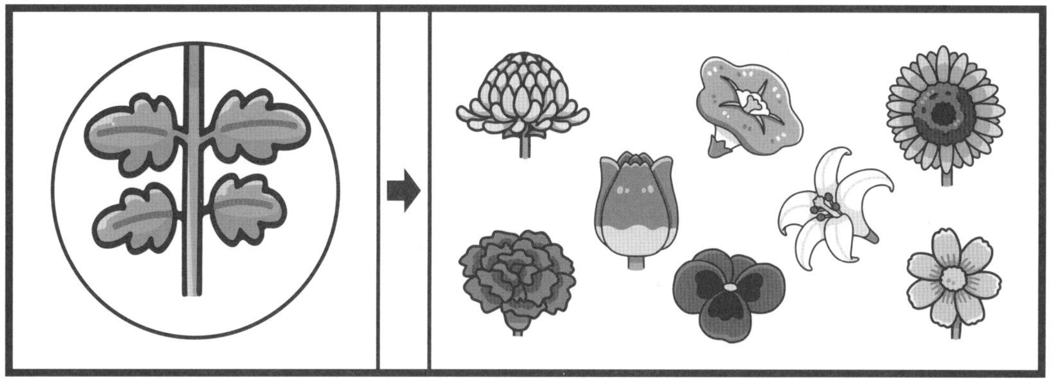

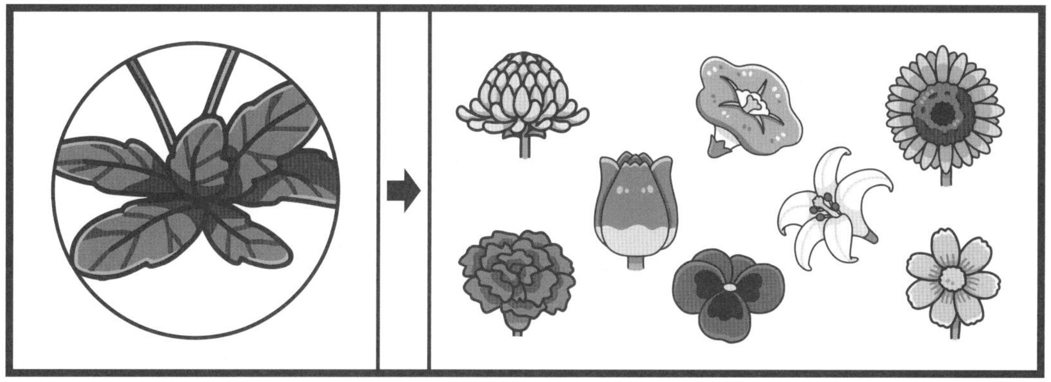

# 第5回　模擬テスト強化問題③

推理・思考

●左はしの箱の白く空いているところにはめ込むのにちょうどよいものを右の中から見つけて○をつけましょう。ただし、裏返してはめることはできません。

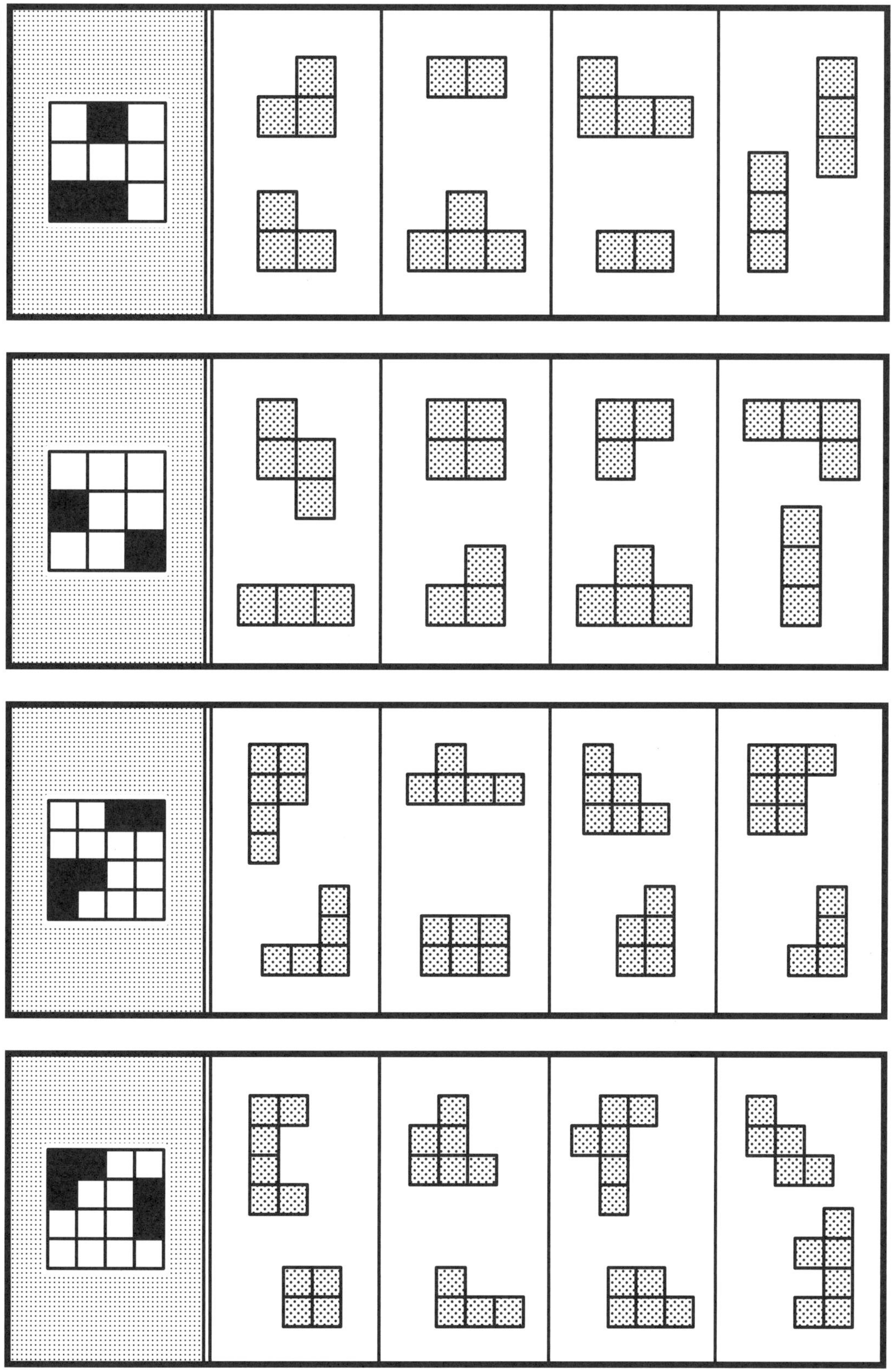

推理・思考

●左の積み木の数をかぞえてその数だけ○をつけます。ただし、矢印が上向きなら1コ多く、矢印が下向きなら1コ少なく、矢印が横向きなら積み木の数と同じ数だけ○をつけましょう。

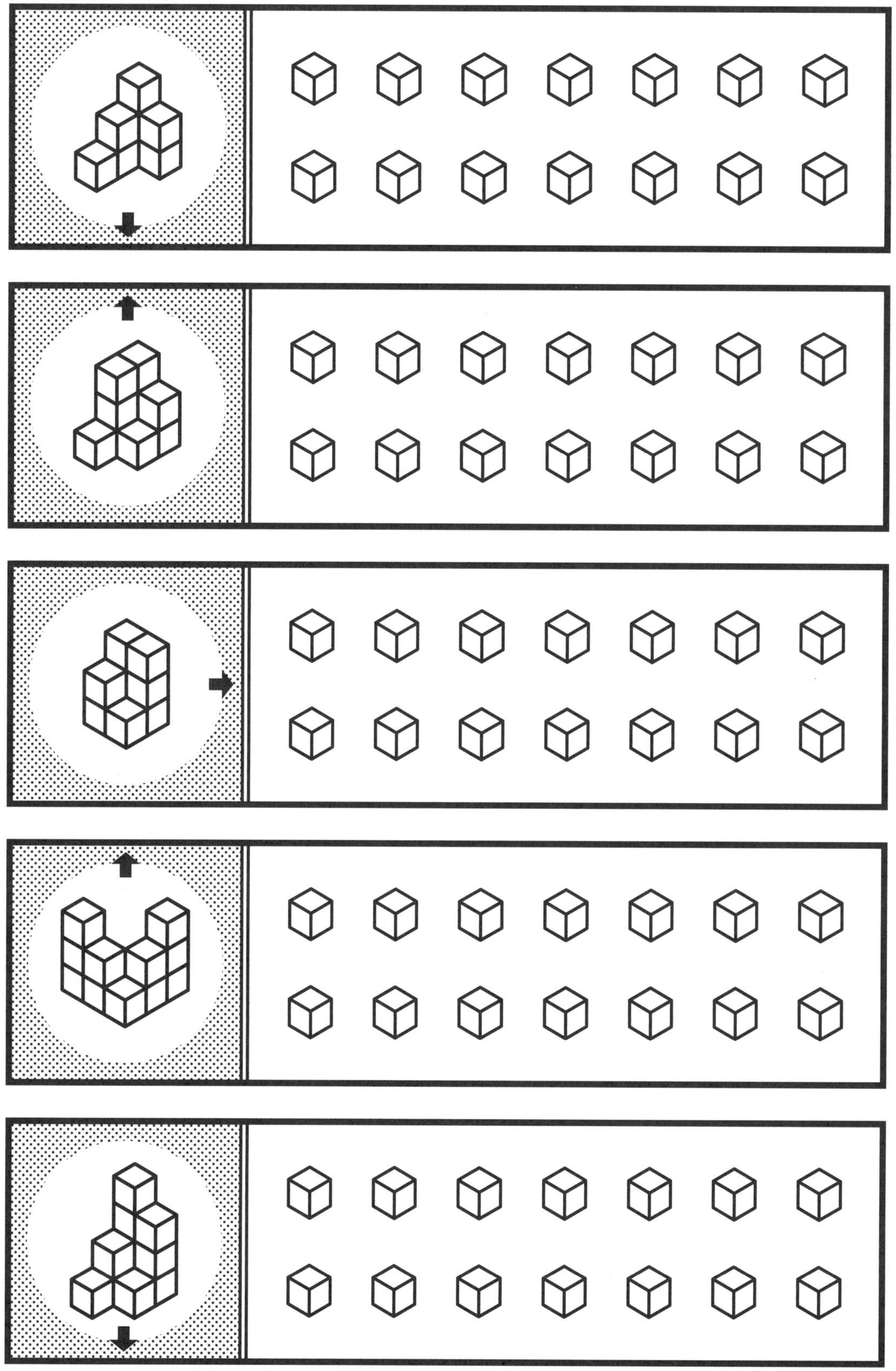

# 第6回　模擬テスト強化問題①

## 図形・注意力

●上のお約束の順番通りに、○で囲まれた動物の箱から進むと、おしまいはどの箱になるでしょうか。見つけて○をつけましょう。ただし、同じ箱を2回通ることなく、全部の箱を通りましょう。また、ななめに進んではいけません。

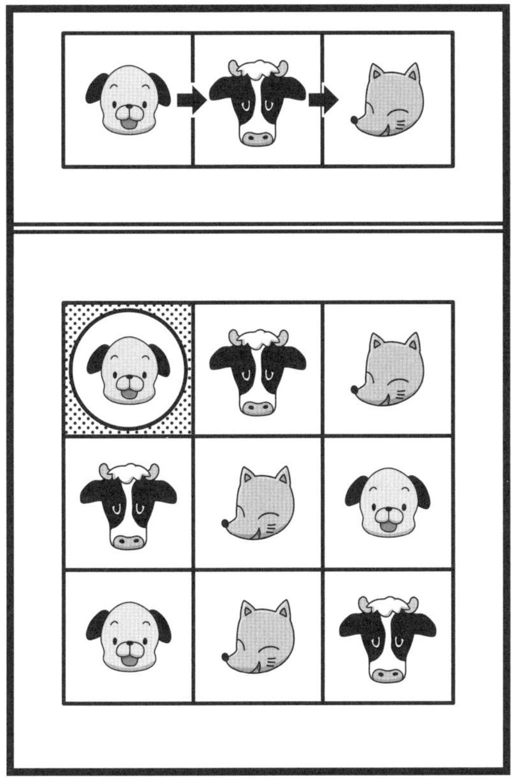

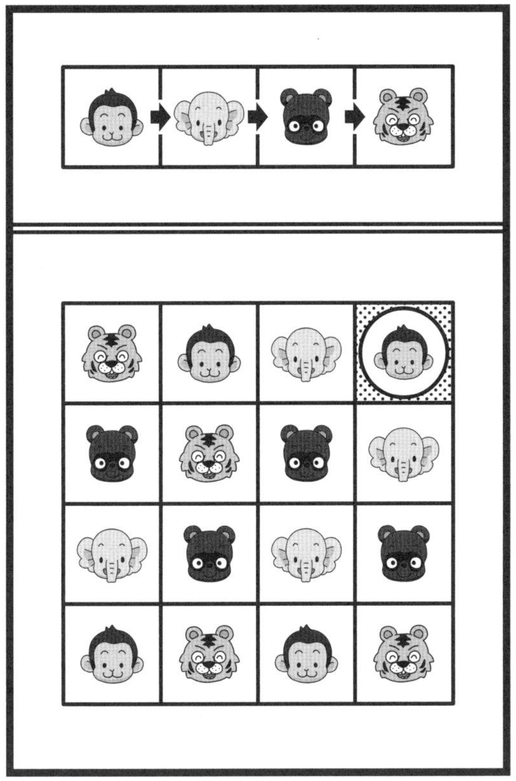

## 図形・注意力

●上のお手本を作るのに、使わないものを下から1つ見つけて○をつけましょう。

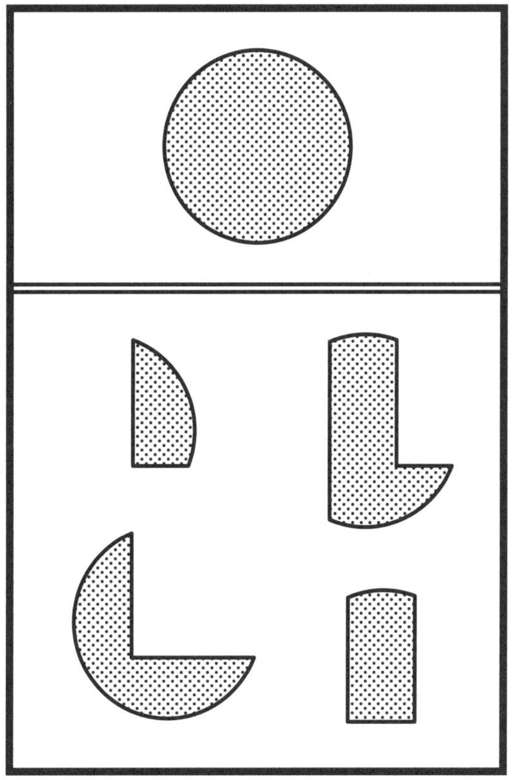

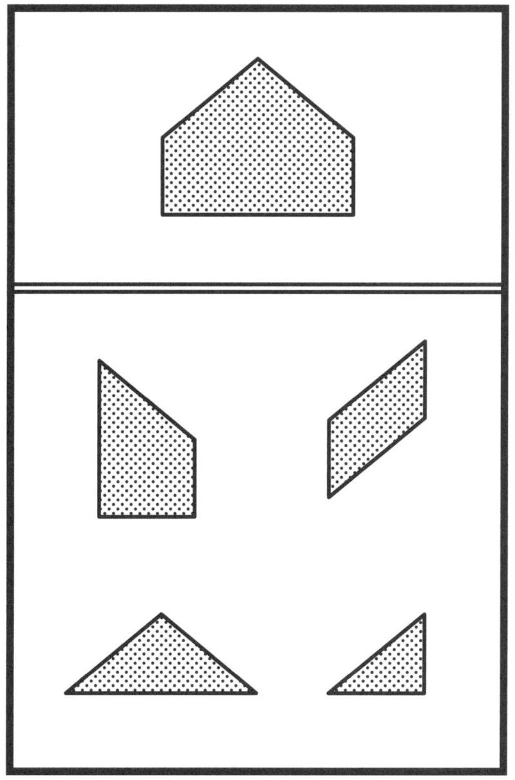

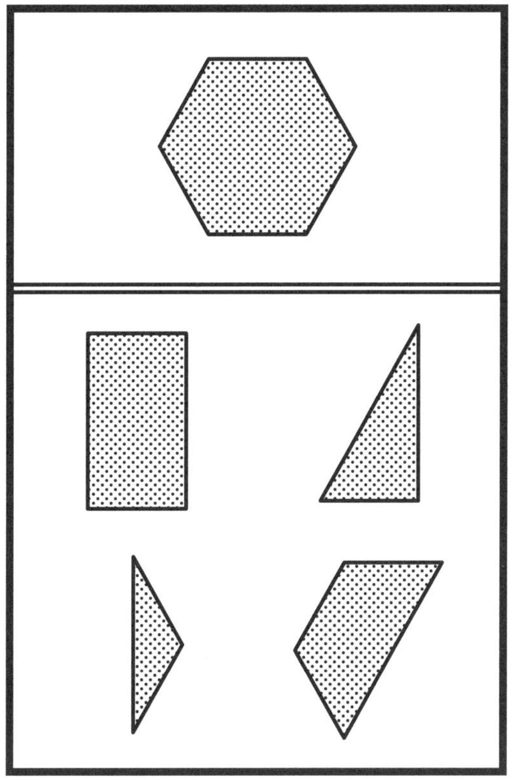

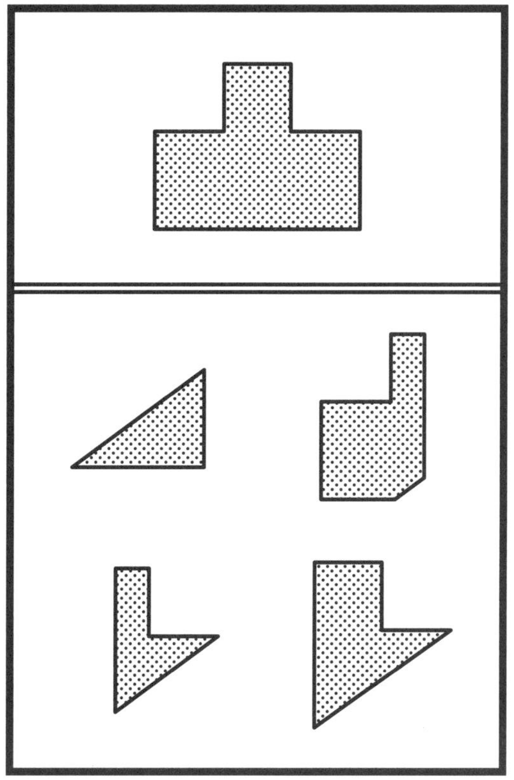

# 第6回　模擬テスト強化問題②

## 比較・数量

●左の果物の数はいくつちがいますか。その数と同じ数の積み木を右から見つけて○をつけましょう。

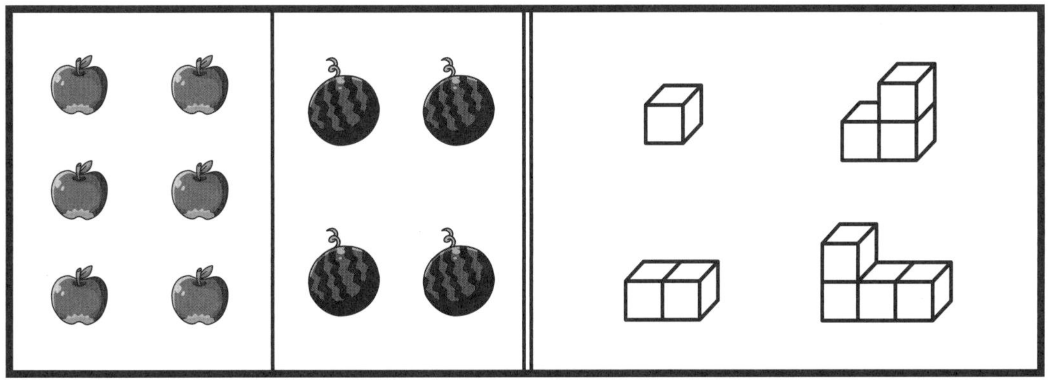

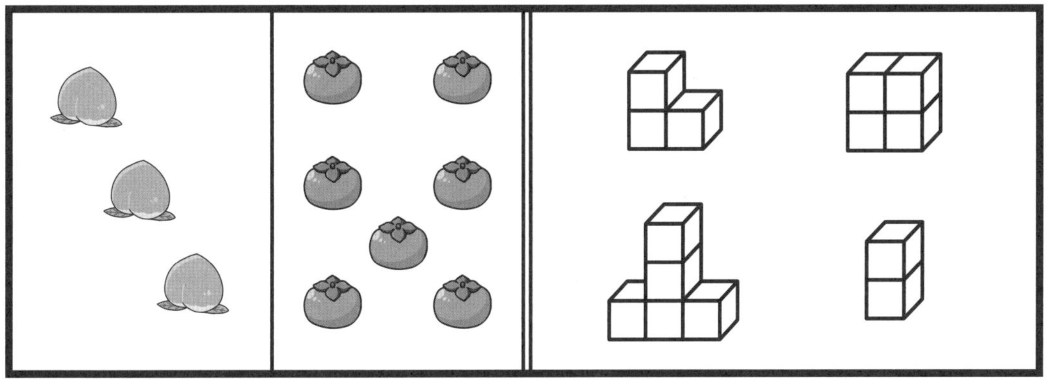

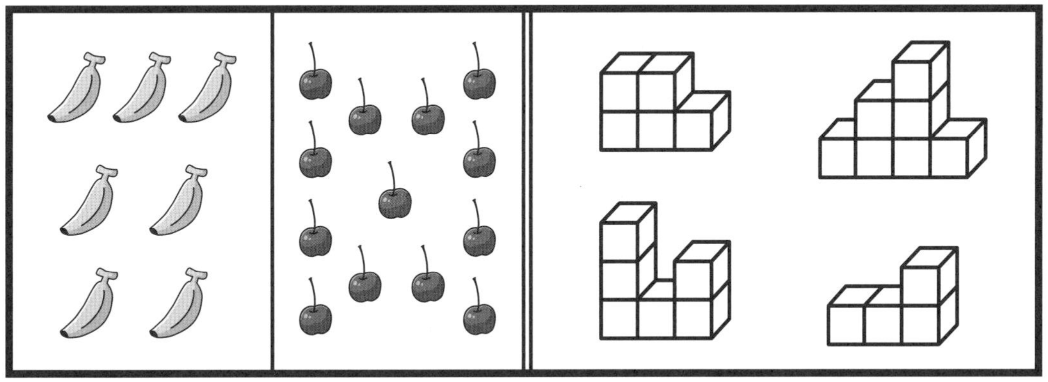

## 知識・常識

●左の海に浮かんでいる船を見ながら、右の3つの船の中でどれが一番重いかを見つけて○をつけましょう。

# 第6回　模擬テスト強化問題③

## 推理・思考

●左の絵のように、動物さんを乗せた列車がトンネルに入りました。では、かくれて見えないところにちょうど合うものを右から見つけて○をつけましょう。

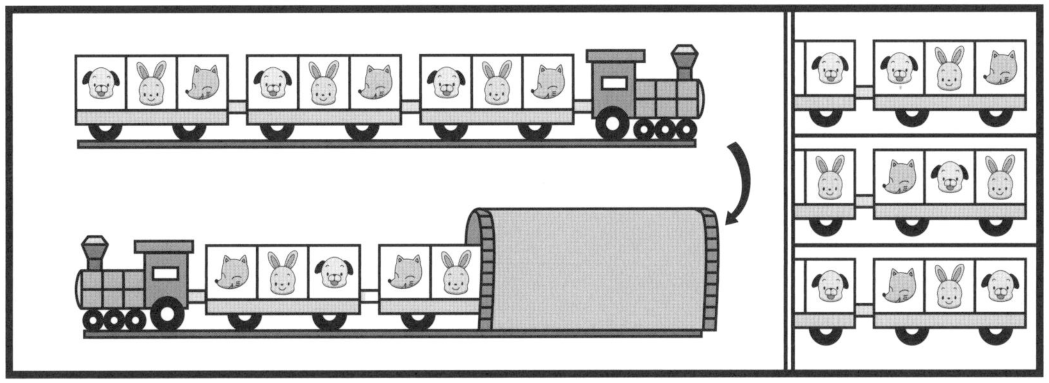

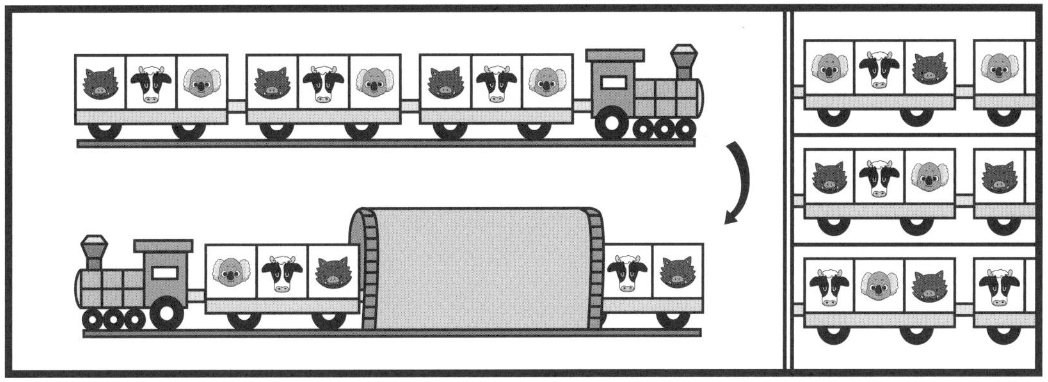

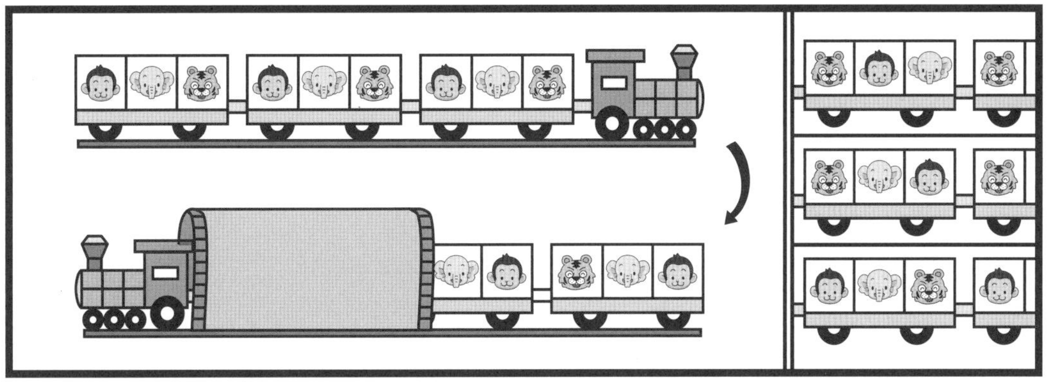

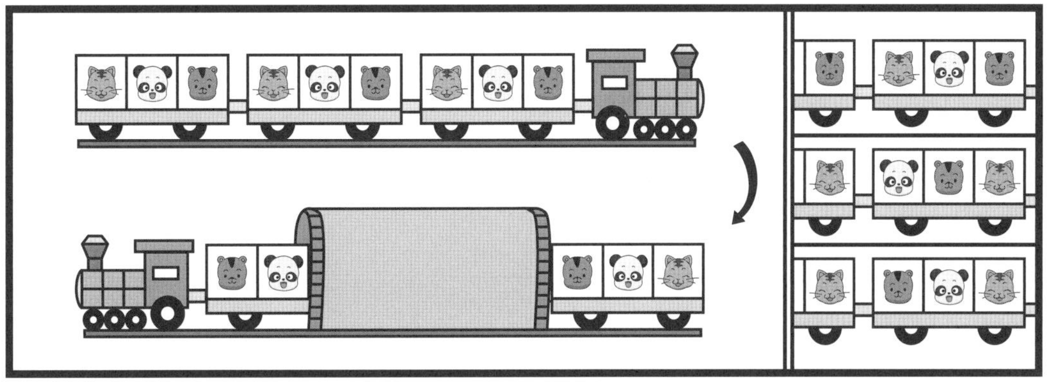

## 知識・常識

●並んでいる絵でしりとりをしたとき、1つだけ続かないものを見つけて○をつけましょう。

# 第7回　模擬テスト強化問題①

**図形・注意力**

●左のお手本のどこを切ってもできないものを右から見つけて○をつけましょう。

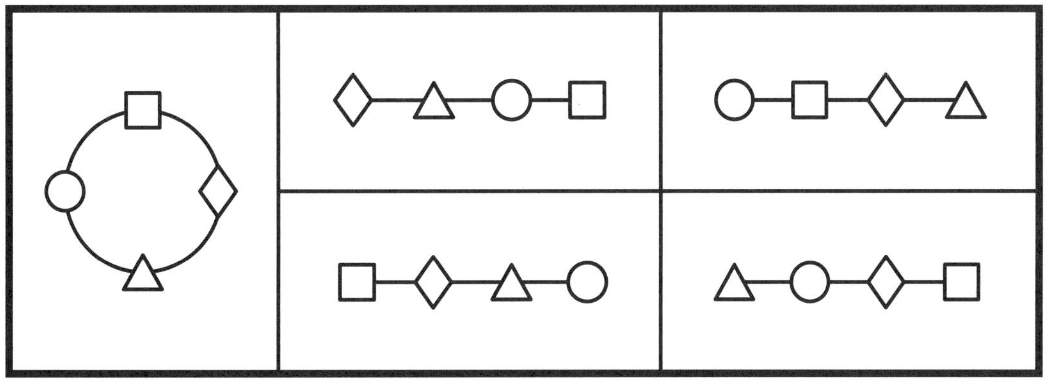

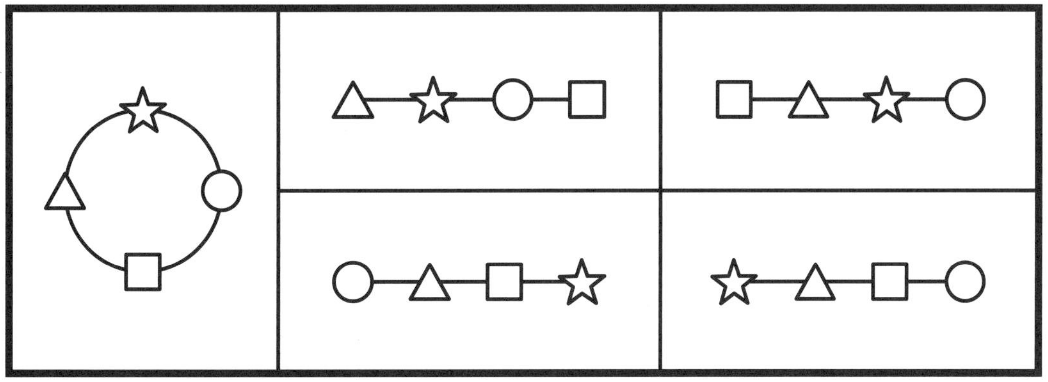

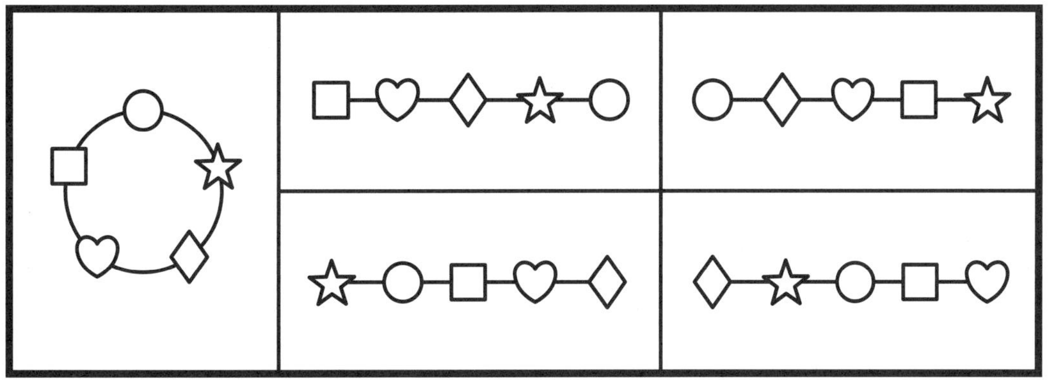

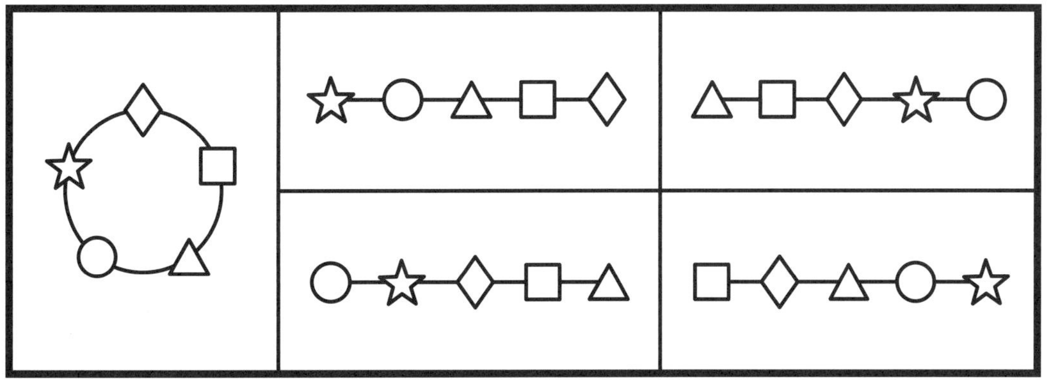

**図形・注意力**

●左のお手本が、矢印の向きに矢印の数だけ回転したものを右から見つけて○をつけましょう。

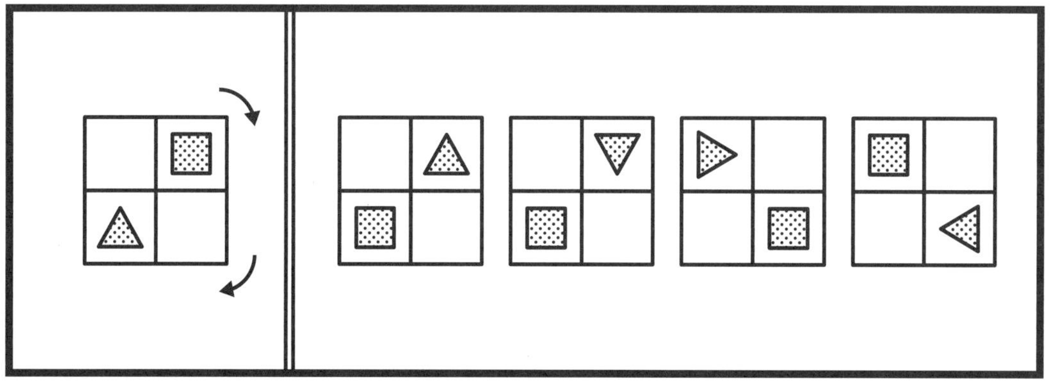

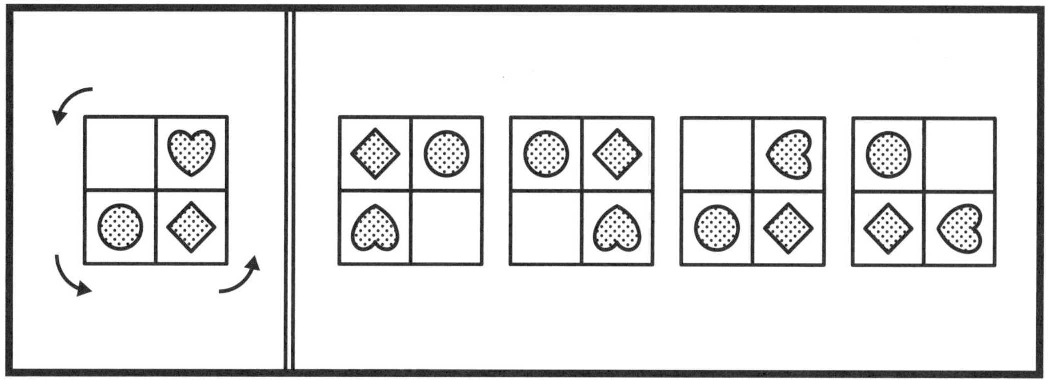

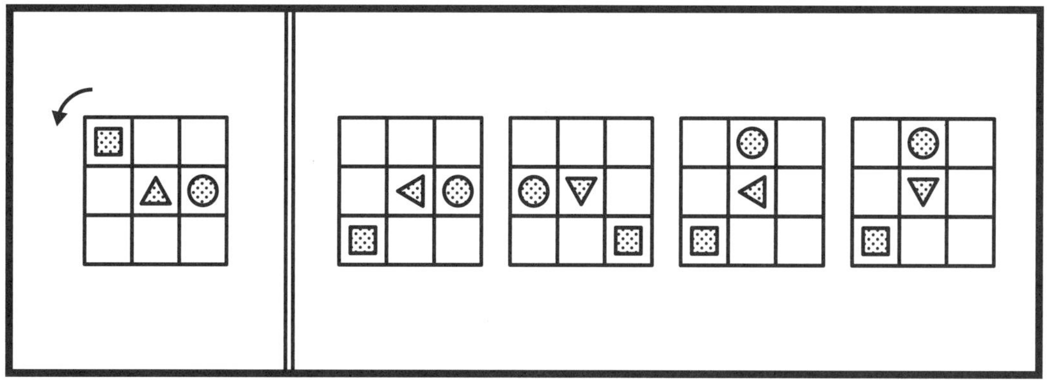

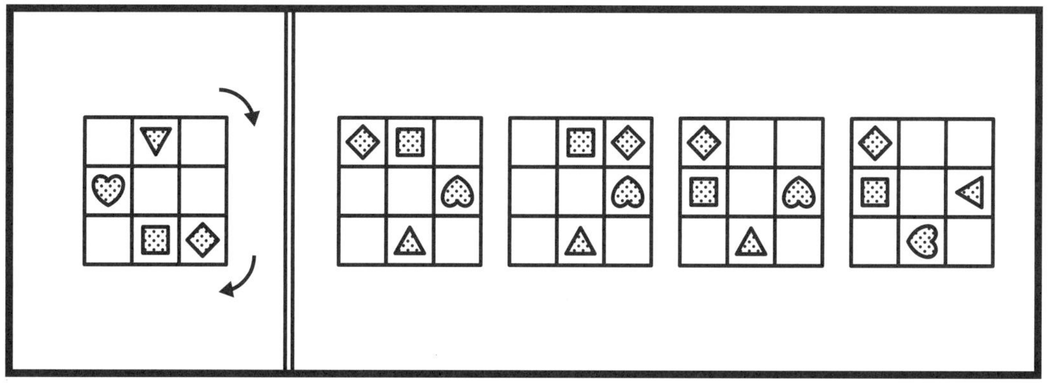

# 第7回　模擬テスト強化問題②

## 比較・数量

●左の絵にない形を右から見つけて○をつけましょう。その後、一番多い形の数だけ○をかきましょう。

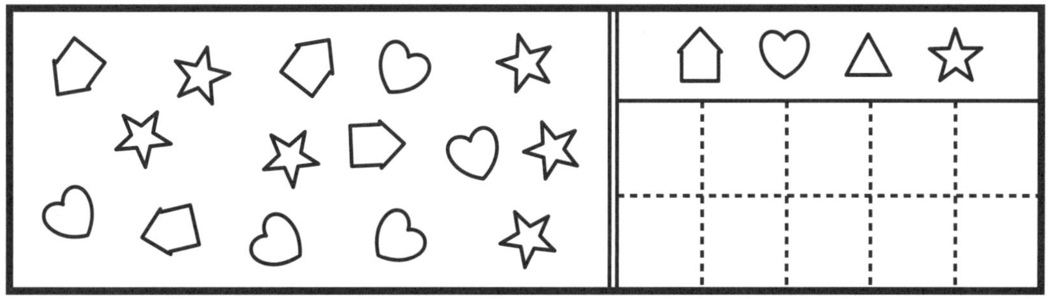

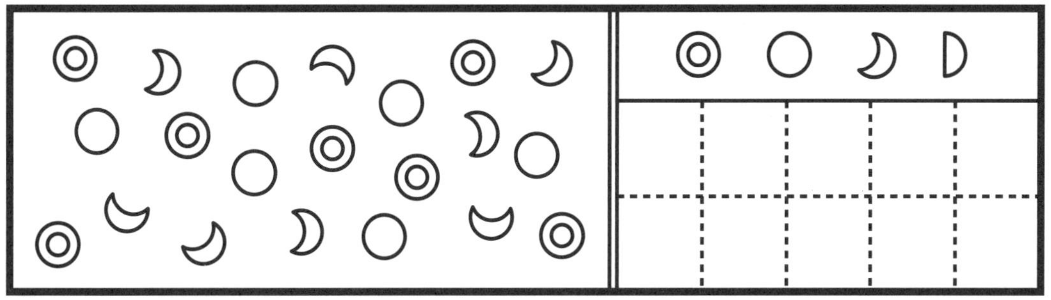

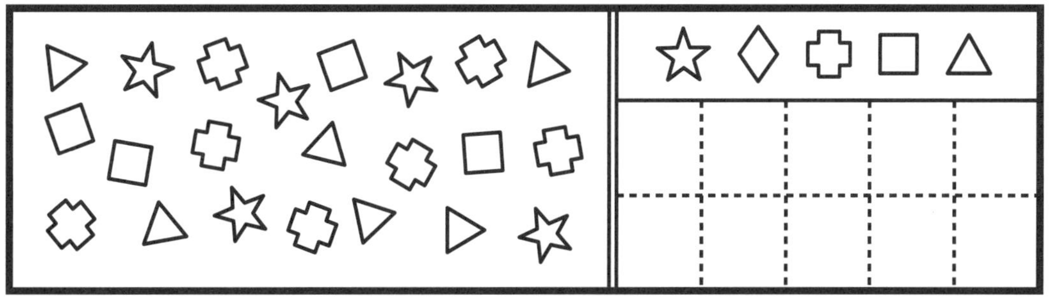

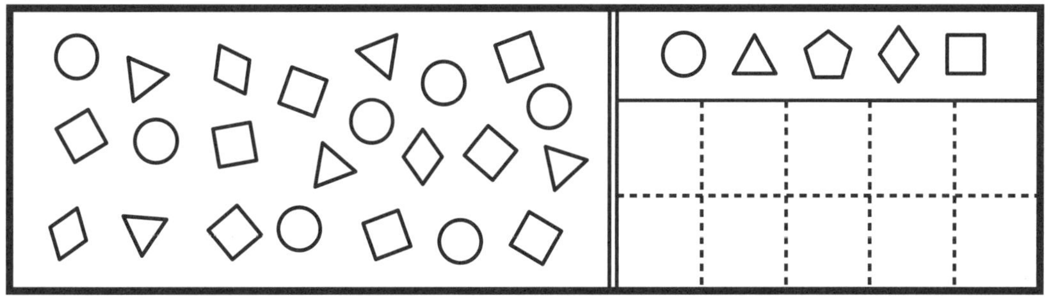

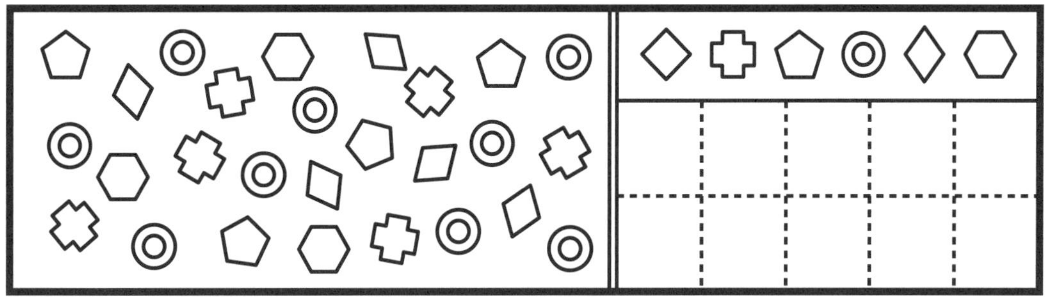

## 知識・常識

●右の絵を使って、名前の言葉（音）の数で重さ比べをします。では、左のようなシーソーのとき、まん中の形に入る絵を見つけて○をつけましょう。ただし、小さい文字（「っ」や「ょ」）も1つに数えます。

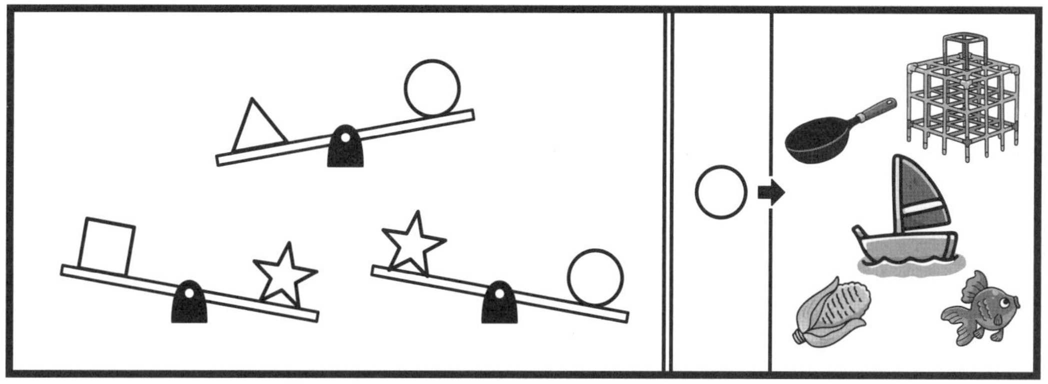

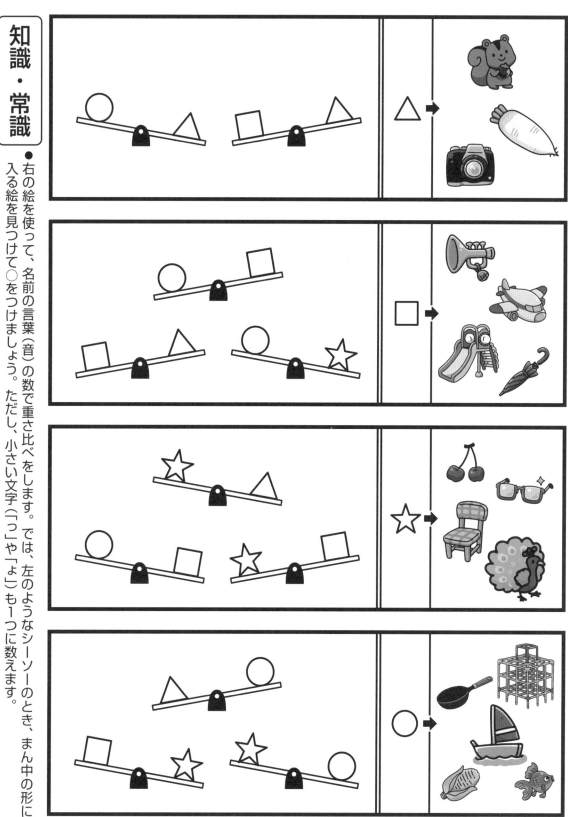

# 第7回　模擬テスト強化問題③

## 推理・思考

●左の積み木をそれぞれの動物から見ると、どのように見えるでしょうか。右から見つけて○をつけましょう。

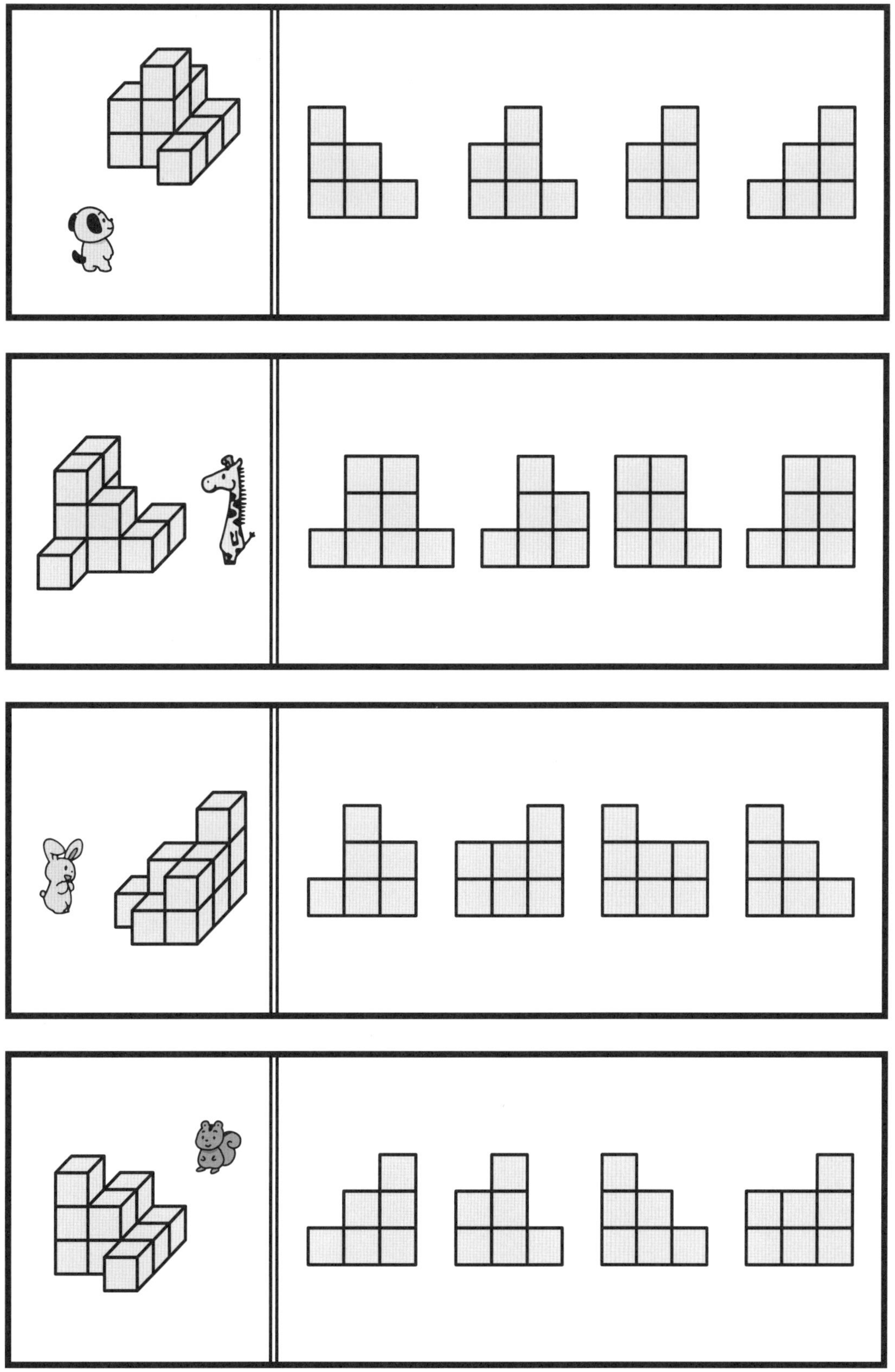

## 知識・常識

●名前のまん中の言葉（音）でしりとりがつながるように、抜けているところにちょうど合う絵を右から見つけて○をつけましょう。

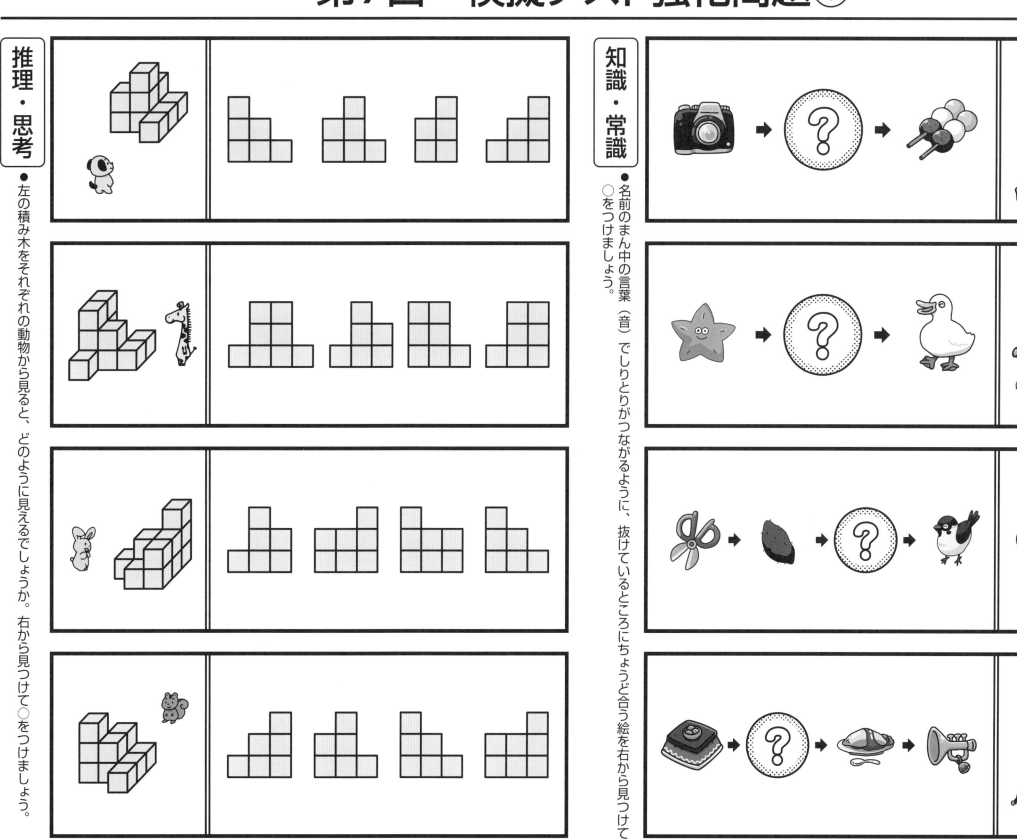

# 第8回　模擬テスト強化問題①

## 推理・思考

●白と黒の石を順番に置いていき、縦でも横でもななめでも、同じ石を先に5つ並べた方が勝つお約束でゲームをしています。では、次は白を置く番ですが、この次にまた順番がきたときに白が勝つようにするには、どこに置くとよいでしょうか。見つけて○をかきましょう。

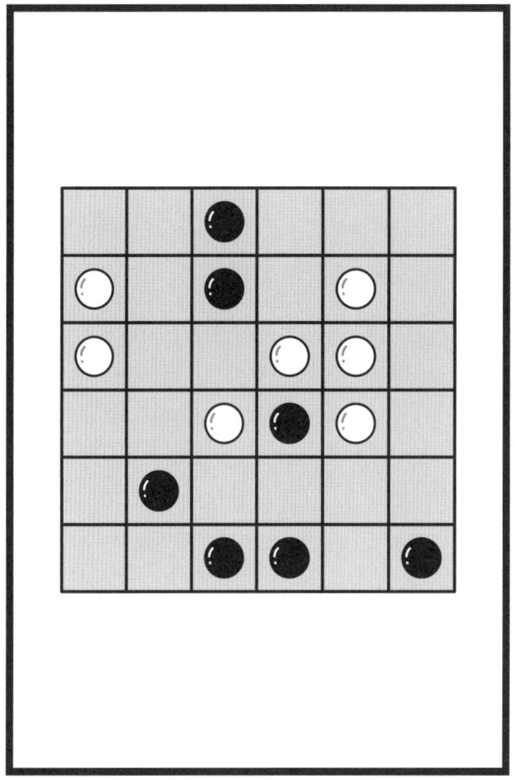

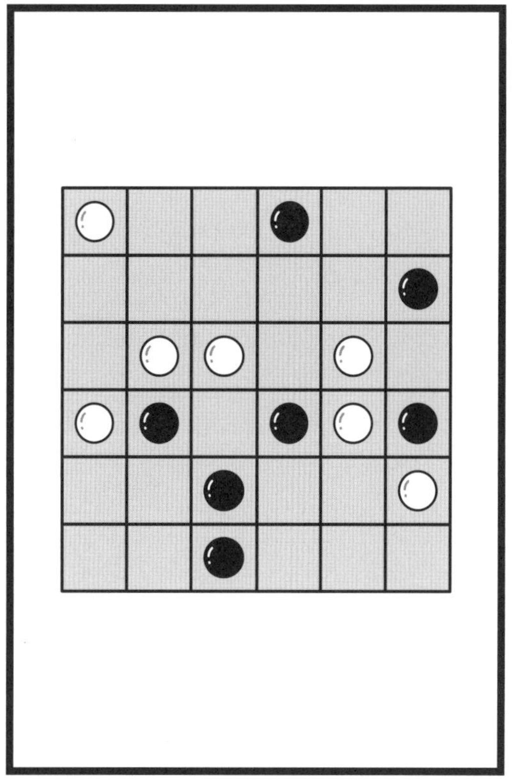

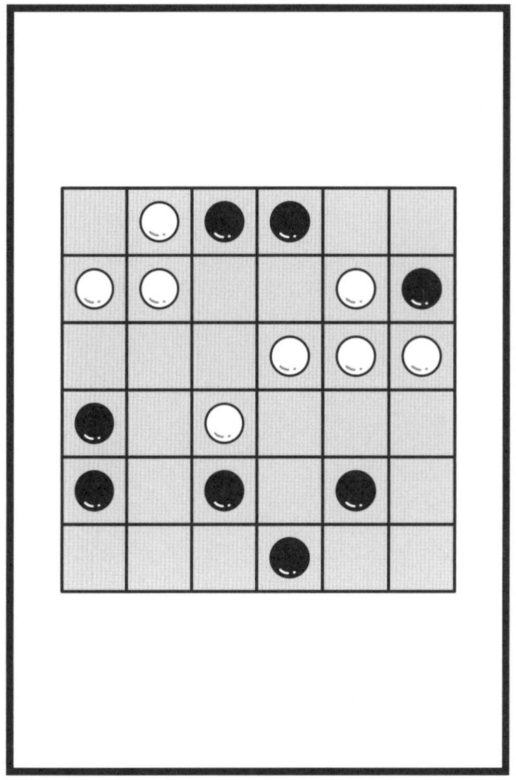

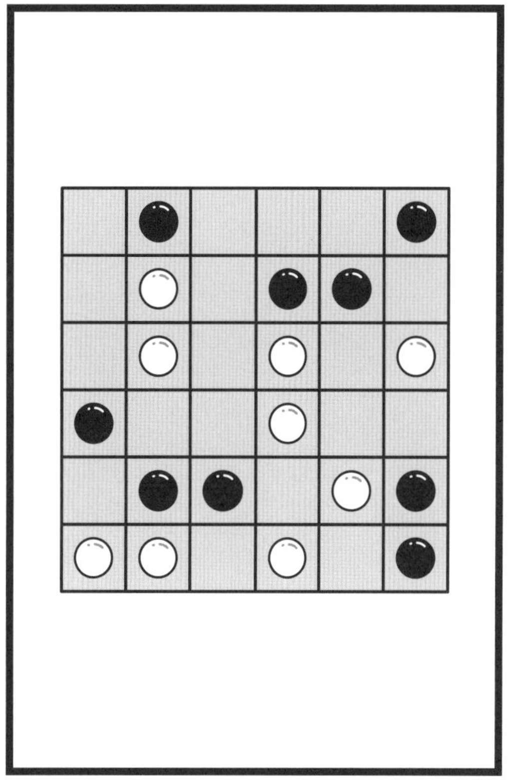

## 推理・思考

●上のように折った色紙の黒いところを切って広げると、下のどれになるでしょうか。見つけて○をつけましょう。

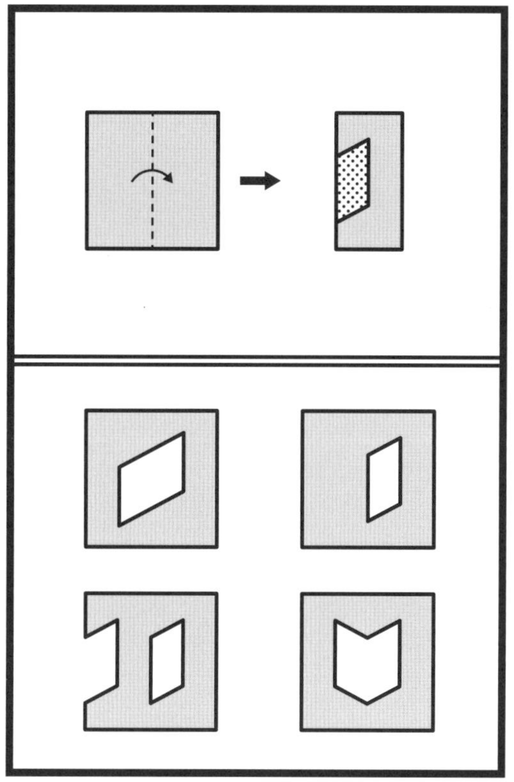

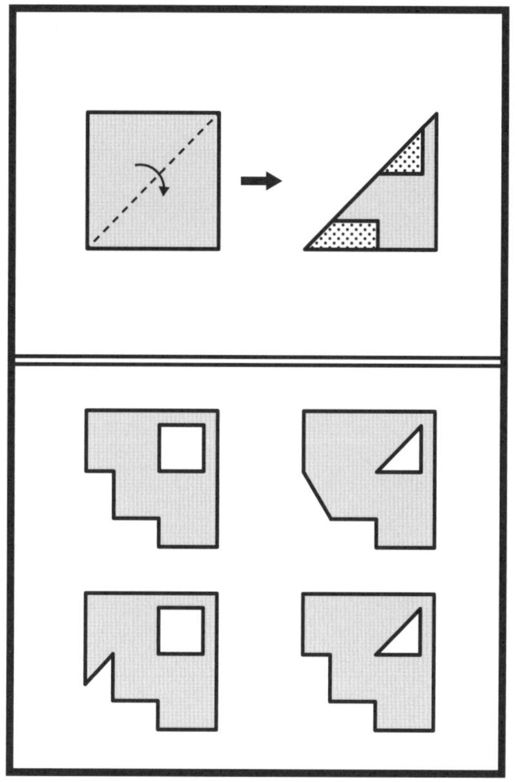

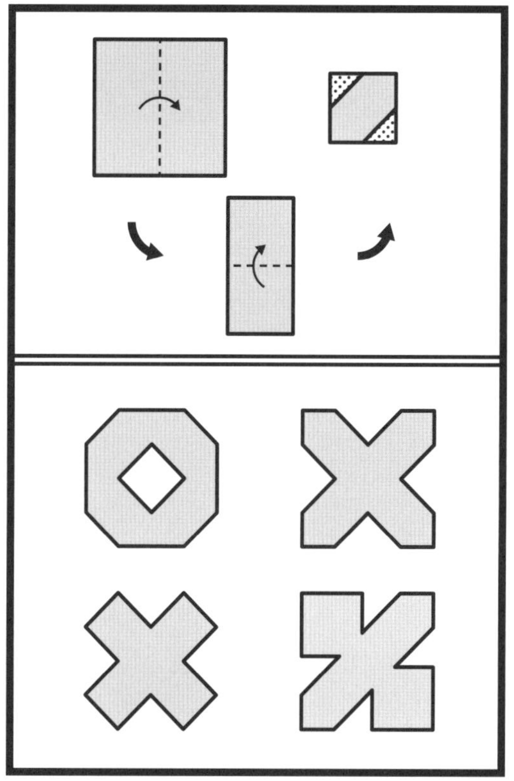

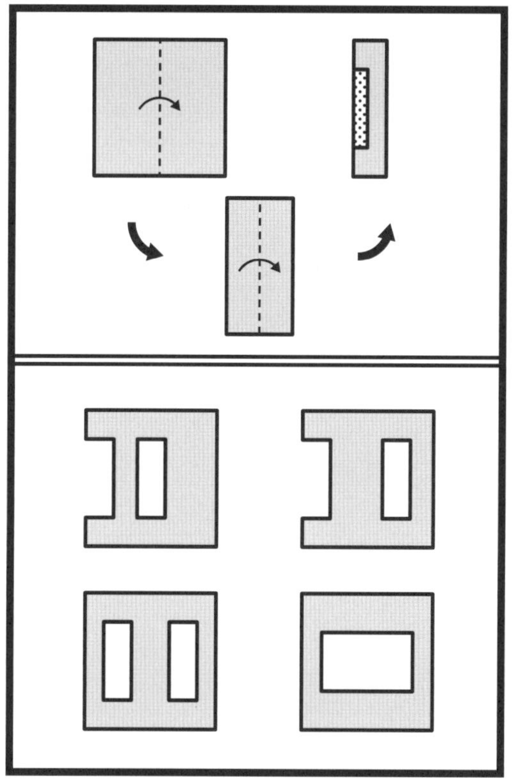

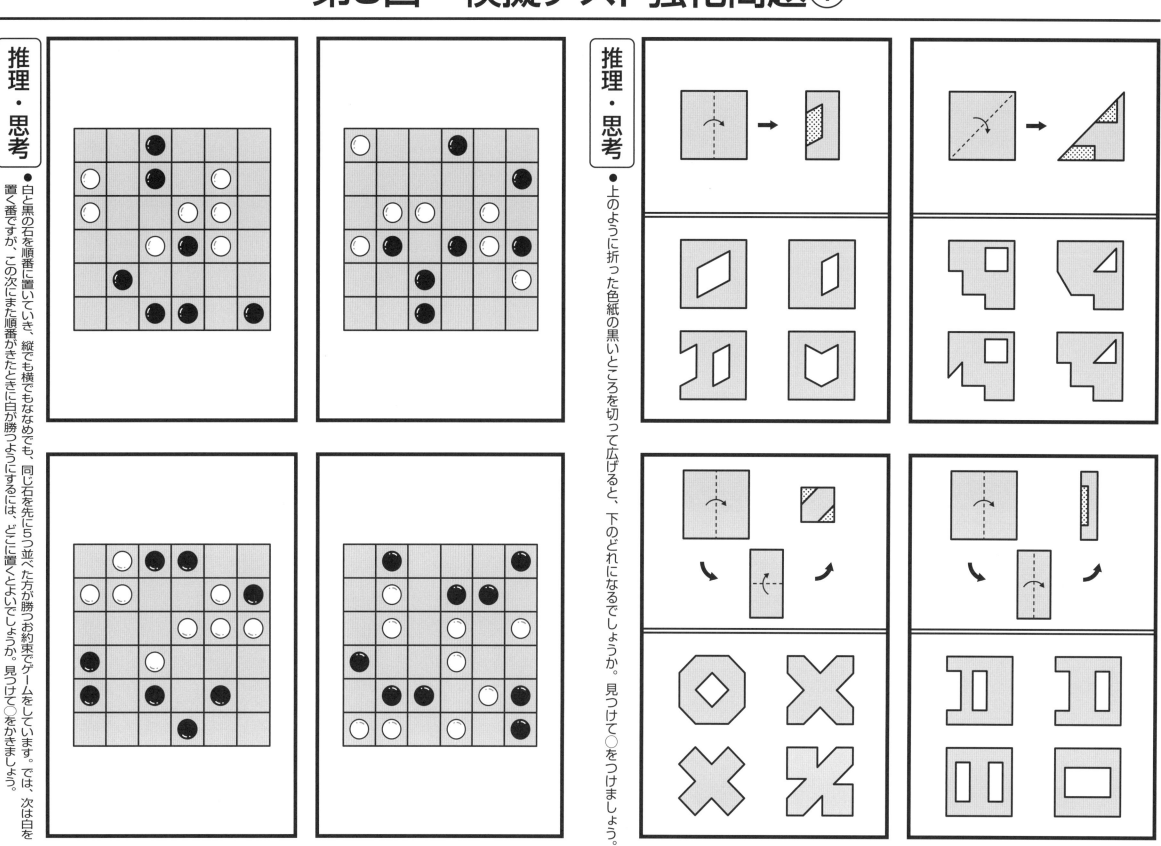

# 第8回　模擬テスト強化問題②

知識・常識

●磁石にくっつくものとくっつかないものが、両方入っている袋を見つけて○をつけましょう。

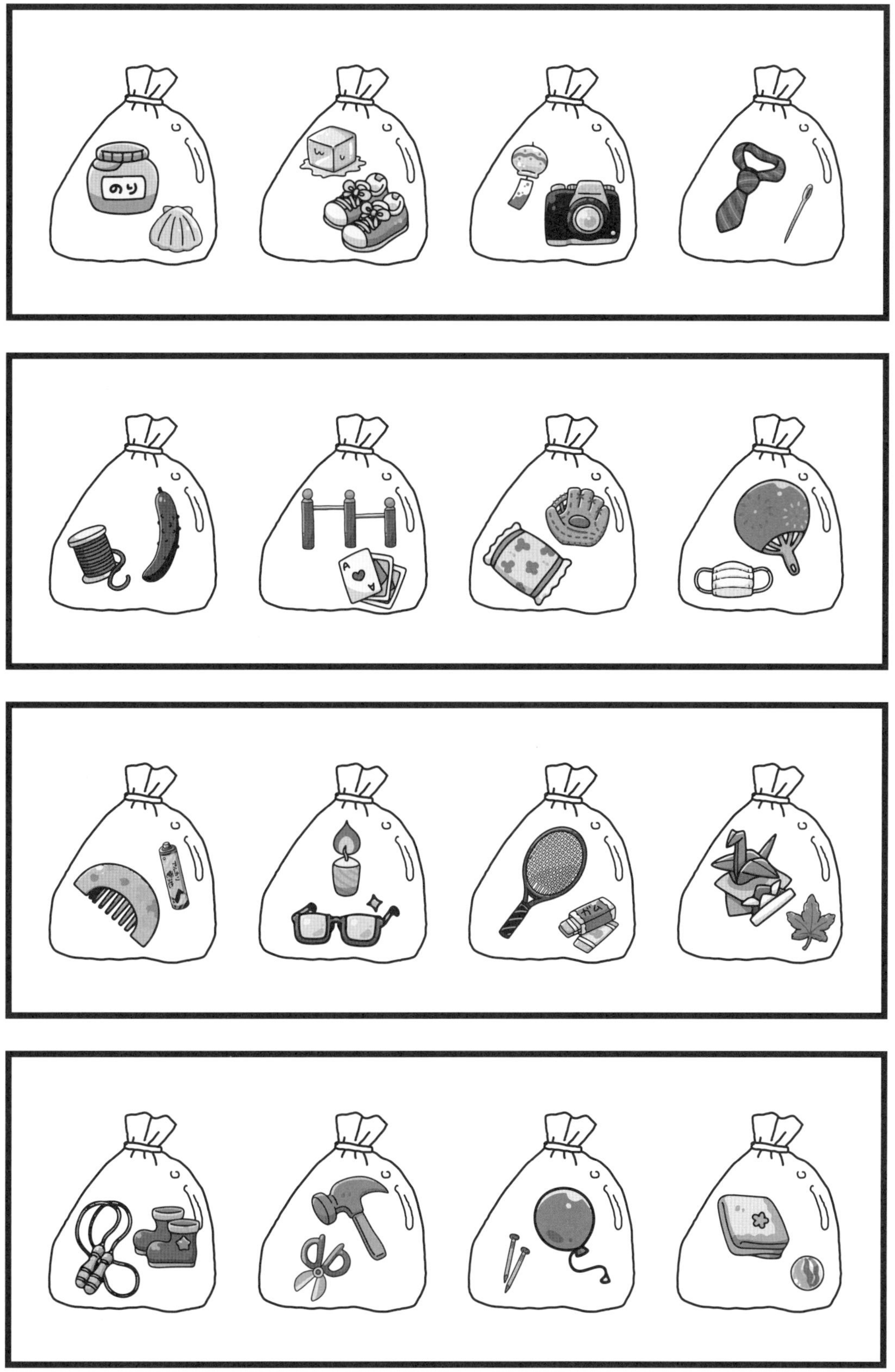


知識・常識

●上の赤ちゃんが大きくなったものを下から見つけて、その印をつけましょう。

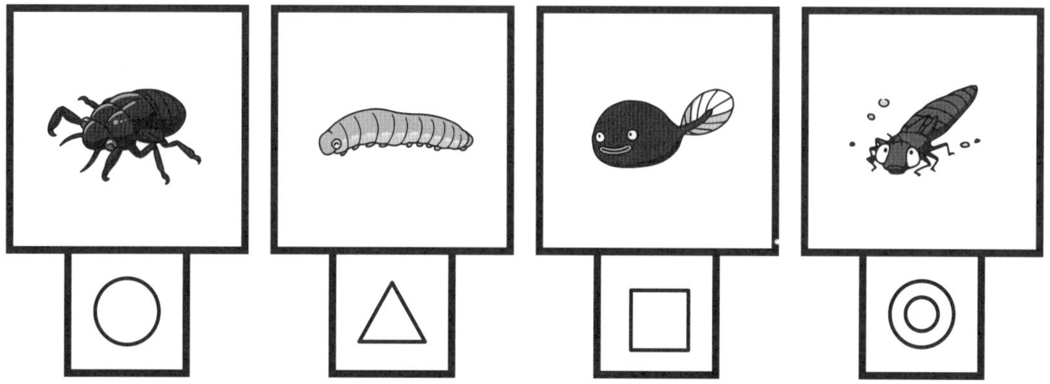

# 第8回　模擬テスト強化問題③

## 推理・思考

●下の形のうち3つを使って、上の四角（正方形）をすき間なくぴったりうめます。では、使わないものを1つ見つけて○をつけましょう。ただし、形は重ねたり裏返したりしてもかまいません。

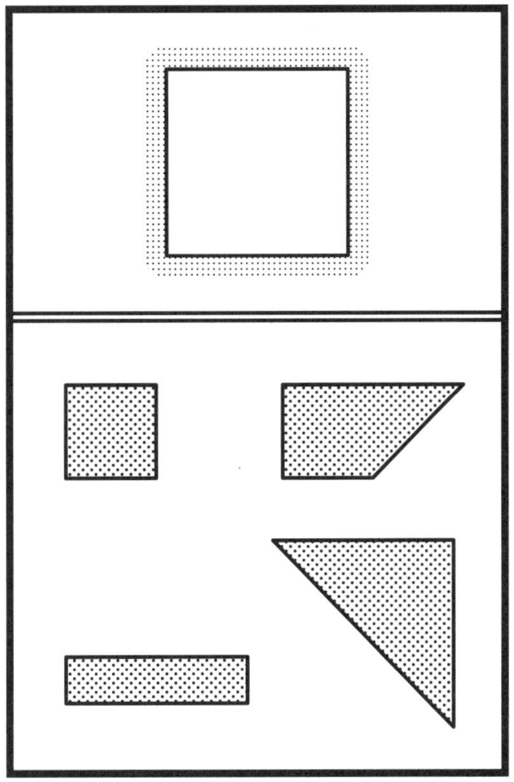

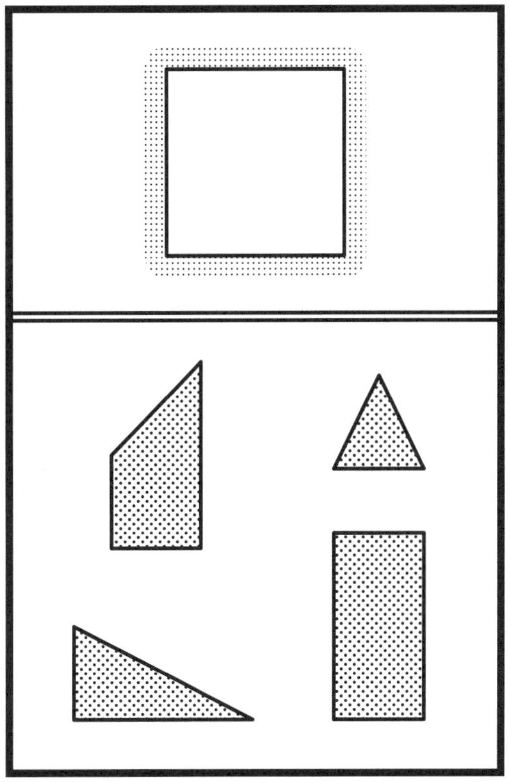

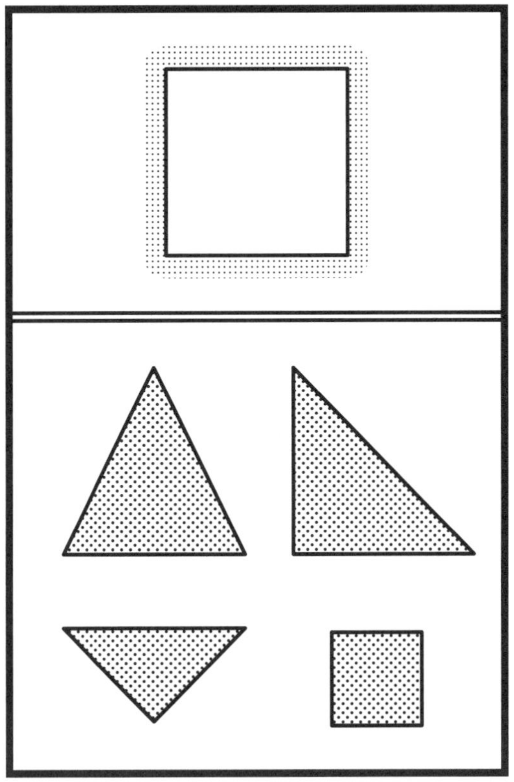

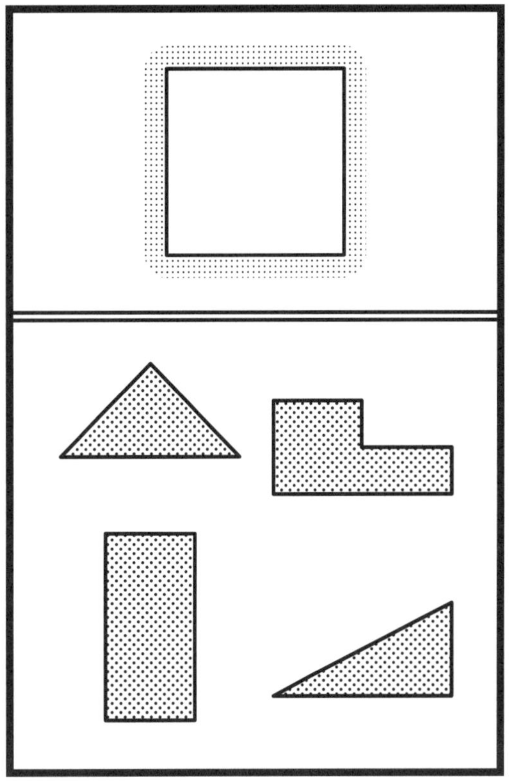

## 推理・思考

●上の絵は、同じ積み木を前後左右の4つの方向から見たものです。では、見え方から積み木の数を考えて、その数だけ下に○をかきましょう。

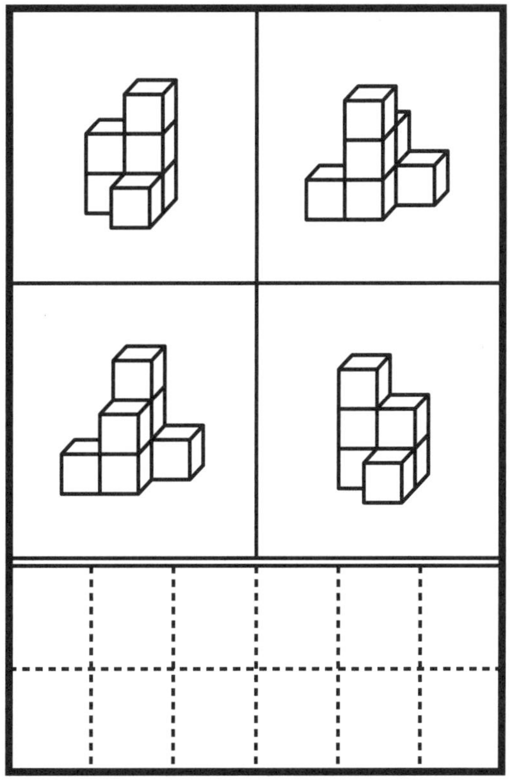

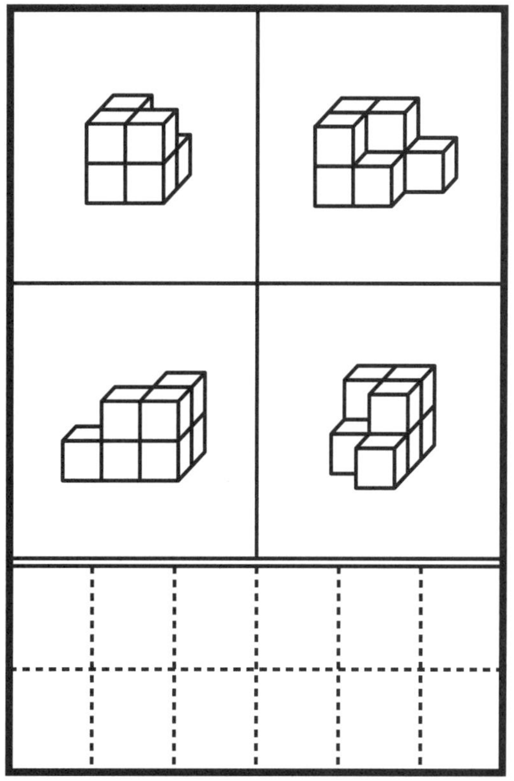

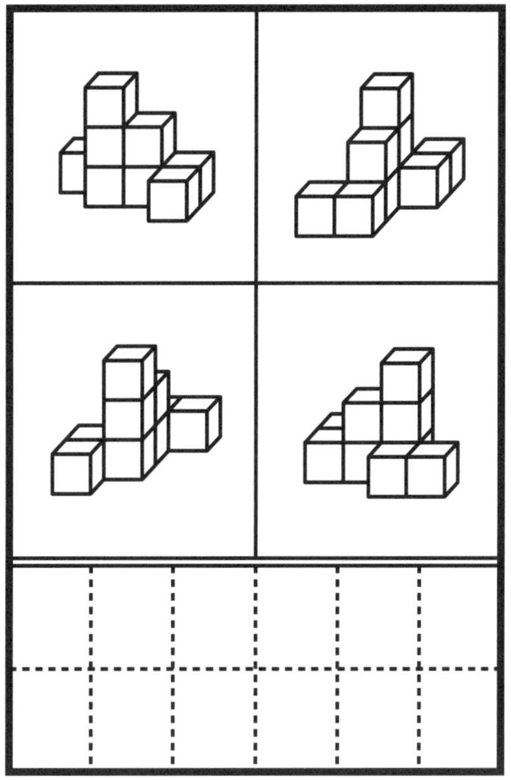

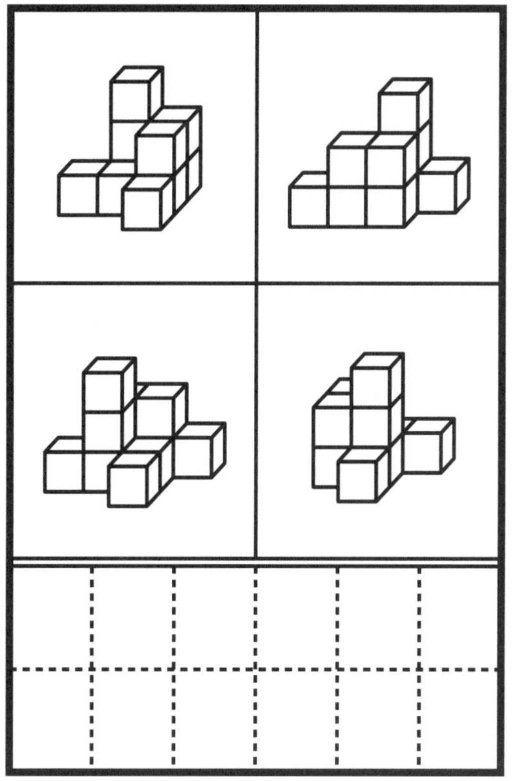

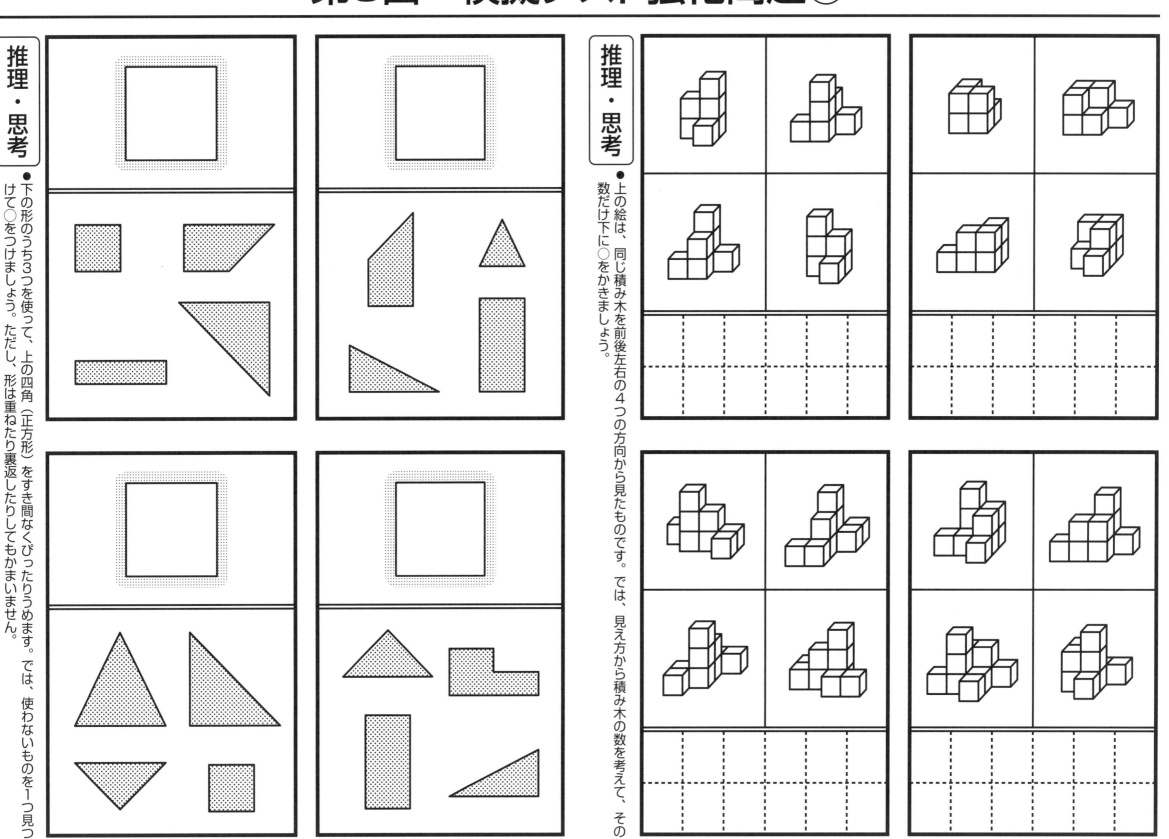

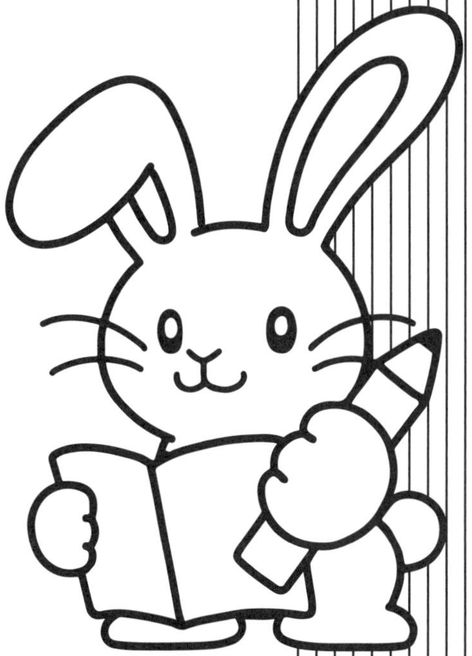

# 模擬テスト カラー問題

※今回の模擬テスト集の中で、
カラーで使用していただく用紙を
掲載しております。

# テスト1

点



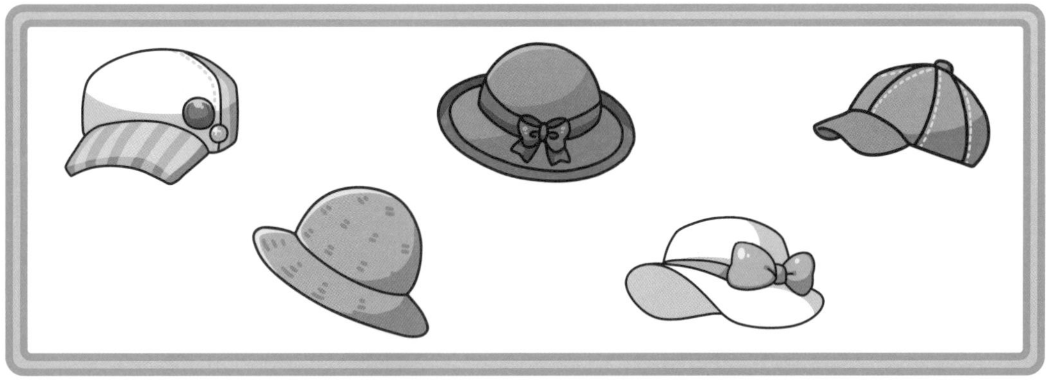

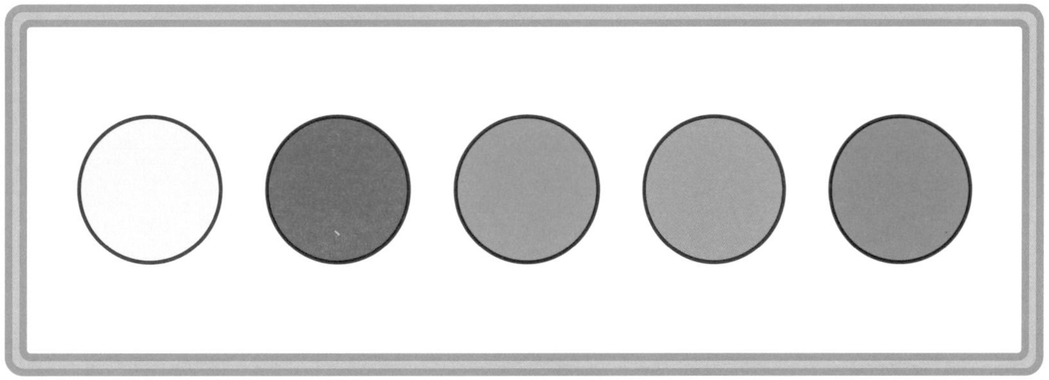

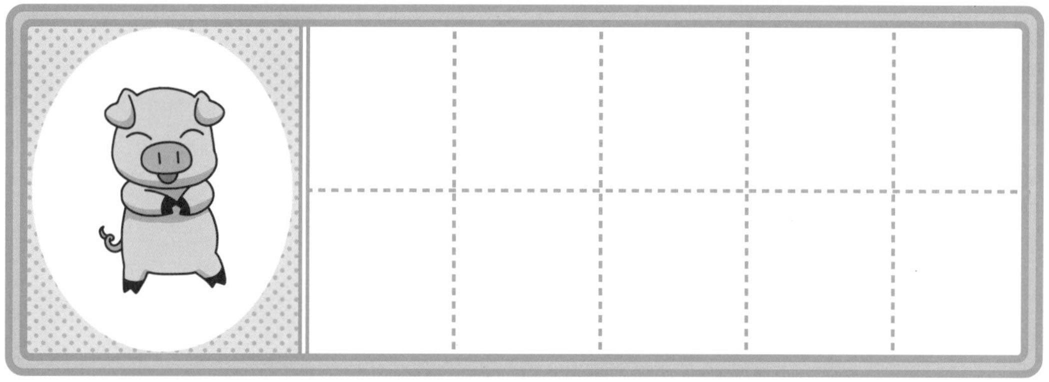

# テスト2

点

れんしゅう

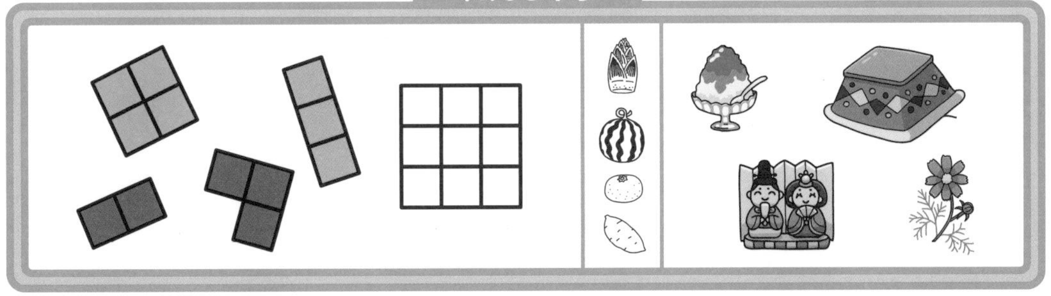

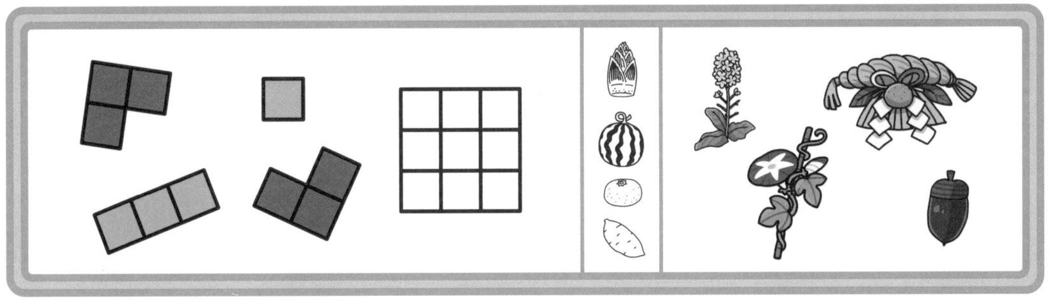

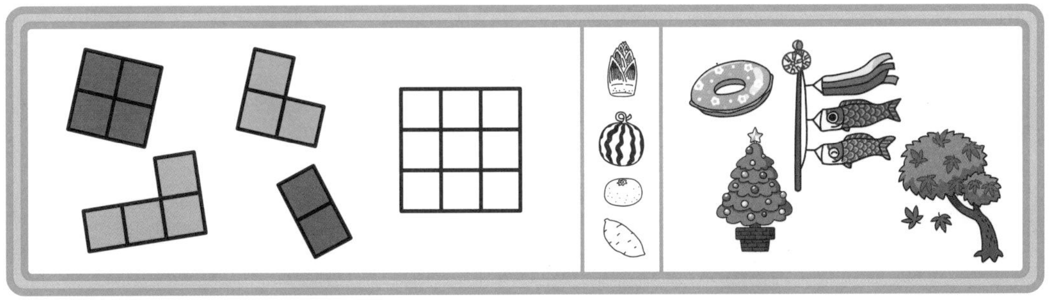

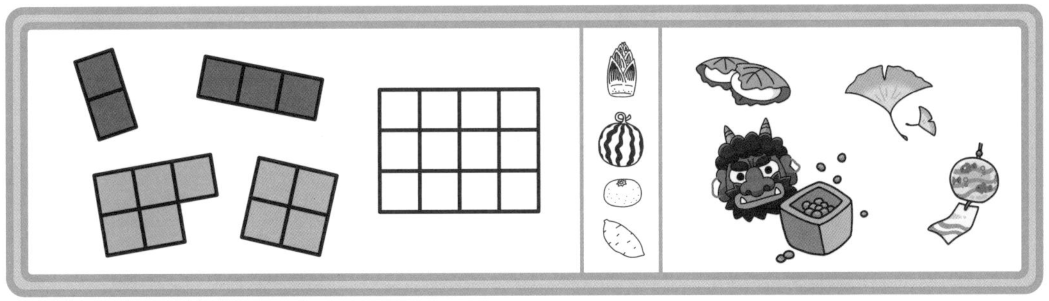

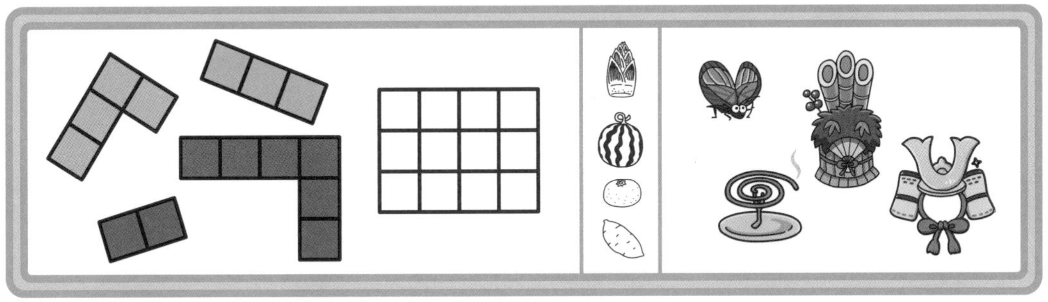

れんしゅう

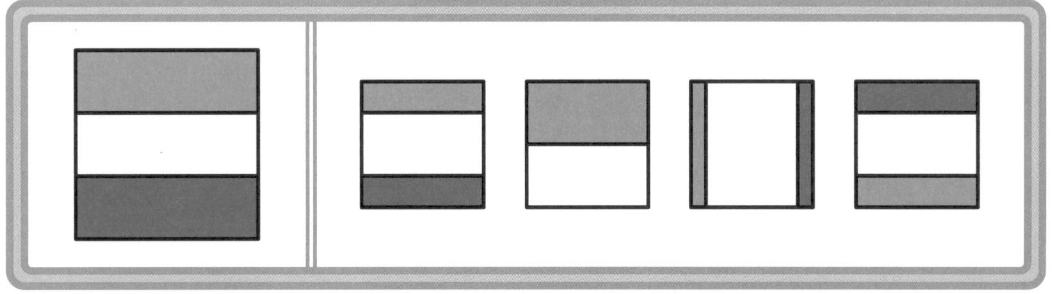

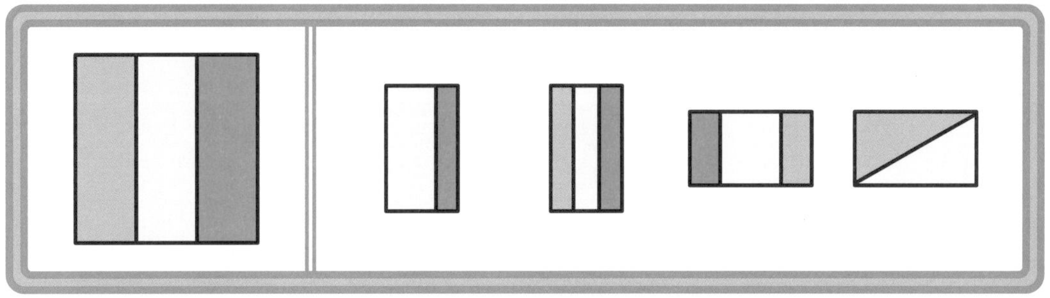

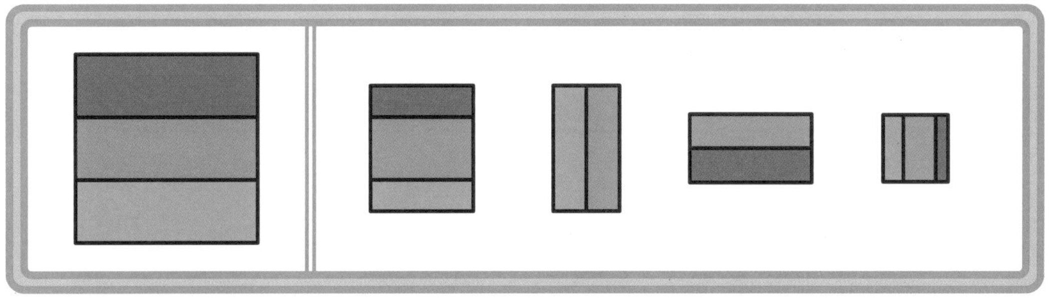

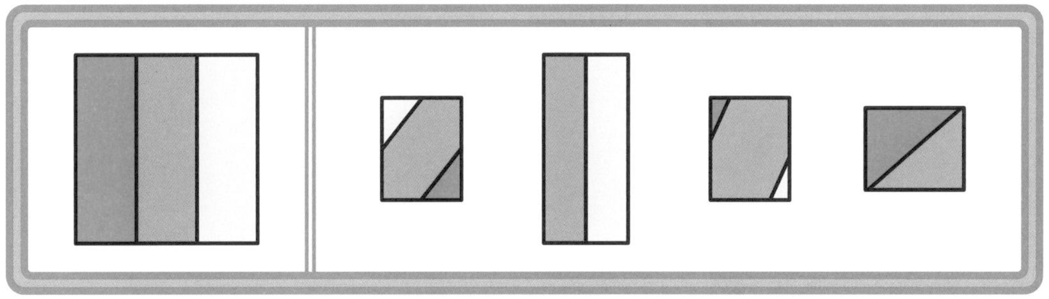

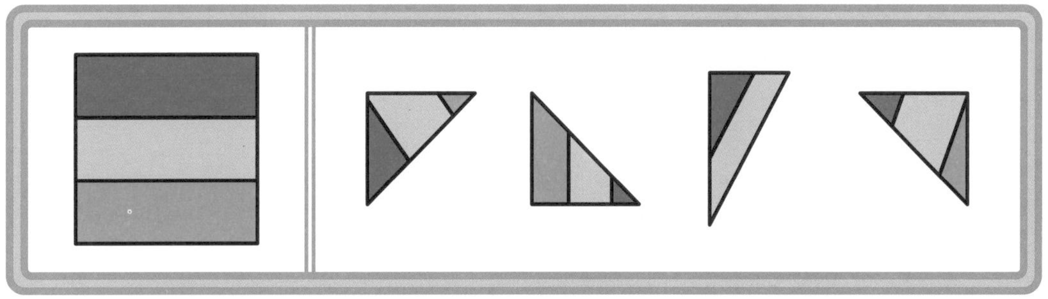

# テスト4

点

れい

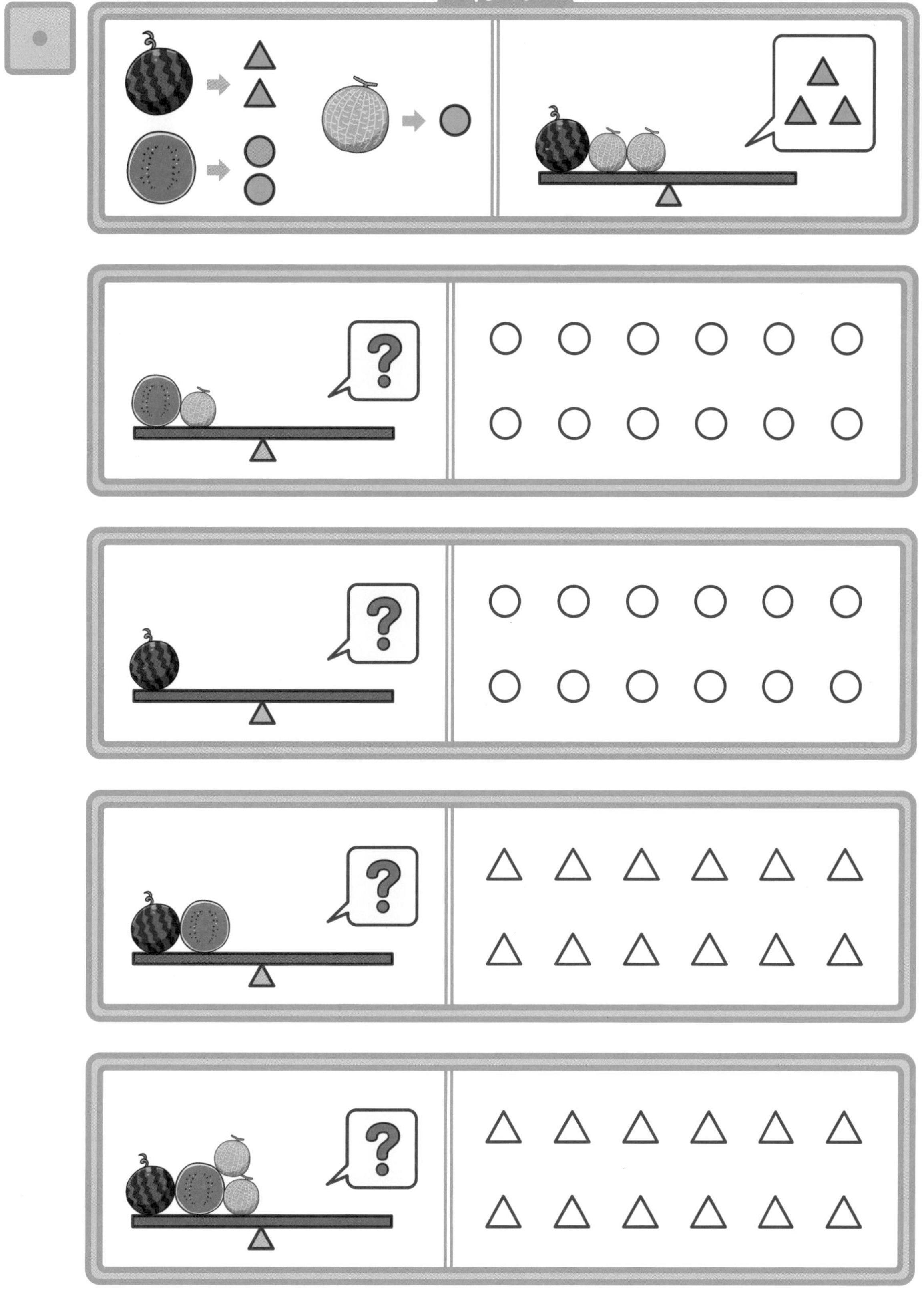

れんしゅう

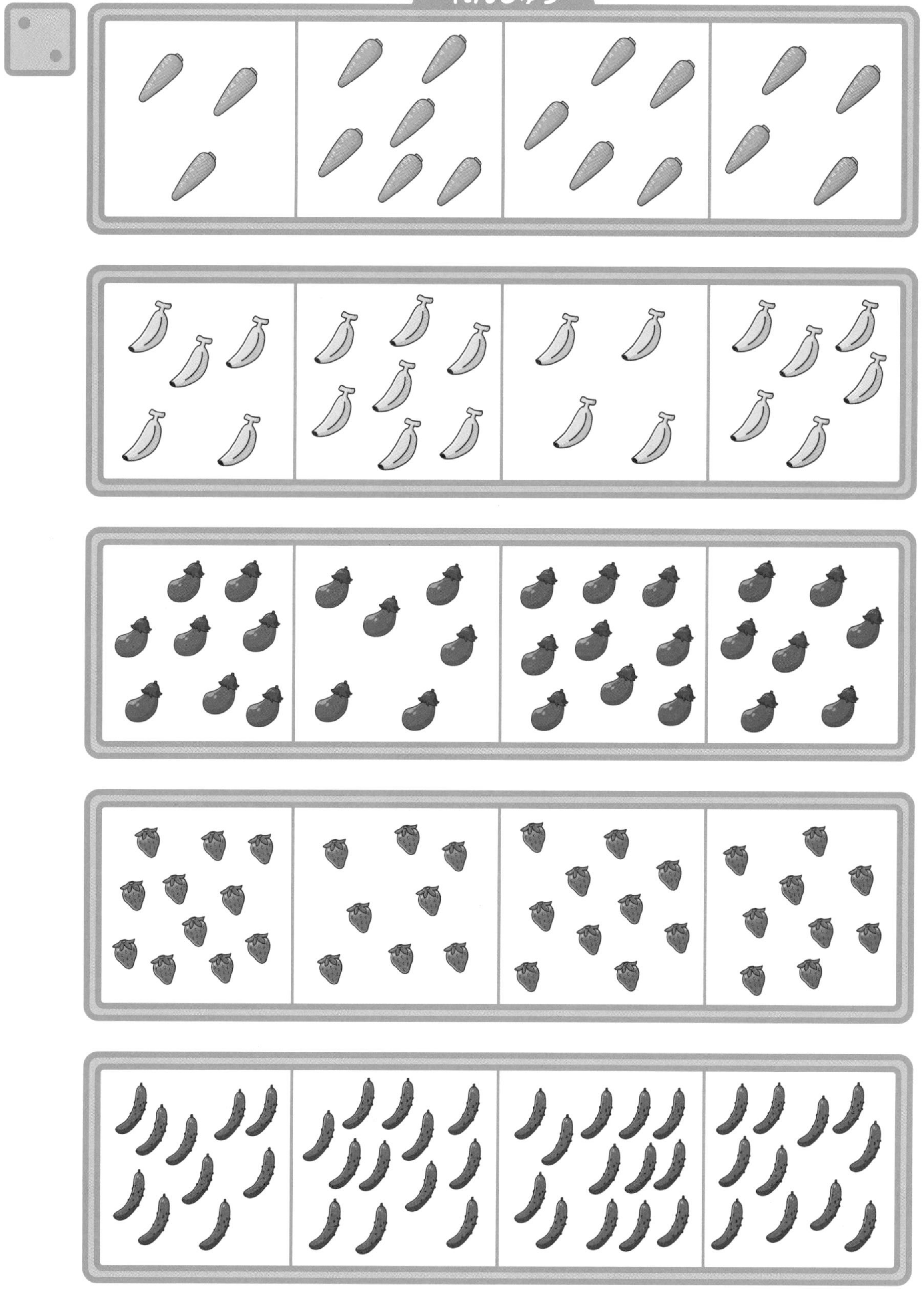

# テスト1

点

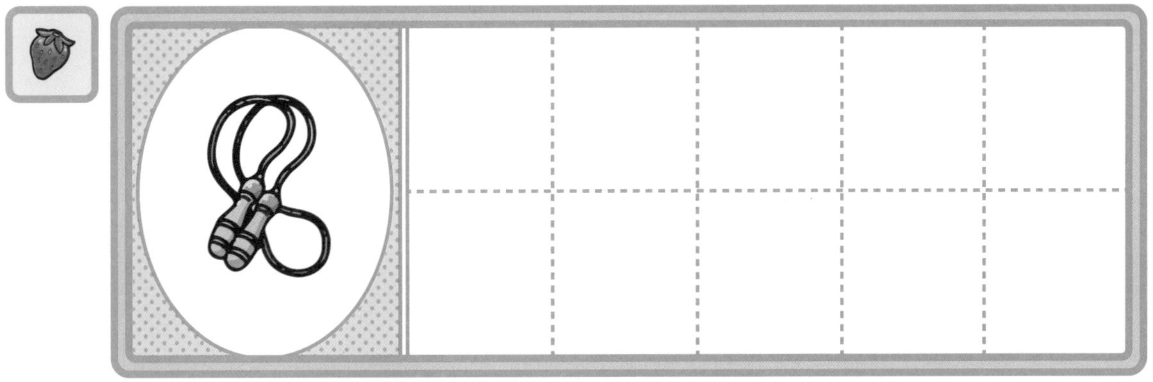

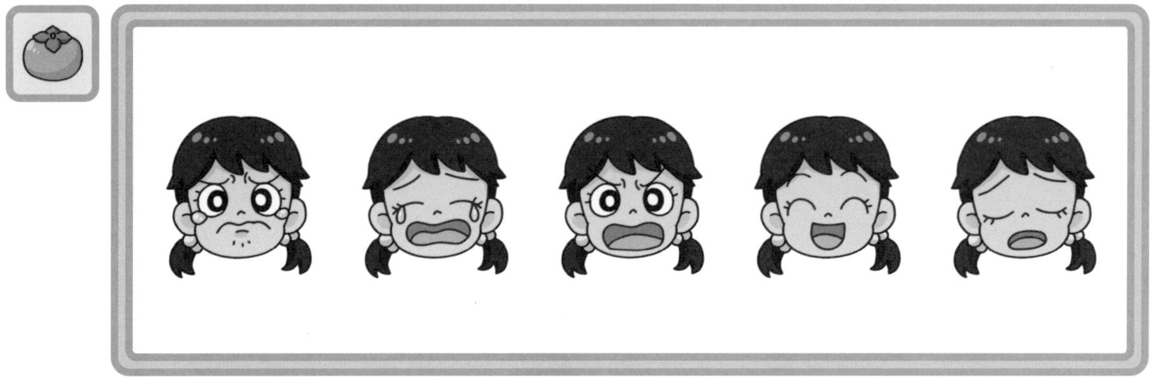

# テスト3

点

れんしゅう

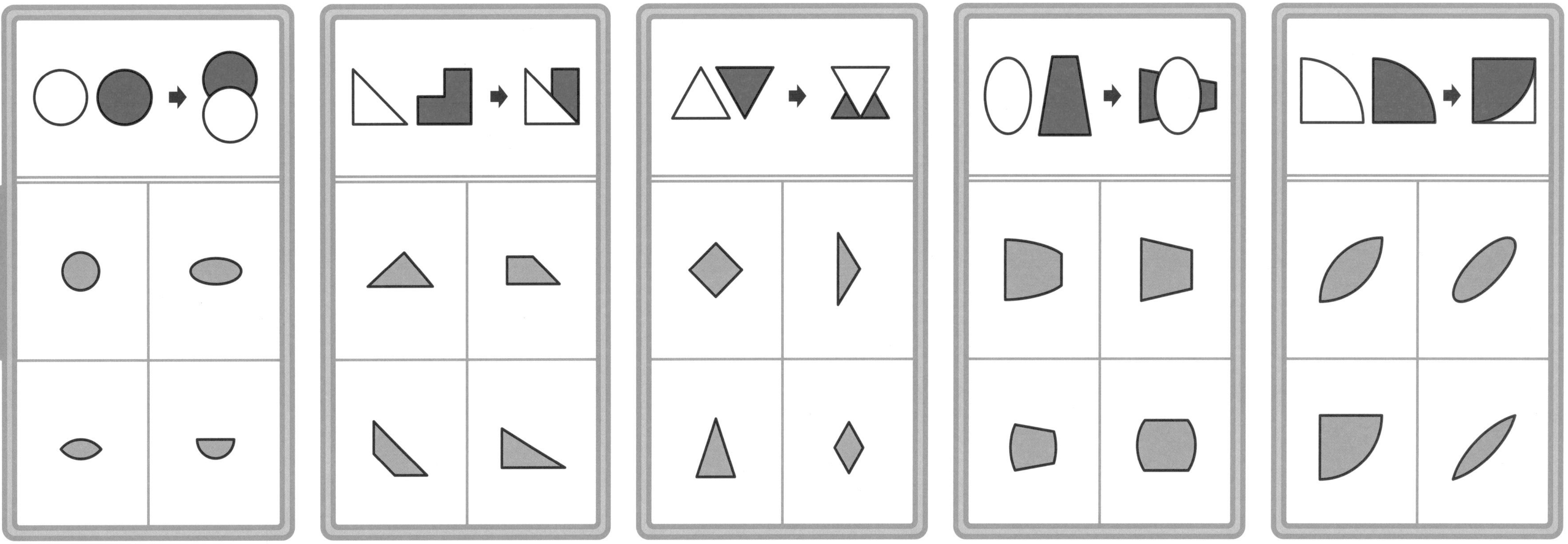

れんしゅう

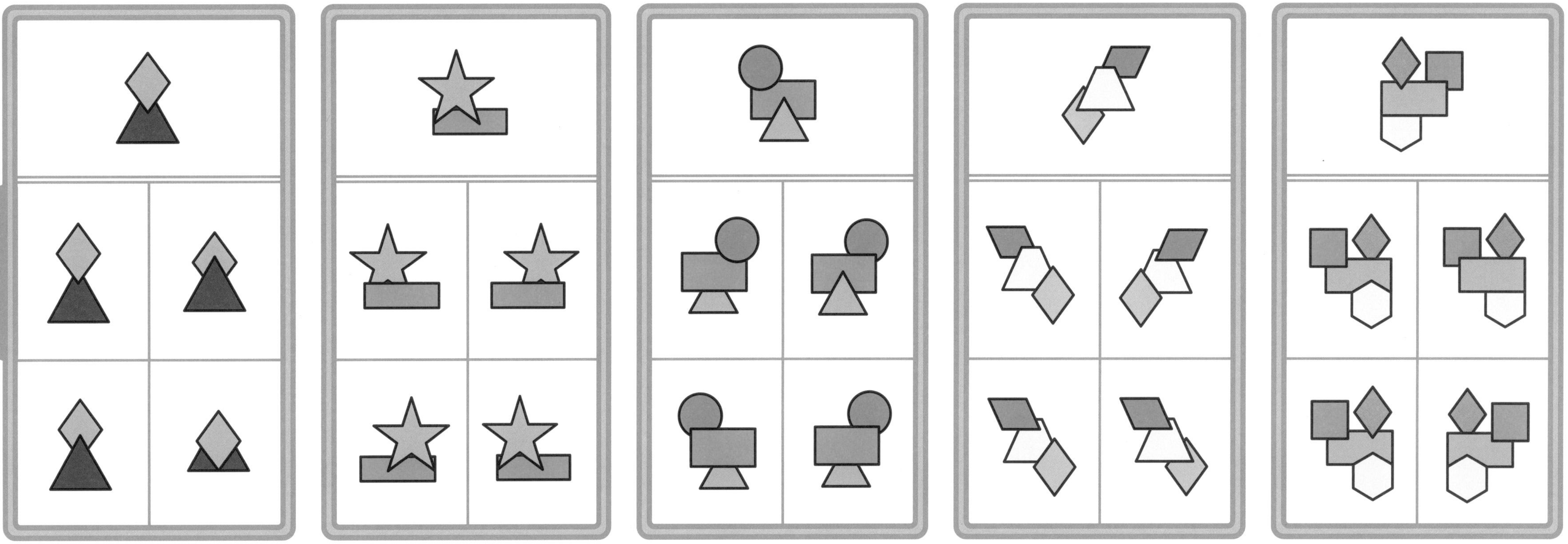

# テスト1

点

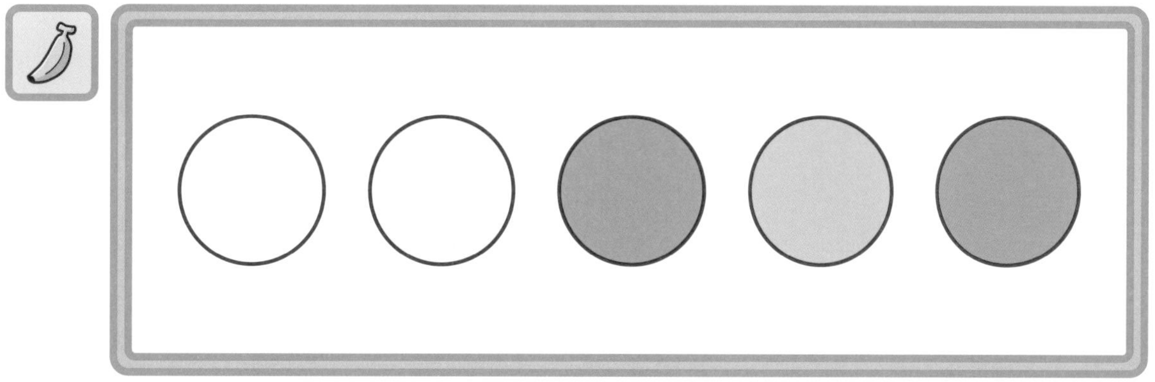

# テスト2

点

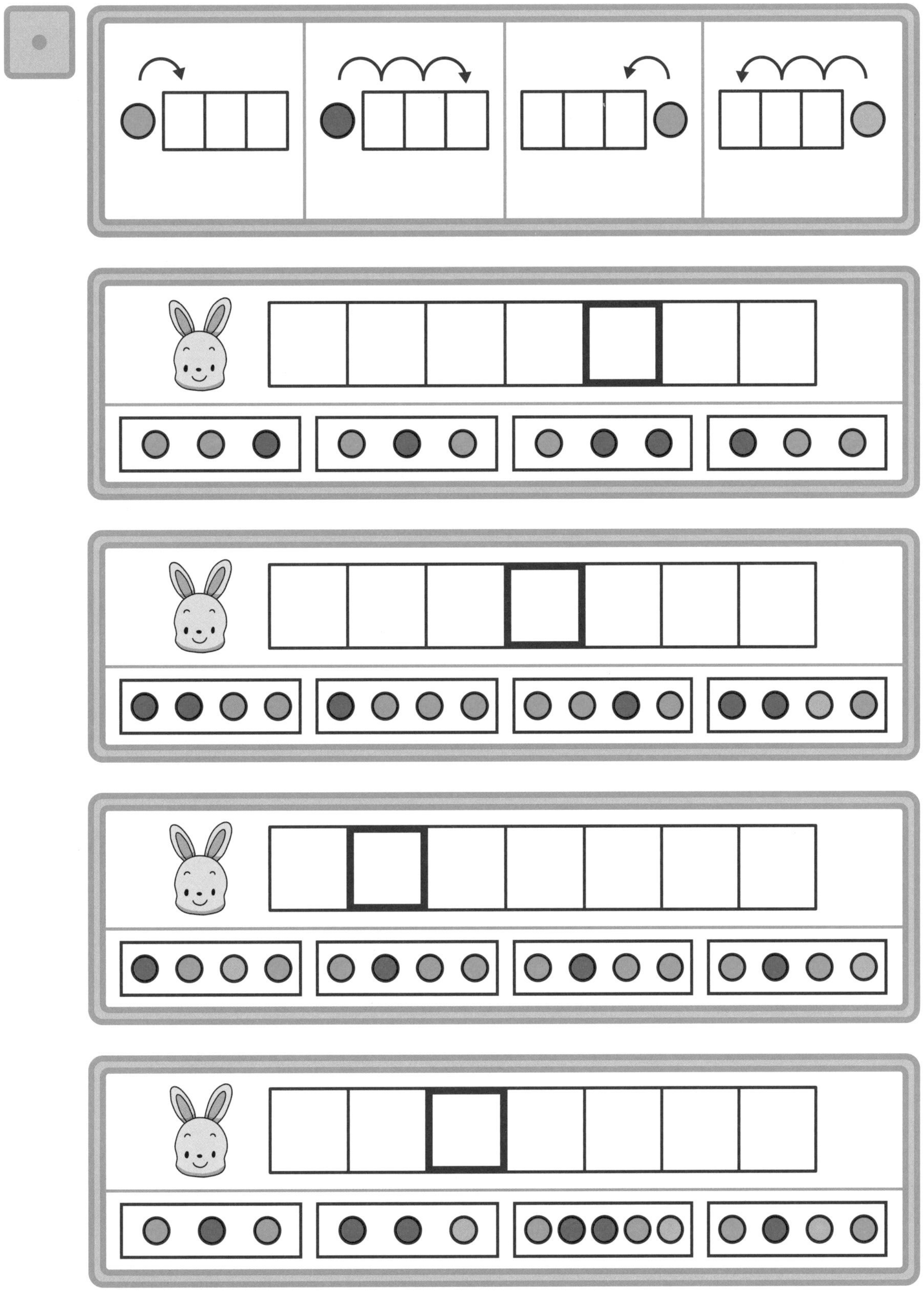

れんしゅう

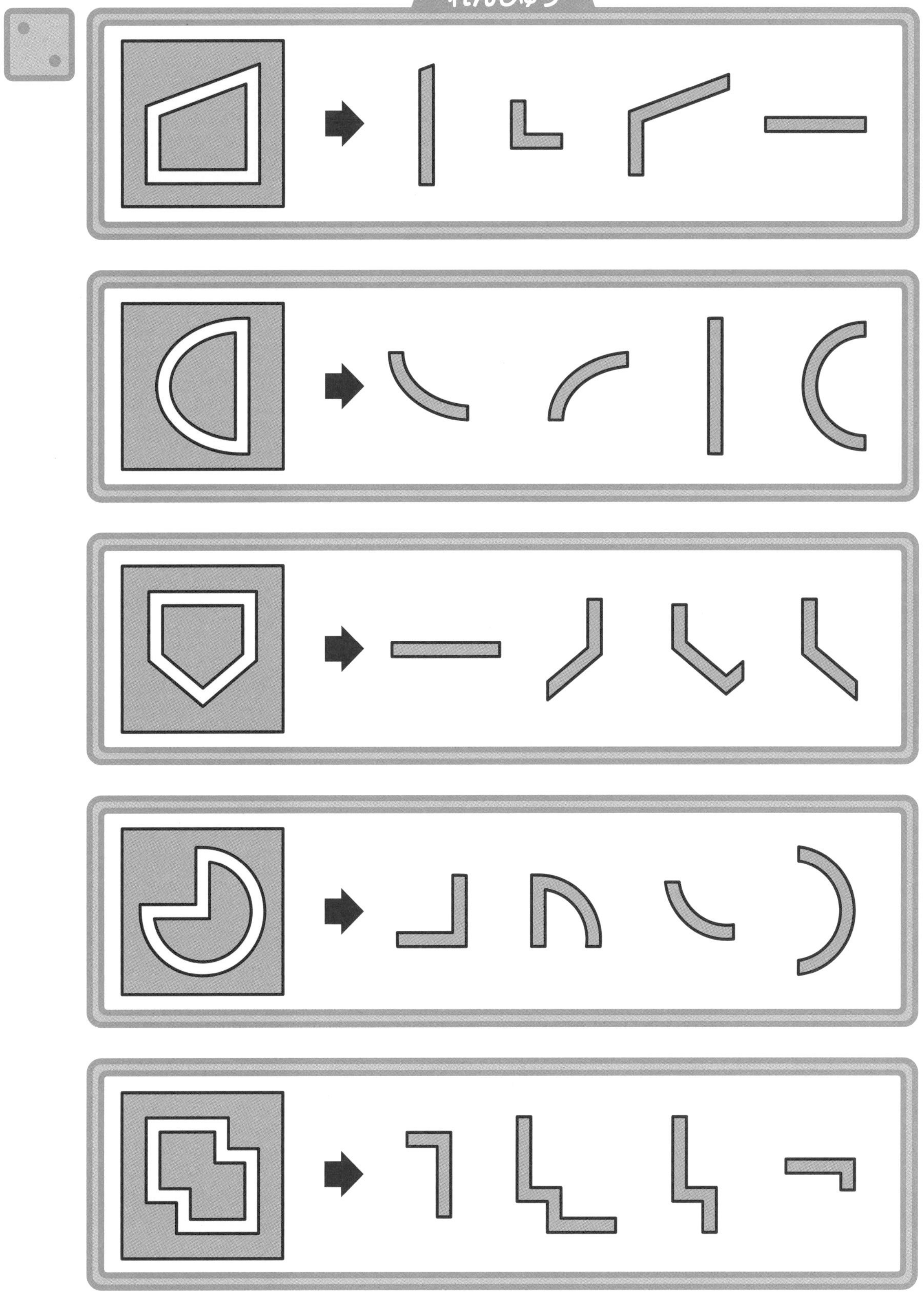

# テスト1

点

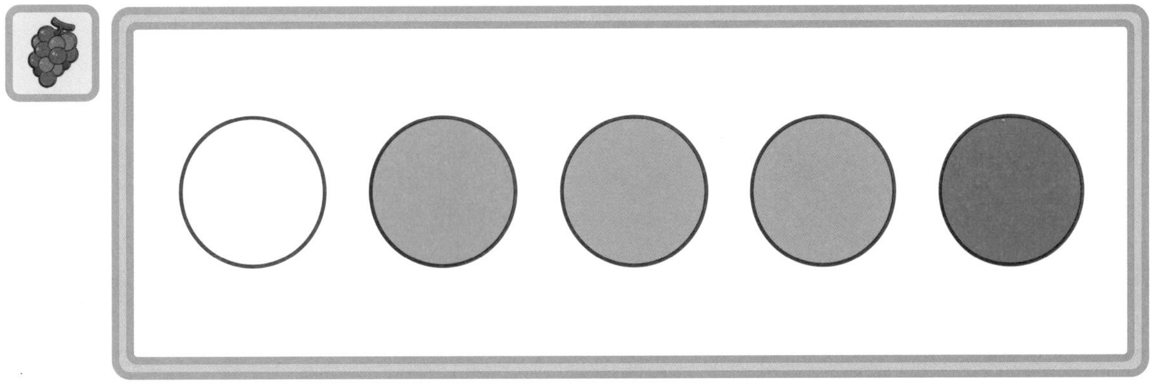

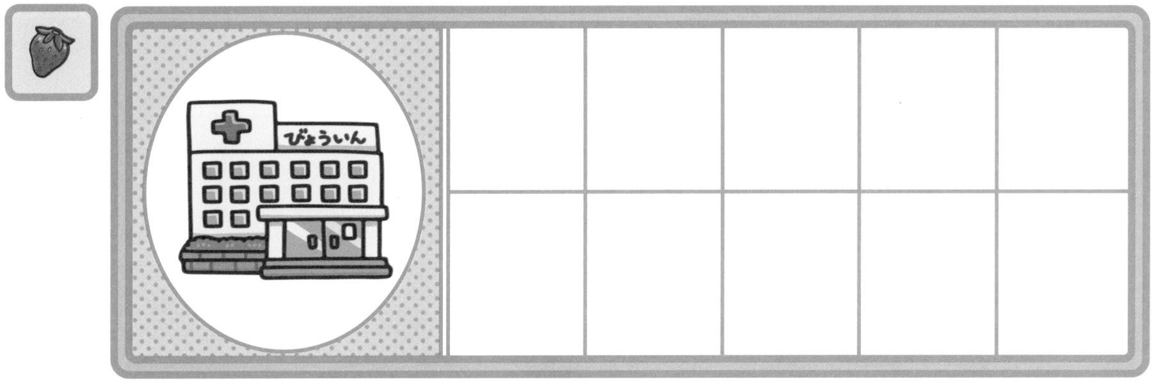

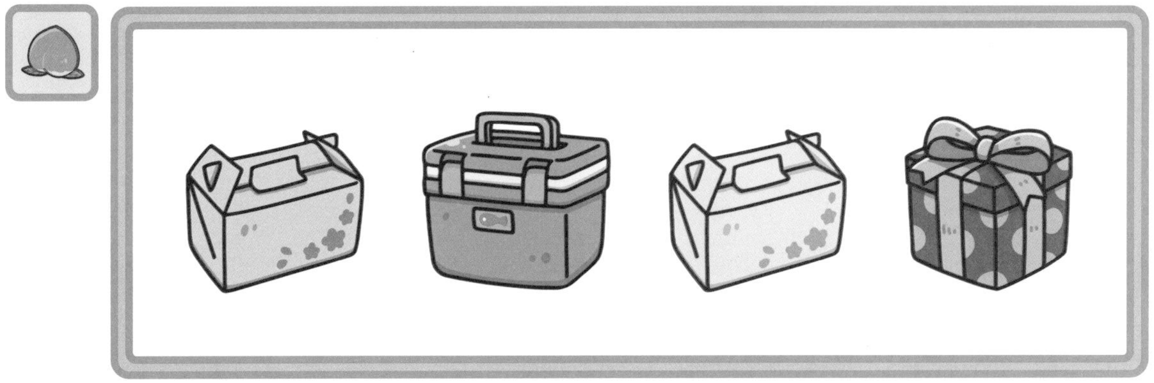

# テスト2

点

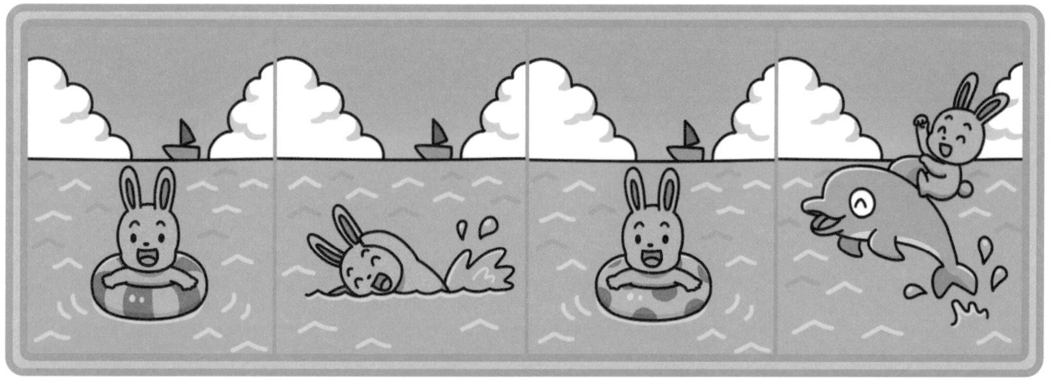

第5回模擬テスト

# テスト5

点

れんしゅう

○ ×

○ ×

○ ×

○ ×

○ ×

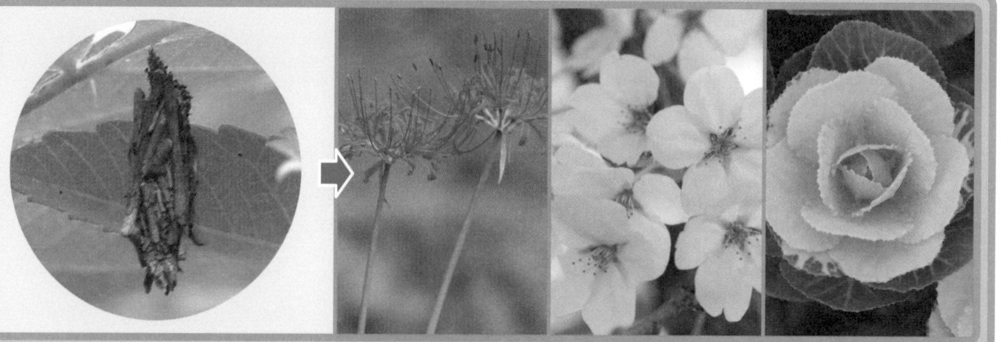

# テスト1

点

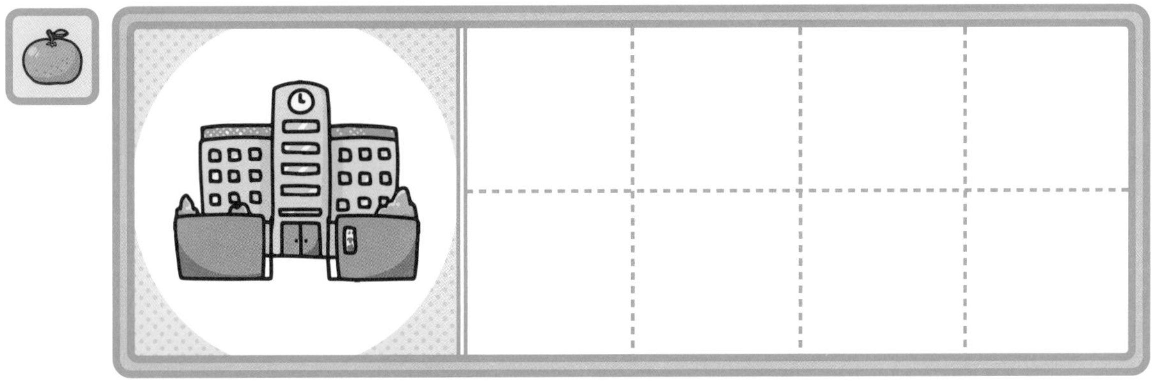

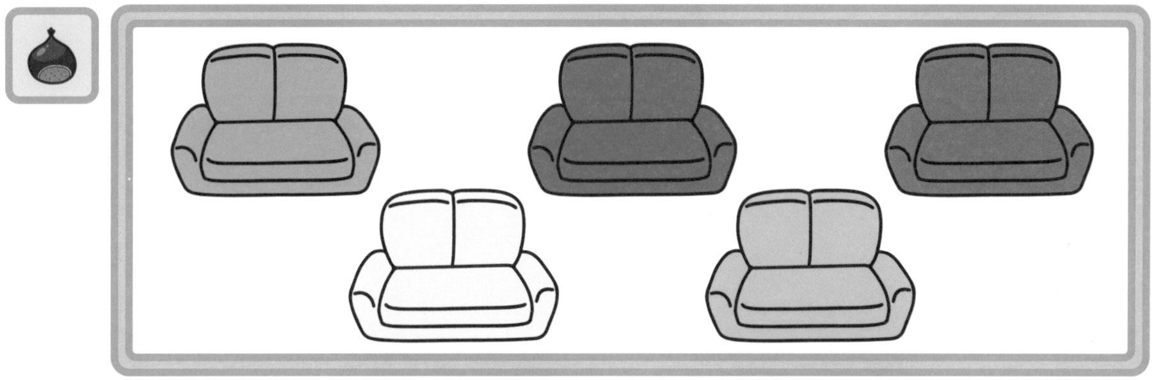

第6回模擬《もぎ》テスト

# テスト5

点

れんしゅう

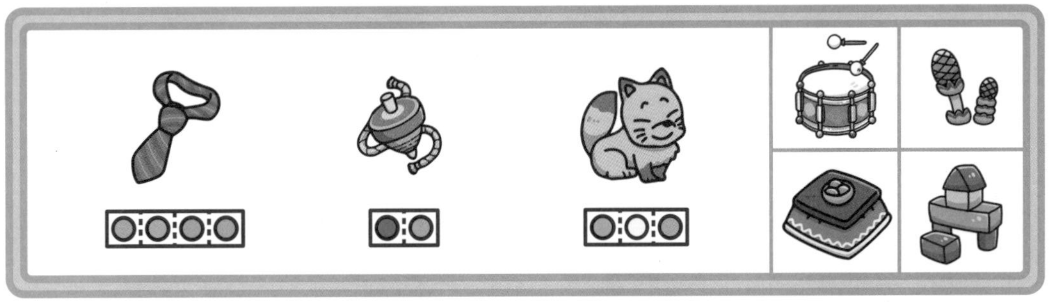

れんしゅう

# テスト1（記憶用紙）

# テスト1

点

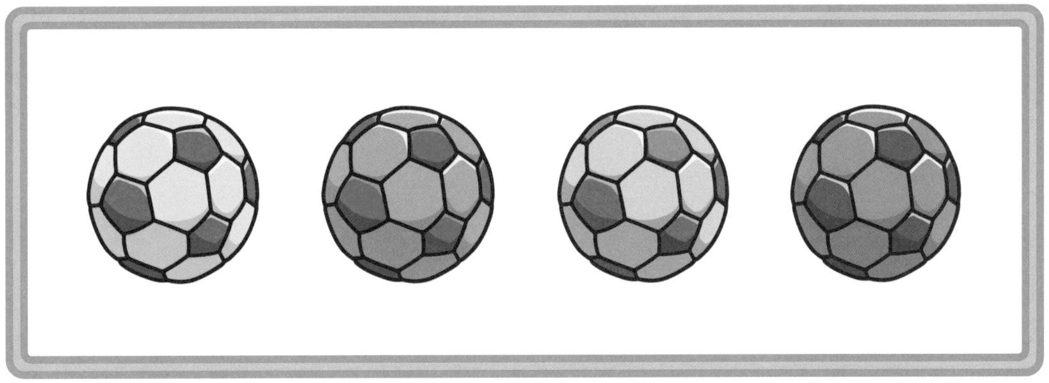

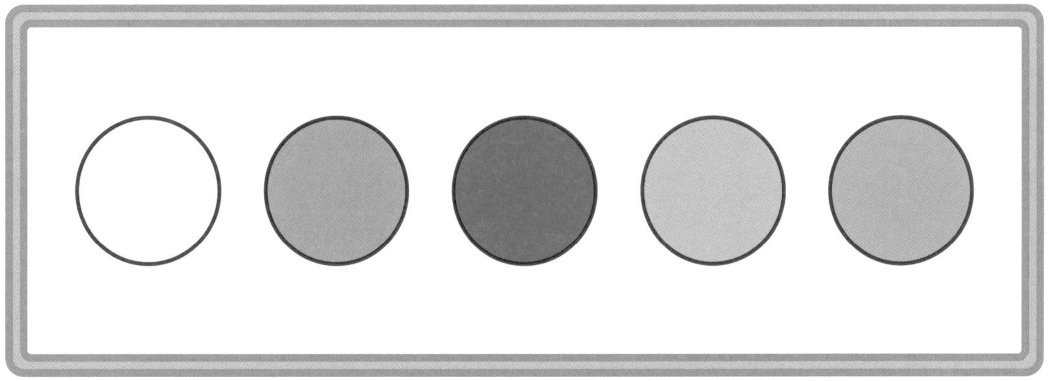

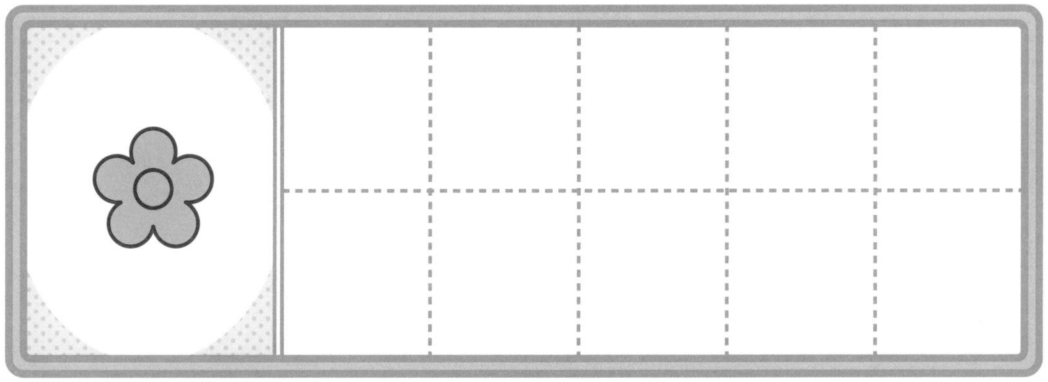

# テスト1

点

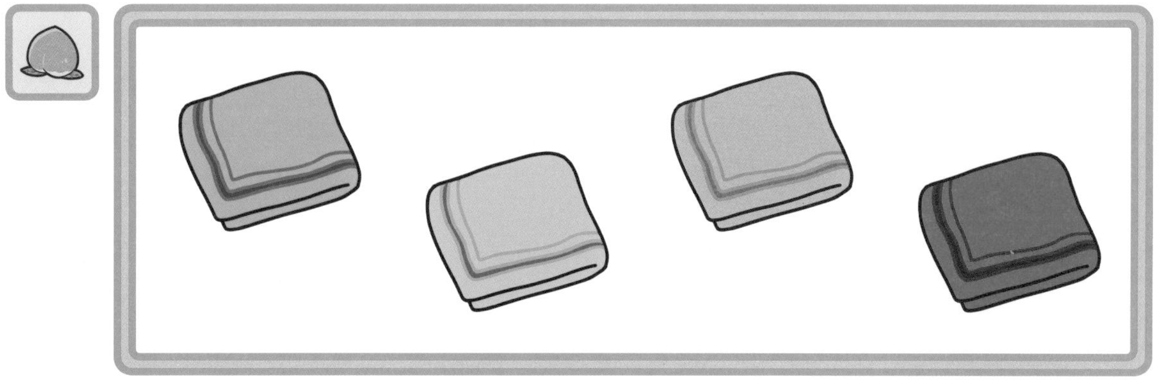

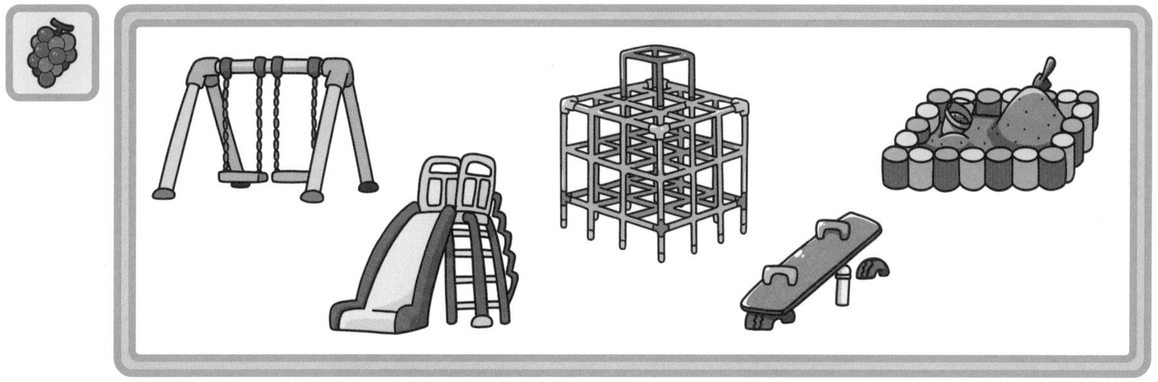

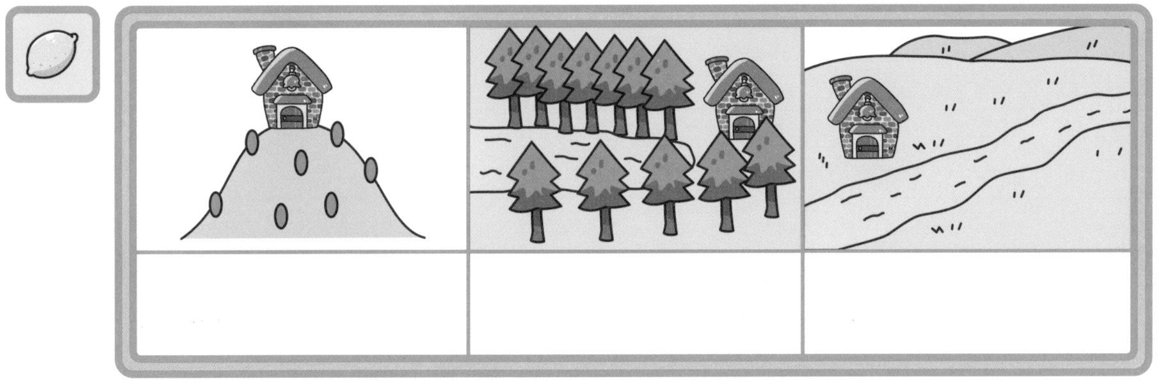

# テスト3

点